Na Ubook você tem acesso a este e outros milhares de títulos para ler e ouvir. Ilimitados!

Audiobooks Podcasts Músicas Ebooks Notícias Revistas Séries & Docs

Junto com este livro, você ganhou **30 dias grátis** para experimentar a maior plataforma de audiotainment da América Latina.

Use o QR Code

OU

1. Acesse **ubook.com** e clique em Planos no menu superior.
2. Insira o código **GOUBOOK** no campo Voucher Promocional.
3. Conclua sua assinatura.

ubookapp

ubookapp

ubookapp

Paixão por contar histórias

RODNEY LISBOA
CORONEL FERNANDO MONTENEGRO

GUERRA IRREGULAR E A
EVOLUÇÃO HISTÓRICA DAS
OPERAÇÕES ESPECIAIS
DO EXÉRCITO BRASILEIRO

KID PRETO

© 2021 Rodney Lisboa e Fernando Montenegro

Todos os direitos reservados. Nenhuma parte deste livro pode ser utilizada ou reproduzida sob quaisquer meios existentes sem autorização por escrito dos editores.

COORDENAÇÃO	Alessandra Brito
EDIÇÃO	Eduarda Rimi
COPIDESQUE	N. Edardina
REVISÃO	Vinícius Nascimento
PROJETO GRÁFICO E CAPA	Clarissa Duarte
DIAGRAMAÇÃO	Studio Oorka

Dados Internacionais de Catalogação na Publicação (CIP)
(Câmara Brasileira do Livro, SP, Brasil)

Lisboa, Rodney
    Kid Preto : guerra irregular e a evolução histórica das operações especiais do Exército Brasileiro / Rodney Lisboa, Fernando Montenegro. -- Rio de Janeiro : Ubook Editora, 2021.

    Bibliografia.
    ISBN 978-65-5875-556-2

    1. Brasil. Exército - História 2. Forças especiais (Ciência militar) - Brasil - História 3. Operações militares - Brasil - História I. Montenegro, Fernando. II. Título.

21-72831   CDD-356.1670981

Índices para catálogo sistemático:
    1. Brasil : Operações militares : Ciências militares
    Cibele Maria Dias - Bibliotecária - CRB-8/9427

Ubook Editora S.A
Av. das Américas, 500, Bloco 12, Salas 303/304,
Barra da Tijuca, Rio de Janeiro/RJ.
Cep.: 22.640-100
Tel.: (21) 3570-8150

QUALQUER MISSÃO, EM QUALQUER LUGAR, A QUALQUER HORA, DE QUALQUER MANEIRA.

Com o propósito de oferecer uma fonte de referência histórica que faça justiça ao comprometimento das sucessivas gerações de militares (oficiais e praças) que se orgulham e zelam pela integridade e honradez de seu ofício, dedicamos esta obra a comunidade de Operações Especiais do Exército Brasileiro, um seleto grupo de profissionais marciais que, atuando sob a égide do sigilo, colocam suas habilidades ímpares à prova, destinando suas vidas a defender a soberania do Brasil e a liberdade de seu povo.

AGRADECIMENTOS

Durante mais de doze anos nos dedicamos a investigar os traços de guerra irregular nos diferentes períodos da história do Brasil, reunindo elementos que nos permitissem detectar como ocorreu o processo de origem e de evolução da atividade de Operações Especiais no âmbito do Exército Brasileiro. A obra resultante desse trabalho é um texto inédito, que preenche uma importante lacuna documental e contribui para a ampliação e a diversificação dos conhecimentos inerentes às Ciências Militares. Escrito a quatro mãos, este compêndio é resultado de uma minuciosa pesquisa histórica, e sua viabilidade deriva da fundamental colaboração de um grupo de militares ávidos por compartilhar suas experiências, oferecendo à sociedade brasileira um documento austero, que retrata as peculiaridades de um empreendimento edificado por sucessivas gerações de pessoas comprometidas com uma atividade militar, praticamente desconhecida no cenário nacional. Caso este livro consiga a façanha de promover as Operações Especiais da Força Terrestre de modo a projetá-las e valorizá-las junto ao povo brasileiro, então teremos alcançado nosso objetivo.

Nosso agradecimento ao reverenciado coronel Paulo Filgueiras Tavares, dileto representante do pioneiro grupo de militares, que em 1957 inaugurou a atividade de Operações Especiais do Exército Brasileiro, pelo meritório texto de apresentação desta obra. Figura de referência para as diferentes gerações de operadores que deram seguimento ao legado do 57/1, o entusiasmo com que o coronel Paulo Tavares abraçou o projeto de publicação deste livro, empenhando-se em torná-lo um trabalho original, é motivo de grande satisfação e orgulho.

Manifestamos nossa gratidão ao general de exército Rui Monarca da Silveira, militar do mais alto quilate, cuja vasta expertise como operador, administrador e comandante dignifica nosso livro com as nobres palavras redigidas para o prefácio. Instigado pela composição da obra desde sua primeira leitura, o general Rui prestou imperiosa contribuição ao texto final, esclarecendo aspectos histórico-doutrinários de valor inquestionável para a comunidade das Operações Especiais.

Reconhecemos o imperioso suporte ofertado pelos generais de brigada: Thaumaturgo Sotero Vaz (*in memoriam*), Iran Carvalho, Álvaro de Souza Pinheiro, Mauro Patrício Barroso, Mário Fernandes e Paulo Roberto Rodrigues Pimentel; pelos coronéis: Gilberto Antônio Azevedo e Silva (*in memoriam*), Victor Pacheco Motta, Maurizzio Manoel Procópio da Silva, Paulo Emílio Pereira Silva, Evandro Augusto Pamplona Vaz, Ivan Carlos Gindri Angonese, João Luís Cardoso de Moraes, Hegel Pereira Britto, Cláudio Barroso Magno Filho, Roberto Raimundo Criscuoli, Pedro Aurélio de Pessoa, Carlos José Machado Vaz, Antônio Carlos de Pessoa, Jorge Luiz Ferreira Gonçalves da Cunha, Mário Gustavo Freire da Silva Caldas, Danilo Mitre Filho, Alessandro Visacro, Marcelo Araripe Souza Oliveira, Guilherme José da Costa Nascimento, Sérgio Alexandre de Oliveira e Fabrício Lima Marques; pelos tenentes-coronéis: Luiz Paulo Costa Pimentel, Flávio Schmitz Júnior, Celso Rogério Vianna da Conceição e Argemiro Luciano Souza Costa; pelos majores: Frederico Jorge de Sousa Boabaid, Vitor Hugo de Araújo Almeida (deputado federal), André Luiz Pereira da Silva e Frederico Chaves Salóes do Amor; pelos capitães: Dalton Malfacini (*in memoriam*), Benedito Ferraz de Oliveira, Ernesto Castro, Geraldo Farias

Macedo, José Feliciano Farias de Senna, Carlos Marne Dias Alves (auditor fiscal da Receita Federal), Lauro Pinto Cardoso Neto (procurador da República), Felipe Görgen dos Reis e Gustavo Ferragut Evêncio da Silva; pelo primeiro-tenente Carlos Eduardo Furquim; pelo subtenente Otílio Bergolli da Costa; pelo segundo sargento Henry Shiro Morita; e pelo terceiro sargento Marco Antônio Souza.

Agradecemos a Anderson Subtil, cujo talento artístico singular permitiu, por meio de suas belas ilustrações, promover o resgate de personagens, uniformes, armas e equipamentos relacionados aos notáveis eventos da história do Brasil e de sua Força Terrestre.

Pelo apoio manifestado em momentos e circunstâncias distintas, nosso muito obrigado aos capitães-de-mar-e-guerra Antônio Eduardo Santa Cruz Abreu e Alberto de Oliveira Junior, ao professor Carlos Roberto Carvalho Daróz, assim como a Renata Massuia de Almeida Vaz, Tahiane Stochero, Michel Dias Rosa e Anderson Gabino.

Exprimimos eterna dívida de gratidão às nossas famílias pela compreensão e pela tolerância nos momentos de recolhimento e introspecção, condições tão necessárias para o processo de pesquisa, organização e composição de um texto fundamentado e consistente. Em especial, o professor Rodney Lisboa agradece à sua esposa, Karina Aparecida Belo, e a seu filho, Pedro Belo Lisboa, pela paciência e cumplicidade para com sua rotina acadêmica e profissional. Por sua vez, o coronel Fernando Montenegro mostra-se grato ao seu pai, coronel de Infantaria José Everaldo de Albuquerque Montenegro (*in memoriam*), pela permanente inspiração e estímulo para trilhar o caminho das Operações Especiais e desenvolver esta obra.

O livro é fruto da disposição de todos aqueles que, de alguma forma e em diferentes níveis, contribuíram para sua concretização, e o suporte de nossos colaboradores distingue-se como um de seus alicerces mais sólidos.

APRESENTAÇÃO 17
PREFÁCIO 21
INTRODUÇÃO 25

LUTANDO COM A FORÇA E A INTELIGÊNCIA
Ação Direta 43
Ação Indireta 52
Reconhecimento Especial 65

BRASIL COLÔNIA (1500-1822)
Descobrimento do Brasil 80
Primeira invasão holandesa 83
Segunda invasão holandesa 87
Guerra dos Bárbaros 97
Quilombos Palmarinos 99
Guerra da Restauração do Rio Grande do Sul 104

3 BRASIL IMPÉRIO (1822-1889)

Luta pela independência na Bahia 120
Sabinada 124
Balaiada 129
Guerra do Paraguai 133

4 BRASIL REPÚBLICA (1889-1957)

Cenário brasileiro no final do século XIX e início do
século XX 151
Campanha de Canudos 153
Anexação do Acre 159

5 PRIMEIRA GERAÇÃO DAS OPESP DO EXÉRCITO BRASILEIRO (1957-1968)
O voo audacioso da águia 174
Alvorecer sobre a colina 176
Agulhas Negras 190
Corações e mentes 194

6 SEGUNDA GERAÇÃO DAS OPESP DO EXÉRCITO BRASILEIRO (1968-1983)
Dividir para conquistar 205
Batismo de fogo 208
Embrenhando-se na selva, escalando as montanhas 218

7 TERCEIRA GERAÇÃO DAS OPESP DO EXÉRCITO BRASILEIRO (1983-2004)
A saga do Camboatá 229
Destacamento Alfa-Ômega 233
Além da margem oposta do rio 236
Na mata, entre igarapés e igapós 247
Diversificando conhecimentos 248
Os frutos da castanheira 253

QUARTA GERAÇÃO DAS OPESP DO EXÉRCITO BRASILEIRO (A PARTIR DE 2004)
Ventos que sopram do Centro-Oeste 262
Operação de resgate na costa ocidental da África 265
Os capacetes azuis 269
Progredindo pelo labirinto 277
No olho do furacão 285

ILUSTRAÇÕES 295
CRONOLOGIA FOTOGRÁFICA 317
PROSPECTANDO O FUTURO DAS OPESP DO EXÉRCITO BRASILEIRO 335
PÓSFÁCIO 349
LISTA DE SIGLAS 351
REFERÊNCIAS 360
ANEXOS 379
APÊNDICES 389

APRESENTAÇÃO

A história militar é narrada, na maioria das vezes, por aqueles que não participaram das ações de combate. São indivíduos que, aprofundando-se na literatura, na análise de documentos ou nas entrevistas com os combatentes, reúnem elementos com a finalidade de registrar os acontecimentos, dando forma a textos que buscam promover a diversificação dos conhecimentos acerca de determinado período ou evento.

Talvez por falta de tempo, ou por considerarem que sua atuação em uma batalha ou em um acontecimento específico nada mais é do que o ápice de sua escolha profissional, os militares participam de forma moderada no registro das ocorrências históricas nas quais tenham se envolvido direta ou indiretamente. Também por encontrarem-se suscetíveis às sensibilidades do ambiente castrense, eles preferem eximir-se dessa responsabilidade deixando-a a cargo do pesquisador geral, que, afastado do círculo marcial, tem condições de observar as circunstâncias que envolvem um dado episódio, registrando os fatos com o necessário rigor científico.

A presente obra foi escrita a quatro mãos pelo professor Rodney Lisboa e pelo coronel Fernando Montenegro. Militar de carreira e destacado integrante da comunidade de Operações Especiais do Exército Brasileiro, Fernando Montenegro não se absteve de usar o empirismo a fim de contribuir de modo substancial para o ineditismo deste texto. Cientista dedicado à temática da guerra irregular e das operações militares não convencionais, Rodney Lisboa é um historiador militar que assumiu o compromisso de investigar e difundir os pormenores de personagens e eventos relacionados às ações combativas que fogem aos padrões ortodoxos característicos dos contingentes regulares.

Sem rodeios ou exaltações, os autores atribuem um sabor didático à obra, cada fato embasado em fontes documentais diversas que, oportunamente, possibilitam a organização de uma sequência narrativa crível e que culmina em um expressivo relato histórico muito bem elaborado e fundamentado.

Em seu primeiro livro, Rodney Lisboa produziu um trabalho singular ao abordar a historiografia do Grupamento de Mergulhadores de Combate (GRUMEC), importante unidade de elite da comunidade naval de Operações Especiais vinculada à Marinha do Brasil. E nesta obra, ele e Fernando Montenegro retornam aos primórdios da história do Brasil, abordando os diferentes períodos históricos do país, para identificar os traços de guerra irregular que possibilitaram o surgimento de um modo genuinamente brasileiro de combater (Guerra Brasílica, século XVII). Esse modo de combate serviu como referência para o desenvolvimento de uma doutrina autóctone de Operações Especiais.

Retornando à década de 1950, os autores encontraram no curso ministrado pelo Núcleo da Divisão Aeroterrestre, entre 1957 e 1958, a origem de um legado. As Operações Especiais do Exército Brasileiro tiveram início com um grupo de 16 voluntários altruístas, que abraçou a tarefa de edificar as bases para a criação de uma atividade pioneira, e evoluíram gradativa e significativamente ao acompanhar as sucessivas mudanças nos cenários nacional e internacional, capacitando-se na execução de ações estratégicas a serviço dos interesses do Brasil.

Este livro revela uma saga de seis décadas, período no qual fui partícipe, testemunha e espectador das adversidades e conquistas experimentadas por diferentes gerações de militares dedicados ao exercício do seu ofício. Que a presente obra desperte a sensibilidade do leitor, de modo a fazê-lo compreender o mérito da história edificada pela comunidade de Operações Especiais do Exército Brasileiro, reconhecendo e valorizando os esforços do passado para projetar e arquitetar os avanços do futuro.

Paulo Filgueiras Tavares[1]

---

1. Paulo Filgueiras Tavares é coronel do Exército Brasileiro, declarado aspirante a oficial pela AMAN na Arma de Engenharia em 1950. Cursou a Escola de Aperfeiçoamento de Oficiais (EsAO) em 1961 e a Escola de Comando e Estado-Maior do Exército (ECEME) entre 1965 e 1968. Qualificou-se como Operador Especial nº 02 no pioneiro Curso de Operações Especiais (COpEsp) ministrado pelo Núcleo da Divisão Aeroterrestre (NuDAet) entre 1957 e 1958. Nos EUA frequentou o *Special Forces Underwater Operations* em 1973 no *7th Special Forces Group-Airborne* (7th SFG-A). Foi comandante do 4º Batalhão de Engenharia de Combate (4º BECmb) entre 1974 e 1976. Transferiu-se para a reserva em 1982, completando 34 anos de serviço efetivo junto à Força Terrestre Brasileira.

PREFÁCIO

Nas próximas páginas, o leitor encontrará a história das Operações Especiais no Brasil que ainda não havia sido escrita.

Os autores, depois de doze anos de pesquisa e entrevistas, preenchem, com esta obra, uma grande lacuna na história militar, com conteúdos que ainda não haviam sido reunidos em qualquer publicação de formato literário ou acadêmico. Este livro registra a verdadeira saga de homens que, desde 1957, lutam para implantar no Exército uma categoria de ações militares que não se enquadram nos padrões clássicos da guerra.

Há uma relevante característica que diferencia este livro da maioria das obras militares brasileiras: a importante sinergia que resultou da união dos saberes de um militar com um acadêmico do meio civil.

Autor paisano, o professor Rodney Lisboa é uma raridade no meio intelectual brasileiro, pois são muito poucos aqueles que se interessam em estudar os assuntos inerentes à temática da Defesa Nacional, sobretudo as relacionadas à guerra irregular e às Operações Especiais. Por sua vez, o coronel Fernando Montenegro congrega a formação militar e civil, qualificado em todos os cursos ministrados pelo Centro de Instrução de Operações Especiais do Exército, dedicando-se à carreira acadêmica quando foi transferido para a reserva.

Os pioneiros de 1957 e demais militares vinculados a essa comunidade reclamavam da falta de registros de suas lutas. A história da primeira geração de operadores especiais foi resgatada, com certa urgência, antes que se perdessem os testemunhos daquele grupo inovador de militares que já estão idosos.

Este grupo ajudou o Exército a atingir um maior nível de operacionalidade. Sua influência ultrapassa o âmbito da atividade das Operações Especiais, refletindo por toda a corporação, mesmo enfrentando alguma resistência, para promover a criação dessa especialidade e o desenvolvimento de segmentos distintos no núcleo da Força Terrestre.

No Exército Brasileiro, tal como ocorreu em quase todos os exércitos do mundo, as Operações Especiais têm sua origem atrelada às tropas paraquedistas. No Brasil, desde o uniforme até o treinamento físico para seu condicionamento específico, a mística do paraquedista e seu peculiar espírito de corpo se espalharam por toda a tropa. Quando surgiram as Operações Especiais, o acurado espírito de corpo da audaciosa atividade paraquedista foi exemplo para todas as outras tropas que hoje também dispõem de suas místicas singulares, como as tropas de Selva, Blindada e de Montanha, por exemplo.

O presente livro nos traz informações importantes sobre a origem e a evolução das Operações Especiais, desde sua origem remota até os dias atuais que, com o advento da guerra de quarta geração, proporcionaram maior relevância às ações de guerra não convencionais.

Como representante da segunda geração das Operações Especiais, vivi com intensidade os momentos marcantes das transformações narradas nesta obra. Quis o destino que eu participasse, ainda como tenente, das operações realizadas na década de 1970 no Araguaia, e que testemunhasse, como major comandante do Destacamento de Forças Especiais, a criação do 1º Batalhão de Forças Especiais em 1983. Iniciava então, na interessante cronologia montada pelos autores, a terceira geração das Operações Especiais, período em que o 1º Batalhão de Forças Especiais foi devidamente reconhecido pela Força Terrestre e em que os operadores de Forças Especiais e de Comandos tiveram sua relevância oportunamente ratificada.

Inúmeras missões em todo o território nacional e principalmente na Amazônia marcaram a trajetória do Batalhão Antônio Dias Cardoso, denominação histórica do 1º Batalhão de Forças Especiais. Como seu comandante, já na década de 1990, vivi experiências com a terceira geração, incluindo a convivência com o então tenente Montenegro, que comandava um Destacamento de Ações de Comandos e depois integrou o recém-criado Destacamento de Contraterror.

No final da terceira geração, eu ocupava a 3ª Subchefia do Estado-Maior do Exército entre 2002 e 2003 quando foi criada a Brigada de Operações Especiais, assinalando o começo da quarta geração. Com a criação dessa Grande Unidade (GU), recebi o estudo que considerava sua constituição das mãos do general Álvaro, que também havia me passado o comando do 1º Batalhão de Forças Especiais e tinha sido meu companheiro no Araguaia.

Com o início da quarta geração, o salto de qualidade foi enorme. Novos armamentos, modernos meios de comunicação, adestramentos funcionais e especializados, túnel de vento e, principalmente, a grande experiência de oficiais e sargentos participando de inúmeras missões no exterior fizeram a diferença na operacionalidade da tropa de Operações Especiais.

Hoje, acompanhamos de longe, mas com muito interesse, os novos combatentes especializados que receberam o bastão que envergamos com orgulho. Apenas quando tive a oportunidade de ler este livro, pude inteirar-me dos detalhes evolutivos da quarta geração. Agora, posso traçar um minucioso quadro acerca do que aconteceu após a criação da Grande Unidade de Operações Especiais do nosso Exército.

Espero que os autores possam continuar a escrever sobre as próximas gerações.

COMANDOS! FORÇA!!

Rui Monarca da Silveira[2]

---

2. Rui Monarca da Silveira é general de exército, declarado aspirante a oficial pela AMAN na Arma de Cavalaria em 1969. Qualificou-se nos seguintes cursos: Básico de Paraquedista, Mestre de Salto, Salto Livre (básico e avançado), Ações de Comandos (CAC), Forças Especiais (CFEsp) e Curso de *Lanceros* (Contraguerrilha), ministrado pela *Escuela de Lanceros* do Exército da Colômbia. Foi instrutor do Centro de Instrução Paraquedista General Penha Brasil (CI Pqdt GPB), da Seção de Instrução Especial (SIEsp) da AMAN, do Curso de Cavalaria da Escola de Aperfeiçoamento de Oficiais (EsAO), do Curso de Comando e Estado-Maior (CCEM) e Curso de Política, Estratégia e Alta Administração do Exército (CPEAEx) da Escola de Comando e Estado-Maior do Exército (ECEME). Foi comandante do Destacamento de Forças Especiais, atual 1º Batalhão de Forças Especiais (1º BFEsp), do Centro de Avaliação e Adestramento do Exército (CAAdEx), da 23ª Brigada de Infantaria de Selva (23ª BdaInfSl) e da 1ª Divisão de Exército (1ª DE) com a Vila Militar. Foi 1º Subchefe (Instrução Militar) do Comando de Operações Terrestres (COTER), 3º Subchefe (Doutrina e Estratégia) do Estado-Maior do Exército (EME) e Chefe do Departamento de Educação e Cultura do Exército (DECEx). Transferiu-se para a reserva em 2011, completando 42 anos de serviço efetivo junto ao Exército Brasileiro.

INTRODUÇÃO

De modo geral, a atividade militar fundamenta seu desenvolvimento na aquisição de conhecimentos técnico-científicos que, necessariamente, devem acompanhar as transformações decorrentes dos combates travados em uma guerra. Ainda que se desenrole no curso de sucessivos combates, uma guerra não tem início, ou seja, é decidida ou se resume apenas no contexto de suas batalhas, sendo um empreendimento abrangente que carece de planejamento e providências extremamente complexas e interdependentes (Ehrenreich, 2000, p. 17).

Quando considerados pela perspectiva histórica, os primórdios da história da guerra se confundem com a origem do homem, uma vez que a natureza humana apresenta traços de agressividade em sua herança filogenética (características hereditárias próprias de uma espécie), evidenciando um indiscutível potencial para guerrear (Keegan, 2006, pp. 19-20). Travados inicialmente com o propósito de garantir a sobrevivência de povos pré-históricos, que disputavam alimento e território, os enfrentamentos mudaram a partir do advento das primeiras civilizações, embora o confronto entre elas fosse mais uma luta travada individualmente (homem contra homem) do que um combate coletivo organizado e disciplinado.

A civilização grega, com suas falanges[1] formadas por cidadãos que atuavam como soldados em períodos de guerra, foi a responsável pelo desenvolvimento das formações táticas de combate, bem como pela subordinação das capacidades individuais em favor das atribuições coletivas. Mais tarde, os romanos transformaram seu contingente militar em um exército profissional constituído por legiões[2] extremamente bem disciplinadas e treinadas, recrutadas com base no sistema de voluntariado (Goulart, 2012, pp. 7-8).

Apesar de a desaprovação às manifestações violentas infundadas ser consenso nas sociedades contemporâneas, a agressividade tem seu uso legitimado em situações específicas, por influência de uma combinação de fatores intrínsecos e extrínsecos aos seres humanos, diferente de algumas culturas do passado, nas quais a agressividade constituía o modo de vida de alguns povos (Keegan, 2006, pp. 20-21). Algumas emoções humanas, como raiva, frustração e ambição, figuram entre os principais gatilhos para o desencadeamento de contendas devido ao instinto de guerrear inerente ao homem.

Foi a resposta humana agressiva, motivada por um ou mais fatores, que suscitou as grandes batalhas tradicionais envolvendo numerosos efetivos, como Gaugamela (331 a.C.), Cannae (216 a.C.), Austerlitz (1805), Verdun (1916) e Stalingrado (1943). Contudo, alguns nomes ao longo da história procuraram romper com os padrões de suas respectivas épocas, optando por formas alternativas de enfrentamento que se valiam da surpresa gerada pela imaginação e pela ousadia como elemento multiplicador do poder de combate (Montagnon, 2015, p. 15).

Reconhecidas desde a Antiguidade por auxiliarem os grandes exércitos a vencer batalhas nos conflitos travados em diferentes períodos históricos, as pequenas unidades não convencionais[3] foram responsáveis por executar uma diversidade de ações peculiares de combate, cujos padrões de enfrentamento às forças inimigas fugiam totalmente aos métodos ortodoxos característicos de cada época.

Para exemplificar essa forma singular de confronto, citamos os seguintes eventos bíblicos: a operação noturna orquestrada por Abrão (Gênesis 14,14), que reuniu um grupo de 318 homens de sua casa (clã) para resgatar seu sobrinho Ló, aprisionado pelos soberanos dos quatro reinos (Elão, Goim, Sinear e Elasar). Esses líderes antagonizaram e venceram a coalizão de outras cinco nações (Sodoma, Gomorra, Admá, Zeboim e Belá) em combate realizado no Vale de Sidim, localizado no extremo sul do mar Morto (1950 a.C.); a dissimulação executada por soldados gregos, que, escondidos no interior de uma grande escultura em forma de cavalo, foram levados para dentro das muralhas da cidade de Troia, onde atacaram as sentinelas e, dessa forma, liberaram os portões para a entrada das tropas gregas (1300-1200 a.C. — conforme descrito na Ilíada, poema épico grego escrito por Homero); a ação de 300 israelitas liderados por Gideão (Juízes 7, 7) para surpreender e vencer uma força de 135 mil midianitas nas proximidades do rio Jordão (1245 a.C.); as táticas de guerrilha empregadas pelas tropas israelitas comandadas por Judas Macabeu (I Macabeus 3, 3) com o propósito de derrotar os soldados gregos de Antíoco para retomar a cidade de Jerusalém (166 a.C.); as técnicas de combate indígenas realizadas pelo grupo de caçadores de cervo comandados pelo major Robert Rogers, que antagonizavam as tropas francesas durante a Guerra Franco-Indígena[4] (1754-1763); os rápidos ataques conduzidos por homens do 43° Batalhão de Infantaria da Virgínia, efetuados com o objetivo de cortar as linhas de comunicação das tropas da União no decorrer da Guerra de Secessão dos EUA[5] (1861-1865); as táticas de emboscadas utilizadas pela milícia formada por imigrantes holandeses (*Kommandos*) para surpreender as forças britânicas que pretendiam ocupar o território dos colonos na África do Sul em decorrência da Guerra dos Bôeres[6] (1880-1881/1899-1902); as infiltrações efetuadas pelas *Stosstruppen* alemãs, pequenas unidades de Infantaria especializadas em procurar pontos fracos para romper as linhas de defesa inimigas, e, desse modo, possibilitaram que grupos maiores investissem posteriormente contra os adversários na Primeira Guerra Mundial[7] (1914-1918); entre outros eventos (Lisboa, 2019).

No século XX, as ações não convencionais passaram a ter maior relevância e espaço na condução das campanhas militares devido à transformação dos conflitos realizados ao redor do mundo, fato que propiciou o surgimento da atividade que internacionalmente convencionou-se chamar de Operações Especiais (OpEsp). No âmbito do Ministério da Defesa (MD), órgão do governo federal brasileiro responsável por exercer a direção superior das Forças Armadas (FA), são consideradas OpEsp as:

> Operações conduzidas por forças militares, especialmente organizadas, adestradas e equipadas, visando a consecução de objetivos políticos, econômicos, psicossociais ou militares relevantes, preponderantemente, por meio de alternativas militares não convencionais. Podem ser conduzidas tanto em tempo de paz quanto em períodos de crise ou conflito armado; em situações de normalidade ou não normalidade institucional; de forma ostensiva, sigilosa ou coberta; em áreas negadas, hostis ou politicamente sensíveis; independentemente ou em coordenação com operações realizadas por forças convencionais; em proveito de comandos de nível estratégico, operacional ou tático (Brasil, 2015b, p. 196).

Por serem as OpEsp foco desta obra, é importante esclarecer o que elas não são. Devido à semelhança terminológica ou característica operacional, uma considerável parcela da população brasileira, incluindo muitos militares não familiarizados com suas atividades, incorrem no equívoco de confundir o papel por elas desempenhado com as atribuições próprias das Operações em Ambientes com Características Especiais ou das Operações Complementares, duas atividades que desempenham tarefas bastante distintas em relação àquelas realizadas pelas OpEsp (Lisboa, 2018a, p. 38).

Nesse sentido, as Operações em Ambientes com Características Especiais consideram o emprego de tropas vocacionadas para atuar em ambientes operacionais com características tão peculiares que exigem do contingente envolvido o conhecimento de Técnicas, Táticas e Procedimentos (TTPs) compatíveis com os aspectos fisiográficos do ambiente em que operam (selva, pantanal, caatinga e montanha) (Brasil, 2017a, p. 6/1).

Por sua vez, as denominadas Operações Complementares inserem-se no contexto das Operações Básicas[8], sendo executadas com a finalidade de maximizar a aplicação dos elementos do poder de combate terrestre. Por sua natureza e características, bem como pelas condições, elas exigem especificidades quanto ao planejamento, à preparação e à condução, sobretudo no que se refere às TTPs ou aos recursos pessoais e materiais. Estão incluídas nessa categoria as seguintes operações: aeromóveis, aeroterrestres, anfíbias, especiais, ribeirinhas, contra forças irregulares, de abertura de brecha, de busca, de combate e salvamento, de contradesembarque anfíbio, de dissimulação, de evacuação, de informação, de interdição, de junção, de não combatentes, de segurança, de transposição de curso de água, e em área edificada (Brasil, 2017a, p. 4/1).

O Exército Brasileiro (EB) adota como marco inicial de sua história a série de eventos decorrentes dos confrontos travados pelas Invasões Holandesas ao território colonial português ocorridas no século XVII. Por serem esses episódios históricos caracterizados pela condução de campanhas típicas da guerra irregular, e por ser essa tipologia de enfrentamento uma demanda atribuída preferencialmente às OpEsp, no cenário contemporâneo, esse evento desponta também para a comunidade de OpEsp da Força Terrestre Brasileira como sua principal referência na história do Brasil. Entretanto, por acreditarmos que a predisposição de uma coletividade para desempenhar determinada atividade não se limita a um evento catalisador, torna-se imprescindível ampliar a perspectiva histórica para eventos que antecedem a Insurreição Pernambucana e se prolongam além dela. Nesse contexto, julgamos que o pensamento coletivo estrutura-se, de forma complexa e abrangente, favorecido pelas condições socioambientais, sendo responsável por viabilizar a orientação, ou seja, a aptidão de um grupo de pessoas para o exercício de práticas específicas. Assim, a contextualização e a interpretação de eventos históricos constituem instrumento fundamental para a assimilação e a diversificação de conhecimentos essenciais para que qualquer atividade possa ser realizada junto a um grupo de pessoas, influenciando-o ao desenvolvimento e à evolução de suas práticas.

Este livro é resultado de um levantamento histórico que pretende elucidar uma questão fundamental que se materializa na seguinte pergunta: quais foram as manifestações de guerra irregular ocorridas na história do Brasil e como as OpEsp próprias do EB surgiram e se desenvolveram a partir desses acontecimentos?

Tomando essa questão elementar como referência de nossa abordagem, buscamos descrever os acontecimentos narrados nos contextos espaço-temporais que ocorreram. Com os dados baseados no campo da Ciência Militar[9], os conteúdos aqui tratados buscam a compreensão atualizada do passado, para, dessa forma, promover um melhor entendimento do presente e uma prospecção do futuro, tanto para a sociedade em geral quanto para a militar.

No que se refere ao público em geral, a fomentação de uma consciência crítica em relação às questões militares é importante, pois permite a criação e a ampliação de um diálogo calcado nos aspectos inerentes às responsabilidades sociais relacionadas à indissociabilidade entre a defesa e o desenvolvimento de um Estado (Luvaas, 1981, pp. 43-55). Para os membros da comunidade castrense, por sua vez, o aprendizado de temas atinentes à atividade militar é essencial para expandir a capacidade de julgamento. Essa aptidão é o que propicia o estabelecimento de uma teoria de guerra orientada para a elaboração de uma doutrina compatível com a realidade em que esses militares estão inseridos (Liddell Hart, 1982, p. 29).

Para atingir os objetivos propostos, optou-se por desenvolver uma abordagem qualitativa utilizando como referencial teórico a história oral, por esse método contribuir para a análise das memórias relacionadas à temática que se buscou explorar. Essa opção foi aplicada por constituir-se como um procedimento que se destina a registrar e a perpetuar as memórias passadas (impressões, vivências e lembranças) de indivíduos dispostos a compartilhar suas percepções. Dessa maneira, foi possível produzir um conjunto de conhecimentos que seriam impossíveis de obter de outra forma (J. O. Matos & Senna, 2011, p. 97).

Cabe salientar que o passado ao qual nos referimos diz respeito a um período contemporâneo alcançado pela memória dos entrevistados, que dele participaram como atores e testemunhas. Também é importante salientar que as memórias do indivíduo não se restringem a ele, uma vez que este se encontra inserido em um contexto sociocultural sujeito a influências coletivas. Nesse sentido, o indivíduo também se identifica com os acontecimentos públicos relevantes para o grupo a que pertence, passando a filtrar e a incorporar tais episódios em seu comportamento, fato que nos leva a formular que: "memórias individuais e coletivas se confundem" (ibid.).

Respeitando o rigor científico e metodológico necessários a uma investigação teórica, inicialmente buscamos alicerçar este livro em fontes bibliográficas e documentais com o intuito de compreender as particularidades inerentes à guerra irregular travada no Brasil nos diferentes períodos da história, bem como identificar os fatores que contribuíram para a criação e o desenvolvimento das OpEsp conduzidas sob autoridade do EB. Posteriormente, nos preocupamos em compor fontes orais, coletando entrevistas com a finalidade de produzir um corpus de depoimentos, de modo a evidenciar a percepção dos entrevistados em relação às experiências por eles vivenciadas no curso do tempo a partir da decisão de implementar as atividades de OpEsp na estrutura organizacional do EB.

Por permitir maior interação com o entrevistado, favorecendo a exploração das informações por ele apresentadas e ampliando as possibilidades de conhecimento da temática estudada e abordada, optamos por conduzir as entrevistas com base na técnica denominada "por pautas". Tal modelo consiste em um questionário contendo perguntas pré-definidas e relacionadas entre si, conduzidas conforme o interesse do entrevistador, dando liberdade para que o entrevistado possa respondê-las espontaneamente (Britto & Feres, 2011, pp. 237-250, pp. 241-242).

As entrevistas foram realizadas com militares da ativa e da reserva do EB, qualificados em cursos de Operações Especiais (Ações de Comandos e Forças Especiais), com expertise na condução de ações não convencionais e dotados de conhecimentos que contribuíram para a elaboração e o desenvolvimento desta proposta. É importante salientar que somente as informações consideradas como "ostensivas" foram incorporadas ao texto (informações avaliadas como "classificadas" tiveram seu sigilo devidamente respeitado). Assim, com base nos critérios definidos para a seleção dos trechos, os entrevistados foram escolhidos após avaliação, e não de forma probabilística.

Elaborado a partir dos instrumentos metodológicos citados, este livro foi estruturado com o objetivo de identificar, pela perspectiva das OpEsp, eventos históricos brasileiros nos quais a modalidade de guerra irregular se fez presente. Para isso, procuramos realizar uma revisão histórica que nos possibilitasse discorrer acerca do processo de criação e desenvolvimento dessa modalidade de atividade conduzida pelo EB.

Para que o leitor possa se familiarizar com o universo das ações militares não convencionais, o primeiro capítulo faz uma contextualização das OpEsp estabelecendo distinções entre seus diferentes métodos de execução. O segundo, terceiro e quarto capítulos, respectivamente, abordam as manifestações de guerra irregular nos períodos colonial, imperial e republicano da história brasileira, estendendo-se até o ano de 1957, quando essa atividade é inaugurada no EB. Por sua vez, o quinto, sexto, sétimo e oitavo capítulos cobrem um *continuum* temporal que abrange sessenta anos de evolução histórica (1957-2017) dessa modalidade de operações conduzidas pela Força Terrestre Brasileira.

Especificamente sobre esses quatro capítulos esclarecemos que optamos por nos nortear no delineamento proposto por Marcelo Araripe Oliveira (2020), o qual estabelece uma classificação das OpEsp do EB em quatro gerações (Apêndice B). A primeira geração cobre um contínuo temporal que se estende de 1957 a 1968, a segunda prolonga-se de 1968 a 1983, a terceira desdobra-se de 1983 a 2004, enquanto a quarta tem início a partir de 2004 e se desenvolve desde então. Finalizamos discorrendo sobre as perspectivas futuras inerentes ao cenário de enfrentamento do século XXI e as possibilidades de emprego das OpEsp a cargo do EB, considerando as demandas nacionais relacionadas aos interesses estratégicos do Estado Brasileiro.

O termo "Kid Preto", adotado como título desta obra, surgiu no decorrer dos anos 1970 como um codinome que faz referência ao comandante das Forças de Operações Especiais (FOpEsp) do EB. De forma mais específica, o termo aparece no decorrer da exploração de rádio durante as missões que confrontaram as forças guerrilheiras de orientação comunista instaladas na região do rio Araguaia, situada na região fronteiriça dos estados do Mato Grosso, Maranhão, Pará e Goiás (área atualmente localizada no estado de Tocantins).

A partir de então, essa tradição perpetuou-se, sendo historicamente utilizada para designar o comandante do 1° Batalhão de Forças Especiais (1° BFEsp) (Schwingel & Mota, 2016, p. 185). Contudo, muito mais que uma designação usada para ocultar a identidade de um militar exercendo as funções de comando no transcorrer de ações operativas nas OpEsp do EB, o vocábulo Kid Preto é aplicado em referência ao Elemento de Operações Especiais (ElmOpEsp) por excelência. Ou seja, o termo designa um soldado profissional altamente capacitado e qualificado como Paraquedista, Comandos e Operador de Forças Especiais (FE).

Além disso, é importante esclarecer que a palavra "preto", utilizada como componente do referido codinome, faz alusão à tonalidade da camuflagem (confeccionada a partir de cortiça queimada) que atenua o tom e a luminosidade da pele dos militares que participam das mais variadas missões, com o intuito de assegurar a furtividade das ações e o sigilo operacional.

NOTAS

1. O modo grego de combater baseava-se nas falanges, formações de Infantaria cujos hoplitas (soldados gregos) avançavam em formação cerrada, geralmente organizada em oito fileiras distribuídas em profundidade, contra as forças inimigas. Nos combates, os hoplitas mantinham o escudo sustentado pelo braço esquerdo diante do corpo, enquanto manejavam suas lanças com o braço direito por cima do ombro, executando movimentos de estocada e arremesso sobre o escudo. Quando avançavam em formação sobre as tropas adversárias, os soldados postavam-se próximos uns dos outros de modo que cada homem fosse protegido pelo escudo do companheiro à esquerda. Quando as falanges se enfrentavam, os escudos se chocavam em uma disputa de "empurrões" enquanto os golpes com a lança eram desferidos por trás das respectivas barreiras de escudos (Ferrari, 2011, p. 23; Newark, 2011, pp. 24-29).

2. A legião romana era composta por cerca de 5.500 homens distribuídos em três linhas sucessivas de Infantaria, cada uma delas com várias unidades (manípulos e centúrias) que executavam manobras independentes. Atuando em menor profundidade que as falanges gregas, tal inovação possibilitou maior flexibilidade à legião. As linhas de Infantaria eram organizadas conforme a experiência de cada legionário. Os *hastati* (soldados mais jovens) formavam a primeira linha, atrás deles vinham os *principes* (homens entre 25 e 35 anos) e a terceira linha era composta pelos *triarii* (legionários mais experientes). A função tática da primeira linha era preparar o combate tentando romper o dispositivo inimigo. A segunda era lançada para forçar a ruptura, caso esta não fosse obtida no primeiro ataque. Por sua vez, a terceira representava a reserva do conjunto, utilizada como último recurso para decidir a batalha. Diferente das falanges gregas, as formações legionárias não eram tão cerradas e os soldados romanos permaneciam a uma distância que deixava espaço suficiente para lutarem e proverem apoio a seus companheiros. Como instrumento defensivo os legionários portavam um amplo escudo retangular além de um conjunto de armas para as manobras ofensivas. O gládio é uma espada curta de fio duplo, própria para desferir golpes de estocada e ceifa. O pilo, que cada soldado portava aos pares, é um dardo empregado para movimentos de arremesso. Nas táticas de combate, os dardos eram lançados em rajadas quando os legionários se aproximavam à curta distância do inimigo, e caso fossem aparados pelo escudo do adversário, a luta corpo a corpo era travada utilizando a espada (Goulart, 2012, pp. 14-20; Newark, 2011, p. 41-49).

3. São consideradas tropas não convencionais as unidades militares que executam ações que não se enquadram nos termos da guerra convencional, considerada como um conflito armado entre Estados ou coligação de Estados realizado dentro dos padrões clássicos da guerra com o uso de armas tradicionais. O confronto pode ser total ou limitado, quer seja pela extensão da área conflagrada, quer seja pela

amplitude dos efeitos a obter. Tais unidades são percebidas como não convencionais por não se inserirem nos padrões regulares de emprego do poder militar, ou por fazerem uso, predominantemente, de meios que não estão presentes no contexto dos enfrentamentos tradicionais (Brasil, 2015b, pp. 134-136).

4. Conflito travado entre tropas britânicas e francesas na disputa pelo vale do rio Ohio, considerado pela França um elo essencial entre suas colônias no Canadá e as terras por ela reivindicadas ao longo do rio Mississipi. Por sua vez, a Grã-Bretanha fazia concessões daquelas terras à Companhia do Ohio, fundada por colonos britânicos na Virgínia. Em 1752, Michel-Ange Duquesne de Menneville (marquês de Duquesne) foi nomeado governador da Nova França (área que se estendia do leste do Canadá descendo pela baía de Hudson e prolongando-se até Louisiana), com instruções precípuas de garantir o controle do território do Ohio. As hostilidades tiveram início no dia 28 de maio de 1754, quando um contingente da milícia da Virgínia comandado pelo tenente-coronel George Washington confrontou uma patrulha francesa. Inicialmente favorável aos franceses, o conflito teve novo direcionamento com a eclosão da Guerra dos Sete Anos na Europa (1756-1763). Engajados em uma guerra generalizada contra a França, os britânicos dedicaram-se ao confronto com as colônias norte-americanas, controlando as rotas marítimas no Atlântico e assim comprometendo o abastecimento das tropas francesas no Canadá. E quando obtiveram vantagem, os indígenas lhes ofertaram apoio. Com o passar do tempo, a guerra tornou-se uma campanha de conquista britânica em direção ao Canadá, efetivada em setembro de 1760. Um acordo firmado em 1763 confirmou a posse do território canadense aos britânicos, enquanto os espanhóis (que haviam entrado na guerra em 1761 lutando ao lado dos franceses) cederam a Flórida à Grã-Bretanha, recebendo dos franceses a Louisiana. Concluída a guerra, a França não havia conquistado territórios substanciais na América do Norte (Ferrari, 2011, pp. 262-263).

5. Guerra civil norte-americana travada entre os estados do Norte (favoráveis à abolição da escravatura) e os do Sul (contrários à libertação dos escravos). Essa divergência teve início na convenção de 1787 que redigiu a Constituição dos EUA permitindo que cada um dos 13 estados optasse individualmente por permitir ou não a escravidão. Os sete estados nortistas aboliram o trabalho escravo, enquanto os seis estados sulistas mantiveram a mão de obra escrava (mais barata) para trabalhar nas plantações de algodão, tabaco e cana-de-açúcar. Contudo, à medida que novos estados foram incorporados à União, o Sul temia que a abolição prevalecesse e resultasse em enormes prejuízos para a economia baseada em grandes plantações. O Compromisso do Missouri, ratificado em 1820, manteve em equilíbrio a admissão de estados abolicionistas e estados escravagistas à União. Todavia, a rivalidade começou a se intensificar em 1857, quando a Suprema Corte estadunidense declarou esse acordo inconstitucional, chegando ao ápice dez anos depois, após Abraham Lincoln ser eleito presidente do país, uma vez que ele se recusava a estender a escravidão aos novos territórios localizados no Oeste. A vitória de Lincoln levou

os estados sulistas a se retirarem da União entre 1860 e 1861, reorganizando-se em uma Confederação que tinha Jefferson Davis como presidente e a cidade de Richmond (Virgínia) como capital. O início das hostilidades ocorreu em 12 de abril de 1861, quando forças confederadas bombardearam o Fort Sumter (em poder da União) na Carolina do Sul. O conflito que dividiu os EUA em norte e sul por quatro anos foi o mais devastador já travado na América do Norte. Comandadas pelo general Robert Edward Lee, as forças confederadas viram suas esperanças desaparecerem com a reeleição do presidente Lincoln em 1864. Em março do mesmo ano, o general Ulysses Simpson Grant, comandante do exército da União, planejou pôr fim à guerra com um gigantesco movimento de pinças até tomar Richmond, fato que ocorreu em 3 de abril de 1865, levando o general Lee a se render cinco dias depois (Ferrari, 2011, pp. 350-355).

6. Dois confrontos armados que opuseram colonos de origem holandesa e francesa (bôeres) e tropas britânicas interessadas em se apoderar das minas de ouro e diamante, recém-descobertas no território ocupado pelos bôeres na região do rio Vaal. A Primeira Guerra dos Bôeres (1880-1881) marcou a vitória destes, levando os britânicos a reconhecerem a independência do Transvaal (território localizado no nordeste da África do Sul). Todavia, a insistente presença britânica na região desencadeou a Segunda Guerra dos Bôeres (1899-1902) que culminou com a capitulação dos bôeres, a assinatura do Tratado de Vereeniging (31 de maio de 1902), além da formação da União sul-africana, sob domínio britânico, em decorrência da anexação das repúblicas bôeres do Transvaal e do Estado Livre de Orange às colônias britânicas de Cabo e Natal (Ferrari, 2011, pp. 364-367).

7. Na segunda década do século XX, um conjunto de reformas sociais, acrescidas da evolução das ciências e do ideal democrático, propiciaram um desenvolvimento sociocultural no qual as competições econômicas, apoiadas em um nacionalismo apaixonado e belicoso, conduziram o mundo para um conflito global. Resultado de soluções parciais em razão do choque de interesses entre diferentes estados europeus, a relativa paz experimentada no início do século modificou-se, dando origem a uma guerra generalizada, por influência de diversos fatores, dentre os quais destacamos: a rivalidade industrial entre a Alemanha e o Reino Unido, o imperialismo russo que pretendia dominar a região dos Balcãs, o ressentimento da França que em 1870 perdera para os alemães as minas de ferro e carvão da Lorena e a onda de valorização patriótica que inflamou marroquinos e argelinos a se oporem à dominação francesa. Travada como um conflito interimperialista, a Primeira Guerra Mundial (1914-1918), também conhecida como Grande Guerra, foi responsável por antagonizar diversas nações europeias. Esses países buscavam, predominantemente, dominar o mercado internacional e o mundo colonial, para onde seriam exportados seus capitais excedentes e seus produtos manufaturados e de onde importariam as matérias-primas indispensáveis para manter suas indústrias em funcionamento. Envolvendo a Tríplice Entente (liderada pelo Reino Unido, França e Império Russo)

contra a coligação formada pelas Potências Centrais (encabeçadas pelo Império Alemão, Império Austro-Húngaro e Império Turco-Otomano), a guerra gerou um impasse em virtude da imposição do poder defensivo sobre o ofensivo, condição que praticamente impossibilitava as manobras de combate obrigando os dois lados a permanecerem entrincheirados. A situação mudou em 1917 com o engajamento dos EUA na guerra e mediante o desenvolvimento de novas táticas ofensivas que coordenavam com maior eficiência o avanço da Infantaria e da Artilharia. No final do conflito, o mapa geopolítico da Europa e do Oriente Médio foi reconfigurado de forma radical em decorrência do colapso e do desmembramento dos quatro impérios citados (Cáceres, 1988, p. 210; Ferrari, 2011, pp. 410-417; Souto Maior, 1976, p. 387).

8. Operações que podem atingir os objetivos determinados por uma autoridade militar ou civil em situação de guerra (ofensiva e defensiva), ou em situação de não guerra (cooperação e coordenação com agências). Com relação a esta última, as operações são executadas precipuamente em situações regulares, mas podem ser desencadeadas em situações de guerra, de forma simultânea com as operações ofensiva e defensiva (Brasil, 2017a, pp. 2/9-2/10).

9. Constitui um corpo organizado e sistematizado de conhecimentos relativos ao estudo do fenômeno bélico, que tem recursos próprios, tais como: princípios, métodos, técnicas e tecnologias, cuja finalidade é acionar as FA de forma singular ou conjunta. Seu objetivo, portanto, está relacionado com a organização, a preparação e a ação das FA para a condução da guerra e o alcance da paz (R. S. Cunha & Migon, 2019, p. 14).

1

LUTANDO COM A FORÇA E A INTELIGÊNCIA

São consideradas OpEsp o conjunto de ações militares cuja organização, planejamento e aplicação fogem aos padrões das unidades convencionais, adestradas e preparadas para conduzir os conflitos conforme os arquétipos clássicos da guerra (enfrentamento de forças patrocinadas por Estados que se antagonizam). As tropas regulares muitas vezes não têm os atributos necessários para lidar de forma adequada com a atmosfera de imprevisibilidade imposta pelas denominadas "fricções de guerra[1]". Isso ocorre por disporem de contingentes numerosos, e terem uma organização e um sistema doutrinário rígido. Nessas situações, a extrema dificuldade das forças convencionais em lidar com riscos considerados inaceitáveis (como o elevado número de baixas nas tropas), torna necessária a utilização das FOpEsp, cujos predicados relacionados à autonomia, à adaptabilidade, à improvisação e à inovação, permitem às tropas dessa ordem suplantar as dificuldades impostas por conjunturas inesperadas (Lisboa, 2018a, pp. 42-43).

Organizadas de forma singular, esse tipo de guarnição é composto por pessoal criteriosamente selecionado e adestrado em aplicações táticas não ortodoxas, que podem ser dirigidas contra objetivos táticos, operacionais ou político-estratégicos. Nesse sentido, é fundamental esclarecer que a opção que os Estados fazem ao acionar as FOpEsp em situações sensíveis contra os fatores de força[2] do inimigo no intuito de enfraquecê-lo tem o objetivo de atingir alvos que extrapolam a esfera tática. Desse modo, o conceito de coeficiente de força é usado pelas unidades de elite, quando lutam em inferioridade numérica, para aproveitar ao máximo a capacidade ímpar daqueles que compõem seu quadro operacional e explorar as fraquezas do inimigo a fim de obter uma vantagem decisiva (ibid.).

No desenrolar de uma operação, os ElmOpEsp distinguem-se dos combatentes convencionais não apenas pelas tarefas que desempenham ou pelo contingente reduzido com o qual operam, mas, principalmente, pela forma como os operadores utilizam o conjunto de suas capacidades humanas (físicas, motoras, psicológicas e intelectuais) para enfrentar situações diversas (previsíveis ou imprevisíveis), solucionando eventuais problemas com base no trinômio: simplicidade, criatividade e eficiência (Lisboa, 2018a)

Contudo, embora constituam um elemento essencial para que o operador e a equipe possam desempenhar as tarefas com o nível de competência requerido, as capacidades humanas são apenas um dos inúmeros fatores que podem influenciar na performance individual e coletiva. Além dessas, são considerados componentes essenciais para a condução de uma OpEsp: a capacidade de manusear os materiais (equipamentos) e seguir os métodos (procedimentos); a habilidade de operar de forma rápida, sigilosa, oportuna e coletivamente (responsabilidade compartilhada) obedecendo o planejamento e a preparação; a faculdade de adaptar-se ao acaso, encontrando soluções adequadas para cada situação específica; a compreensão e a obediência da tríade comando, controle e execução da ação, considerando o tempo (quando), o espaço (onde) e as especificidades do inimigo (Lisboa, 2018a).

As OpEsp são geralmente realizadas como ações críticas vinculadas aos interesses dos Estados que as patrocinam, e devem ser necessariamente executadas com o maior zelo e aplicação possíveis, em virtude das implicações que podem resultar. Nesse contexto, operar explorando o máximo das capacidades combativas (alta performance operativa) é uma condição indispensável para todas as FOpEsp. Com relação ao desempenho humano, a expressão alta performance se refere à forma como o indivíduo executa determinada atividade pessoal ou profissional, recorrendo ao máximo potencial de suas capacidades para o cumprimento das tarefas realizadas, o que não o torna isento dos diversos fatores de ordem intrínseca ou extrínseca (Lisboa, 2018b, p. 17).

Todavia, a alta performance operativa não se restringe somente aos atributos individuais. Alguns dos aspectos próprios das relações humanas também estão envolvidos, dentre eles: o conjunto de experiências assimiladas pelo indivíduo no decorrer de sua vida, o processo de seleção e treinamento bem estruturado, o sistema de formação progressiva e continuada (sistemática), o estabelecimento de vínculos de comprometimento nos níveis individual, coletivo e institucional, o desenvolvimento de uma profunda coesão (confiança) com os companheiros de equipe, além de engajamentos reais que permitam vivências variadas em cenários distintos. Ainda que a capacidade individual seja o principal alicerce, a eficiência das FOpEsp depende, fundamentalmente, de componentes que extrapolam as qualidades da tropa, por mais bem preparada e motivada que ela esteja (Lisboa, 2018b).

Para se obter o mais alto nível de rendimento dos ElmOpEsp, é imperativo que a tropa: se comprometa com as operações e esteja apta a acompanhar os níveis de condução da guerra[3] para a qual é vocacionada, adote doutrinas de emprego compatíveis com a tipologia dos engajamentos em que se envolve, tenha à disposição recursos tecnológicos (de última geração) no Estado da Arte, desenvolva a capacidade de operar dando suporte às forças convencionais ou recebendo auxílio destas, atue de forma conjunta ao sistema que integra expertises de agências distintas (militares e civis), opere observando os princípios de C2 (comando e controle[4]), de modo a assegurar um gerenciamento operacional adequado aos requisitos da missão e manter a relação entre o volume, a intensidade e o tempo de engajamento (Lisboa, 2018b, pp. 17-18).

No cenário de enfrentamento atual, as nações soberanas se deparam com o grande desafio de analisar e compreender os fenômenos relacionados à guerra irregular. Isso porque as ameaças à segurança podem surgir tanto de indivíduos com vínculos estatais quanto de *players* sem ligação com outros países. Desse modo, é necessário promover alguns ajustes político-militares. Tais arranjos contribuem para que iniciativas dessa natureza, quando consideradas por elementos adversos, sejam pronta e devidamente coibidas e combatidas, uma vez que a postura conservadora de enfrentamento a essa modalidade de conflito, de modo geral, mostra-se sujeita a falhas devido à inadequação dos procedimentos adotados. Nesse aspecto, quando o oponente lança mão de métodos de combate fora dos padrões ortodoxos, a resposta à sua ação também deve ser diferenciada, considerando a elaboração e o desenvolvimento de metodologias compatíveis, eficientes e aceitáveis de confrontação. Ao dizermos que um método é aceitável, nos referimos à legitimidade das ações militares em favor de um Estado. Tais ações são consideradas legítimas quando garantem a estabilidade política, econômica e social da nação em questão, mas perdem esse caráter quando atingem a cultura, os valores, os interesses e a população (Lisboa, 2018b, pp. 46-47).

As FOpEsp utilizam métodos de combate não convencionais para conduzir as ações nas quais se engajam, os quais são incomuns para os padrões das tropas regulares, que no geral estão familiarizadas com a denominada guerra de atrito. Essa forma de enfrentamento opõe duas forças antagonistas (predominantemente estatais), que se mobilizam para realizar operações alicerçadas na maciça aplicação do poder de combate com a finalidade de reduzir a eficiência de enfrentamento do inimigo em decorrência da perda de pessoal ou de material (Brasil, 2015b, p. 134).

Em virtude da natureza crítica das operações nas quais são levadas a atuar, as FOpEsp devem executar as tarefas com a máxima discrição possível a fim de assegurar a surpresa, elemento considerado essencial ao *modus operandi*[5] dessas tropas.

A condição sigilosa do universo que envolve as OpEsp requer que o conjunto específico de TTPs aplicado nas tarefas operacionais a cargo das unidades militares de elite, necessariamente, seja resguardado de forma apropriada, a fim de garantir a segurança de informações e de conhecimentos sensíveis para o desempenho da tropa e o resultado das operações envolvidas. Embora no âmbito internacional as FOpEsp apresentem diferenças entre si, a tipificação das missões executadas ao redor do mundo segue, em suma, a mesma classificação essencial, sintetizada em três métodos distintos: Ação Direta (AD), Ação Indireta (AI) e Reconhecimento Especial (RecEsp).

AÇÃO DIRETA

Entende-se por AD (também conhecida por Ação de Comandos) a operação ofensiva conduzida de modo exclusivo por FOpEsp, realizada com elevado grau de precisão, pequena envergadura e curta duração, executada por tropa de valor[6] e constituição variável, mediante infiltração terrestre, aérea ou aquática, contra alvos de valor significativo, localizados em ambientes hostis ou politicamente sensíveis. Desenvolvido como uma ação de choque, o método de AD pode ser definido pelas seguintes ações táticas: destruir, emboscar, sabotar, interditar, neutralizar, capturar, eliminar, resgatar (pessoal ou material), retomar, conquistar e identificar alvos para a condução de fogos terrestres, aéreos e navais (Brasil, 2017b, pp. 3/5-3/6).

Quando se considera a ação de FOpEsp em uma determinada campanha, é fundamental estar atento às tarefas a serem cumpridas na missão, pois são elas as responsáveis por determinar a constituição do contingente (diferentes alternativas de emprego[7]) e o tamanho do efetivo (economia de forças[8]).

Executadas de forma autônoma ou em apoio a operações militares convencionais, o método de AD se distingue das ações ortodoxas por alguns fatores: técnicas operativas singulares, níveis de risco físico e político-estratégico, grau de precisão, uso seletivo da força para alcançar objetivos específicos, baixa visibilidade e efeito colateral reduzido (ibid.).

O método de AD se caracteriza pelo enfrentamento direto ao oponente, sendo também uma atividade de elevado risco e sensibilidade. Portanto, para que seja eficiente, a atividade precisa observar sete princípios fundamentais:

1. **Oportunidade**: devem ser realizadas no momento e local mais adequados. Para isso, é imprescindível o apoio de inteligência, meios de transporte e prontidão permanente.

2. **Sigilo**: essencial para conseguir o efeito surpresa, sendo indispensável desde o recebimento da missão até a ação rumo ao objetivo. As operações jamais são difundidas, pois a publicidade pode transformar um sucesso no nível tático em um desgaste político.

3. **Surpresa**: obtida devido à garantia de sigilo das manobras inovadoras. Restringe a desigualdade de forças viabilizando vantagem instantânea. Constitui um dos maiores multiplicadores do poder de combate, sendo condição imperativa para a obtenção da superioridade relativa[9].

4. **Eficiência**: refere-se ao cumprimento efetivo da missão com o direcionamento racional dos recursos humanos e dos materiais garantindo o máximo desempenho. Materializa-se

na estrutura flexível dos destacamentos (organização por tarefas), planejamento apropriado, definição coerente dos meios investidos e destreza na aplicação das técnicas, táticas e procedimentos. É alcançada por meio de planejamento minucioso e muito ensaio.

5. **Rapidez**: trata da execução da ação para alcançar o objetivo de forma fulminante e no menor prazo possível. É essencial para garantir a superioridade relativa e reduzir o tempo de exposição a uma eventual resposta das forças adversas após a quebra do sigilo. Obtida com planejamento pormenorizado e muito treinamento.

6. **Determinação**: é o esforço obstinado visando ao cumprimento da missão, independentemente de condições adversas, perdas humanas ou materiais. Está relacionada, de modo direto, com o comprometimento em três níveis (individual, coletivo e institucional). Tais categorias são, com frequência, colocadas à prova por um sistema de responsabilidade compartilhada, que se inicia durante o processo de seleção e formação dos integrantes da tropa, e se estende por toda sua carreira operativa.

7. **Flexibilidade**: diz respeito à habilidade dos operadores de se adaptarem às incalculáveis e imprevisíveis evoluções do combate. Nesse sentido, visualiza-se a posição apropriada, de pessoal e material, com a qual se possa enfrentar as condições extraordinárias que ocorram ao longo da missão.

Ainda que as ações ofensivas conduzidas como golpes de mão[10] tenham sido utilizadas de modo amplo em diferentes conflitos travados no decorrer dos vários períodos históricos, foi somente durante a Segunda Guerra Mundial que os métodos de AD foram metódica e sistematicamente utilizados para atender às demandas dos quatro níveis de condução do conflito (político, estratégico, operacional e tático).

As ações militares não convencionais foram sigilosamente especuladas por diferentes indivíduos no período entreguerras (1918-1939), sendo devidamente oportunizadas, testadas, incrementadas e incorporadas à estrutura organizacional das FA de diferentes países que viviam a expectativa de um segundo conflito de proporções globais (Denécé, 2009, p. 21). As inúmeras FOpEsp criadas no contexto da Segunda Guerra (Quadro 1) tinham o propósito de atender às demandas específicas dos Estados que as patrocinavam, e, para isso, utilizaram métodos peculiares nas inúmeras campanhas em que se engajaram nos diferentes cenários do conflito.

QUADRO 1 - Relação de algumas FOpEsp engajadas na Segunda Guerra Mundial.

FORÇAS DE OPERAÇÕES ESPECIAIS NA SEGUNDA GUERRA MUNDIAL				
TROPA	**SIGLA**	**PAÍS**	**ORIGEM**	**TEATRO DE OPERAÇÕES**
Chindits	----	Índia Britânica	Exército	Pacífico
Comandos (*Commandos*)	----	Reino Unido	Exército Fuzileiros Navais	Europa
10ª Flotilha de Meios de Assalto (*10ª Flottiglia Mezzi d'Assalto*)	Xª MAS	Itália	Marinha	Europa Norte da África
Destacamento de Barcos Explosivos a Motor (*Royal Marines Boom Patrol Detachment*)	RMBPD	Reino Unido	Fuzileiros Navais	Europa
Equipes de Demolição Submarina (*Underwater Demolition Teams*)	UDT	EUA	Marinha	Pacífico

Escritório de Serviços Estratégicos (*Office of Strategic Services*)	OSS	EUA	Serviço de Inteligência	Europa
Executivo de Operações Especiais (*Special Operations Executive*)	SOE	Reino Unido	Serviço de Inteligência	Europa
Grupo de Longo Reconhecimento do Deserto (*Long Range Desert Group*)	LRDG	Reino Unido	Exército	Norte da África
Merrill's Marauders	----	EUA	Exército	Pacífico
1ª Força de Serviço Especial (*1st Special Service Force*)	SSF	EUA Canadá	Exército	Europa
Rangers	----	EUA	Exército	Europa
Seção Especial de Embarcações (*Special Boat Section*)	SBS	Reino Unido	Exército	Norte da África
Serviço Aéreo Especial (*Special Air Service*)	SAS	Reino Unido	Exército	Norte da África
SS Friedenthal	----	Alemanha	Força Paramilitar do Partido Nazista	Europa
Unidades Navais de Demolição de Combate (*Naval Combat Demolition Units*)	NCDU	EUA	Marinha	Marinha

Essas unidades se ajustaram às consideráveis dimensões do conflito e às necessidades próprias dos países aos quais estavam vinculadas, e assim fundamentaram suas metodologias operacionais utilizando a experimentação prática, a aprendizagem e o desenvolvimento doutrinário por meio de tentativa e erro, uma vez que ainda não dispunham de qualquer referencial que pudesse embasar sua conduta. Devido às numerosas variantes enfrentadas no decorrer da Segunda Guerra Mundial, as FOpEsp conceberam e apuraram diferentes métodos de AD e AI no esforço de favorecer a aliança pela qual lutavam. Dessa forma, as unidades militares priorizaram o desenvolvimento de expedientes específicos de AD, em razão da necessidade de criar alternativas de enfrentamento de choque incisivo, que possibilitassem obter vantagem em relação às forças inimigas. Por sua vez, em virtude de agirem em sigilo, organizando movimentos de resistência, promovendo a eliminação de alvos seletivos e efetuando Operações Psicológicas[11] (OpPsc), as unidades de inteligência se incumbiram de arquitetar os procedimentos típicos de AI.

Os objetivos pretendidos pelos diferentes Estados envolvidos na Segunda Guerra, quando foram criadas as unidades vocacionadas para a condução de OpEsp, é uma questão a ser discutida. Considerando os resultados obtidos, tendo como referência os quatro níveis de condução da guerra, é necessário esclarecer que a despeito de algumas FOpEsp terem sido constituídas com a finalidade elementar de obter resultados táticos vantajosos (restritos ao campo de batalha), abrangendo os níveis mais elevados conforme as especificidades de cada caso, outras unidades foram concebidas nos anos iniciais da década de 1940 com o propósito de realizar operações estratégicas (em conformidade com a política do Estado que as patrocinava) (Lisboa, 2018a, p. 33).

Concebidas em 1941 pelo tenente Archibald David Stirling, oficial da *Scots Guards* (Guarda Real Escocesa) servindo junto ao *Commando* nº 8, as ações não convencionais realizadas pelos quadros operacionais do *Special Air Service* — (SAS) ou Serviço Aéreo Especial —, no Norte da África, eram, predominantemente, relativas a tarefas de natureza estratégica (Denécé, 2009, p. 233). Acreditando que as operações nas quais os *Commandos*[12] se engajavam eram chamativas em demasia devido ao numeroso contingente requerido (mínimo de duzentos homens), Stirling mobilizou uma força reduzida de aproximadamente 60 militares bem-preparados e equipados, com o intuito de atacar alvos sensíveis utilizando a surpresa e a escuridão da noite em seu benefício. A proposta de Stirling prometia resultados significativos com economia de esforço e estava em conformidade com os anseios de Winston Churchill. O primeiro-ministro britânico, ciente da natureza mutável da guerra, mostrava-se favorável à ideia de que, a despeito do método a ser adotado, era essencial desencadear uma ofensiva imediata no teatro de operações africano, uma vez que o colossal empenho alemão no *front* russo comprometia o abastecimento das tropas nazistas[13] na África (Cowles, 1964, pp. 20-21).

O tipo de ação que consagrou o SAS foi caracterizado pelo uso de uma composição de jipes tripulados (um motorista e dois atiradores), guarnecidos com quatro metralhadoras, que se deslocavam em linha de ataque para invadir os campos de pouso utilizados pelas tropas nazistas. Essas armas disparavam munições traçantes (usadas para destacar o local do alvo inimigo em situações de pouca visibilidade) e bombas incendiárias, para destruir as aeronaves da *Luftwaffe* (Força Aérea da Alemanha nazista). Mas também atiravam qualquer outro recurso material que encontrassem pelo caminho, para em seguida evadir-se o mais rápido possível. As ações efetuadas pelo SAS impuseram pesadas perdas ao poder de combate nazista na África, comprometendo a imperiosa potência aérea e o apoio logístico fornecido pela *Luftwaffe* às operações terrestres realizadas pela *Afrika Korps* (força expedicionária alemã que fornecia suporte às forças italianas no Norte da África) em todo o teatro de operações africano (Swinson, 1975, p. 111).

Embora os homens do SAS tenham feito um trabalho notável no Norte da África, não puderam impedir a incursão que resultou no resgate do chefe de governo italiano Benito Mussolini (Operação Carvalho), empreendida em 12 de setembro de 1943. A manobra é, provavelmente, a mais conhecida ação militar da Segunda Guerra Mundial, cujo resultado refletiu de modo direto nos interesses político-estratégicos da Alemanha nazista. Os soldados da *SS Friedenthal*, comandados pelo tenente-coronel Otto Skorzeny, foram incorporados às tropas paraquedistas *Fallschirmjäger* para executar a ousada operação que libertou Mussolini do cárcere. Eles realizaram o assalto ao hotel em que o ditador italiano estava detido, localizado no maciço de Gran Sasso (grupo de montanhas situado no interior da Cordilheira dos Apeninos na Itália).

Adolf Hitler considerava que a prisão de Mussolini, arquitetada por autoridades italianas contrárias ao ditador, abria espaço para uma eventual invasão das forças aliadas à Europa e, possivelmente, aproximaria a Itália dos inimigos da Alemanha nazista. Portanto, o resgate de *Il Duce* (título atribuído a Mussolini) era vital para que as tropas fascistas[14] italianas recobrassem o ímpeto de lutar reforçando a estrutura de defesa do país, uma vez que o contingente alemão encontrava-se bastante inferiorizado na península itálica (Foley, 198-?, pp. 44-48).

No cenário atual, em específico no que concerne às FA, as tropas aptas a conduzir operações empregando os métodos de AD são: no Exército Brasileiro, o 1º Batalhão de Ações de Comandos (1º BAC), o 1º BFEsp e a 3ª Companhia de Forças Especiais (3ª CiaFEsp); na Marinha do Brasil, GRUMEC e o Batalhão Tonelero; na Força Aérea Brasileira, o Esquadrão Aeroterrestre de Salvamento (EAS).

No contínuo temporal que se inicia no século XX, considerando os inúmeros conflitos travados no decorrer desse período, houve uma infinidade de operações realizadas aplicando o método de AD, entre elas:

- A operação conjunta realizada no dia 27 de junho de 1976, pela *Golani Brigade* (tropa paraquedista israelense) e pelo *Sayeret Matkal* (unidade de elite israelense), no resgate de 103 reféns de origem judaica, sequestrados por terroristas do Grupo *Baader-Meinhof*[15] durante o voo entre Tel Aviv e Paris e mantidos em cativeiro no aeroporto da cidade de Entebbe (Uganda).
- A participação de quadros operacionais do SAS britânico na ação realizada no dia 5 de maio de 1980, no resgate de 25 reféns mantidos em cativeiro no interior da embaixada iraniana, em Londres (Reino Unido), por extremistas da Frente Revolucionária Democrática de Libertação do Arabistão (região sudoeste do Irã).
- A ação de resgate conduzida no dia 10 de setembro de 2000, pelo Esquadrão D do SAS britânico, em resposta ao ataque contra um destacamento militar a serviço da Organização das Nações Unidas (ONU) perpetrado pela violenta gangue *West Side Boys,* quando o comboio de patrulha ingressou em uma área hostil de Serra Leoa, à época protetorado subordinado à autoridade britânica.
- A sequência de eventos transcorridos na madrugada do dia primeiro de maio de 2011, na cidade paquistanesa de Abbottabad, quando o *Naval Special Warfare Development Group* (DEVGRU, ou Grupo de Desenvolvimento de Guerra Naval Especial) da Marinha dos EUA, localizou e matou Osama bin Laden, líder da organização fundamentalista *al-Qaeda*[16] e artífice dos atentados terroristas de 11 de setembro de 2001.
- A operação realizada na noite do dia 09 de maio de 2019, por operadores do *Commando d'Action Sous-Marine Hubert* (CASM *Hubert*, ou Comando de Ação Submarina Hubert), para o resgate de reféns (dois deles de origem francesa, uma norte-americana e outra sul-coreana) sequestrados

quando faziam um safári no Parque Nacional de Pendjari, em Benin, nas proximidades da fronteira de Burkina Faso.

- A operação executada por quadros operacionais do *1st Special Forces Operational Detachment-Delta* (1st SFOD-D, ou 1° Destacamento Operacional de Forças Especiais Delta) do Exército norte-americano, no dia 26 de outubro de 2019, nas proximidades da vila de Barisha, na Síria, que terminou com a baixa de Abu Bakr al-Baghdadi, líder do Estado Islâmico.[17]

AÇÃO INDIRETA

O método de AI, no âmbito das OpEsp, considera a organização, o desenvolvimento, a equipagem, a instrução e o assessoramento de qualquer tipo de força regular ou irregular (vinculada a atores estatais e não estatais), além de forças auxiliares. As ações de AI têm como finalidade atingir objetivos políticos, econômicos, psicossociais e militares em situação convencional e de guerra, e podem ser aplicadas em todas as variedades de enfrentamento devido ao seu caráter múltiplo. O espectro das atividades desenvolvidas com base no método de AI é muito amplo e abrange: o suporte ao progresso regional local, o estímulo à integração civil-militar, a mobilização de lideranças, a organização de redes de informantes, a preparação de forças convencionais e a capacitação de forças auxiliares (Brasil, 2017b, pp. 3/6-3/7).

Em situações de guerra, as AIs orientam-se pelas ações da guerra irregular, modalidade de conflito armado conduzido por uma força que não possui organização militar regular nem legitimidade jurídico-institucional. Nesse sentido, essa modalidade de conflito refere-se à condução de ações encobertas realizadas em áreas hostis, com acesso negado ou politicamente sensíveis, pela intervenção de forças irregulares locais habilitadas (forças subterrâneas, forças de guerrilha e forças de sustentação). As ações visam sempre a apoiar os objetivos políticos, estratégicos, operacionais e táticos em médio e longo prazo (Brasil, 2017b).

Tal como ocorre com qualquer empreendimento humano, a guerra irregular passou por modificações periódicas marcadas por características histórico-sociais que possibilitam a distinção de cinco estágios, diferenciados por aspectos próprios e divididos por gerações (Quadro 2).

QUADRO 2 – Estágios da guerra irregular divididos por gerações. (Fonte: adaptado de Reis & Combat, 2019, p. 258)

EVOLUÇÃO DA GUERRA IRREGULAR				
GERAÇÃO/ ORIGEM	CONCEPÇÃO REVOLUCIONÁRIA	FUNDAMENTO IDEOLÓGICO	CONTRADIÇÕES	MARCOS REFERENCIAIS
1ª geração Instituição da falange grega (650-350 a.C.)	Ampla	Revolução ideológica de base difusa (conduzida de forma empírica)	Diversas e inespecíficas	Resistência à expansão do Império Persa (500 a.C.)
2ª geração Guerras Anti-colonialistas (Séc. XVII-XX)	Anticolonialista	Revolução ideológica de base nacionalista (conduzida de forma rudimentar)	Diversas e específicas conforme a realidade nacional	Invasões Holandesas às Capitânias da Bahia e de Pernambuco (1624-1654)
3ª geração Revolução Russa/Soviética (1917)	Bolchevique	Revolução ideológica de base inter-nacionalista--comunista (conduzida de forma metodológica)	Marxismo soviético (pós-stalinismo) X Marxismo chinês (maoísta)	Derrubada da monarquia russa e implementa-ção do socialismo (1917)

		Práticas comerciais ilícitas que visavam ao lucro e não dispunham de motivação ideológica (conduzida de forma metodológica)	Disputas de mercado (regional/transnacional) entre as diferentes facções criminosas	Atividades ligadas ao narcotráfico promovidas pelo Cartel de Medellín (1972-1993)
4ª geração Ascensão dos cartéis de drogas (1972)	Ampla			
5ª geração Revolução Islâmica Iraniana (1979)	Islâmica	Revolução ideológica de base religiosa (conduzida de forma metodológica)	Jihadismo sunita X Jihadismo xiita	Insurreição contra a ocupação soviética no Afeganistão (1979-1989)

As diferentes manifestações de guerra irregular (Quadro 3) transcendem os limites da esfera militar e envolvem a participação de forças, em sua maioria, nativas, as quais em busca de seus objetivos, recorrem a artifícios como: guerra de guerrilha, resistência, subversão, sabotagem e terrorismo.

QUADRO 3 – Classificação da modalidade de guerra irregular. (Fonte: adaptado de Visacro, 2009, pp. 223-224)

TIPOLOGIA DA GUERRA IRREGULAR	
TIPOLOGIA	**DESCRIÇÃO**
Guerra de independência	Forças nativas dedicam-se à conquista de sua autonomia política por meio da ruptura de vínculos de subordinação estabelecidos por uma metrópole estrangeira.
Guerra civil	Conflito armado de caráter não internacional que envolve segmentos distintos de uma sociedade. Conflagrado por razões político-ideológicas, religiosas ou étnicas, em que a decomposição do quadro interno promove o avanço generalizado da violência, fomentando o sectarismo fratricida decorrente de dissensões populares.
Guerra de resistência	Conflito armado conduzido por tropas nacionais contra uma força de ocupação estrangeira. Tem por objetivo restabelecer as garantias de sobrevivência da população, a integridade territorial, a unidade política, a soberania e a independência, total ou parcialmente comprometidas pela intervenção externa.
Guerra revolucionária	Forma peculiar de luta armada que compreende as ações no campo militar de um fenômeno político-social bem mais amplo, de cunho extremista, destinado à conquista do poder, à transformação violenta da ordem vigente e à implantação de um "novo sistema" com base em preceitos ideológicos.
Guerra insurrecional	Sublevação popular sem motivação ideológica, fundamentada apenas em reivindicações políticas, sociais ou econômicas específicas e limitadas, como a concessão de direitos ou a restituição de prerrogativas.
Guerra de insurgência criminal	Conflito armado perpetrado por organizações criminosas que confrontam a autoridade estatal com o propósito de obter o controle econômico autônomo sobre um território de interesse. Desprovidos de bases ideológicas, os insurgentes criminais não têm a motivação política de assumir o governo, as manobras políticas e a violência instrumental são realizadas de modo a assegurar o lucro obtido com suas práticas ilícitas.

Cada geração da guerra irregular, apesar de distinguir-se por marcos temporais iniciais, não necessariamente se esgota com o surgimento da outra que a sucede. Elas podem, portanto, perdurar de modo conjunto, levando a uma composição ou combinação de procedimentos.

No enquadramento histórico contemporâneo, a Primeira Guerra Mundial teve importância significativa para o desenvolvimento da atividade que ficou conhecida mais tarde como OpEsp.

A Revolta Árabe[18] (1916-1918), ocorrida no contexto da Grande Guerra, evidenciou a figura do capitão Thomas Edward Lawrence, oficial britânico destacado para servir junto ao Serviço Árabe, uma agência vinculada ao Departamento do Exterior, destinada a assessorar o alto-comissário britânico no Egito. Embora não fosse o único militar a prestar serviço junto às forças árabes, que iniciaram a revolta com o objetivo de pôr fim a quatro séculos de dominação otomana, Lawrence despontou como o mais influente assessor militar dos insurgentes liderados por Hussein ibn Ali al-Hashimi, *Sharif*[19] da região onde fica localizada a cidade islâmica sagrada de Meca, na Arábia Saudita (Visacro, 2010, p. 16).

No cenário operacional norte-africano, palco da Revolta Árabe, Lawrence notabilizou-se pela condução de operações táticas típicas da guerra irregular (guerra de guerrilha), promovendo *raids*[20] e ações de sabotagem em estradas de ferro que serviam como vias de transporte de tropas e suprimentos do Exército turco-otomano. Sobre essa forma singular de enfrentamento às forças oponentes, Lawrence esclarece:

> A maioria das guerras se compôs de guerras de contato: ambos os lados esforçando-se para entrar em contato, a fim de evitarem surpresas táticas. A nossa, entretanto, seria uma guerra de afastamento. Deveríamos conter o inimigo pela ameaça silenciosa do vasto deserto desconhecido sem nos descobrirmos a nós mesmos até o instante do ataque. O ataque deveria ser nominal, dirigido não contra o inimigo, mas contra o seu equipamento; o golpe assim,

não visaria a sua força, ou a sua fraqueza, mas o seu equipamento mais acessível. Pelo arranchamento dos trilhos, haveria sempre um trecho vazio de estrada de ferro; e quanto mais vazio, maior o êxito tático. Transformaríamos nosso dia-a-dia em regra (não em lei, posto que a guerra era antinômica), desenvolvendo o hábito de nunca nos empenharmos com o adversário. Isto se harmonizaria com a inferioridade numérica, porque nunca ofereceria alvo. Muitos turcos, na nossa linha, nunca tiveram de fato a oportunidade de atirar contra nós, e nunca estivemos na defensiva, exceto por acidente e por erro (2011, pp. 221-222).

Lawrence liderou tropas irregulares árabes e organizou incursões audaciosas, golpeando as forças turco-otomanas onde elas menos esperavam, obrigando-as a se dispersar e a abrir um novo *front* (frente de batalha) na retaguarda. Sob sua influência, as ações executadas pelos insurgentes evidenciaram o caráter intangível dos destacamentos de guerrilha, capazes de atacar e desaparecer aplicando o binômio furtividade-surpresa, que frustrava as fileiras dos exércitos convencionais (Denécé, 2009, p. 19).

Embora tenha se destacado executando relevantes operações de incursão contra as tropas do Exército turco-otomano, as contribuições de Lawrence no âmbito da Revolta Árabe, com relação ao esforço de guerra britânico, vão muito além do nível tático. Nesse sentido, é fundamental salientar que a sensibilidade de Lawrence para as questões inerentes à natureza humana distinguia-o da aristocrática oficialidade britânica, partidária da doutrina conservadora. Essa ideologia era uma característica do início do século XX, que preconizava a condução da guerra considerando longos duelos de artilharia e ataques maciços a grandes contingentes. Obstinado e perspicaz, ele sabia que sua função demandava capacidades que extrapolavam as atribuições de um assessor técnico-militar, uma vez que as especificidades socioculturais dos beduínos[21] exigiam uma combinação distinta de atributos para lidar com problemas complexos (Visacro, 2010, pp. 55-56).

Dedicando-se ao estudo dos aspectos estruturais do conflito, na tentativa de identificar qual direcionamento deveria ser dado à Revolta Árabe, Lawrence percebeu que a guerra travada no Norte da África estava atrelada a um forte componente psicológico, inerente aos povos que habitavam a região. Ele constatou que para alcançar a vitória o Exército turco-otomano deveria, obrigatoriamente, ocupar todo o território árabe, fato considerado impossível, pois as forças inimigas não dispunham dos meios necessários para tal. Do outro lado, para os insurgentes bastaria conquistar o apoio da população disseminando o discurso nacionalista por toda a região arábica (ibid., p. 64). Concluindo que a dimensão psicológica da luta tinha mais significado e importância que a dimensão física, Lawrence conquistou a confiança das pessoas e passou a influenciá-las por meio da "pregação", termo que utilizou para orientar ideologicamente a população (ibid., pp. 122-123). Sobre esse esforço de persuasão do público que desejava sugestionar, ele salienta:

> Nossa "propaganda" [...] se relacionava com a multidão, tratando do ajustamento do seu espírito ao ponto em que este se tornasse útil para ser explorado em ação, e da pré-direção dessa mudança do espírito para um determinado fim. A segunda parte dela se relacionava com o indivíduo e, então, se transformava em arte rara de compreensão humana, transcendendo, por emoção intencional, a lógica sequencial gradual do espírito. Era coisa mais sutil do que a tática, e que mais valia a pena ser levada a efeito, porque lidava com incontroláveis, com sujeitos incapazes de comando direto. Tomava em consideração a capacidade de ânimo dos nossos homens, as suas complexidades, a sua mutabilidade, e o cultivo de fosse o que fosse, neles, que prometesse proveito para o nosso objetivo. Tínhamos que dispor os cérebros em ordem de batalha de maneira tão cuidadosa e tão formal como os outros oficiais dispunham os seus corpos. E não somente os cérebros dos nossos homens, embora estes, naturalmente, ficassem em primeiro lugar. Deveríamos igualmente compor o ânimo do inimigo, tanto quanto fosse possível: a seguir, o daqueles outros cérebros da nação que nos amparava por trás das linhas de fogo, pois mais da metade da batalha se passava lá na retaguarda; depois, vinha o ânimo da nação amiga à espera do veredito; e, afinal, o dos neutros que nos contemplavam, círculo após círculo (2011, pp. 222-223).

O método utilizado por Lawrence com os beduínos para influenciar o comportamento humano, levando um público-alvo a se comportar de uma maneira específica e compatível com interesses militares, não foi uma ideia propriamente inovadora[22]. Todavia, ele estava ciente das especificidades que distinguiam a Revolta Árabe dos demais eventos relacionados à Primeira Guerra Mundial. Por isso, ao nortear suas ações, optou por adotar uma conduta alicerçada no conceito de *Soft Power*[23] — conceito estabelecido no panorama atual das Relações Internacionais. Assim, Lawrence contribuiu de forma empírica para fundamentar as bases da futura doutrina de ações irregulares conduzidas por Forças Especiais (FEsp).

Sobre as táticas de guerrilha utilizadas nessa modalidade, é importante destacar a figura histórica de Mao Tsé-Tung[24], líder comunista chinês considerado o principal responsável pelo desenvolvimento da guerrilha revolucionária, cuja doutrina valorizava a ação de pequenos grupos irregulares. Essa conduta minava aos poucos a capacidade combativa das forças convencionais[25] com as quais lutavam preparando o caminho para as batalhas regulares que, em última instância, objetivavam a conquista do poder político.

A guerra revolucionária maoísta, conduzida em três fases distintas (Quadro 4), apelava ao apoio da população, recorrendo, sobretudo, ao alto percentual de habitantes das zonas rurais. Para Mao Tsé-Tung, o processo catalisador do movimento revolucionário chinês estava alicerçado na capacidade de conquistar o coração e a mente daqueles que residiam no campo. Com isso, proporcionava-lhes também uma sólida e profunda orientação política, de modo a obter uma forma de disciplina consciente que despertava tanto o ativista político quanto o combatente aguerrido.

Para alcançar seu intento, Mao idealizou campanhas irregulares baseadas em ações de guerrilha com o propósito de desgastar as forças inimigas, obrigando-as a se engajarem em combates longos e inconclusivos. Enquanto se esforçavam para conquistar o apoio da população, à medida que iam acumulando pequenas vitórias, os guerrilheiros expandiam sua estrutura organizacional até se transformarem em unidades convencionais aptas a lutar e vencer grandes batalhas (Visacro, 2009, pp. 82-88).

QUADRO 4 - Fases da guerra irregular propostas por Mao Tsé-Tung. (Fonte: adaptado de Visacro, 2009, p. 85)

ETAPAS DA GUERRA IRREGULAR MAOÍSTA		
FASE	**ESTÁGIO DE DESENVOLVIMENTO**	**ATIVIDADES PRINCIPAIS**
1ª fase	Formação	• Recrutamento e treinamento de grupos guerrilheiros. • Intenso trabalho de doutrinação ideológica de guerrilheiros e camponeses. • Convencimento das massas e obtenção do apoio da população. • Criação das unidades de guerrilha. • Organização das bases guerrilheiras.
2ª fase	Guerrilha	• Guerra de guerrilha (ações ofensivas de pequena envergadura, baseadas na surpresa e seguidas de rápido retraimento, incursões, emboscadas, etc.). • Emprego de pequenos efetivos. • Ataque a alvos militares para obtenção de suprimentos, armas e munições. • Combate contra grandes efetivos são evitados. • Nega-se ao inimigo o enfrentamento na batalha decisiva, gerando um impasse estratégico.
3ª fase	Guerra móvel	• As unidades de guerrilha se expandem a ponto de constituírem unidades regulares. • Mobilização maciça de tropas (divisões de exército e exércitos de campanha). • São travados grandes combates, envolvendo efetivos numerosos. • As forças regulares inimigas são isoladas geograficamente umas das outras. • O inimigo é derrotado por meio da batalha decisiva.

Outro personagem importante relacionado ao modo irregular de combater é Vo Nguyen Giap[26], general vietnamita responsável por organizar grupos de guerrilha que confrontaram as tropas francesas na Guerra da Indochina[27] e as forças norte-americanas e sul-vietnamitas durante a Guerra do Vietnã[28]. Orientado pelo modo maoísta, Giap foi responsável por treinar, doutrinar, disciplinar e administrar guerrilheiros camponeses (organizados em um sistema de hierarquias paralelas[29]) que se tornaram uma formidável força militar (Quadro 5).

QUADRO 5 - Sistema organizacional do Exército Popular *Viet Minh*.

EXÉRCITO POPULAR VIET MINH		
ELEMENTO COMPONENTE	**ATRIBUIÇÕES**	**CARACTERÍSTICAS COMUNS**
Milícias populares (unidades de autodefesa das aldeias)	• Organizadas em pelotões, eram encarregadas da defesa local, do serviço de vigilância, da colocação de minas, da condução das atividades de guerrilha e da provisão dos colaboradores destinados a manter o apoio logístico das tropas regulares realizando seu reabastecimento.	• Todo elemento armado (seja ele composto por guerrilheiros ou combatentes regulares) se organizava tendo como referência a "célula ternária". Esse arranjo incorporava cada combatente a um grupo suficientemente restrito que lhe permitia manter a flexibilidade e a mobilidade, favorecendo a difusão das ordens, bem como a dispersão coordenada sob fogo inimigo. • Não havia separação estanque entre as forças constituintes do Exército Popular *Viet Minh*, o que estabelecia uma cooperação estreita entre seus três elementos componentes.

Milícias distritais (forças regionais)	• Estruturada em companhias (uma por circunscrição) e batalhões (um por província). No topo desta hierarquia havia um pequeno regimento provincial, cujo responsável pelas operações que ocorriam no interior de cada província era o comandante. Foram utilizadas para enfrentar unidades adversárias e sustentar o combate por breves períodos.
Forças regulares	• Unidades móveis, articuladas em regimentos e divisões. Constituíam-se como elemento de manobra de diferentes escalões territoriais responsáveis por confrontar as tropas adversárias frente a frente em batalhas mais prolongadas.

Além disso, ele elaborou um sistema logístico extremamente flexível, que utilizava a força humana para transportar todo o equipamento necessário às tropas que atuavam na linha de frente. Desse modo, os guerrilheiros sob seu comando tinham condições de suportar longas batalhas, armazenando suprimentos pelo trajeto que se estendia por centenas de quilômetros. O general compreendeu a importância de uma sólida base de apoio na região montanhosa, conhecida como *Viet Bac* (situada ao norte de Hanói, próximo à fronteira com a China). Como as tropas colonialistas francesas tinham grandes dificuldades de adentrar naquele ambiente devido aos riscos envolvidos, Giap instruía seus comandados a realizar rápidas incursões com o propósito de sitiar diferentes postos de defesa franceses espalhados por todo território vietnamita (H. F. Tavares, 1984, pp. 258-259).

Vo Nguyen Giap desenvolveu uma visão própria sobre a condução da guerra irregular, apesar da influência dos ensinamentos da doutrina maoísta, devido à sua interação com Mao Tsé-Tung em algumas viagens realizadas à China. Ele combinava esforços diplomáticos, políticos e militares no conceito que denominou como "As Três Pontas da Lança".

Para Giap era imprescindível que a luta política fosse, de modo predominante, urbana, enquanto as batalhas armadas deveriam ser travadas em ambiente rural. Assim, agiu de modo diferente de Mao, que instituiu um preceito enfatizando a impossibilidade de iniciar um movimento insurrecional em áreas urbanas controladas pelo inimigo. Como um aplicado estudioso da história militar, ele incorporou a arte napoleônica de atingir o oponente em vários pontos simultaneamente, mantendo-o dividido de modo a derrotar as forças adversárias dispersas com manobras súbitas e fulminantes, concentrando seu poder de combate no centro de gravidade inimigo (Currey, 2002, pp. 102-103).

As operações destacadas a seguir foram postas em prática no decorrer da história contemporânea, e são exemplos da utilização do método de AI:

- O papel desempenhado no decorrer da Primeira Guerra Mundial pelas *Schutztruppe*, tropas coloniais do exército alemão, treinando os combatentes africanos (*askari*) e lutando ao lado deles contra a força britânica invasora. Agindo como multiplicadores de força, as tropas comandadas pelo general Paul Emil von Lettow-Vorbeck obtiveram sucessivas vitórias assimétricas contra os britânicos que sitiavam a África Oriental Alemã (área que compreende os território da Tanzânia, Ruanda e Burundi), além de terem subjugado as forças portuguesas na Batalha de Negomano[30].

- As diversas ações de infiltração, sabotagem e espionagem promovidas na Europa pelo SOE britânico contra as forças da Alemanha nazista durante a Segunda Guerra Mundial.

- O engajamento do *Groupement de Commandos Mixtes Aéroportés* (GCMA, ou Grupamento Combinado de Tropas Comandos Aerotransportadas) operando sob influência do serviço de inteligência da França e atuando sistematicamente atrás das linhas inimigas sem apoio de forças regulares, com o objetivo de recrutar e treinar *montagnards* (nativos das etnias tai, meo, muong e nung que habitavam nas regiões do Vietnã, Laos, Birmânia e China) leais ao governo colonial, para combater os guerrilheiros do *Viet Minh* durante a Guerra da Indochina (1946-1954).

- O suporte operacional ofertado às tropas sul-vietnamitas pelo *5th Special Forces Group-Airborne* (5th SFG-A, ou 5º Grupo de Forças Especiais Aerotransportado) do Exército dos EUA, no decorrer da Guerra do Vietnã (1955-1975).

- O processo de formação dos quadros operacionais e a condução das ações operativas realizadas pelos grupos de contraguerrilha, atual Tropas Comandos, constituídos pelo Exército Português na campanha de combate às forças dos movimentos de libertação africanos das antigas colônias portuguesas (Angola, Moçambique e Guiné-Bissau) durante a Guerra do Ultramar (1961-1974).

- O trabalho desenvolvido pelas tropas soviéticas *Voisca Spe tsialnogo Naznatchênia* (*SPETNAZ*, ou Unidades para Fins Especiais) em apoio à guerrilha vietcongue[31] contra as tropas norte-americanas no Vietnã.

- A constituição de vínculos promovida pelos quadros operacionais dos SFG-A norte-americanos junto à Aliança do Norte, que reuniu diversos grupos divergentes para combater o Talibã[32] na Guerra do Afeganistão.

- As atividades conduzidas pelos SFG-A estadunidenses junto aos combatentes curdos *pershmerga*[33] na região norte do Iraque contra o Estado Islâmico.

No ambiente doméstico, os métodos de AI são executados de modo exclusivo por integrantes do 1º BFEsp e da 3ª CiaFEsp do Exército Brasileiro.

RECONHECIMENTO ESPECIAL

As imagens captadas por satélite ou veículos aéreos não tripulados (VANT), embora sejam extremamente importantes para prover informações utilizadas para nortear decisões futuras, nem sempre são suficientes para fornecer o conjunto de dados que possibilite formar uma consciência situacional[34] compatível com o cenário que se pretende analisar. Assim, existem situações em que é imprescindível investir em pessoal capacitado para coletar os dados mediante observação visual direta nas proximidades do alvo. Para tanto, recorre-se ao método de Reconhecimento Especial (RecEsp) realizado por FOpEsp em áreas hostis, que exige capacidades normalmente não encontradas em forças convencionais, com a finalidade de obter dados de importância estratégica, operacional e, de modo eventual, tática, contribuindo para o planejamento de operações militares (Brasil, 2017b, p. 3/7).

O método de RecEsp é conduzido permanentemente, seja em tempo de guerra ou de paz, de modo a manter os dados atualizados. Essa medida tem por objetivo apoiar a Inteligência Militar no cruzamento de informações oriundas das fontes humanas, de sinais, de imagens e do ambiente cibernético. Nesse sentido, levando-se em consideração as especificidades das missões que demandam esta metodologia, as ações próprias do método de RecEsp são: localizar, reconhecer, avaliar, monitorar e realizar Levantamento Estratégico de Área (LEA) (ibid., pp. 3/7-3/8).

No Exército Brasileiro, os Destacamentos Operacionais de Forças Especiais (DOFEsp) são as frações mais aptas para a realização de RecEsp. Entretanto, os Destacamentos de Reconhecimento e Caçadores (DRC), a fração orgânica das tropas de Comandos, também podem executar tal metodologia em apoio aos Destacamentos de Ações de Comandos (DAC). Quando surge a necessidade de realizar um desembarque anfíbio, o reconhecimento é executado especificamente por unidades da Marinha do Brasil. Nesses casos, o GRUMEC é responsável por efetuar ações de reconhecimento partindo da profundidade de sete metros até a linha de preamar, visando ao estabelecimento de uma cabeça de praia[35], enquanto o Batalhão Tonelero, acionando a 1ª Companhia de Operações Especiais (RECON), conduz o levantamento de alvos e vias de acesso partindo da praia para o interior do território onde ocorreu o desembarque.

Quando realizadas no território nacional brasileiro, em tempos de paz, as operações de reconhecimento são denominadas Reconhecimento e Avaliação de Área, como ocorrido nas atuações das tropas de FEsp do EB, descaracterizadas, nas áreas de favela ou nas remotas regiões amazônicas.

Nos vários conflitos históricos do período contemporâneo, são exemplos de uso do método RecEsp:

- A atuação do LRDG do Exército britânico combatendo as tropas alemãs no teatro de operações do Norte da África durante a Segunda Guerra Mundial.
- As *Long Range Reconnaissance Patrols* (LRRPs, ou Patrulhas de Reconhecimento de Longo Alcance) executadas pelos *Rangers* do Exército dos EUA ao longo da Guerra do Vietnã com a finalidade de localizar e reportar a posição das forças inimigas para que tropas de Infantaria pudessem emboscá-las, bem como detectar os alvos[36] para viabilizar um ataque aéreo ou de Artilharia.

- A infiltração do *Special Boat Service* — SBS[37], Serviço Especial de Embarcações do Real Corpo de Fuzileiros Navais britânico — para reconhecimento das ilhas Malvinas, localizadas no Atlântico Sul. A ação realizada antes do estabelecimento da cabeça de praia contribuiu para retomada do arquipélago em 1982.
- As ações conduzidas pelo SFG-A norte-americano com o propósito de localizar as baterias de mísseis SCUD iraquianos durante a Guerra do Golfo (1990-1991).

NOTAS

1. Princípio formulado por Carl von Clausewitz, general prussiano que combateu as tropas que lutavam sob autoridade francesa durante as Guerras Napoleônicas (1803-1815). Ele estabeleceu que mesmo considerando todas as conjunções que podem de uma forma ou outra influenciar no desenvolvimento de uma campanha militar, sempre existirão condições imprevistas (azar, incerteza e vontade do inimigo) que se manifestam apenas no decorrer da ação e podem se apresentar como fator(es) determinante(s) no curso dos eventos subsequentes (Clausewitz, 2014, pp. 131-132).

2. Circunstância ou elemento que, num exame da situação, é visto como vantagem para um dos adversários (Brasil, 2015b, p. 116).

3. Classificação proposta na década de 1950 pelo historiador e analista militar alemão Herbert Rosinski, segundo a qual a política é colocada no topo da disposição e a estratégia (dotada de dois instrumentos: operacional e tática) é colocada imediatamente abaixo. Pelo modelo proposto por Rosinski, a política é encarregada da coordenação dos diferentes ramos da condução da guerra ou dos conflitos. Já a estratégia considera a junção de todos os meios militares para alcançar um propósito na guerra ou em um conflito, conforme o objetivo estipulado pela política. Nesse contexto, a estratégia se refere ao dispositivo e à direção geral das forças envolvidas em determinado confronto. O propósito estratégico--militar poderá variar em função do projeto político e das particularidades do enfrentamento em questão. Dessa forma, cabe à estratégia: a tarefa primária de avaliar de modo preciso a especificidade de cada guerra, selecionando o propósito militar apropriado; mobilizar esforços ofensivos e defensivos no intuito de vencer o inimigo completamente ou alcançar um dos diversos propósitos estipulados

e a responsabilidade de estabelecer uma hierarquização e repartição das forças disponíveis, no caso de haver múltiplos teatros. Por sua vez, a equipe operacional tem por objetivo derrotar as forças inimigas pelo movimento, colocando-as em uma situação extrema e desfavorável, desorganizando ou enfraquecendo sua capacidade de resposta. E a equipe tática, por fim, pretende derrotar as forças inimigas mediante a aniquilação física de suas tropas ou destruir sua coesão orgânica ou moral (Coutau-Bégarie, 2010, pp. 112-113).

4. Processos que fazem parte da ciência e da arte que trata do funcionamento de uma cadeia de comando. Nesta concepção, envolve, basicamente, três componentes: 1°) a autoridade investida de modo legítimo, apoiada por uma organização responsável pelas decisões de comando e por receber as informações necessárias para desempenhar a função de controle; 2°) a sistemática de um processo decisório que permite a formulação de ordens, estabelece o fluxo de informações e assegura mecanismos destinados à garantia do cumprimento pleno das ordens; 3°) a estrutura (pessoal, equipamento, doutrina e tecnologia) necessária para a autoridade acompanhar o desenvolvimento das operações (Brasil, 2015b, p. 65).

5. De modo geral, há quatro tipos distintos de atuação das FopEsp: 1ª) operação aberta: intervenção militar e participação do Estado patrocinador são de conhecimento público; 2ª) operação de baixa visibilidade: nessa modalidade, o Estado patrocinador tenta não se envolver, mantendo-a discreta; 3ª) operação encoberta: o Estado não nega a existência, mas dissimula, não se assumindo como patrocinador da ação; 4ª) operação clandestina: o Estado patrocinador da ação dissimula negando sua existência e consequentemente sua participação (Denécé, 2009, p. 244).

6. O valor de uma tropa refere-se ao escalão que cumprirá a missão, podendo ser: destacamento: efetivo reduzido de organização variável; subunidade: companhia ou esquadrão; unidade: batalhão (Infantaria), regimento (Cavalaria) e grupo (Artilharia).

7. Qualidade que permite alcançar resultados operacionais significativos valendo-se do engajamento de contingente reduzido (Lisboa, 2018a, p. 34).

8. Qualidade que permite flexibilizar a escolha do contingente a ser engajado considerando as particularidades das tarefas e da missão a serem realizadas (Lisboa, 2018a, p. 34).

9. A superioridade relativa é considerada o conceito que alicerça as operações realizadas em conformidade com os métodos de AD. Ela ocorre quando, em uma situação de guerra ou de crise, uma força atacante, geralmente menor, obtém uma vantagem decisiva sobre um contingente inimigo maior ou bem-fortificado. Nesse contexto, a superioridade relativa é obtida no momento mais crítico do engajamento e deve ser mantida a fim de assegurar a vitória sob pena de jamais ser recuperada,

caso perdida. Considerada pela perspectiva das OpEsp, a relevância desse conceito é mostrar quais vetores positivos influenciam o êxito de uma missão, e como as fricções da guerra afetam a consecução do objetivo. Assim, para que uma ação de natureza não convencional (OpEsp) seja conduzida com maior possibilidade de êxito, é necessário que essa conjuntura seja alcançada e mantida, observando seis princípios fundamentais: simplicidade, segurança, repetição, surpresa, rapidez e propósito. Embora não tenha sido considerado, o "volume de fogo" é um elemento fundamental para preservar a superioridade relativa pelo máximo tempo possível. Ele abrange o uso de armas coletivas orgânicas e, possivelmente, o apoio de fogo aéreo e naval. Nesse contexto, a seleção, o adestramento, as ações de inteligência, a tecnologia disponível, dentre outros fatores inerentes às capacidades de uma FOpEsp que conduz ADs, minimizam o tempo de exposição e maximizam o aproveitamento da situação (McRaven, 1996, pp. 4-11).

10. Ataque violento e de surpresa que se realiza contra uma tropa inimiga estacionada ou uma instalação, com a finalidade de destruí-la, capturar os prisioneiros e o material, obter informações, fustigar ou perturbar o inimigo e manter um acidente importante no terreno que será vital em operações futuras (Brasil, 2015b, p. 130).

11. Conjunto de ações, de qualquer natureza, destinadas a influenciar as emoções, as atitudes e as opiniões de públicos-alvo, com a finalidade de obter comportamentos predeterminados. As OpPsc são aplicadas de acordo com as necessidades: estratégicas, que se destinam a apoiar as ações nos diversos campos do poder nacional e militar, sendo permanentes, com resultados duradouros a médio e longo prazo, e; táticas, que se destinam a apoiar a execução das operações militares, sendo planejadas e executadas para cada ação, com resultados a curto e médio prazo (Brasil, 1999, pp. 1/4-1/5; Lawrence, 2011, pp. 222-223).

12. O *modus operandi* dos *Commandos* britânicos estabelecia que suas ações deveriam ser de natureza anfíbia, partindo do mar com um efetivo que se aproximava do seu alvo para, em seguida, atacá-lo. Um terço do contingente permanecia na praia para proteger a cabeça de ponte. O conceito corresponde à área ou posição, na margem inimiga de um curso de água, obstáculo ou desfiladeiro que uma força conquista na ofensiva ou mantém na defensiva, a fim de assegurar as melhores condições para o prosseguimento das próprias ações ou para as operações de outra força (Brasil, 1964, p. 20).

13. O nazismo surgiu em janeiro de 1919 na cidade de Munique a partir da criação do Partido Nacional Socialista dos Operários Alemães (cujo nome seria abreviado para Partido Nazista). Formado em consequência do ressentimento do povo alemão pelos termos que lhes foram impostos pelo Tratado de Versalhes, bem como pela crise econômica que projetava um futuro sombrio para a Alemanha. Apoiava-se em teorias que preconizavam a hierarquia racial, na qual os povos

germânicos (denominados de raça nórdica) eram considerados os mais puros da raça ariana. O movimento nazista almejava superar as divisões de classe para criar uma sociedade homogênea que buscava a restauração do orgulho alemão, a unidade nacional e a exclusão dos chamados povos estrangeiros (comunistas, judeus, ciganos e eslavos). Em janeiro de 1933, o nome de Adolf Hitler, líder do partido nazista, foi imposto para o cargo de chanceler, por um grupo de representantes da elite alemã, ao então presidente Paul von Hindenburg (a Alemanha tornara-se República entre 1918 e 1933). No ano seguinte, após a morte de Hindenburg e conforme estabelecido em lei, Hitler desempenhou conjuntamente as funções de chanceler e chefe de Estado com o pomposo título de *Führer* (líder). Na tentativa de legitimar seu poder, os nazistas retratavam seu regime como o Terceiro Reich, uma continuação do Sacro Império Romano-Germânico (962-1806), considerado como Primeiro Reich, e do Império Alemão (1871-1918), tratado como Segundo Reich (Souto Maior, 1976, pp. 403-406).

14. O fascismo foi influenciado pelas ideias propostas pelo filósofo alemão Georg Wilhelm Friedrich Hegel (1770-1831), segundo o qual o Estado seria a suprema manifestação de Deus na Terra. Nesse contexto, o movimento exigia que os italianos conjugassem seus interesses individuais em favor de uma Itália que assumia para si a missão de guiar o mundo civilizado. Aproveitando-se do efeito desmoralizante da Primeira Guerra Mundial, da profunda recessão procedente do conflito, bem como das atribulações experimentadas pelo regime parlamentarista italiano, Benito Mussolini (líder do movimento fascista) valeu-se da propaganda e da violência para tomar o poder em 31 de outubro de 1922, quando foi nomeado primeiro-ministro pelo rei Vítor Emanuel III. A partir de então, Mussolini mobilizou a sociedade italiana sob um Estado totalitário, para manter a ordem, promover a unidade nacional e defender o país das adversidades, adotando políticas econômicas agressivas alicerçadas no protecionismo e no intervencionismo (Cáceres, 1988, pp. 256-260; Souto Maior, 1976, pp. 400-403).

15. Organização instituída na Alemanha em 1968 por Andreas Baader, Gudrun Ensslin e Ulrike Meinhof, dentre outros estudantes e intelectuais simpatizantes da ideologia marxista. O grupo tinha forte motivação nacionalista, posicionando-se contra a influência norte-americana na antiga Alemanha Ocidental, o que levou seus integrantes a optarem pelo uso da violência, praticando, principalmente, sequestros e assassinatos (Woloszyn, 2010, p. 22).

16. Movimento constituído no Paquistão em 1982 com a finalidade de reunir combatentes voluntários dos países de origem árabe e de antigas repúblicas soviéticas para participar da *jihad* (Guerra Santa) contra a URSS durante a Guerra Afegã-Soviética (1979-1989). Após a conclusão do conflito, a *al-Qaeda* (termo árabe cuja tradução literal significa "a base") mudou seu enfoque para a necessidade de uma *jihad* global. Influenciada pelo pensamento radical do filósofo egípcio Sayyid al-Qutb Ibrahim, desencadeou um conflito contra todos aqueles considerados infiéis aos preceitos (deturpados) do Islã (Woloszyn, 2010, pp. 49-50).

17. Constituído em 2014, o Estado Islâmico do Iraque e do Levante é um movimento islâmico ultraconservador que se fortaleceu, principalmente, durante a Guerra Civil Síria (travada desde 2011). Tomando por referência uma interpretação extremamente radical das revelações de Alá ao profeta Maomé (contidas no Alcorão, o livro sagrado do islamismo), os integrantes do movimento afirmam ter autoridade religiosa sobre o mundo muçulmano e buscam obter o controle total da região do Levante (que inclui: Síria, Jordânia, Israel, Palestina, Líbano e Chipre) e de outras regiões de maioria islâmica (Vasconcelos, 2019, pp. 44-48).

18. Movimento de resistência da população árabe contra o Império Turco-Otomano, que governou grande parte do território árabe desde os anos 1510, quando os mamelucos (tropas constituídas por escravos turcos, usados como soldados por califas muçulmanos) foram derrotados na região que corresponde à Síria. Estado multiétnico formado por turcos, curdos, gregos, armênios, bósnios, sérvios, persas, árabes, entre outros, o Império Turco-Otomano atravessou os séculos seguintes em relativa paz com as diferentes etnias. Entretanto, no século XIX, o nacionalismo europeu exerceu forte influência sobre alguns grupos vinculados ao Império, e as cidades árabes de Damasco, Beirute e Cairo despontaram como importantes centros de pensamento nacionalista. Assim, quando a Primeira Guerra Mundial teve início, o *Sharif* de Meca liderou um movimento insurgente contra os turco-otomanos em favor da causa árabe. Percebendo no movimento uma ótima oportunidade para enfraquecer as forças turcas, os britânicos apoiaram os insurgentes de modo formal. No início, disponibilizaram assessores militares, mas ampliaram o suporte fornecendo também tropas, equipamentos e uma diversidade de outros suprimentos. Apesar das inúmeras baixas, o desfecho do conflito, ocorrido em outubro de 1918, foi favorável aos árabes culminando com a ratificação do Tratado de Sèvres, acordo que promovia mudanças territoriais dividindo o Império Turco-Otomano entre a Grécia, a Itália, a Grã-Bretanha e a França (Orgill, 1978, pp. 16-31; Visacro, 2009, pp. 9-17).

19. Título de nobreza atribuído aos descendentes masculinos da linhagem do profeta Maomé, líder religioso fundador do islamismo. O *Sharif* é responsável pela administração dos lugares sagrados relacionados ao islã no interior de uma determinada região (A. L. Costa, 2014, p. 183).

20. Termo que se refere a uma operação planejada para ser realizada em pequena escala, aplicando o binômio furtividade-surpresa. Nas *raids* a força incursora executa golpes de mão adentrando o território hostil ou sobre controle inimigo, com o objetivo de realizar ações específicas: controle de área para preservação de informações, destruição de alvos, perturbação e desgaste das tropas inimigas e captura de pessoal ou de material. Após a conclusão da missão, recuam de modo rápido para que o adversário não tenha tempo de organizar um contra-ataque (Brasil, 2015b, p. 130).

21. Povo de origem árabe que habita o deserto e, portanto, está familiarizado com o ambiente típico da região árida localizada no Norte da África. Organiza-se em pequenas unidades estruturadas em um sistema de tribos. Os beduínos se caracterizam pela personalidade individualista e são incapazes de submeter-se a grandes organizações sociais ou nacionais. A família e a tribo são as únicas células coletivas às quais prestam tributo e obedecem. Vangloriam-se de sua pobreza e austeridade como um traço irrefutável de uma linhagem ancestral que fazem questão de exaltar. O camelo representa o símbolo máximo de seu patrimônio, servindo-lhes como meio de transporte, fonte de alimentação e matriz da qual extraem tecido para confecção de suas tendas (Orgill, 1978, pp. 16-20).

22. No século IV a.C. o filósofo e estrategista chinês Sun Tzu já havia abordado esta questão ao considerar que "Na arte da guerra, a melhor opção é tomar o país inimigo intacto, esmagar um país é apenas a segunda melhor opção. [...] Portanto, conquistar cem vitórias em cem batalhas não significa o máximo da excelência. O máximo da excelência é subjugar o Exército inimigo sem chegar sequer a combatê-lo". Analisando os pormenores dessa citação, Sun Tzu considera que, para alcançar os objetivos estabelecidos e conquistar a vitória, a batalha não é, necessariamente, o meio mais adequado. Para que os resultados desejados sejam obtidos é melhor vencer o inimigo sem lutar. Há duas formas para fazê-lo: utilizar-se de meios políticos, econômicos, psicológicos e morais antes de apelar para o esforço militar, e aplicar uma estratégia de guerra engenhosa quando os meios militares forem necessários. Em essência, para Sun Tzu, a meta da estratégia não se restringia a cumprir com os objetivos operacionais, controlando e persuadindo a esfera de influência, mas cumpri-los sem apelar para o combate (Mcneilly, 2009, p. 33; Tzu, 2007, p. 41).

23. Conceito criado por Joseph Samuel Nye Junior, cientista político norte-americano, levado a público em 2004 com o lançamento do livro *Soft Power*: os meios para o sucesso na política mundial. Em essência, esse conceito refere-se às habilidades necessárias para lidar com outras culturas, por meio de persuasão, e tem como propósito: encontrar soluções pacíficas, indiretas e sutis, e combinar elementos simbólicos e culturais com valores políticos, ideológicos e psicossociais, que podem influenciar na tomada de decisões, em diferentes níveis, na condução de uma atividade. Por sua vez, o conceito de *Hard Power* refere-se à capacidade de alcançar objetivos pelo uso da força militar ou da coerção econômica (S. R. Matos, Perezino, & M. B. Souza, 2015, p. 22).

24. Principal expoente do Partido Comunista chinês, fundado por ele e outros companheiros em 1921, Mao Tsé-Tung liderou a Revolução Chinesa que levou à Proclamação da República Popular da China em outubro de 1949. Comandou uma frente unida com o *Kuomintang* (Partido Nacional do Povo) durante a Segunda Guerra Sino-Japonesa (1937-1945), travada no contexto da Segunda Guerra Mundial, que teve como propósito impedir a anexação de territórios

chineses ao Império japonês. Mao rompeu relações com o Chiang Kai-shek (influente membro do *Kuomintang* que assumiu a presidência da República da China), após este assumir o poder e se posicionar contra os comunistas. Artífice do movimento revolucionário que se opunha ao poder central, Mao liderou o Exército Vermelho que deu prosseguimento à Guerra Civil Chinesa (1927-1937; 1946-1949). As tropas avançaram de forma gradativa enquanto pressionavam os nacionalistas empurrando-os para áreas cada vez menores até finalmente os derrotarem (Lanning, 1999, pp. 215-218; Visacro, 2009, pp. 82-88).

25. Os contingentes militares convencionais dispõem de organização complexa e são orientados a confrontar o inimigo e, se possível, vencê-lo por meio da superioridade de seu poder de combate. Para atenderem às necessidades das tropas regulares, os exércitos precisam ofertar e transportar suprimentos enquanto seus efetivos se mobilizam pelo terreno no qual antagonizarão a força adversária. Nesse contexto, a organização formal dos grandes contingentes representa uma vantagem àqueles que lançam mão das táticas de guerrilha. Independentemente de serem fracos ou mal equipados, os atores irregulares têm flexibilidade tática, dispõem de conhecimento do terreno, não precisam fixar tropas no território, não têm restrições quanto à duração de sua campanha, além de não dependerem das vias normais de circulação para receber suprimentos. Mantendo-se escondida, agindo com sigilo e com possibilidade de escolher a hora e o local da ofensiva, bem como os alvos a serem atacados, a guerrilha pode lançar uma força concentrada contra as vulnerabilidades do inimigo. Nesse cenário, o adversário se vê obrigado a defender seu território espalhando suas tropas por todas as áreas a serem protegidas, favorecendo as ações de desgaste que as desmoralizam e enfraquecem. Enquanto isso, as forças irregulares ganham moral e prestígio, ampliando seu poderio bélico (devido à captura de armas) de modo a alcançar um equilíbrio de forças (H. F. Tavares, 1984, pp. 33-34).

26. Considerado um mestre na arte de organizar e conduzir a guerra de guerrilha, Vo Nguyen Giap dedicou-se inicialmente ao magistério, ministrando aulas de História para alunos do ensino médio, manifestando particular entusiasmo à figura de Napoleão Bonaparte. Engajado em questões políticas e motivado pelo desejo de resistir à ocupação estrangeira de seu país, filiou-se ao Partido Comunista da Indochina aliando-se mais tarde a Ho Chi Minh, principal expoente do Partido Comunista Indochinês, para criar o Việt Nam Độc Lập Đồng Minh Hội (*Viet Minh*, ou Liga pela Independência do Vietnã). Assim, conduziu as ações militares do *Viet Minh,* que ofereceram resistência à ocupação japonesa (Segunda Guerra Mundial) e francesa (Guerra da Indochina). Além disso, comandou o Exército do Vietnã do Norte, que antagonizou e venceu os norte-americanos na Guerra do Vietnã (Currey, 2002, pp. 97-101; Lanning, 1999, pp. 183-186).

27. A região historicamente denominada Indochina compreendia a área localizada no sudeste asiático, que havia sido dominada pela França na segunda metade do século XIX, durante o reinado de Napoleão III, com a finalidade de ter acesso à China pelo território indochinês. Dividido em cinco territórios (Cochinchina, Annan, Tonquim [atual Vietnã], Camboja e Laos), o local testemunhou o surgimento de movimentos nacionalistas constituídos em favor da independência nas décadas de 1920 e 1930. Mas o poderio militar francês ainda manteve a autoridade sobre as colônias asiáticas. Contudo, devido aos efeitos da Segunda Guerra Mundial sobre a França, a situação mudou. O território francês foi parcialmente ocupado por tropas alemãs entre 1940 e 1944, mas a região de Vichy permaneceu sob a autoridade francesa do marechal Phillipe Pétain, chefe de governo alinhado à Alemanha Nazista. Com isso, os japoneses, desejando cortar as linhas de abastecimento que chegavam à China, ocuparam a Indochina por completo em março de 1945. Concluída a Segunda Guerra Mundial, a Conferência de Postdam, realizada entre julho e agosto de 1945, admitiu o retorno da administração francesa à região. Aproveitando-se do colapso japonês, o *Viet Minh* assumiu o controle administrativo da cidade de Hanói, localizada na região norte do Vietnã. A luta armada teve início em novembro de 1946 com os franceses assumindo o controle das ações. Contudo, a guerra de guerrilha desenvolvida pelos vietnamitas resultou em uma série de crescentes sucessos, levando as tropas francesas a confrontar as forças do *Viet Minh* na Batalha de Dien Bien Phu, culminando na derrota dos colonizadores. A conclusão do conflito, em maio de 1954, resultou na criação da República Democrática do Vietnã (Vietnã do Norte) (Ferrari, 2011, pp. 496-499; H. F. Tavares, 1984, pp. 105-109).

28. A Guerra do Vietnã foi um conflito armado, travado entre 1955 e 1975, no contexto da Guerra Fria, que antagonizou o Vietnã do Norte (que tinha como principal aliada a URSS) e o Vietnã do Sul (apoiado, sobretudo, pelos EUA), estendendo-se para os territórios do Laos e do Camboja. Com a ratificação dos acordos em 1954, durante a Conferência de Genebra (Suíça), o Vietnã tornou-se livre após seis décadas de dominação francesa. O país então se dividiu, influenciado por duas correntes político-ideológicas distintas (capitalismo e comunismo). No ano seguinte, 1955, Ho Chi Minh, presidente da República Democrática do Vietnã (do Norte), autorizou os simpatizantes comunistas a lançar um movimento insurrecional contra o Vietnã do Sul. A partir de 1959, o movimento alicerçado em táticas de guerrilha conduzidas pela Frente Nacional para Libertação do Vietnã ficou popularmente conhecido pelo termo vietcongue. Em 1961, o governo dos EUA, considerando temerária a influência soviética na região, enviou tropas para assessorar e treinar o Exército sul-vietnamita. Pouco habituadas à guerra de guerrilha, as tropas regulares dos EUA, que a partir de 1965 passaram a intervir em larga escala no Vietnã, sofreram constantes reveses das forças norte-vietnamitas e do vietcongue. As FA norte-americanas deixaram o Vietnã em 1973 devido à grande pressão de uma considerável parcela da população estadunidense, cujo

pensamento pacifista que dividia a sociedade mostrava-se contrário aos métodos utilizados contra os oponentes, pois eram considerados desumanos. O final da guerra ocorreu dois anos depois, quando as forças do Vietnã do Norte capturaram a cidade de Saigon (capital do Vietnã do Sul, atual cidade de Ho Chi Minh) (Ferrari, 2011, pp. 496-501; H. F. Tavares, 1984, pp. 710-712).

29. O *Viet Minh* exercia forte controle e enérgica direção sobre as massas populares. Ninguém escapava da sua vigilância devido ao sistema de hierarquia que se sobrepunha e se ramificava, do escalão superior a menor aldeia. Todo cidadão *Viet Minh* tinha três opções, tornar-se militar, funcionário/colaborador ou membro do *Lien Viet* (Organismo do Estado), estruturado em: grupo de províncias (região), província (prefeitura), delegação (subprefeitura), área entre as aldeias (cantão), e aldeias. Como militar ou funcionário/colaborador, o cidadão deveria demonstrar lealdade inquestionável, estando de modo permanente sob o olhar inquisidor de um membro do Partido Comunista Indochinês e de seus camaradas. A mesma divisão era encontrada na segunda hierarquia, que compreendia o comitê popular-político-militar. Com atribuições diferentes, ambas consolidavam o poder do *Viet Minh* sobre a população. A terceira hierarquia detinha todas as alavancas do comando e representava a própria organização do Partido Comunista Indochinês: Comitê Central (*Tong-Bô*), Comitês de Província (*Tinh-Bô*), Grupamentos de Células (*Lien-Chi*) e Célula (*Lien-Xá*). O partido, composto pelos comissários políticos do Exército, pelos chefes e pelos altos funcionários dos órgãos do Estado, utilizava técnicas psicológicas para conseguir o apoio das pessoas, que visaram a uma causa perfeitamente clara (Independência) e entregaram-se à guerra revolucionária com o propósito de expulsar os colonizadores do solo pátrio e repartir entre si as terras (Bonnet, 1963, pp. 216-218).

30. A Batalha de Negomano foi travada entre Portugal e o Império Alemão, após uma importante vitória alemã sobre os britânicos (Batalha de Mahiwa, ocorrida na África Oriental Alemã, região que atualmente compreende a Tanzânia). Na ocasião, as tropas comandadas pelo general Lettow-Vorbeck estavam enfraquecidas e desabastecidas, sendo necessário invadir a África Oriental Portuguesa (atual Moçambique) para obter provisões e evitar o encontro com o contingente britânico que se concentrava ao norte. A tropa portuguesa, enviada para deter o avanço dos alemães, foi cercada e derrotada pelos germânicos em 25 de novembro de 1917, possibilitando que os comandados de Lettow-Vorbeck tivessem acesso às provisões que propiciaram a continuidade da campanha alemã no continente africano até a conclusão do conflito (Abbott, 2002, pp. 40-41).

31. Movimento guerrilheiro sul-vietnamita que buscava implementar o regime comunista no Vietnã do Sul durante a Guerra do Vietnã. A luta armada vietcongue era alicerçada em ataques de emboscada, atos de sabotagem e ações de apoio às tropas regulares norte-vietnamitas (H. F. Tavares, 1984, pp. 514-515).

32. Milícia *mujahidin* (termo árabe que se refere à pessoa que busca por conhecimento) constituída como uma corrente de pensamento político-religioso radical dos ensinamentos do Islã, disseminada por diferentes regiões do Golfo Pérsico nas décadas finais do século XIX. Em meados da década de 1980, com o apoio do governo norte-americano, a corrente Talibã do Afeganistão se opôs à presença soviética no país (1979-1989) promovendo uma luta armada contra as tropas da União das Repúblicas Socialistas Soviéticas (URSS). O acirramento da luta desencadeou uma guerra civil que levou à queda do presidente Burhanuddin Rabbani e promoveu a ascensão do Talibã ao poder em 1996, situação que permaneceu até 2001. Nesse ano, o regime foi derrubado em decorrência da Guerra Global contra o terrorismo iniciada pelos EUA após os atentados de 11 de setembro de 2001 (Dunnigan, 2008, pp. 247-248; Woloszyn, 2010, pp. 50-51).

33. Milícia criada em 1920 com o movimento que pretendia promover a independência da população de origem curda distribuída pelos territórios do Irã, Iraque, Turquia e Síria. A nova Constituição iraquiana promulgada em 2005, após suas forças serem derrotadas por uma coalizão militar multinacional liderada pelos EUA, estabeleceu que as tropas *Peshmerga* (termo empregado pelos curdos para designar aqueles que enfrentam à morte) foram oficialmente reconhecidas como protetoras do Curdistão. Isso ocorreu porque as forças estrangeiras (sobretudo o Iraque) ficaram proibidas por lei de entrar na região (Peixinho, 2010, p. 10).

34. Percepção precisa dos fatores e condições que afetam a execução da tarefa durante um período determinado de tempo, permitindo que os decisores estejam cientes do que se passa ao seu redor e assim tenham condições de focar o pensamento à frente do objetivo. A consciência situacional oportuniza a perfeita sintonia entre a situação percebida e a situação real (Brasil, 2015b, pp. 71-72).

35. Área terrestre selecionada do litoral inimigo que contém os objetivos da força-tarefa anfíbia e da força de desembarque e que, quando conquistada e mantida, assegura o desembarque contínuo de tropa e material, proporcionando espaço de manobra para as operações em terra (Brasil, 2015b, p. 53).

36. Refere-se à detecção e localização de um alvo com detalhamento suficiente para permitir o efetivo emprego de armas (Brasil, 2017c, p. 3/3).

37. Nesta obra o acrônimo SBS é utilizado, conjuntamente, em referência à *Special Boat Section* (Seção Especial de Embarcações), *Special Boat Squadron* (Esquadrão Especial de Embarcações) e *Special Boat Service* (Serviço Especial de Embarcações). Constituída durante a Segunda Guerra Mundial como uma unidade do Exército Britânico que respondia ao comando do SAS, a Seção Especial de Embarcações foi dissolvida após o término do conflito. Na década de 1950, o Real Corpo de Fuzileiros Navais (*Royal Marines*) criou uma tropa especial que combinava procedimentos adotados na Segunda Guerra por duas unidades distintas, a SBS

e o RMBPD, optando por manter o nome SBS para a nova tropa. A designação da unidade foi alterada posteriormente, sendo denominada, em 1974, como Esquadrão Especial de Embarcações e, em 1987, como Serviço Especial de Embarcações, nome que permanece até os dias atuais (Parker, 1997).

2

BRASIL COLÔNIA (1500-1822)

CENÁRIO BRASILEIRO NO INÍCIO DO SÉCULO XVI

A expedição portuguesa responsável pela descoberta de terras na América do Sul e pelo início do processo de colonização do continente foi realizada no começo do século XVI, e constitui o marco referencial para o período colonial. Esse momento histórico para o Brasil se insere no início da Idade Moderna (entre os séculos XV e XVIII), em uma época que antecede aos Tratados de Paz Vestfália[1]. Nessa conjuntura, a unidade dos territórios europeus era abstrata e se caracterizava por um modelo político-social fragmentado em reinos semiautônomos, cada um deles governado por uma liderança regional (nobre ou clérigo) (Picinin & C. T. Silva, 2015, pp. 127-150, pp. 132-133). Portugal foi um dos primeiros Estados a se tornar independente da Europa (1185) e a ter a monarquia como forma de governo.

As guerras travadas antes do século XVII não eram conduzidas por bandos de mercenários sem grandes organizações formais ou disciplina doutrinária contratados para combater em favor de um determinado reino. Mas somente quando o conceito de Estado-nação foi instituído e os países assumiram o monopólio sobre a condução das guerras, com a ratificação dos Tratados de Paz de Vestfália em 1648, é que os componentes dos Exércitos nacionais começaram a ser formalmente estruturados (Infantaria, Cavalaria e Artilharia) e a consciência doutrinária passou a influenciar todos os aspectos da vida militar (Newark, 2011, pp. 174-175).

Os portugueses que desembarcaram no Brasil em 1500 eram navegadores experientes, que desde 1435 se dedicavam a explorar as águas do Atlântico a partir da costa ocidental da África, contornando o extremo meridional daquele continente com o objetivo de alcançar a Índia (Hale, 1970, pp. 21-38). As viagens eram motivadas pela procura por suprimentos para abastecer sua atividade comercial nos mercados interno e externo.

Os exploradores lusitanos trouxeram para sua colônia na América uma experiência militar evoluída desde a Idade Média (entre os séculos X e XV), alicerçada no padrão de combate europeu que utilizava formações de Infantaria e de Cavalaria (usando armas de choque como espada, piques e lanças) apoiadas no emprego de arqueiros/besteiros (Keegan, 2006, pp. 297-313). Cabe destacar que, no início do século XVI, as peças de Artilharia também compunham as formações dos Exércitos, sobretudo, nas campanhas que envolviam o assédio a fortificações (Newark, 2011, pp. 160-161). Algumas armas de fogo portáteis (arcabuz, carabina de fecho de roda e mosquetes de fecho de mecha) haviam acabado de surgir, sendo paulatinamente adotadas por unidades de Infantaria em substituição ao arco/besta até serem usadas de modo definitivo em conjunto com os piques (ibid., pp. 154-157).

Quando estabeleceram contato com a população nativa do Brasil, os portugueses se depararam com uma organização social absolutamente distinta, que entre outros aspectos culturais apresentava um modo de combater bastante diferente do padrão ortodoxo europeu, característico daquele período. Os índios da família linguística tupi-guarani (tupiniquins, tupinambás, potiguaras, caetés e carijós), que em 1500 dominavam a costa brasileira de Norte a Sul, travavam guerras constantes embrenhando-se furtivamente pelas matas, por meio de investidas rápidas que visavam ao choque com o inimigo em suas posições ou emboscadas. Confrontando-se entre si ou com nações de outras famílias linguísticas, os tupis lutavam com a finalidade de afirmar a soberania de uma tribo sobre suas terras ou com o objetivo de ocupar um novo território, tomando-o à força dos antigos ocupantes (E. S. Cunha, 1999, pp. 42-45).

No século seguinte, a inusitada combinação do estilo europeu de combater com o modo indígena de guerrear daria origem a um tipo de luta genuinamente brasileiro, desenvolvido com base na necessidade de enfrentar os invasores estrangeiros que pretendiam implementar, cada qual, uma colônia no território de posse portuguesa.

DESCOBRIMENTO DO BRASIL

Na transição do século XV para o século XVI, a Coroa portuguesa se valia de seu potencial naval para promover a expansão marítima e comercial do país. Motivado pelo sucesso da expedição às Índias, Manuel I (rei de Portugal e Algarves) organizou uma nova expedição ao mesmo destino. Comandada pelo capitão-mor Pedro Álvares Cabral, a frota que zarpou de Lisboa na manhã de 9 de março de 1500 era composta por 13 embarcações e 1.500 homens, sendo considerada a maior esquadra a desatracar da capital portuguesa até então.

As embarcações navegaram pela conhecida rota africana até as ilhas de Cabo Verde (ocupada pelos portugueses a partir de 1460), e, voluntária ou involuntariamente[2], rumaram na direção sudoeste, afastando-se da costa da África. Cruzando as águas do Atlântico, avistaram um monte, no dia 22 de abril, a cerca de 36 quilômetros da costa localizada no atual estado da Bahia, batizado por Cabral com o nome Pascoal (por estarem no período próximo à Páscoa). Aproximando-se do litoral no dia seguinte, a frota ancorou a uma distância de 3 quilômetros da foz de um pequeno rio em cujas margens puderam avistar pela primeira vez um grupo de nativos (Holanda, 2007, pp. 43-44).

Na denominada Terra de Santa Cruz[3], os nativos que habitavam o litoral em quase todas as regiões que os colonizadores portugueses tentaram ocupar e explorar (uma extensa área que abrangia os atuais estados do Rio de Janeiro, Bahia, Maranhão e Pará) eram da família linguística tupi-guarani. Na longa relação que estabeleceram com os portugueses a partir do descobrimento, os índios tupis constituíram a principal fonte de resistência organizada ao desígnio de exploração colonial e também a melhor fonte de apoio com a qual os lusitanos puderam dispor. Reunidos em pequenos grupos locais e sujeitando-se ao estilo de vida e à autoridade dos nativos, os primeiros portugueses a habitar o território recém-descoberto eram dependentes dos aborígenes para prover tanto sua alimentação quanto sua segurança (ibid., pp. 84-92).

No início, a relação entre os ocupantes portugueses e a população indígena foi facilitada devido à grande importância atribuída pelos nativos às mercadorias que lhes eram oferecidas por escambo, promovendo a troca de produtos ou serviços (sem a utilização de moeda). Num momento posterior, quando os portugueses mudaram o foco de interesse para a atividade agrícola com a implementação das donatarias (Capitanias Hereditárias[4]) em 1534, os nativos foram encarados como um impedimento à posse da terra e um obstáculo à colonização. Assim sendo, para alcançar seus propósitos, os portugueses dominaram os índios, promovendo a desorganização das instituições tribais e a expropriação territorial que privou os nativos de suas terras, e para utilizá-los como mão de obra escrava.

Nesse contexto, é importante destacar o papel desempenhado pelos padres da Companhia de Jesus, que atuaram como agentes para a assimilação dos índios à tradição de fé cristã. Mesmo desempenhando uma atividade de caráter humanitário (evangelização) que contrariava os interesses portugueses (escravidão), os jesuítas contribuíram para destruir as bases da autonomia tribal de modo a favorecer a sujeição dos indígenas à dominação portuguesa. Todavia, os exploradores de outras nacionalidades, sobretudo os franceses[5], começaram a se aproveitar de suas boas relações com as tribos hostis aos portugueses para conseguir mercadorias e vender diretamente para outros países da Europa. Diante disso, a Coroa portuguesa se viu forçada a ter maior prudência em relação às tribos consideradas aliadas, pois elas lhe asseguravam a conquista e o controle dos territórios ocupados por Portugal (Holanda, 2007, pp. 92-96).

Devido à diversidade de documentos que enaltecem os feitos dos portugueses no período do descobrimento do Brasil, é comum que, em épocas posteriores, a sociedade, quase sempre, pense que os nativos daquele tempo adotavam uma postura submissa em relação aos colonizadores europeus. Contudo, como é possível observar em diferentes episódios ocorridos no início do período colonial, como nos embates travados em decorrência da Confederação dos Tamoios[6], os índios lutaram bravamente por suas terras, segurança e liberdade, que foram cerceadas de modo gradativo em virtude do crescente processo de ocupação e exploração (ibid., p. 93).

Os exploradores europeus que aportaram no Brasil no início do século XVI adotaram uma conduta peculiar em sua relação com a população nativa. Eles se baseavam em procedimentos operacionais que seriam utilizados como doutrina somente no decorrer do século XX, quando foi desenvolvido o tipo de combate que atualmente é atribuído às unidades militares que operam como FEsp. Seja nos primórdios da presença portuguesa na Terra de Santa Cruz, ou durante a investida de corsários franceses para traficar mercadorias nativas destinadas ao mercado europeu, os colonizadores (portugueses) e os invasores (franceses) dedicaram-se a cooptar o apoio dos nativos em proveito de seus objetivos. Por meio da inteligência e da persuasão, ambos se mobilizaram na conquista do denominado "terreno humano", se esforçando para criar laços de confiança com a população indígena a despeito das barreiras culturais, de modo a exercer influência sobre os nativos sem imposição da autoridade, uma vez que nessas circunstâncias a adoção de postura autoritária poderia comprometer a constituição de alianças com os índios (Visacro, 2010, pp. 122-123).

PRIMEIRA INVASÃO HOLANDESA

Na segunda década do século XVII, o açúcar era um produto extremamente valorizado na Europa, despertando a atenção da WIC (*West-Indische Compagnie*, ou Companhia das Índias Ocidentais) para a possibilidade de dominar a produção, refino e distribuição desse produto. Constituída em 1621 por iniciativa conjunta do governo e dos comerciantes holandeses, a WIC foi criada com finalidade comercial e militar. Cabia à Companhia consolidar as rotas dos Países Baixos (Holanda) para o Ocidente e agir como o braço armado responsável por assegurar os interesses batavos contra eventuais inimigos (Daróz, 2014, p. 133).

A Capitania da Bahia tinha a economia baseada, sobretudo, na produção de açúcar e reunia na região do Recôncavo Baiano uma grande quantidade de engenhos produtores que atraíram a atenção da WIC. Ainda que a produção de açúcar fosse maior na Capitania de Pernambuco, a opção pelo assédio a São Salvador da Bahia de Todos os Santos (atual Salvador, capital do estado da Bahia), realizado em 9 de maio de 1624, ocorreu em virtude do conhecimento prévio da região (os holandeses promoviam incursões naquela área desde o final do século XVI) e porque a cidade era a sede da administração colonial portuguesa no continente. Esse fato favoreceu, num momento posterior, a formação de uma colônia holandesa e dificultou uma retaliação luso-espanhola[8] na tentativa de recuperar o território perdido (ibid., pp. 133-134).

Após a perda da capital da colônia para os invasores holandeses, coube a Dom Marcos Teixeira de Mendonça, bispo de São Salvador, a condução do movimento de resistência para combater os batavos. Assim, o religioso octogenário preparou uma pequena força, organizou um arraial fortificado próximo ao Rio Vermelho e encabeçou um efetivo de cerca de mil combatentes, constituindo a autodenominada "Milícia dos Descalços".

Os holandeses dispunham de poderio bélico muito superior ao da força de resistência, que estava limitada a utilizar armas brancas, flechas, lanças e armas de fogo capturadas do inimigo em ações pontuais. Devido a essa natureza assimétrica[9] do enfrentamento, a possibilidade de travar uma guerra aberta contra os invasores mostrou-se uma alternativa inviável. Assim, o método de combate adotado pelas tropas comandadas por Dom Marcos Teixeira[10] foi influenciado pelo modelo indígena de conduzir a guerra.

Nesse contexto, foram formadas 27 companhias de emboscada, cada uma delas composta por um contingente variável de 25 a 40 homens. Comandadas por um capitão, essas companhias cercaram a cidade de São Salvador efetivando ações de emboscada e táticas de guerrilha contra aqueles que se aventuravam a deixar o perímetro urbano. Com o objetivo de minar a capacidade combativa das tropas holandesas sitiadas na sede da capital da colônia, a guerra irregular conduzida pelas forças de resistência na Capitania da Bahia inaugurou a denominada Guerra Brasílica (Daróz, 2014, pp. 146-147).

No cenário da guerra moderna, a tipologia das ações realizadas pelas companhias de emboscada na condução da guerra de guerrilha travada contra os holandeses constitui tarefa planejada com base no método AD, o qual é executado como uma ação de choque, realizada de surpresa, com extrema precisão, grande intensidade e curta duração (Brasil, 2015b, p. 19).

Os luso-brasileiros optaram por conduzir uma campanha de guerrilha no enfrentamento aos holandeses por disporem de poder de combate inferior em relação às forças invasoras, fato que tornava inviável para as tropas brasílicas confrontarem os batavos em uma batalha decisiva[11] travada em campo aberto. O general Daniel de La Touche (Senhor de La Ravardière, líder da expedição francesa que estabeleceu uma colônia na região Nordeste do Brasil), em uma carta redigida em 1614 a Jerônimo de Albuquerque (herói da conquista do Maranhão no contexto da França Equinocial), acusa seu inimigo de conduzir uma forma de combate que desrespeitava a arte militar (europeia[12]) adaptando-a às condições ecológicas do Nordeste e assimilando técnicas locais de combate. A carta é considerada a primeira referência a uma arte militar peculiar do Brasil (Puntoni, 2002, pp. 186-189).

No âmbito das ações empreendidas pelas companhias de emboscada, destacou-se a figura do capitão Francisco Padilha[13], um brasileiro nativo que conduziu uma série de operações de natureza ofensiva do tipo golpes de mão contra os invasores holandeses. Ele foi o responsável por executar uma emboscada contra Johan van Dorth, governador da Capitania da Bahia, durante a ocupação batava, quando o fidalgo holandês retornava de uma visita de inspeção ao Forte de Monte Serrat (Daróz, 2014, p. 148). A armadilha foi descrita pelo cronista e almirante português Manuel de Menezes, um dos partícipes da libertação da Bahia, da seguinte forma:

> Saiu a 15 de junho [de 1624] o coronel João Doart [Johan van Dorth], a cavalo acompanhado de alguns soldados, tocando trombetinha diante; acudiu este capitão [Francisco Padilha] com a gente de sua bandeira, e do primeiro arcabuzaço matou o cavalo do coronel, e arremetendo sem escutar razões, ou promessas, lhe cortou a cabeça, e investindo a companhia os pôs em fugida, e lhes foi no alcance um grande pedaço. Alguns dos inimigos se acharam mortos, nem o número de feridos se soube (Daróz, 2014, p. 148).

Os conflitos entre as diferentes populações nativas tinham um caráter permanente, o que se atribuía ao estilo indígena de guerrear bastante singular quando comparado à realidade europeia[14], uma vez que os nativos eram impelidos ao combate com o propósito de vingar parentes e amigos presos ou mortos pelo inimigo, bem como pelo desejo de reivindicar as mulheres de seus oponentes. Motivações como a conquista de terras ocupadas pelos adversários ou o enriquecimento pelos despojos dos vencidos não constituíam para eles fundamentos que justificassem o enfrentamento.

As circunstâncias da vida impunham aos nativos a necessidade de uma educação essencialmente guerreira desde a infância, instruindo as crianças no uso de diferentes armas[15]. Familiarizados com as particularidades do ambiente de selva, quando decidiam pela guerra, os índios percorriam as longas distâncias que os separavam dos inimigos a pé ou navegando em grandes canoas confeccionadas com cascas de árvore (ubá). Deslocando-se com destreza e furtividade, ao adentrar o território adversário os chefes e alguns outros índios, escolhidos entre os mais hábeis, avançavam para fazer o reconhecimento da situação e deliberar sobre o modo de agir. Na iminência do confronto, os indígenas tiravam o máximo de proveito do efeito surpresa e da superioridade moral, procurando amedrontar as forças inimigas, agredindo súbita e impetuosamente enquanto proferiam terríveis gritarias de insulto e ameaça (Brasil, 1972, pp. 7-11).

No enfrentamento às tropas holandesas, a estratégia adotada pelas companhias de emboscada consistia em fustigar os batavos, forçando-os a permanecer em São Salvador até a chegada de reforços vindos da Europa. No momento em que a WIC se organizava para enviar socorro às forças sitiadas, em 22 de maio de 1625, uma esquadra luso-espanhola composta por 52 navios, considerada a maior frota naval enviada para o hemisfério sul até aquele momento, passou a integrar a força de resistência à invasão. Enfrentando os holandeses em conflitos terrestres e marítimos, após um mês de intensos combates, as tropas brasílicas conseguiram subjugar os batavos, expulsando-os temporariamente do território brasileiro (Daróz, 2014, pp. 151-161).

SEGUNDA INVASÃO HOLANDESA

Em 1630 a Capitania de Pernambuco figurava como a mais próspera do Brasil, responsável por prover o maior lucro para a União Ibérica, mérito da proeminente economia açucareira. A riqueza proveniente dos engenhos de açúcar despertou a atenção e a cobiça da WIC, sobretudo porque a vila de Olinda, sede administrativa da capitania, apresentava um sistema defensivo muito aquém de seu pujante comércio açucareiro. Além disso, o porto do Recife, localizado nas proximidades de Olinda, tinha capacidade para ancorar diversos navios conjuntamente (ibid., pp. 178-180).

Na iminência da segunda invasão holandesa ao território brasileiro, o rei Felipe II estava envolvido na Guerra dos Trinta Anos[16] e não se mostrava preocupado em prover a adequada defesa da colônia. Com os escassos recursos de que dispunha, Matias de Albuquerque, governador-geral da Capitania de Pernambuco, fortaleceu as defesas do porto do Recife, principal via de escoamento das riquezas da capitania (Guerra, 1966, p. 52).

No dia 15 de fevereiro, a armada holandesa composta por 54 embarcações surgiu ameaçadora nas águas litorâneas próximas ao porto. Trinta navios foram posicionados à distância de um disparo de canhão do Forte do Mar (também chamado de Forte de São Francisco da Barra) e do Forte de São Jorge, duas fortificações de porte médio nas quais centravam-se as defesas do porto. O bombardeio foi iniciado durante a manhã, enquanto outros 16 navios conduziram uma invasão anfíbia à tarde, enviando soldados a uma praia localizada junto à foz do rio Pau Amarelo, a cerca de 12 quilômetros ao norte da vila de Olinda. Ainda que a força invasora tenha encontrado uma resistência obstinada na investida contra o porto de Recife (cujos fortes seriam subjugados após 15 dias de combate), as tropas batavas desembarcaram e não foram confrontadas, seguindo em direção à sede administrativa da capitania na manhã do dia seguinte (Daróz, 2014, pp. 190-192).

Após a tomada do porto do Recife pelos holandeses, os luso-brasileiros viram-se obrigados a se retirar para uma posição que lhes permitisse dar continuidade à luta contra as tropas da WIC. O local escolhido para se recomporem ficava entre os rios Beberibe e Capibaribe, estrategicamente posicionado entre as principais rotas de acesso que ligavam Olinda e Recife ao interior da capitania. Matias de Albuquerque trabalhou com suas tropas para fortalecer as defesas do local, denominado Arraial do Bom Jesus[17]. Construíram muralhas e baluartes, escavaram fossos e posicionaram os canhões, retirados dos navios portugueses afundados, para bloquear a entrada do porto. Assim que a fortificação foi estabelecida, um conjunto de estâncias-reduto foi constituído nas cercanias de Olinda e de Recife como rede de postos avançados destinados a informar sobre a movimentação holandesa (ibid., pp. 210-211).

Matias de Albuquerque, a exemplo do que havia feito Dom Marcos Teixeira durante a invasão holandesa à capitania da Bahia, utilizando o Arraial do Bom Jesus como ponto de apoio, empreendeu uma agressiva e eficiente campanha de guerrilha, atacando os batavos que deixavam a vila de Olinda ou o porto do Recife em direção ao interior. Agindo em zonas pré-definidas e recebendo suporte das estâncias-reduto, as companhias de emboscada, mesmo enfrentando inúmeras adversidades[18] que limitavam suas ações, privaram os holandeses da liberdade de se moverem pelo terreno, restringindo o acesso aos recursos básicos que garantiriam a subsistência das tropas sitiadas em Olinda e Recife (ibid., pp. 210-215).

Nas diversas ações conduzidas pelas companhias de emboscada contra os holandeses na Capitania de Pernambuco, destaca-se o ousado assalto realizado em 1º de março de 1634 contra o porto do Recife. Cerca de quinhentos homens, liderados pelo capitão-mor Martim Soares Moreno, conseguiram furar as defesas do porto e promoveram o máximo de destruição possível, enfraquecendo física e moralmente as tropas que guarneciam o local (Brasil, 1972, p. 139).

Na Europa, a partir de 1640, Portugal e Espanha passaram a se hostilizar devido à aclamação de Dom João, duque de Bragança (descendente direto por linhagem materna da antiga casa real dos Borgonha), ao trono português. A ascensão de João IV, primeiro rei da recém-instituída dinastia dos Bragança, colocou fim ao período de 60 anos da União Ibérica, durante o qual Portugal manteve-se subordinado ao desígnio espanhol (E. S. Cunha, 1999, pp. 142-147).

Portugal e Holanda, considerando a Espanha como um inimigo em comum, firmaram uma "aliança ofensiva e defensiva" que previa um armistício de dez anos, período no qual Portugal reconheceu as conquistas holandesas no Brasil (Pernambuco, Paraíba e Rio Grande do Norte), enquanto os holandeses se comprometeram a não expandir suas conquistas aos territórios da colônia portuguesa (Brasil, 1972, p. 159). Entretanto, ainda que o acordo estipulasse o início imediato da aliança, a WIC protelou sua ratificação com o propósito de expandir seus territórios tanto no Brasil quanto na África. Valendo-se disso, João Maurício de Nassau-Siegen (Johan Maurits van Nassau-Siegen), governador da colônia holandesa no Brasil, invadiu o Maranhão em novembro de 1641 (Daróz, 2014, pp. 314-317).

O ataque holandês à Capitania do Maranhão, a substituição de igrejas católicas por templos protestantes calvinistas e cobrança de dívidas contraídas pelos colonos portugueses junto à WIC — quando esta disponibilizou a abertura de linhas de crédito para estimular a economia açucareira que passava por um período de crise em virtude da destruição provocada pelos conflitos — evidenciaram o descontentamento dos luso-brasileiros que residiam em Pernambuco (ibid., pp. 320-321).

Embora o governador-geral Antônio Teles da Silva tivesse o compromisso de se manter fiel à aliança firmada entre Portugal e Holanda, ele incumbiu o mestre de campo (coronel) André Vidal de Negreiros de observar a população luso-brasileira e coordenar secretamente o movimento de libertação das capitanias ocupadas pelos holandeses (ibid., pp. 321-322). Em 1644, Vidal de Negreiros enviou para a Capitania de Pernambuco um grupo de 40 soldados comandados pelo sargento-mor (major) Antônio Dias Cardoso[19], experiente militar com uma excepcional folha de serviços prestados na condução de táticas de guerrilha entre 1624 e 1641 (Brasil, 1972, p. 172). Esse plano tinha o objetivo de instruir os colonos na condução de ações de emboscada típicas de um conflito insurrecional.

Impelido a promover a arregimentação e a preparação das tropas patriotas, Dias Cardoso levou meses embrenhado nas matas ao sul do rio Jaboatão para adestrar homens sem formação militar que comporiam a "infantaria natural", contingente que reunia segmentos da população, formado por brancos, negros e índios, que se encontravam à margem da economia açucareira, trabalhando nas lavouras de subsistência ou na extração do pau-brasil (Rosty, 2002, p. 64).

Antônio Dias Cardoso, ao desempenhar suas funções durante o treinamento de tropas, atuou em ligação com João Fernandes Vieira, senhor de engenho considerado como o líder civil do movimento, o qual assim descreveu o sargento-mor:

> Deu cumprimento às ordens que possuía, com fervor necessário a tão importante missão, começou a atrair e adestrar militarmente o povo para a insurreição em diversos locais, dispendendo com isso sete meses, todos passados nas matas ao rigor do tempo, para fugir ao inimigo que se pôs a buscá-lo, colocando em perigo sua vida (Brasil, 1972, p. 172).

Abrimos um parêntese para esclarecer que, no âmbito das ações realizadas por FOpEsp no cenário contemporâneo, a organização, o adestramento, a direção e o assessoramento de tropas, como realizado por Antônio Dias Cardoso no contexto da Insurreição Pernambucana, constitui método de AI conduzido por unidades do tipo FEsp especializadas no planejamento, na preparação e na execução de operações de guerra irregular (Brasil, 2015b, p. 125). Sendo assim, ao promover o adestramento e o suporte de tropas, Dias Cardoso atuou como multiplicador de força, aumentando o poder de combate à medida que transformava indivíduos sem capacitação militar em guerreiros ativos, potencializando seu esforço e gerando mais resultados.

O movimento de Insurreição Pernambucana[20], também conhecido como Guerra da Luz Divina, foi executado sem considerar os interesses de Portugal, uma vez que a metrópole estava comprometida em acordo firmado com a Holanda. Nesse contexto, durante a maior parte do conflito, o movimento foi uma manifestação genuinamente brasileira e evidenciou o sentimento denominado nativismo (Rosty, 2002, p. 38). Também é importante destacar que foi durante esse conflito que o termo Pátria foi proferido pela primeira vez na história do Brasil. Em 23 de maio de 1645, a liderança do movimento composta por 18 integrantes[21] se reuniu na cidade de Ipojuca para ratificar um documento (Compromisso Imortal de 1645), o qual registra:

> Nós abaixo assignados nos conjuramos, e promettemos, em serviço da liberdade, não faltar, a todo o tempo que for necessário, com toda ajuda de fazendas e de pessoas, contra qualquer inimigo, em restauração da pátria; para o que nos obrigamos a manter todo o segredo que n'isto convém; sô pena de quem o contrário fizer ser tido como rebelde e traidor, e ficar sujeito ao que as leis, em tal caso, permittam. E debaixo d'este comprometimento nos assignamos em 23 de maio de 1645 (Projeto de Lei do Senado nº565, 2009).

Com o início da insurreição, as tropas luso-brasileiras compostas por um efetivo de 1.200 homens partiram do engenho Cosme e

Damião, se deslocando pelas matas do Borralho e Camaragibe pelos engenhos Maciape, São Lourenço, Muribara, São João, Tapacurá, e permanecendo acampadas por 22 dias no sítio Covas (Brasil, 1972, p. 175). Pressionados pelo avanço das forças holandesas, os pernambucanos encaminharam-se para o monte das Tabocas, ponto mais elevado da serra do Camocim, local estrategicamente escolhido pelo sargento-mor Antônio Dias Cardoso para travar a batalha contra as forças holandesas devido às características do terreno, coberto por vegetação densa e de difícil transposição (bambu e taboca), e que favorecia as ações de emboscada (Daróz, 2014, pp. 344-345).

Organizando uma sólida posição defensiva alicerçada nos tabocais, Dias Cardoso dividiu seus homens em linha, distribuindo-os em três diferentes guarnições de emboscada pelas cercanias do monte. Fernandes Vieira permaneceu no alto da serra com um grupamento, munido apenas com chuços, facões, foices (devido à carência de armas de fogo), com o propósito de enviar reforços para auxiliar as guarnições de emboscada em caso de necessidade (Rosty, 2002, p. 59).

No dia 3 de agosto de 1645, na iminência do combate, Dias Cardoso despachou duas pequenas forças de cobertura (a primeira com vinte e a segunda com trinta homens) com o objetivo de deter o passo das tropas inimigas. Em seguida eles recuaram, de modo a atrair os holandeses na direção do único acesso que existia no tabocal (largo o suficiente para permitir a passagem de apenas duas pessoas lado a lado). Confiantes em sua superioridade (1.900 homens adestrados e fortemente armados), os batavos assumiram formação de combate avançando em direção ao tabocal, sendo surpreendidos pelas três guarnições de emboscada. A primeira, sob comando do capitão João Gomes de Melo, disparou 25 tiros contra a retaguarda adversária; a segunda, comandada pelo capitão Jerônimo Cunha do Amaral, também disparou 25 vezes; enquanto a terceira, liderada pelo capitão João Paes Cabral, desferiu quarenta tiros. A sucessão de ataques promovida pelos patriotas causou inúmeras baixas entre os batavos, forçando-os a recuar para uma campina de maneira desordenada. Após se reorganizarem, as tropas holandesas voltaram a confrontar os luso-brasileiros por mais três vezes, mas, ao cair da tarde, bastante desgastados e constatando sua incapacidade de alcançar a vitória, desistiram e se retiraram do combate (Brasil, 1972, pp. 175-176; Daróz, 2014, p. 345).

Considerada como o batismo de fogo para as tropas patriotas no contexto da Insurreição Pernambucana, a Batalha do Monte das Tabocas representa um marco na condução de táticas de guerra irregular no Brasil. Celebrado como um mestre nas táticas de emboscada, o sargento-mor Antônio Dias Cardoso assumiu a responsabilidade acerca de todos os preparativos para o combate, executando o reconhecimento do terreno, munindo os lugares mais perigosos com sentinelas, aproveitando o reduzido arsenal de duzentas armas de fogo para fazer o melhor uso delas de acordo com as particularidades do enfrentamento. Dias Cardoso superou as limitações e deficiências de suas tropas utilizando os recursos disponíveis, inclusive, valendo-se da adaptação e da inovação. Assim, alcançou resultados significativos no confronto com uma força muito mais preparada, armada e municiada (Rosty, 2002, p. 64).

Sobre o papel desempenhado por Antônio Dias Cardoso na Batalha do Monte das Tabocas, o líder patriota João Fernandes Vieira destaca:

> Graças ao sargento-mor Antônio Dias Cardoso e mediante favor divino, alcançamos vitória, tudo alcançado após Deus, pela boa ordem com que Dias Cardoso dispôs a batalha, dando a todos os oficiais muito exemplo com sua militar doutrina e conhecido esforço que, em quatro horas de batalha mostrou sem descansar, acudindo a todas as partes com bravo ânimo (Brasil, 1972, p. 177).

Embora não se enquadre no contexto dos enfrentamentos que selam o destino de uma guerra, no âmbito dos combates irregulares, a Batalha do Monte das Tabocas desponta como o confronto mais relevante entre as tropas patriotas e as forças a serviço da WIC no decorrer da Insurreição Pernambucana. Os patriotas colocaram em prática os princípios típicos das guerras de guerrilha (surpresa, rapidez, ataques a pontos fracos do inimigo, familiaridade e aproveitamento judicioso do terreno e o apoio da população) para conduzir e solucionar o combate (Visacro, 2009, pp. 260-261).

A vitória obtida pelos luso-brasileiros no monte das Tabocas abasteceu-os com armas, equipamentos e munições abandonados pelo inimigo no campo de batalha, mas, sobretudo, elevou o moral do movimento insurgente, motivando-o a prosseguir com os combates que fariam os holandeses amargarem uma série de derrotas, a saber: a Batalha do Engenho Casa Forte, a insurreição na Capitania da Paraíba, além da retomada da cidade de Olinda e das guarnições de Porto Calvo (localizado no atual estado do Alagoas) e de Penedo (situado na região sul de Pernambuco) pelos insurretos. Com poucos meses de confronto, os patriotas dominaram o interior do Nordeste, deixando as tropas batavas isoladas no porto do Recife, nas ilhas de Itamaracá e Fernando de Noronha e nas praças-fortes da Paraíba e do Rio Grande do Norte (Rosty, 2002, p. 66).

Em 18 de abril de 1648, incentivados pela chegada de uma esquadra composta por 41 embarcações a serviço da WIC, os holandeses marcharam com uma tropa de 4.500 homens imbuídos com o propósito de romper o cerco ao porto de Recife, cortar as rotas de abastecimento vindas da Capitania da Bahia e combater o inimigo em seus redutos. Ao saber do movimento das tropas holandesas, o mestre de campo general Francisco Barreto de Meneses, comandante das forças luso-brasileiras, deslocou 2.200 homens de modo a ocupar uma posição favorável para interceptar os inimigos. Acatando a sugestão do sargento-mor Antônio Dias Cardoso, Barreto de Meneses optou por barrar o avanço batavo nos montes Guararapes, conjunto de três elevações pelas quais a coluna holandesa obrigatoriamente teria que passar (Daróz, 2014, pp. 368-370). Ponderando em favor de sua ideia junto ao conselho de guerra, Dias Cardoso justificou:

> Ao atacarmos no Boqueirão, compensaremos a nossa inferioridade numérica, por tirarmos o máximo partido do terreno. Com isso, obrigaremos o inimigo a combater dentro de nossa tática e impediremos que tirem proveito de sua potência de fogo e capacidade de manobra pelas alas, por obrigá-los a reduzir drasticamente a frente de ataque. Além disso, obrigaremos o inimigo a combater mais distante de sua base de operações, o Recife, e em local onde existe água abundante para nossas tropas. [...] Ao atacarmos o inimigo na direção da Barreta, enfrentá-lo-emos dentro de suas táticas, próximo do Recife e em local difícil de obter-se água para nossas tropas (Rosty, 2002, p. 98).

Na manhã do dia 19 de abril de 1648, uma força de sessenta homens comandados por Dias Cardoso foi incumbida de atrair o contingente inimigo para o Boqueirão (estreito desfiladeiro situado no sopé dos montes Guararapes), encurralando a vanguarda e o corpo de batalha entre as encostas e os alagadiços. O grupo foi atacado de maneira inesperada e violenta, ficando sem condições adequadas para manobrar e responder à ofensiva dos patriotas. Refeito da surpresa, o inimigo revidou com a retaguarda contra o Terço de negros comandados pelo mestre de campo Henrique Dias, que recebeu apoio da reserva liderada por Barreto de Meneses para conter o ataque. Após quatro horas de combate ininterrupto, os holandeses foram derrotados (Daróz, 2014, pp. 371-372).

Em 1649, incentivados pelo resultado de uma expedição marítima que atacou o Recôncavo Baiano com dois mil homens, que pilharam e incendiaram 23 engenhos e diversos canaviais, os holandeses reuniram um contingente com 3.510 integrantes para uma nova investida com o objetivo de ocupar os montes Guararapes e atrair os patriotas para uma batalha decisiva. Na noite de 18 de fevereiro, as tropas patriotas compostas por 2.600 homens se infiltraram por passagens a oeste dos montes, postando-se à retaguarda do contingente batavo, mantendo-se incógnitas sem revelar sua força e dispositivo. Na tarde do dia seguinte, vendo sua iniciativa ofensiva frustrada, vivendo a expectativa de serem atacados, castigados pelo sol e sem acesso a fontes de água, os holandeses decidiram retornar ao porto do Recife confiantes de que os insurretos não interfeririam por estarem demasiadamente enfraquecidos. Entretanto, partindo dos locais onde haviam se mantido ocultos até então, os luso-brasileiros atacaram de surpresa e com toda força, levando os batavos a uma dispersão desordenada que lhes custou mais uma penosa derrota (Brasil, 1972, pp. 188-189; Daróz, 2014, pp. 380-382).

Após consecutivas derrotas nas duas Batalhas dos Montes Guararapes, os holandeses viram sua situação se deteriorar gradativamente devido a dois fatores principais: a queda do preço do açúcar nos mercados da Europa, que não permitia a WIC investir na guerra travada contra os luso-brasileiros, e a publicação dos Atos de Navegação[22] promovidos na Inglaterra, que representaram um duro golpe contra o poder naval holandês, especializado no transporte marítimo de mercadorias entre os principais países europeus.

Em 1653 o rei de Portugal percebeu a debilidade batava e enviou para o Brasil uma esquadra composta por 62 navios mobilizados para combater as forças holandesas que ocupavam o porto do Recife. Cercados por terra e mar, os batavos não dispunham de contingente e disposição para defender seu posto de modo adequado, motivo que os levou a solicitar o fim das hostilidades para dar início à negociação dos termos de rendição. A capitulação foi assinada na noite de 26 de janeiro de 1654, em frente ao Forte das Cinco Pontas, na localidade conhecida como campina do Taborda (Daróz, 2014, pp. 390-397; Rosty, 2002, pp. 89-91).

GUERRA DOS BÁRBAROS

Após expulsarem os invasores holandeses da capitania da Bahia, os colonizadores portugueses iniciaram a expansão de seus domínios para o território que corresponde à região Nordeste do Brasil, com o objetivo de promover a atividade pecuária. Instituídas nas regiões de fronteira ainda em processo de conquista, fazendas de gado se estenderam, de modo gradativo, do litoral para o interior, ampliando as posses portuguesas enquanto afastavam aos poucos a população nativa de suas terras (L. G. Dias, 2001, pp. 11-13).

Especificamente, naquela região da colônia, as hostilidades entre as tribos indígenas (bárbaros[23]) e os colonizadores portugueses remetem à invasão holandesa da Capitania do Rio Grande[24] (estado do Rio Grande do Norte), uma vez que algumas tribos tomaram o partido dos batavos em detrimento dos lusitanos. Opondo-se ao acelerado processo de ocupação portuguesa e à escravização da população nativa, diversas tribos que habitavam a região do Vale do Açu e do Seridó, situados na Capitania do Rio Grande, combateram juntas as tropas portuguesas na Confederação dos Cariris[25]. O termo confederação é utilizado de forma equivocada com relação a esse enfrentamento, pois a união entre as tribos não constituiu uma aliança organizada (confederação) com a finalidade de combater os portugueses. Nesse contexto, ainda que os embates fossem mobilizados de modo isolado por diferentes tribos, apenas em alguns momentos distintos do conflito os indígenas conduziram ações conjuntas (V. Santos, 2008, pp. 81-82).

A reação indígena teve início em 1687, na Capitania do Rio Grande, onde os nativos empreenderam sucessivas ações de retaliação, as quais destruíram as fazendas e ocasionaram a morte de vários colonos e milhares de cabeças de gado. Devido à falta de recursos para conter o crescente ataque dos nativos, a capitania se organizou para enfrentar os índios rebelados reunindo tribos aliadas, negros, degredados e criminosos para atuar em favor dos interesses portugueses (L. G. Dias, 2001, pp. 13-14).

Por conhecerem profundamente a região na qual habitavam, os índios tapuias lançaram mão de táticas de guerrilha ao confrontar os colonizadores portugueses, deixando as tropas lusas em desvantagem. A surpresa, a rapidez e a objetividade nos ataques figuravam como os elementos essenciais aplicados na defesa de seu espaço geográfico e da sobrevivência de seu grupo cultural. O fato de os indígenas terem assimilado a utilização de armas de fogo, em razão da relação com o invasor holandês presente na Capitania do Rio Grande, contribuía para a iniciativa tapuia.

Já as tropas portuguesas, familiarizadas apenas com a forma europeia de combater — caracterizada pelo confronto direto entre as forças antagonistas organizadas de forma semelhante e travada em campo aberto —, tinham grandes dificuldades em enfrentar a guerra irregular empreendida pelos tapuias. Constantemente atacados pelos índios, a falta de conhecimento do terreno, a ausência de um planejamento militar aprofundado, a carência de munições e provisões, além do constante atraso nos soldos, contribuíam para minar a moral das tropas portuguesas (V. Santos, 2008, pp. 106-108).

Sobre a forma peculiar de combater dos índios tapuias, quando comparada ao modo de lutar europeu, Gaspar Barléu (Caspar van Baarle), humanista e historiador holandês, que em 1647 escreveu sobre os feitos do governador João Maurício de Nassau, comenta:

> Eles vão nus, e descalços, ligeiros como o vento, só com arco e flechas, entre matos, e arvoredos fechados, os nossos soldados embaraçados com espadas, carregados com mosquetes, e espingardas e mochilas com seu sustento, ainda que assistem o inimigo não o podem seguir, nem prosseguir a guerra [...] (V. Santos, 2008, p. 107).

Os colonizadores portugueses começaram a levar vantagem a partir de 1688, quando os bandeirantes paulistas chegaram ao cenário do enfrentamento. Incumbido por Matias da Cunha, governador-geral do Brasil, a promover uma caçada aos nativos que se opunham à iniciativa de expansão portuguesa na região, os bandeirantes chefiados por Domingos Jorge Velho tinham como principal atividade econômica o apresamento e a comercialização da população indígena.

A chegada dos paulistas no conflito contra os tapuias evidencia o temor e o desejo de vingança dos colonizadores, cujo objetivo maior era a extinção da população nativa que se opunha a eles. Conduzindo os combates de forma sistemática e impiedosa, os bandeirantes promoveram o extermínio das tribos que os antagonizavam. A agressividade dos paulistas para com os índios, acrescida da longa duração do conflito, levou a tribo janduí a firmar um tratado de paz[26] com os portugueses em 1692, como alternativa na luta pela sobrevivência (L. G. Dias, 2001, pp. 13-16).

Entretanto, interessados em prolongar os combates devido à diversidade de benefícios (dinheiro, terras, escravos e honrarias) que angariavam, os bandeirantes se aproveitaram da falta de unidade das tribos indígenas para estender a luta contra os tapuias até as primeiras décadas do século XVIII, quando a grande mortandade de indígenas e o intenso processo de aldeamento reduziram gradativamente os levantes nativos, colocando fim ao conflito em 1720 (Dias, 2011).

QUILOMBOS PALMARINOS

No período do descobrimento do Brasil, quando o interesse do colonizador português mudou do escambo para a atividade agrícola açucareira, foi necessário dispor de mão de obra escrava para abastecer a produção nas grandes propriedades, limpar e preparar o terreno, plantar, colher, transportar, moer e purgar a cana-de-açúcar. A solução encontrada para o trabalho nas lavouras foi a escravidão, conhecida pelos portugueses desde os tempos medievais[27]. Como alternativa inicial, os lusitanos tentaram escravizar as populações indígenas, mas sua inadequação cultural[28] ao trabalho escravo levou os portugueses a substituir a mão de obra do índio pela do negro, trazido da África para o Brasil a partir da década de 1570, em fluxos de intensidade variáveis, com o desenvolvimento do tráfico negreiro (Cáceres, 1993, pp. 31-32).

No século XVI, a população negra era proveniente da Guiné-Bissau e da faixa litorânea dos atuais estados de Gana, Togo, Benim e Nigéria, mas a partir do século XVII passou a ser oriunda do Congo e de Angola. Estimativas apontam que aproximadamente quatro milhões de negros africanos foram trazidos para o Brasil entre 1570 e 1855, a maioria deles jovens do gênero masculino (Fausto, 2002, pp. 50-51). Quando chegavam nos portos brasileiros, os negros eram examinados e vendidos como mercadoria em leilões públicos ou comércio privado, com o preço variando conforme o estado físico e a personalidade dos escravos, ou de acordo com a melhor oferta.

Na lavoura dos engenhos das Capitanias do Rio de Janeiro, da Bahia e de Pernambuco, os escravos ajudavam na produção e no acúmulo de riquezas para os senhores de engenho, pois a terra tinha pouco valor quando não era devidamente trabalhada pela mão de obra escrava. Habitando as senzalas dos grandes engenhos açucareiros da região Nordeste, os escravos eram desprovidos de liberdade, permanecendo subordinados à vontade do senhor e sendo considerados meros instrumentos de trabalho. A atividade laboral era exercida, sistematicamente, em uma jornada diária que durava entre dez e 14 horas no curso de 250 dias por ano, à exceção dos domingos e dias santos. Forçados a se subordinarem, conduta que requeria dos escravos humildade, obediência e fidelidade ao seu senhor, os negros eram submetidos à dominação seja pela perspectiva da alforria (compra ou conquista da liberdade), pelo paternalismo com os escravos domésticos ou pela violência física imposta aos trabalhadores no campo (Cáceres, 1993, pp. 33-47).

Para os escravos, a submissão era um modo de sobrevivência, fato que não os tornava plenamente passivos ou adaptados ao sistema escravocrata. Os negros manifestavam sua insatisfação recusando-se a cumprir suas tarefas, destruindo equipamentos de trabalho, cometendo suicídio, assassinando senhores ou feitores, efetuando abortos (as mães se recusavam a gerar mais escravos para o engenho), incendiando senzalas e fugindo solitariamente ou em pequenos grupos. Apesar de todo aparato de repressão empregado pelos senhores para coibir suas insubordinações, eles promoveram uma diversidade de movimentos de resistência, conduzindo insurreições ou constituindo quilombos (refúgios comunitários) em locais de difícil acesso onde julgavam estar em segurança (ibid., pp. 47-48).

Instalados em florestas, montanhas e confluências de rios, esses refúgios reconstituíam formas de organizações sociais semelhantes às africanas, reunindo dezenas ou centenas de pessoas entre negros escravizados e libertos, índios, além de brancos pobres. Esses últimos, normalmente, se distinguiam entre indivíduos que fugiam da carestia dos centros urbanos ou criminosos foragidos das autoridades (Cáceres, 1993, p. 105; Fausto, 2002, p. 52). Convém explicar que a escolha dos locais de instalação dos quilombos não se deu apenas devido à dificuldade de acesso e à localização, mas também em virtude de as particularidades do terreno possibilitarem uma reação que assegurasse a continuidade da comunidade em caso de necessidade. Nesse sentido, o ambiente atrapalhava os deslocamentos ofensivos e favorecia as ações defensivas por meio de táticas de emboscada (guerrilha) (Montenegro, 2010, p. 7).

Os quilombos passaram a ser uma preocupação para as autoridades coloniais a partir do século XVII, quando grupos de negros fugidos atacaram os engenhos com a finalidade de obter armas de fogo, pólvora, ferramentas de trabalho, bem como para capturar homens e mulheres. Aqueles que se submetiam por vontade própria aos quilombolas tornavam-se livres, contudo, os que não manifestavam tal intenção permaneciam escravos, podendo ser libertos mediante a compra de sua alforria ou a participação nos ataques aos engenhos (Cáceres, 1993, p. 106). Por representarem uma ameaça considerável à produção açucareira devido ao enclave[29] rebelde que constituíam na colônia, os quilombos passaram da ordem interna para o plano estratégico, sendo tratados como prioridade pelas autoridades coloniais (Montenegro, 2010, p. 8).

Palmares é considerado o quilombo mais simbólico das Américas. Localizado na serra da Barriga, então Capitania de Pernambuco (região compreendida pelo estado do Alagoas), foi erigido em 1602 por quarenta escravos fugidos dos engenhos açucareiros da capitania. Era formado por uma rede de 11 mocambos ou embalas (aldeias) unidos por trilhas situadas no interior da mata e circundados por cercas de madeira, paliçada e fossos com estrepes (arma antipessoal em forma de tetraedro constituída por pregos ou espinhos) (Rosa, 1997, p. 80). Além disso, o quilombo adotava o uso de informantes, senhas, sinais de reconhecimento, pontos de vigilância e dispunha de um sistema defensivo de apoio mútuo alicerçado nos mocambos que controlavam o acesso num raio de 180 quilômetros (Montenegro, 2010, p. 9). É digno de nota o fato que o conjunto de medidas de segurança adotados para guarnecer Palmares constituem procedimentos operacionais ainda em uso por forças irregulares do século XXI (ibid., p. 14).

Liderado pelo rei Ganga Zumba entre 1656 e 1678, e, logo depois, por Zumbi[30] entre 1678 e 1694, Palmares se defendeu de uma série de 18 expedições realizadas, a princípio, com finalidade punitiva e, mais tarde, objetivando sua destruição. No enfrentamento às expedições, financiadas e conduzidas por comerciantes e senhores de engenho devido à falta de recursos das autoridades coloniais, os quilombolas lançaram mão de táticas de emboscada e retraimento, provavelmente assimiladas em virtude do convívio com os índios. Além disso, eram independentes e tinham facilidade no deslocamento, bem como capacidade de se reagrupar de modo rápido, oferecendo resistência tanto nas fortificações quanto em campo aberto (Montenegro, 2010, pp. 9-10).

Em 1674, Palmares estava moralmente fortalecido e pronto para investir e se apoderar das vilas e engenhos entre Sirinhaém e Penedo (estado do Alagoas), região localizada no sul da Capitania de Pernambuco. Por outro lado, os mercenários contratados para combater os quilombolas acumulavam uma série de insucessos devido à dificuldade de acesso ao quilombo, à falta de água, ao peso excessivo das cargas, à inexistência de meios e de vias para transportar os suprimentos, mas, principalmente, em virtude da formação moral deficiente dos integrantes das tropas expedicionárias. Motivados pela possibilidade de realizar saques, pois os recursos destinados para o pagamento eram escassos, mas, pela impossibilidade de ter o que saquear, os combatentes abandonavam a luta (ibid., p. 10).

As expedições organizadas pelos pernambucanos não venceram os quilombolas de Palmares, e, para combater os rebeldes, as autoridades da capitania contrataram os bandeirantes paulistas[31], experientes nas ações de repressão e destruição das missões jesuíticas[32] na província de Guaíra, região oeste do estado do Paraná. Liderados pelo sertanista Domingos Jorge Velho, em 1692 os bandeirantes conduziram a primeira de três expedições que foram realizadas contra Palmares. Na ocasião, contagiados pela ganância de não dividir os lucros de eventuais saques, os paulistas desprezaram as tropas de apoio enviadas pela Capitania de Pernambuco. Subestimando a capacidade dos quilombolas, a tropa bandeirante foi surpreendida pelos rebeldes que se mantinham escondidos na densa mata Atlântica (Cáceres, 1993, pp. 107-108; Montenegro, 2010, pp. 11-12).

No início de 1694, o governador da Capitania de Pernambuco promoveu uma cruzada contra Palmares, reunindo um contingente de cerca de dez mil homens para reforçar a tropa paulista e destruir o reduto quilombola. Absorvendo as lições das expedições passadas, Domingos Jorge Velho adotou rotas alternativas com o objetivo de evitar as emboscadas e fazer com que as tropas sob seu comando se aproximassem do Arraial dos Macacos (capital do quilombo), promovendo um cerco ao povoado. Impondo ao quilombo uma situação de enfrentamento até então inédita, pois a liberdade de movimento dos quilombolas havia sido cerceada e suas forças se concentravam em um único ponto, sem a possibilidade de receber reforços dos mocambos das redondezas, cabia ao sertanista manter o cerco até que o inimigo tombasse morto ou fosse vencido por exaustão, fome, sede ou falta de suprimentos. Finalmente, em 6 de fevereiro, após 22 dias de cerco, Palmares foi destruído (Montenegro, 2010, pp. 12-13).

Sobre a feroz resistência negra na luta que pôs fim ao quilombo, Domingos Jorge Velho comentou: "Foi a mais trabalhosa, faminta, sequiosa e desamparada que até hoje houve no dito sertão, ou quiçá haverá" (Rosa, 1997, p. 47). Entretanto, Zumbi fugiu do Arraial dos Macacos com alguns companheiros e com eles resistiu até ser morto, em 20 de novembro de 1695, pelo bandeirante André Furtado de Mendonça quando este servia às tropas de Domingos Jorge Velho (Montenegro, 2010, pp. 12-13).

GUERRA DA RESTAURAÇÃO DO RIO GRANDE DO SUL

O rio da Prata era considerado a porta de entrada para as riquezas (ouro e prata) do Vice-Reino do Peru[33]. Desde sua descoberta em 1514, foi visto como o ponto mais importante da costa meridional da América do Sul. Embora o rio estivesse localizado em território sob domínio espanhol, conforme estabelecia o Tratado de Tordesilhas, os portugueses lutavam em cortes internacionais para que a posse portuguesa fosse delimitada no Norte pelo rio Amazonas e no Sul pelo rio da Prata. Durante o período da União Ibérica, a região Sul do Brasil intensificou suas relações com a região platina e, após recuperar sua autonomia em 1640, Portugal não estava disposto a abrir mão dessas lucrativas ligações. Por isso, a administração colonial portuguesa fundou a Colônia do Santíssimo

Sacramento, em 1580, oficializando a aspiração de estender suas posses até a bacia do rio da Prata (Rosa, 1997, p. 56).

Poucos meses após a fundação da Colônia, os espanhóis sediados em Buenos Aires promoveram o primeiro ataque à fortificação portuguesa. Devido à iniciativa castelhana, Portugal e Espanha se confrontaram por quase um século nos tribunais e nos campos de batalha. A desavença fronteiriça entre as duas nações ibéricas envolvia a Capitania do Rio Grande de São Pedro (estado do Rio Grande do Sul), constituída em 1760 e almejada pelos espanhóis que a consideravam parte de seu território colonial, conforme previsto no Tratado de Tordesilhas (Torres, 2008, pp. 19-20).

Buscando uma solução para o impasse na região de fronteira, em 1750 Portugal e Espanha ratificaram o Tratado de Madri, o qual revogou o Tratado de Tordesilhas. Desse modo, foi atribuída aos espanhóis a autoridade sobre a Colônia do Santíssimo Sacramento, enquanto aos portugueses caberia a posse do território no qual se encontravam os Sete Povos das Missões, conjunto de aldeamentos indígenas, fundado pelos jesuítas espanhóis, localizado na região da Capitania do Rio Grande de São Pedro (Cáceres, 1993, p. 81).

A fundação da Vila do Rio Grande, constituída em 1737 em torno do Forte Jesus-Maria-José[34], foi imediatamente contestada pela Espanha. Vivenciando a expectativa de invasão após os espanhóis terem atacado e conquistado a Colônia do Santíssimo Sacramento, em outubro de 1762, os habitantes da localidade se renderam em abril de 1763, quando tropas castelhanas ocuparam a capital da Capitania do Rio Grande de São Pedro (Torres, 2008, p. 21), impondo seu controle militar.

A tomada da Vila do Rio Grande pelos espanhóis evidenciou a conjuntura militar adversa vivida por Portugal na fronteira sul de seus domínios na América. Para enfrentar um inimigo com poder de combate muito maior, as tropas luso-brasileiras recorreram à guerra de guerrilha para tirar o máximo proveito do terreno sul-rio-grandense dispondo de parcos recursos (Bento, 1996, p. 16).

Sobre a adoção dessa tipologia de enfrentamento, em 6 de junho de 1763, a junta governativa provisória, que administrava o Brasil em virtude do falecimento do vice-rei António de Almeida Soares Portugal (marquês do Lavradio), baixou a seguinte ordem:

> A guerra contra o invasor será feita com pequenas patrulhas atuando dispersas, localizadas em matos e nos passos dos rios e arroios. Destes locais, sairão ao encontro dos invasores para surpreendê-los, causar-lhes baixas, arruinar-lhes cavalhadas, gados e suprimentos e, ainda, trazê-los em contínua e persistente inquietação (ibid.).

Firmando sua base na Vila do Rio Pardo (município de Rio Pardo), localizada próximo ao rio Jacuí na região do pampa gaúcho, as ações da guerrilha foram comandadas pelo capitão Francisco Pinto Bandeira e seu filho, tenente Rafael Pinto Bandeira, ambos oficiais do Regimento de Dragões do Rio Grande[35]. Com um contingente médio de trezentos homens, essas tropas irregulares (oficialmente denominadas como Cavalaria Ligeira) eram compostas por estancieiros, paulistas acostumados a combater os indígenas na região Centro-Oeste, os próprios nativos, além dos chamados "gaudérios" (fugitivos da lei).

A Cavalaria Ligeira atuou na região dos povoados de Canguçu — serra dos Tapes, situada ao sul do rio Camaquã — e na Encruzilhada do Sul — serra do Herval, localizada ao norte do mesmo rio — e destruiu as instalações estancieiras espanholas para que as tropas castelhanas não tivessem onde se apoiar (ibid., pp. 227-229). No contexto contemporâneo, as missões do tipo "destrua e fuja[36]", como aquelas realizadas pelas tropas sob o comando dos Bandeira na Guerra da Restauração do Rio Grande do Sul, são tarefas de AD destinadas às FOpEsp devido ao risco e à criticidade (inerentes aos interesses do Estado patrocinador da ação) envolvidos na condução da operação.

As tropas irregulares comandadas por Francisco e Rafael Pinto Bandeira aplicaram uma tática que ficou conhecida como "arreada", retirada de cavalos e de bois[37] que poderiam ser usados pelo inimigo nas invasões das possíveis vias de acesso ao território colonial português. Nessa circunstância, como os soldados espanhóis dependiam dos animais para prover a alimentação e fazer a tração, impedir que os inimigos se aproximassem dos bichos era importante para manter a logística de guerra (ibid.).

Sobre o modo de combater da Cavalaria Ligeira, o escritor e historiador Guilhermino César da Silva comenta:

> Avançassem os espanhóis na direção do Jacuí, tomassem Rio Pardo ou Santo Amaro e estariam quebradas as resistências vitais, restando em pé apenas Viamão e Porto Alegre. Mas o Rio Grande já tinha em armas muitos naturais de seu solo, sucessores dos cabos-de-guerra portugueses, os quais, afeiçoados ao clima e ao estilo de vida dos pioneiros, eram homens para quem a terra não apresentava surpresa. Conheciam os caminhos, a solércia dos índios, manejavam os cavalos como bons gaúchos, indiferentes às intempéries, alimentando-se exclusivamente de carne e mate amargo. Fronteiros audazes, sobre seus ombros caiu a tarefa de fustigar os espanhóis, mediante sortidas galopantes, causando-lhe preocupação e terror. Ao final dessa guerra, fazia cerca de 44 anos que o Rio Grande começava a ser povoado por estancieiros de Laguna, que de muito antes já percorriam seu litoral e as Vacarias da Serra (Bento, 1996, p. 212).

Em 1767, o Exército luso-brasileiro apoiado pelas tropas irregulares, comandadas pelos Bandeira, conseguiu retomar o Arraial de São José do Norte (município de São José do Norte), localizado na restinga entre o oceano Atlântico e a lagoa dos Patos. A retomada da região foi significativa para as pretensões da Coroa portuguesa, pois a área conquistada representava uma importante saída para o mar (Torres, 2008, p. 22).

Em 1773, seis anos após a retomada do Arraial do Norte pelos luso-brasileiros, as tropas espanholas, aquarteladas em Buenos Aires, invadiram a Capitania do Rio Grande de São Pedro. A ação tinha como objetivo aniquilar a guerra de guerrilha, isolar a força regular luso-brasileira no Arraial de São José do Norte e conquistar as freguesias de São Francisco do Porto dos Casais (Porto Alegre), de Taquari e de Viamão (municípios de Taquari e Viamão), além da Vila do Rio Pardo. Contudo, dois fatores impediram que os espanhóis obtivessem uma vitória rápida e fulminante: a aguerrida resistência das tropas irregulares e a consistente defesa das forças estacionadas na Vila do Rio Pardo.

Diante da persistência demonstrada pelos castelhanos de atacar a região Sul do Brasil, Sebastião José de Carvalho e Melo (marquês de Pombal) — secretário de Estado (primeiro-ministro) do reino de Portugal e Algarves, durante o reinado de Dom José I (rei de Portugal) entre 1750 e 1777 —reforçou as tropas da Capitania do Rio Grande de São Pedro enviando um contingente de quatro mil homens sob o comando do tenente-general Johann Heinrich Böhm[38] (João Henrique Böhm) (Torres, 2008, p. 22). A partir da chegada do componente militar comandado pelo tenente-general Böhm, a guerra de guerrilha assumiu novo formato, com as tropas de Cavalaria Ligeira atuando em favor do contingente regular alojado no Arraial de São José do Norte.

Entre 1774 e 1778, os irregulares — comandados pelo coronel Rafael Pinto Bandeira (o capitão Francisco Bandeira faleceu em 1772) e pelo capitão Cipriano Cardoso Barros Leme — se infiltraram na Banda Oriental (Uruguai), nas proximidades das cidades de Montevidéu e Maldonado. A incursão realizou as tarefas que lhe eram peculiares, mas também conduziu operações de reconhecimento e de coleta de informações relacionadas às capacidades física e moral do inimigo, e às possíveis vias de acesso que conduziam à Capitania do Rio Grande de São Pedro (Bento, 1996, pp. 227-228).

As missões de coleta de informações executadas pelos integrantes da Cavalaria Ligeira enquadram-se, no âmbito dos conflitos contemporâneos, como operações de Reconhecimento Especial. Elas se encaixam nessa definição, pois foram realizadas em áreas hostis (atrás das linhas inimigas), aplicando métodos distintos daqueles que normalmente eram utilizados pelas tropas regulares da época, com o objetivo de obter um conjunto de conhecimentos de fundamental importância para o planejamento e para a condução de operações militares do Exército luso-brasileiro.

A Cavalaria Ligeira, cujo maior expoente era o coronel Rafael Pinto Bandeira, contribuiu substancialmente para a vitória das tropas luso-brasileiras. No trabalho que analisa as memórias e as cartas escritas pelo tenente-general Böhm, o historiador Cláudio Moreira Bento (coronel do Exército Brasileiro) discorre acerca do valor das táticas de guerrilha efetuadas no contexto da Guerra da Restauração do Rio Grande do Sul:

> Os combates de Santa Bárbara e Tabatingaí foram basicamente emboscadas, que muito contribuíram de modo decisivo para os êxitos das operações. Podemos mesmo afirmar que foram uma marca registrada dos luso-brasileiros no período colonial e de grande influência indígena. Os espanhóis não apresentaram nenhum meio eficaz para neutralizar as emboscadas que atuavam num imenso espaço. [...]

> [...] A contribuição das guerrilhas de Rafael Pinto Bandeira foram originais e lembram a Guerra de Emboscadas ou Guerra Brasílica, tão decisiva para a expulsão dos holandeses no Nordeste e de inspiração nativa; portanto, Doutrina Militar Brasileira.

> [...] Os chefes guerrilheiros conheciam profundamente a geografia física da área onde atuaram, as campanhas rio-grandenses e uruguaia. E o conhecimento geográfico produziu os vaqueanos, conhecedores da área de operações, que tiveram largo uso pelos chefes militares no Brasil até 1930 e que até hoje se constituem alternativas muito válidas, complementando cartas topográficas ou

suprindo a ausência delas. Pinto Bandeira possuía o mapa do Rio Grande do Sul impresso no seu cérebro (Bento, 1996, pp. 231-233).

No primeiro dia do mês de abril de 1776, as tropas luso-brasileiras comandadas pelo tenente-general Böhm e apoiadas por uma esquadra de doze embarcações mobilizada para desativar o poder naval espanhol concentrado na área, desferiram um ataque fulminante contra as tropas espanholas posicionadas na Vila do Rio Grande. Após 30 horas de combate e sem condições de resistir à ofensiva lusitana, os castelhanos capitularam e evacuaram a vila recuando para a Fortaleza de Santa Teresa, localizada na Banda Oriental, permitindo assim que o território da Capitania do Rio Grande de São Pedro fosse restaurado (Torres, 2008, p. 23).

NOTAS

1. Série de tratados firmados em 1648 que estabeleceram o fim da Guerra dos Trinta Anos (1618-1648) cessando as hostilidades entre diferentes nações europeias que haviam se antagonizado, principalmente, por questões político-religiosas que opunham cristãos (Sacro Império Romano-Germânico, com apoio da Espanha) e protestantes (Suécia, Dinamarca e França). Os tratados instituíram o conceito de estado-nação (soberania estatal) e atribuíram aos Estados o monopólio da guerra (Ferrari, 2011, pp. 206-207).

2. Não se sabe ao certo se a chegada dos portugueses ao Brasil ocorreu de forma intencional, por terem conhecimento prévio acerca da existência de terras a leste do meridiano traçado em decorrência do Tratado de Tordesilhas, ou se foi obra do acaso, por influência das condições climáticas e marítimas (Fausto, 2015, p. 14).

3. Batizada por Cabral com o nome Terra de Vera Cruz, o território além-mar situado na denominada América portuguesa foi rebatizado mais tarde como Terra de Santa Cruz. Isso ocorreu porque Manuel I (rei de Portugal e Algarves) julgava que em nenhuma parte do mundo poderia haver uma cruz mais verdadeira que a cruz sagrada de Jesus Cristo. O termo Brasil surgiu mais tarde, possivelmente por influência da árvore (pau-brasil) encontrada em abundância na região, ou devido à lenda irlandesa relacionada a uma ilha mítica localizada no oceano Atlântico denominada *Hy Brazil*, ou ilha Brasil, pela qual os navegadores

do período Renascentista entre os séculos XIV e XVI constantemente procuravam (E. S. Cunha, 1999, p. 39).

4. Sistema de administração territorial implementado pela Coroa portuguesa, cuja limitação econômica impedia o rei de colonizar e explorar as colônias recém-conquistadas. Por isso, o monarca delegou a administração de determinados territórios aos donatários, que se responsabilizavam pela administração e desenvolvimento das capitanias com recursos próprios (E. S. Cunha, 1999, pp. 74-77).

5. Os franceses não reconheceram o Tratado de Tordesilhas (acordo firmado em 7 de junho de 1494 entre Portugal e Espanha, estabelecia um meridiano, traçado a 1.770 km a oeste do arquipélago de Cabo Verde, que dividia as terras descobertas e aquelas ainda desconhecidas entre esses dois países). Devido a isso, dedicaram-se às atividades de contrabando e pirataria no mundo colonial espanhol e português. Na Terra de Santa Cruz, os navegadores franceses foram perspicazes ao criar raízes com a nova terra e ao estabelecer vínculos de amizade com os nativos que eram hostilizados pelos portugueses. Concentrando suas atividades mais intensas nas regiões que compreendem os estados do Rio Grande do Norte e do Sergipe, entre 1555 e 1567 os franceses não obtiveram êxito em estabelecer colônia nos estados do Rio de Janeiro (França Antártica, entre 1555 e 1567) e do Maranhão (França Equinocial, entre 1612 e 1615) (E. S. Cunha, 1999, pp. 56-57, Mariz & Provençal, 2001, p. 72).

6. A Confederação dos Tamoios ocorreu entre 1554 e 1567 nos litorais norte paulista e sul fluminense, região que se estende da cidade de Bertioga (São Paulo) até o município de Cabo Frio (Rio de Janeiro). A revolta se iniciou como um movimento de resistência — dos índios tupinambás (tamoios), com apoio das tribos goitacás, guaianás e aimorés, além do suporte logístico dos franceses, que tencionavam promover a fundação de uma colônia na baía de Guanabara (França Antártica) — contra a ação violenta dos colonizadores portugueses, aliados das tribos de origem tupiniquim (antagonista dos tupinambás), que os atacavam e escravizavam. Os conflitos se prolongaram por mais de uma década, até a chegada de Mem de Sá (governador-geral do Brasil) em 1560, que com a colaboração de Estácio de Sá (seu sobrinho) expulsou os franceses e derrotou os indígenas rebelados (E. S. Cunha, 1999, pp. 104-109; Joffily, 1998, p. 16).

7. A dimensão humana abrange os fatores psicossociais, políticos e econômicos da população local, assim como suas estruturas, seus comportamentos e seus interesses. Nessa dimensão, o foco é o indivíduo e a sociedade, se empenhando em reduzir a perda de vidas humanas e os danos colaterais (Brasil, 2017a, pp. 2/2-2/3).

8. A relação de parentesco firmada mediante o casamento entre os herdeiros das Coroas de Portugal e da Espanha, em 1581, ascendeu Felipe II, rei da Espanha, ao trono português. Assim as Coroas espanhola e portuguesa se

unificaram consolidando a União Ibérica (1581-1640). Como resultado da junção luso-espanhola, o Tratado de Tordesilhas foi praticamente anulado, pois as posses dos dois países na América pertenciam a um mesmo império (Cáceres, 1993, p. 40).

9. Os enfrentamentos de natureza assimétrica constituem conflitos armados que contrapõem dois poderes militares que se distinguem pelas suas capacidades e possibilidades. Assim são considerados as ações de combate nas quais um determinado partido detém esmagadora superioridade de poder militar sobre o outro. Neste contexto, o partido mais fraco adota majoritariamente técnicas, táticas e procedimentos típicos da guerra irregular (Brasil, 2015b, p. 133).

10. Devido à idade avançada e à debilidade causada pelas duras condições do conflito contra os holandeses, Dom Marcos Teixeira faleceu após liderar as primeiras lutas de resistência à invasão batava na Capitania da Bahia. O capitão-mor Dom Francisco de Moura o substituiu para comandar as tropas que sitiavam a cidade de São Salvador (Daróz, 2014, pp. 150-151).

11. Por definição, a batalha constitui um conflito moral e para ser empreendida requer um ato de vontade mútuo e contínuo por parte dos dois oponentes, cuja resolução exigirá o colapso físico e moral de um deles. A guerra é um movimento que se desenrola num meio agravado por fenômenos particulares, devido ao enfrentamento de duas forças antagonistas. Nesse contexto, a batalha decisiva ocorre apenas quando o espaço e as circunstâncias permitem, e utiliza toda a força disponível com o propósito de obter uma vitória real. Assim, como a natureza da guerra é a batalha, é preciso considerá-la como seu verdadeiro centro de gravidade. Desse modo, quando esse centro é conquistado ou atingido, pode acarretar o desmoronamento da estrutura de poder, pois se trata de um ponto de equilíbrio que dá coesão às forças antagonistas, ao núcleo de poder e à resistência do adversário, sustentando seu esforço de combate (Brasil, 2015b, p. 59; Clausewitz, 2014, pp. 285-289; Keegan, 2000, p. 277).

12. No contexto europeu, a guerra travada no século XVII era conduzida com grandes movimentos de tropas, batalhas campais, exércitos mercenários e muitas regras. Nesse sentido, a arte da guerra europeia se resumia a fazer sítios (cercos) ou rompê-los (Puntoni, 2002, p. 189).

13. Considerado um herói nacional por seus feitos em defesa da Pátria, o capitão Francisco Padilha é um dos pioneiros na condução de ações do tipo Comandos no Exército Brasileiro. Por esse motivo, ele integrou a Força Terrestre, conforme Portaria nº 37 emitida pelo Comandante do Exército em 26 de janeiro de 2006, que atribuiu ao 1º BAC a denominação histórica de Batalhão Capitão Francisco Padilha (Schwingel & Mota, 2016, pp. 32-35).

14. No período denominado Idade Moderna (1453-1789), o modo de conduzir a guerra passou por transformações em relação à Idade Média (476-1453), uma vez que a natureza dos conflitos se tornou mais complexa, devido ao fato de os enfrentamentos confrontarem os Estados e não mais os senhores feudais. São características específicas deste período: a ascensão da Infantaria em detrimento da Cavalaria quando as armas de fogo se consolidaram no campo de batalha, o desenvolvimento da Artilharia e a evolução tecnológica das construções de fortificações. A introdução da arma de fogo provocou grandes mudanças nas táticas dos exércitos europeus, substituindo, gradativamente, os arcos e as bestas por arcabuzes e mosquetes de mecha como armas de Infantaria. Os Terços espanhóis, criados por Carlos V (rei da Espanha e imperador do Sacro Império Romano-Germânico) em 1534, dominaram as guerras travadas no cenário europeu no decorrer do século XVI e nas primeiras décadas do século XVII combinando armas de haste com armas de fogo. Os Terços utilizavam blocos de piqueiros armados com longas lanças (piques) para conservar sua capacidade ofensiva e proteger os mosqueteiros que ficavam vulneráveis enquanto recarregavam suas armas (Daróz, 2014, pp. 41-63; Newark, 2011, p. 153).

15. No Brasil dos séculos XVI e XVII, as tribos indígenas usavam arco (*uirapara*), constituído de madeira (pau-d'arco) dura, elástica e forte, além de uma diversidade de flechas elaboradas de matérias-primas como a cana-brava, a taboca ou o ubá. Transportadas em uma aljava com capacidade média para sete flechas, as menores eram utilizadas para abater animais, enquanto as maiores, geralmente com comprimento proporcional à altura de um homem, eram utilizadas no combate com tribos adversárias. Compunham o arsenal dos nativos: lanças compridas (*murucus*) confeccionadas de pau-ferro, zarabatana, pequenos escudos em formato oval ou circular feitos de couro de anta ou pele do peixe-boi, além do tacape (*tangapema*) e da clava (*cuidaru*) (Brasil, 1972, pp. 6-7).

16. Conflitos ocorridos entre 1618 e 1648 entre diversas nações europeias opondo interesses político-religiosos de povos católicos e protestantes. No contexto da Guerra dos Trinta Anos, o rei Felipe II considerava-se o representante da fé católica na Europa, e assumiu a responsabilidade de combater a reforma religiosa onde quer que ela ocorresse (E. S. Cunha, 1999, pp. 114-115).

17. A localização do Arraial do Bom Jesus era tão vantajosa que a fortificação suportou por quase cinco anos uma sucessão de investidas executadas pelas tropas holandesas a serviço da WIC. Em janeiro de 1646, um segundo reduto do movimento insurgente, designado Arraial Novo do Bom Jesus, foi construído na margem direita do rio Capibaribe e utilizado em apoio às operações contra o porto do Recife (Daróz, 2014, p. 209; Rosty, 2002, p. 41).

18. Na condução da campanha de guerrilha contra os holandeses na Capitania de Pernambuco, as tropas brasílicas enfrentaram a falta de mantimentos, de

armas e de equipamentos. No Arraial do Bom Jesus, a grande concentração de pessoas dificultava o abastecimento básico para a sobrevivência, sobretudo de gêneros alimentícios, cuja carência era devidamente atenuada por meio do plantio em lavouras próximas e do espírito de sacrifício e de solidariedade dos luso-brasileiros (Daróz, 2014, p. 215).

19. Veterano da campanha de expulsão dos holandeses da Capitania da Bahia, Antônio Dias Cardoso integrou a companhia de emboscada do capitão Sebastião Souto, considerado o mais audacioso comandante a conduzir ataques surpresa contra os batavos na primeira invasão ao Brasil, promovida pela WIC. Após a expulsão, ingressou no Terço do capitão André Vidal de Negreiros, que mais tarde o indicou para treinar e preparar as tropas luso-brasileiras para o confronto com os holandeses na Capitania de Pernambuco. Devido às suas importantes ações militares junto às tropas patriotas, Antônio Dias Cardoso é o principal responsável pelo surgimento da célula *mater* do EB, sendo um nome de referência na condução da guerra de emboscada e dos ataques surpresa no período colonial brasileiro. Em novembro de 1991, o 1º BFEsp recebeu a justa denominação histórica de Batalhão Antônio Dias Cardoso (Rosty, 2002, p. 96; Schwingel & Mota, 2016, pp. 36-37).

20. A Insurreição Pernambucana corresponde à terceira de três fases que compõem a segunda ocupação holandesa do território brasileiro. A primeira fase (1630-1637) foi marcada por uma renhida guerra de resistência das tropas luso-brasileiras contra as forças de ocupação, concluída com o domínio batavo ao longo do território compreendido entre o rio São Francisco e o Ceará. A segunda fase (1637-1644), conhecida como Período Nassoviano, ficou caracterizada como uma época de paz relativa em virtude da política de beneficiamento proposta aos senhores de engenho, bem como pela próspera evolução do "Brasil holandês" sob administração de João Maurício de Nassau-Siegen. A terceira fase (1644-1654) distinguiu-se pelo fim da política conciliatória de Nassau — afastado em 1644 por discordar das intenções dos acionistas da WIC — e pela deflagração do movimento de insurreição visando a restauração do território colonial português e a expulsão dos batavos das terras ocupadas (Fausto, 2002, pp. 85-86).

21. Foram signatários deste documento: João Fernandes Vieira, Antônio Bezerra, Antônio Cavalcanti, Bernardino de Carvalho, Francisco Berenger de Carvalho, Antônio da Silva, Pantaleão Cirne da Silva, Luís da Costa Sepúlveda, Manuel Pereira Corte Real, Antônio Borges Uchoa, Amaro Lopes Madeira, Bastião de Carvalho, Manuel Lopes Deusdará, Antônio Carneiro Falcato, Antônio Carneiro de Mariz, Francisco Bezerra Monteiro, Álvaro Teixeira de Mesquita, e Padre Diogo Rodrigues da Silva (Daróz, 2014, p. 339).

22. Instituídos em 1651 pelo primeiro-ministro britânico Oliver Cromwell com o propósito de fortalecer o comércio marítimo e a Marinha Real, os Atos de Navegação determinavam que todas as mercadorias importadas ou exportadas

pela Inglaterra deveriam ser transportadas exclusivamente por navios de bandeira inglesa (Daróz, 2014, p. 390).

23. O termo bárbaro é utilizado genericamente pelo colonizador português em referência à aparente falta de organização social, religiosa e política dos povos indígenas, mas sobretudo devido aos seus hábitos antropofágicos. Contudo, à medida que o processo colonizador português se consolidava, esse conceito era aplicado somente àquelas tribos que não favoreciam a colonização ou que representavam algum empecilho a ela. Nesse contexto, os índios tupis, aliados dos portugueses, denominavam de tapuias todos os indígenas que se contrapunham a eles. Essa divisão dualista (tupi-tapuia) foi apropriada pelos colonizadores para designar aquelas tribos que se opunham ao processo de conquista lusitano (L. G. Dias, 2001, pp. 6-8).

24. A ocupação holandesa na Capitania do Rio Grande ocorreu entre 1633 com a tomada do Forte dos Reis Magos (localizado no município de Natal, capital do estado do Rio Grande do Norte), e 1654, quando os holandeses foram definitivamente expulsos do território brasileiro em decorrência da Insurreição Pernambucana (V. Santos, 2008, pp. 54-74).

25. O termo Cariri se refere ao grupo étnico de mesmo nome, cujas tribos participaram dos conflitos contra a expansão colonial portuguesa na região Nordeste do Brasil. Entre as que atuaram na Guerra dos Bárbaros (índios genericamente denominados tapuias, que se opunham ao processo de conquista português) destacam-se: sucurus, paiacus, icós, icosinhos, bulbuis, ariús, areas, pegas, caracás, canindés, coremas, caracarás e bruxarás (L. G. Dias, 2001, p. 12).

26. Este tratado de paz é considerado a primeira aliança celebrada entre os colonizadores e os indígenas na América portuguesa (L. G. Dias, 2001, p. 16).

27. Na Idade Média, os muçulmanos derrotados em diferentes guerras eram escravizados por um período determinado, e, posteriormente, se tornavam servos ou colonos livres. Com as navegações portuguesas margeando o litoral africano, os negros foram introduzidos no reino português como escravos domésticos. Mais tarde, quando ocorreu a colonização das posses lusitanas nas ilhas do Atlântico, os negros foram deslocados para as grandes plantações como principal fonte de mão de obra (Cáceres, 1993, p. 31).

28. A exploração do trabalho humano era inconcebível para a mentalidade das populações indígenas, acostumadas a trabalhar para suprir as necessidades coletivas da tribo e a utilizar o tempo livre para as atividades de lazer e práticas culturais do grupo. Quando submetidas à escravidão, muitas tribos fugiam do litoral para o interior, enquanto outras foram dizimadas em razão da superexploração, dos maus-tratos ou das doenças trazidas pelos europeus para o continente. O mito da indolência

indígena, divulgado pelos cronistas da época e por alguns historiadores do século XX, foi promovido, principalmente, para justificar a escravidão do negro africano. Desse modo, a Coroa portuguesa, a burguesia europeia e a Igreja Católica, que detinham uma porcentagem sobre cada escravo entregue no Brasil, lucravam, enquanto os índios que eram caçados e escravizados não traziam rendimento algum para qualquer uma das partes (Cáceres, 1993, pp. 31-32).

29. Área totalmente cercada localizada nos limites de um outro território (Montenegro, 2010, p. 8).

30. Sobrinho de Ganga Zumba, Zumbi se assumiu como rei de Palmares após o assassinato de seu tio (envenenado), devido à discordância manifestada por alguns habitantes do quilombo, incluindo Zumbi, em relação ao tratado de paz (Acordo de Cucaú) negociado entre o antigo rei com as autoridades da Capitania de Pernambuco (Cáceres, 1993, p. 107).

31. Naturais da Capitania de São Vicente (São Paulo), os bandeirantes eram homens rudes e pobres, conquistadores nômades que na transição do século XVI para o século XVII vagavam pelos sertões em busca de sobrevivência econômica, seja escravizando índios (bandeiras de apresamento) ou procurando metais preciosos (bandeiras de busca de ouro). Sem saber, foram responsáveis por atravessar o meridiano de Tordesilhas avançando pelo interior e expandindo o território do Brasil para o domínio português. Intrépidos, indomáveis e estimulados pela ganância, apenas nas três primeiras décadas do século XVII suas entradas (expedições de exploração) já haviam escravizado ou matado cerca de quinhentos mil índios e destruído mais de cinquenta missões jesuíticas, transformando São Paulo num dos maiores centros de escravagismo indígena das Américas. O termo bandeira refere-se a um empreendimento comercial especializado em capturar indígenas, dispondo de uma estrutura militar na qual todos obedeciam de modo irrestrito ao comandante (capitão-mor). Uma bandeira organizada e financiada por capital particular vagava meses ou anos pelos sertões, e era composta de algumas dezenas de brancos, várias centenas de mamelucos e índios livres ou escravos, estes últimos responsáveis pelo trabalho braçal (Cáceres, 1993, p. 74-77; Rosa, 1997, pp. 41-43).

32. As missões ou reduções (espanhol) surgiram na região da República do Paraguai (América espanhola) durante o século XVII. Eram aldeamentos formados a partir de expedições militares (com a presença de religiosos da ordem jesuíta) que atacavam os povoados indígenas da família linguística tupi-guarani. Em seguida, conduziam os índios do interior para as regiões situadas nas proximidades do litoral ou próximo à confluência de um rio. Assim iniciava-se o processo de aculturamento dos nativos, civilizando-os conforme a referência europeia e evangelizando-os na tradição da fé cristã (Rosa, 1997, pp. 36-37).

33. Constituído em 1542, o Vice-Reino do Peru foi criado pelo regime colonial espanhol como uma divisão administrativa da Espanha com autoridade regional sobre suas colônias na América do Sul (Souto Maior, 1976, pp. 275-276).

34. Fortificação fundada em 19 de fevereiro de 1737, no litoral sul do Rio Grande do Sul, após a expedição comandada pelo brigadeiro José da Silva Pais ter libertado a Colônia do Santíssimo Sacramento de um cerco empreendido por tropas espanholas. O Forte Jesus-Maria-José era o núcleo da região que mais tarde seria a Vila do Rio Grande (atual município de Rio Grande) primeira capital da Capitania do Rio Grande de São Pedro (1760-1763). (Bento, 1996, pp. 12-13).

35. Tropa constituída em 1737, com a chegada de um contingente formado por 37 Dragões desembarcados no Rio de Janeiro, para a expedição comandada pelo brigadeiro José da Silva Pais. Os militares portugueses se uniram a outros combatentes vindos de diferentes regiões do Brasil e formaram o embrião do futuro Regimento de Dragões do Rio Grande. No início, a intenção era que a tropa se formasse na Colônia do Santíssimo Sacramento, mas inúmeros fatores dificultaram que tal iniciativa se concretizasse, fazendo com que a unidade se organizasse no Forte Jesus-Maria-José. Ainda em 1737, foi instituída a primeira Companhia de Dragões, sob o comando do capitão Francisco Pinto Bandeira. Sobre a forma de combater dessas, é essencial esclarecer que apesar de se deslocarem a cavalo os soldados combatiam a pé, constituindo, portanto, unidades de Infantaria montada (Barbosa, 2014, p. 9).

36. Golpes de mão realizados de forma rápida e furtiva por tropas de pequeno porte, especialmente treinadas para agir clandestinamente com o propósito de destruir ou inutilizar alvos operacionais ou estratégicos localizados na retaguarda do inimigo (Swinson, 1975, pp. 43-44).

37. No contexto da Guerra da Restauração do Rio Grande do Sul, tanto o cavalo quanto o gado bovino eram alvo de interesse militar, uma vez que em toda região pampeana o sucesso de uma campanha dependia do cavalo para transportar as tropas montadas e do gado bovino, utilizado como fonte de alimento e de couro para a confecção de barracas e pelotas, embarcações típicas da região e essenciais para a transposição de rios e arroios. Por causa das arreadas, os animais retirados das vias de acesso que poderiam ser usadas pelas tropas castelhanas necessitavam de um rincão, espaço formado por dois braços de rios ou arroios confluentes, com a finalidade de controlar eventuais estouros de boiadas e protegê-los dos inimigos (Bento, 1996, pp. 129-130).

38. Nascido em 1708 na cidade de Bremen (Alemanha), Johann Heinrich Böhm foi veterano da Guerra dos Sete Anos travada na Europa entre 1756-1763 antagonizando a França e a Monarquia de Habsburgo (Áustria) contra Inglaterra, Portugal e o Reino da Prússia (principal Estado do Império Alemão). Em 1765 foi contratado pelo Exército de Portugal como assessor militar do marquês de Pombal. No Brasil exerceu as funções de inspetor geral, comandante e administrador de todas as tropas de Infantaria, Cavalaria e Artilharia do Vice-Reino do Brasil (Bento, 1996, p. 8).

3
BRASIL IMPÉRIO
(1822-1889)

CENÁRIO BRASILEIRO NO INÍCIO DO SÉCULO XIX

O marco do período imperial é a chegada da família real portuguesa ao Brasil em 1808[1], motivada pela ameaça da expansão dos domínios de Napoleão Bonaparte[2] pela Europa. Situado em um momento histórico no qual a condução das guerras vivenciava o contínuo temporal referente à primeira geração da guerra — conforme o artigo publicado em 1989[3] abordando as cinco gerações da guerra moderna (Apêndice A). Este artigo evidencia que os conflitos travados nesse período eram estruturados em grandes formações de combate, dispostas em cerradas composições de Infantaria que manobravam pelo campo de batalha em linhas e colunas para enfrentar as tropas inimigas armadas e organizadas de forma equivalente. Assim sendo, como os exércitos nacionais majoritariamente estavam focados nesse estilo de formação, a numerosa concentração de tropas levou à padronização das armas, dos equipamentos e dos procedimentos. Desse modo, restringiram de forma substancial as possibilidades de atuação das pequenas unidades responsáveis por promover ações não convencionais características da modalidade de guerra irregular (Denécé, 2009, p. 17).

Entretanto, algumas manifestações de guerra irregular, ainda que esporádicas, foram praticadas em diferentes momentos do período imperial, possibilitadas por alguns fatores: a vasta extensão territorial brasileira, a baixa densidade demográfica (concentração de pessoas por quilômetro quadrado) e os conflitos fronteiriços, nos quais Portugal e Espanha, de maneira recorrente, mediam forças para ampliar suas posses coloniais na América.

No que se refere à organização militar no Brasil, a transferência da Corte portuguesa para o Rio de Janeiro propiciou a unificação político-militar de todo o território colonial, até então dividido pelo sistema de capitanias-gerais[4] que dispunham de formações militares particulares.

Dom João VI promoveu o incremento estrutural do Exército e da Marinha, fundando algumas instituições: a Academia Real da Marinha (1808), o Supremo Conselho Militar (1808), a Real Fábrica de Pólvora (1808) e a Academia Real Militar (1810). Além disso, reorganizou os arsenais de Guerra e da Marinha, e propôs a formação ou a reestruturação de numerosas unidades militares. As mudanças promoviam uma política externa que visava a estender seus domínios à Guiana Francesa e a consolidar as fronteiras da Banda Oriental (República Oriental do Uruguai). Antes disso, no Brasil Colônia, uma tropa era formada, sobretudo, por brasileiros nativos dispostos nas três armas (infantaria, cavalaria e artilharia). Elas eram distribuídas por todo o território brasileiro e devidamente preparadas para campanhas realizadas contra os franceses na conquista de Caiena[5], no Norte, e contra os espanhóis na guerra contra Artigas[6], no Sul (Brasil, 1972, pp. 383-403).

LUTA PELA INDEPENDÊNCIA NA BAHIA

Portugal, libertado pelos ingleses do domínio francês em 1809, passou a ser governado por uma regência absolutista tutelada pela Inglaterra, que mantinha militares em território português a título de prover proteção à população, enquanto a família real portuguesa permanecia no Brasil. Estando sob autoridade inglesa, os portugueses não podiam participar do Congresso de Viena, organizado entre 1814 e 1815, com o propósito de restaurar o mapa político e as estruturas de poder no continente europeu após as Guerras Napoleônicas. Assim, Dom João VI tomou providências para elevar o Brasil, então sede da monarquia portuguesa, à categoria de Reino Unido de Portugal e Algarves[7], medida que restituía à Portugal o direito de participar da conferência de nações europeias na capital do Império Austríaco (1804-1867). A atribuição do novo título ao Brasil dava-lhe autonomia política e jurídica, uma vez que economicamente isso já havia acontecido em 1808, quando a abertura dos portos brasileiros para as nações amigas pôs fim ao Pacto Colonial que assegurava à metrópole o direito de exclusividade sobre o comércio exterior da colônia (Cáceres, 1993, pp. 136-140).

Em 1820, o período de relativa paz proporcionado pela presença da família real no Rio de Janeiro foi interrompido pela Revolução Liberal do Porto[8], que entre outras reivindicações exigia que o Brasil voltasse a se subordinar inteiramente a Portugal. A justificativa foi que os portugueses, acostumados à proteção do mercantilismo e do Pacto Colonial, somente poderiam se modernizar restabelecendo o fluxo comercial sob exclusividade da colônia brasileira.

Dom Pedro de Alcântara, exercendo a função de príncipe regente devido ao retorno forçado de Dom João VI para a metrópole, em abril de 1821, percebeu que seu pai era como um rei decorativo, sem poderes e submisso às Cortes Portuguesas (Parlamento). Em janeiro de 1822, foi intimado a retornar para Portugal tendo sua autoridade sistematicamente contestada por uma série de medidas adotadas pela administração de Lisboa.

Insatisfeitos com a possibilidade do retorno do Pacto Colonial e com a situação em que o Brasil se encontrava, os comerciantes e os outros segmentos da sociedade tornaram-se a favor da independência. Nesse cenário de instabilidade, as Cortes Portuguesas enviaram tropas que lhe eram leais para defender seus interesses. Aproveitando-se do apoio popular manifestado, sobretudo, no Rio de Janeiro, em São Paulo, no Ceará e em Pernambuco, o príncipe regente optou por romper relações com Portugal e proclamar a independência do Brasil, em 7 de setembro de 1822, às margens do rio Ipiranga localizado na província de São Paulo (Cáceres, 1993, pp. 146-150; Fausto, 2002, pp. 131-134).

No Brasil, o processo de independência não se deu de forma pacífica e conciliatória, pois a população estava dividida entre os que apoiavam a emancipação e os que eram adeptos da manutenção do vínculo com as Cortes e da reestruturação do monopólio comercial (Pacto Colonial).

A separação de Portugal mobilizou todo o país, gerando conflitos nas províncias: Grão-Pará, Bahia, Maranhão, Piauí, Ceará e Cisplatina. Os confrontos ocorridos na Província da Bahia, particularmente, colocaram a independência brasileira em risco, uma vez que Portugal concentrou todos os esforços em Salvador após a expulsão de suas tropas do Rio de Janeiro, em fevereiro de 1822.

As Cortes tinham por objetivo dividir o Brasil, de modo que as regiões Sul e Sudeste ficariam sob o controle de Dom Pedro de Alcântara enquanto a região Nordeste permanecia atrelada aos portugueses, na esperança de que as tropas lusitanas pudessem atacar o Rio de Janeiro e recuperar as demais províncias gradativamente (Gomes, 2010, p. 105).

Em fevereiro de 1822, soldados portugueses bombardearam o Forte de São Pedro, no qual militares brasileiros favoráveis à independência estavam aquartelados. O ataque se deu após os comandantes militares brasileiros, que prestavam serviço em Salvador, se recusarem a aceitar a nomeação do brigadeiro Inácio

Luís Madeira de Melo, oficial de origem portuguesa, para o cargo de governador das armas (comandante das tropas da Bahia). Posteriormente, devido ao tumulto causado pelos confrontos entre as tropas brasileiras e portuguesas, centenas de pessoas abandonaram Salvador buscando refúgio na região do Recôncavo Baiano a fim de organizar a resistência (Bahia. Secretaria de Cultura, 2011, pp. 18-20).

A guerra pela independência do Brasil, travada na Bahia, teve início em vilas como as de Cachoeira, Santo Amaro da Purificação e São Francisco do Conde. Marcada por características irregulares, foi conduzida por milícias (tropas constituídas por cidadãos comuns armados) cuja formação era composta por soldados regulares, índios, mestiços, negros livres e escravos. Esse grupo, ocupando postos estratégicos, combateu os portugueses por meio das táticas de guerrilha, com ataques localizados e rápidos visando a evitar o avanço das forças lusitanas. Sob o comando do tenente-coronel Joaquim Pires de Carvalho e Albuquerque D'Ávila Pereira (visconde de Pirajá) — senhor de engenho considerado um dos principais líderes da guerra pela independência —, os regimentos de milícias (entre quinhentos e 1.500 homens) fecharam a estrada das Boiadas, nas proximidades de Pirajá. Nesse terreno, organizaram emboscadas para os soldados portugueses com a finalidade de bloquear o acesso terrestre a Salvador, interceptando as comunicações e impedindo o abastecimento do contingente lusitano que havia ocupado a cidade (Brasil, 2015a, pp. 36-37).

Na proclamação emitida em 18 de julho de 1822, na qual conclama os habitantes de Salvador a deixar a cidade e se juntar ao Exército Libertador, o tenente-coronel D'Ávila Pereira declarou:

> Habitantes da Bahia! Os males que tendes sido vítimas não nos são estranhos: os nossos governos não os pode remediar: as provisões de boca estão cortadas, e não sei qual seja a vossa demora nessa malfadada cidade: fugi para o seio de vossos irmãos, que de braços abertos vos esperam: vinde com eles vencer ou morrer pelo nosso

adorado príncipe [Dom Pedro], por el-rei [Dom João VI] e pelas Cortes, que não autorizaram tiranos para nos flagelarem. Habitantes da Bahia! A demora é prejudicial, confiai em meu patriotismo e crede que no estado da defesa em que me acho não me atemorizam esses vassalos que nos oprimem (Bandeira, 2000, p. 410).

Ainda que as milícias tenham obtido alguns resultados expressivos nesta primeira fase da guerra, faltavam-lhes recursos e organização para manter a luta. Como alternativa para organizar esse exército desorganizado e desprovido, o príncipe regente contratou o general Pierre Labatut — natural da França e veterano das Guerras Napoleônicas (1803-1815) e das Guerras de Independência da América Espanhola[9] (1808-1829) — para organizar e comandar o "Exército Pacificador", responsável por equipar e reforçar as forças brasileiras que combatiam na Bahia. Após a chegada de Labatut ao Recôncavo Baiano, o tenente-coronel D'Ávila Pereira transferiu o comando das tropas para o oficial francês, que reestruturou o contingente constituindo um corpo de primeira linha composto por unidades de Infantaria, de Cavalaria e de Artilharia. Em razão da intervenção do general Labatut, a guerra conduzida pelas tropas nacionais, que até então se valia de táticas predominantemente irregulares, passou a ter características de um confronto de natureza regular (Gomes, 2010, p. 108).

A tropa brasileira optou por manter a cidade de Salvador sitiada, ainda que estivessem mais equipados e mais organizados, evitando, sempre que possível, entrar em confronto direto com os portugueses. Cercados por terra, restava aos lusitanos receber auxílio pelo mar, via de acesso que também foi fechada em maio de 1823. Nessa data, chegaram os navios comandados pelo almirante Thomas Alexander Cochrane, oficial escocês e também ex-combatente das Guerras Napoleônicas, contratado para comandar a esquadra brasileira na Guerra pela Independência do Brasil por Dom Pedro I (elevado ao título de imperador após a proclamação de independência celebrada em 7 de setembro de 1822). Sem contar com apoio logístico, as tropas portuguesas comandadas por Madeira de Melo tentaram romper o cerco a Salvador duas vezes. A primeira em 8 de novembro de 1822 e a segunda em 7 de janeiro de 1823, mas em ambas o ímpeto dos lusitanos foi contido pela determinada resistência das forças nacionais (ibid., pp. 109-111).

A nomeação do general Labatut, apesar de ter alcançado resultados favoráveis para o Exército Pacificador, causou grande desconforto entre os militares e a população baiana. O fato de ele mal conseguir se expressar em português, acrescido a uma sucessão de decisões e de comportamentos controversos em relação à sociedade escravista, levaram-no a ser destituído do comando por seus próprios oficiais a apenas cinco semanas do final da guerra. O coronel Joaquim José de Lima e Silva, comandante do Batalhão do Imperador, substituiu Labatut, rompeu o cerco e entrou pelas ruas de Salvador na manhã de 2 de julho de 1823, após a partida do desgastado contingente português para a Europa. Decorrido um ano e cinco meses de combate, a resistência baiana impediu o Brasil de se fragmentar assegurando a unidade nacional no alvorecer de nossa independência (Bahia. Secretaria de Cultura, 2011, p. 35-36; Gomes, 2010, p. 109).

SABINADA

Em 1837, o Brasil vivenciava um período conturbado em virtude da relação conflituosa entre o parlamento e o governo regencial[10], que administrava o país aguardando a maioridade de Dom Pedro II. Por influência do federalismo norte-americano[11] e da Revolução Francesa[12], formava-se no Brasil uma diversidade de movimentos insurrecionais com ideal separatista[13].

Na Bahia, a presença de Bento Gonçalves da Silva — um dos principais líderes da Revolução Farroupilha[14] que permaneceu preso por um período no Forte do Mar (também conhecido como Forte de São Marcelo), localizado na cidade de Salvador —intensificou o ambiente já agitado que ameaçava a integridade do Império, fazendo eclodir, em 6 de novembro, o movimento revolucionário conhecido como Sabinada.

A revolta era de caráter emancipacionista e buscava a criação de uma República Baiana provisória[15], até que Dom Pedro II atingisse a maioridade e pudesse governar. O movimento congregou adeptos cívico-militares de diferentes ideologias e seu principal representante foi o médico e jornalista Francisco Sabino Álvares da Rocha Vieira Barroso, de cujo nome derivou a designação Sabinada (Brasil, 1972, pp. 480-482).

Responsável pelo jornal Novo Diário da Bahia, instrumento central de propaganda em favor da autonomia provincial, Sabino promovia a crescente agitação da população que se animava com o exemplo dos farrapos no Sul do país (Revolução Farroupilha). No entardecer do dia 6, os revoltosos liderados por ele tomaram o Forte de São Pedro com a participação dos militares que o guarneciam. No dia seguinte, após as autoridades ligadas ao poder central terem fugido de Salvador — incluindo Francisco de Souza Paraíso, presidente da província (que optou por não enfrentar a revolução e buscou refúgio em um navio de guerra) —, uma sessão extraordinária foi realizada na Câmara Municipal. Na plenária, que teve por finalidade legalizar o movimento separatista, foi elaborada a ata de fundação do governo rebelde, a qual oficializou a posse de Inocêncio da Rocha Galvão como presidente da província e Francisco Sabino como secretário de governo (Brasil, 1972, p. 482; E. S. Cunha, 1999, pp. 404-405).

Cientes de que o movimento não poderia se restringir à capital da província, os sabinos expandiram suas ideias pelo interior, conclamando a população baiana a aderir à ação armada. Para os engajados, Salvador deveria ser o eixo irradiador de um empreendimento muito mais amplo, que se estenderia gradativamente até abranger todas as regiões da província. Todavia, a iniciativa dos revoltosos perdeu vitalidade devido a não adesão dos grandes proprietários de terras do Recôncavo Baiano, temerosos de que os separatistas cumprissem a promessa de libertar os escravos que lutassem contra as tropas imperiais (R. L. Silva, 2013, pp. 71-72).

Estando o movimento revolucionário restrito a capital baiana, coube à Antônio Pereira Barreto Pedroso, nomeado presidente da província pelo governo regencial de Pedro de Araújo Lima, impor um cerco à cidade de Salvador, por terra e mar, em março de 1838, com o objetivo de manter a integridade do Império. O presidente Pedroso convocou a Guarda Nacional recém-criada, em fase de experimentação e pouquíssimo profissionalizada, e, devidamente autorizado pelo governo central, solicitou a todas as vilas e comarcas do interior da Bahia que se organizassem para enviar combatentes aptos a confrontar os revoltosos.

As tropas imperiais dispunham de quatro mil homens em terra, incluindo uma brigada expedicionária oriunda da Província de Pernambuco, enquanto os sabinos contavam com efetivo de aproximadamente cinco mil integrantes. Contudo, o ponto fraco das forças separatistas estava localizado no mar, uma vez que não dispunham de pessoal qualificado para operar as embarcações nem navios em número suficiente para constituir uma frota consistente. Soma-se a isso o fato de que o bloqueio naval imposto pela Marinha Imperial à baía de Todos os Santos (reentrância da costa brasileira que dá acesso à capital baiana) impedia o abastecimento logístico das tropas rebeladas estacionadas em Salvador, fator indispensável para assegurar a longevidade da campanha (Brasil, 1972, pp. 482-484; Leite, 2006, p. 38).

Ainda que o bloqueio a Salvador fosse rigoroso, os sabinos resistiam. Ao longo da ação, o general João Crisóstomo Calado (veterano da Guerra contra Artigas e da Batalha do Passo do Rosário[16]) foi nomeado pelo governo regencial para assumir o comando das forças imperiais na Bahia, reorganizar as tropas, atacar o foco da rebelião e pacificar a área (Brasil, 1972, p. 483).

No decorrer dos quatro meses de ocupação de Salvador pelos sabinos, prevaleceu uma "guerra estática" na qual os desenhos e manobras militares tomaram o lugar do confronto direto (Leite, 2006, p. 13). A Sabinada computou apenas seis combates de maior porte. O mais relevante deles, denominado Batalha dos Três Dias, teve início na manhã de 13 de março e se desenrolou conforme as características da guerra convencional (regular) daquele período, com os oponentes dispostos frente a frente visando a tomada de posições no interior e nos arredores da cidade. Nesse embate, as forças separatistas se esforçavam para romper o bloqueio imposto pelas tropas imperiais, enquanto os legalistas fechavam ainda mais o cerco sobre os revoltosos. Assumindo a iniciativa do combate, as tropas do governo regencial assediaram a capital baiana tanto por terra quanto por mar, com a força de desembarque e o contingente terrestre progredindo rumo aos pontos fortificados da cidade. Na noite do dia 15, sem dispor de condições para rechaçar o ataque dos legalistas, os revolucionários se renderam no Forte de São Pedro, último reduto da Sabinada (Brasil, 1972, p. 485; Leite, 2006, p. 38)

Embora os combates ocorridos durante o movimento tenham sido realizados conforme os padrões da guerra regular, travada no decorrer do século XIX, a Sabinada apresentou alguns personagens que se destacaram por conduzir operações clandestinas (subterrâneas) típicas da guerra irregular, o mais destacado deles foi Higino Pires Gomes (R. L. Silva, 2013, p. 76). Figura controversa por sua indistinta motivação como partícipe do movimento revolucionário, uma vez que não se sabe ao certo se suas razões eram de natureza ideológica, comercial ou ambas, Pires Gomes era dono de um engenho de escravos, que, devido à conjuntura, assumiu a patente de tenente-coronel dos sabinos. Após fugir da capital baiana quando o bloqueio foi empreendido pelas tropas legalistas à cidade, ele e outros quinhentos homens se refugiaram na Vila de Feira de Santana, local que ficou conhecido por acolher os revoltosos da Sabinada após a pequena ruptura do cerco de Salvador (Araújo, 2009, pp. 295-343, p. 339).

Como profundo conhecedor da região do Recôncavo Baiano, Pires Gomes se valeu do elemento surpresa e de sua capacidade para solucionar problemas logísticos, contribuindo para que o projeto político dos sabinos sobrevivesse. Agindo por vias terrestres ou marítimas, ele castigava as tropas imperiais aplicando táticas de guerrilha, atacando de surpresa para, em seguida, embrenhar-se no mato e evitar que suas manobras logísticas de apoio fossem interceptadas. O tenente-coronel embarcou no mais bem-equipado brigue[17] da Marinha rebelde e furou o bloqueio naval imposto a Salvador. Além disso, ele forneceu gado quando a fome se abateu sobre as forças sitiadas (R. L. Silva, 2013, pp. 76-78).

Percebido pelas tropas legalistas como um fantasma devido à sua habilidade em burlar vigilâncias e fugir de represálias, Pires Gomes e mais duzentos separatistas refugiados na Vila de Feira de Santana evadiram-se oportunamente antes que as tropas imperiais comandadas pelo coronel Rodrigo Antônio Falcão Brandão adentrassem a localidade para confrontar e capturar os revoltosos que ali haviam se escondido (ibid., pp. 77-78).

As ações realizadas por Higino Pires Gomes, provavelmente influenciadas pela campanha irregular conduzida por milicianos no cenário da luta pela independência na Bahia, mesmo que de modo involuntário, apresentavam alguns dos princípios de guerrilha que foram propostos por Mao Tsé-Tung quase cem anos depois. Assim como Pires Gomes conduziu as ações clandestinas na década de 1830 valendo-se da mobilidade, no século XX a estratégia maoísta utilizada pelos chineses no decorrer da Segunda Guerra Sino-Japonesa (1937-1945) e da Guerra Civil Chinesa (1927-1937; 1946-1949) também considerava um conjunto de táticas baseadas no movimento. A prática orientada por Mao estava alicerçada em quatro máximas: quando o inimigo avança, os guerrilheiros se retiram; quando o inimigo estaciona, os guerrilheiros o fustigam; quando o inimigo evita a batalha, os guerrilheiros o atacam; e quando o inimigo se retira, os guerrilheiros o perseguem (Garcia, 1995, p. 53).

No contexto da guerrilha revolucionária proposta por Mao, oportunamente fundamentada nas teorias militares estratégicas elaboradas por Sun Tzu[18], era imprescindível que seus adeptos soubessem quando progredir, fossem flexíveis na execução de suas ações, tivessem capacidade de se dispersar e de se concentrar por períodos curtos em locais específicos e pelo tempo que fosse necessário, com suas bases de apoio estabelecidas, de preferência, em zonas montanhosas e de difícil acesso (Simões, 2009, p. 8).

BALAIADA

Assim como ocorreu na Bahia, outras províncias brasileiras aderiram ao chamado de Dom Pedro I logo após a Proclamação da Independência. A luta pela adesão do Piauí, do Ceará e do Maranhão ao recém-constituído Império do Brasil não foi um desenlace amigável, uma vez que considerável parcela da população se mostrava fiel a Portugal.

No Piauí, o governador João José da Cunha Fidié resistiu aos apelos de integrar a província ao núcleo da pátria independente. Coube ao coronel Simplício Dias da Silva lançar as bases da revolta na Vila de São João da Parnaíba (município de Parnaíba) situada no litoral do Piauí. Mas as tropas governistas, deslocando-se rapidamente de Oeiras (capital da província) para conter o foco rebelde, surpreenderam Simplício, que foi forçado a se dirigir para o Ceará à procura de auxílio. Os adeptos da independência, com a adesão dos cearenses e dos maranhenses que haviam sido derrotados em um confronto anterior travado no leito seco do rio Jenipapo, combateram os soldados de Fidié na cidade de Caxias, no Maranhão. As tropas leais a Portugal resistiram por três meses quando, sem qualquer possibilidade de receber suprimentos e reforços, optaram por capitular, no dia 31 de julho de 1823 (Brasil, 1972, pp. 427-428).

No Maranhão, cuja economia agrícola e pecuarista era controlada por portugueses ou pessoas ligadas a eles, a elite mostrava-se avessa às ordens vindas do Rio de Janeiro. A adesão da província à Independência deu-se pela força em 28 de julho de 1823, quando a capital São Luís foi bloqueada por mar e ameaçada de ser bombardeada pela frota de navios comandada pelo almirante John Pascoe Grenfell — militar britânico contratado pelo Império do Brasil para lutar nos conflitos internos desencadeados durante a Proclamação da Independência (Mateus, 2018. pp. 18-19).

Após aderir ao Império do Brasil, a província do Maranhão praticamente não sofreu alterações no cenário político e econômico, dominado por portugueses e seus aliados, que se dividiam em duas correntes contrárias: os liberais (também conhecidos como bem-te-vis) e os conservadores (chamados cabanos), que se rivalizavam enquanto tentavam se estabelecer no poder local e regional (ibid.). As tropas de ambas as facções políticas eram compostas pela maioria da população pobre (boiadeiros, trabalhadores agrícolas, negros e mulatos livres) que também havia combatido na luta em favor da independência. Sem direito à cidadania, oprimidos e explorados pela elite, os sertanejos manifestavam seu descontentamento com variados atos de resistência: quilombismo dos escravos, banditismo social, resistência contra o recrutamento[19], insurreições escravas e rebeliões dos livres e empobrecidos (Cáceres, 1993, p. 170; Mateus, 2018, p. 29).

A revolta da Balaiada teve início a partir de um episódio ocorrido no dia 13 de dezembro de 1838, na pequena Vila da Manga (município de Nina Rodrigues), localizada na região norte da província, à época distante 72 quilômetros da capital maranhense. Na ocasião, alguns companheiros e o irmão de Raimundo Gomes, um vaqueiro responsável por uma fazenda cujo proprietário tinha ligação com os bem-te-vis, foram encarcerados a mando do subprefeito da vila, um adversário político do fazendeiro empregador daquele grupo de sertanejos. Contrariado com a prisão arbitrária, ele liderou um grupo que invadiu a cadeia libertando os prisioneiros. Após soltá-los, Raimundo Gomes e seus homens se deslocaram para a Chapadinha, local onde começou a organizar um movimento contra as discriminações e as desigualdades sociais. Inúmeras pessoas que se identificavam com os ideais dos rebelados se juntaram a eles, entre os quais destaca-se a figura de Manuel Francisco dos Anjos Ferreira, um artesão fabricante de balaios (cestos). Ele aderiu à revolta por se opor ao recrutamento forçado de seus filhos, bem como para vingar-se da violência sofrida por sua filha, estuprada por um oficial das forças governistas. O artesão, apelidado como Balaio, dedicou-se a promover invasões às fazendas para libertar os escravos, e, devido às suas atribuições notáveis, o movimento recebeu seu nome (Mateus, 2018, p. 31).

A Balaiada, surgida na província do Maranhão, estendeu-se geograficamente pelo Piauí e pelo Ceará, reunindo escravos das fazendas, índios, caboclos, negros livres dos povoados, além de contar com o apoio de fazendeiros abastados e influentes que aderiram à revolta por motivação política ou por imposição, em consequência do medo que sentiam dos rebeldes (ibid., p. 28).

Sobre a forma de combate dos balaios, a opção por conduzir ações de guerrilha se justifica, principalmente, pela inferioridade de recursos materiais (armas e equipamentos) que os colocava em posição desfavorável em relação às tropas legalistas. Como característica de suas táticas irregulares, os rebeldes fugiam do confronto em campo aberto, onde levariam desvantagem devido ao equipamento superior dos oponentes. Valendo-se do elemento surpresa, os balaios invariavelmente atacavam em grupos e às vezes em diferentes pontos de modo simultâneo, fugindo e se escondendo, explorando a natureza da região e os terrenos por eles muito bem conhecidos, cujas adversidades as tropas governistas ignoravam. Diante do sucesso da estratégia dos rebeldes, os comandantes legalistas optaram pela negociação (cooptação dos rebeldes). Por mais que vencessem algumas batalhas, não conseguiam identificar um modo de vencer a guerra em definitivo, pois, mesmo quando obtinham êxito nos combates, os insurgentes fugiam para as matas e para os pântanos inacessíveis, tornando a perseguição inviável e, desta forma, a luta não findava (Iamashita, 2010, pp. 253-254).

Quando abordaram os rebeldes com a finalidade de convencê-los a mudar de comportamento, levando-os a desistir da luta, os comandantes legalistas utilizaram conceitos equivalentes àqueles aplicados pelas OpPsc na tentativa de moldar o ambiente operacional (tarefa desempenhada pelas modernas unidades de FEsp). Tal fato pode ser identificado em um ofício emitido pelo major Joze Thomaz Henriques ao comandante das forças expedicionárias:

> [...] Hoje tive uma entrevista pessoalmente com o chefe dos rebeldes acampados em torno deste acampamento; [...] Tractou-me o dito chefe com muito respeito. Ouviu-me atentamente e parece-me que ele vacila, e que está disposto a segurar-se para o futuro desconfiando de sua cauza que vê perdida, deseja falar com um seo irmão Izidro José de Oliveira, que serviu de guia ao major Falcão, e que me dizem axar-se na Capital. Queira V Sa dizer-me onde existe este Izidro, e a ser possível mandá-lo já. Espero já e já a força para impor o inimigo e talvez evitar grande effuzão de sangue. Elles tem conciderável força (ibid., p. 255).

O movimento se alastrou rapidamente, avançando pelas fazendas, vilas e cidades encontradas pelo caminho. Percebendo a gravidade da situação, o governo regencial conscientizou-se de que as ações de enfrentamento àquele movimento que atentava contra a integridade do Império não poderiam ficar a cargo apenas das autoridades provinciais.

Desse modo, sob o comando do coronel Luiz Alves de Lima e Silva (Duque de Caxias, patrono do Exército Brasileiro), tropas imperiais foram enviadas para o Maranhão. Assumindo conjuntamente as funções de presidente da província e comandante das armas, Caxias foi incumbido de pacificar o território maranhense com poder para invadir o Piauí e o Ceará. Com as tropas dispostas em pontos estratégicos, as forças legalistas utilizaram a tática de cerco para confrontar os rebelados. Agindo tanto pela força quanto pela diplomacia, Caxias ofereceu concessões e garantias para os insurgentes que, eventualmente, desistissem da luta. Contudo, como esse caminho não foi suficiente para convencer as forças rebeldes, ele conduziu sucessivas operações armadas de modo a minar a resistência dos insurretos. A pacificação foi obtida em 19 de janeiro de 1841 em consequência da anistia advinda da assunção de Dom Pedro II a Imperador do Brasil (Brasil, 1972, pp. 488-491; Cáceres, 1993, pp. 170-171).

GUERRA DO PARAGUAI

Considerado o país mais desenvolvido da América Latina em meados do século XIX, a República do Paraguai, que se tornara independente da Espanha em 1811, era economicamente autossustentável e, diferente de seus vizinhos sul-americanos, não dependia de capital estrangeiro, sobretudo britânico, para assegurar seu desenvolvimento. Na visão do presidente Francisco Solano López, tamanha prosperidade requeria a formação de um exército numeroso, constituído com a finalidade de proteger os interesses do país. Como nação interior (sem costa marítima), o Paraguai dependia do rio da Prata para fazer circular seus produtos (em especial o algodão) para o Atlântico e qualquer ameaça de fechamento dessa rota comprometia suas exportações (Cáceres, 1993, pp. 192-193).

Situado entre o Uruguai e a Argentina, o rio da Prata é formado pelo deságue dos rios Paraná e Uruguai, constituindo uma rota de comércio estratégica para os países que o margeiam. Historicamente, a livre navegação pelo rio da Prata interessava ao Brasil e à República Oriental do Uruguai (em decorrência da

Guerra Cisplatina[20]), contrariando as aspirações das Províncias Unidas do Rio da Prata (Argentina) e do Paraguai. Para o Brasil, em particular, a possibilidade de navegar pelo rio da Prata garantia as comunicações com a Província do Mato Grosso[21] enquanto seu bloqueio representava uma ameaça para seus territórios fronteiriços (Doratioto, 2007, p. 28).

O conflito começou a partir da disputa pelo poder entre duas correntes políticas no Uruguai. Os denominados *blancos*, que governavam o país e eram apoiados pelo Paraguai e pelas Províncias Unidas do Rio da Prata, eram confrontados pelos *colorados* que recebiam suporte do Brasil. O governo imperial de Dom Pedro II alegou que a população brasileira na fronteira com o Uruguai encontrava-se em situação de constante ameaça, em virtude dos ataques desferidos por militantes do partido *Blanco* contra as estâncias da Província de São Pedro do Rio Grande do Sul (divisão administrativa que sucedeu a Capitania de São Pedro do Rio Grande em 1807).

Em agosto de 1864, interessado em depor o presidente Atanásio Aguirre (do partido *Blanco*) substituindo-o por Venâncio Flores (do partido Colorado), o governo deslocou tropas terrestres para a fronteira sul do Brasil e enviou uma esquadra (composta por duas corvetas e uma canhoneira) para a bacia do rio da Prata. Esgotadas as possibilidades de resolver a questão pela via diplomática, as forças imperiais brasileiras trabalharam em conjunto com as embarcações da Armada Imperial do Brasil patrulhando o rio Uruguai (afluente do rio da Prata) enquanto a Força Terrestre, oficialmente chamada de Divisão de Observação (constituída por 5.647 homens do Exército Imperial e da Guarda Nacional[22]), embrenhava-se no território uruguaio em direção a Montevidéu (Brasil, 1972, pp. 571-573).

Solano López percebeu que a iniciativa de adentrar o território uruguaio constituía uma manobra do governo imperial brasileiro para afirmar sua influência na região do rio da Prata, fato que representava um risco para os interesses paraguaios. Assim, ele aprisionou o navio Marquês de Olinda, embarcação a vapor de bandeira brasileira que navegava pelo rio Paraguai, vindo de Montevidéu com destino a Cuiabá (capital da Província do Mato Grosso, atual estado do Mato Grosso). Mais tarde, motivado por suas pretensões expansionistas, o presidente do Paraguai ordenou que as tropas invadissem as províncias do Mato Grosso e de São Pedro do Rio Grande do Sul, além da região argentina de Corrientes. Opondo-se à ambição desmedida de Solano López, em 1º de maio de 1865, Brasil, Argentina e Uruguai formalizaram uma força de coalizão (Tratado da Tríplice Aliança) que contestava o poder militar paraguaio (Rosa, 1997, p. 139).

Solano López invadiu a Província do Mato Grosso em dezembro de 1864 com duas expedições militares distintas. Seguindo por via fluvial, a primeira expedição, constituída por dez embarcações (cinco navios a vapor e cinco barcos menores) transportando 4.200 homens, tomou o Forte Coimbra — precariamente defendido por 115 soldados —, e, sem maiores dificuldades, ocupou a cidade de Corumbá e deteve seu avanço em direção a Cuiabá devido à opção do ditador paraguaio de priorizar a invasão da Província de São Pedro do Rio Grande do Sul. Por sua vez, a segunda expedição se deslocou por terra com um contingente de 3.500 homens, adentrando o território brasileiro pela margem esquerda do rio Apa, seguindo em direção à Vila de Miranda (cidade situada no estado do Mato Grosso do Sul), e de lá para o Povoado de Taquari (município de Coxim, localizado no mesmo estado) (Doratioto, 2007, pp. 99-106).

No contexto da Guerra do Paraguai, a invasão estrangeira da Província do Mato Grosso, considerada como a mais isolada e indefesa do Brasil, pode ser classificada como um conflito de natureza irregular, principalmente, em virtude da incorporação da população indígena à Força Expedicionária[23] constituída em caráter de urgência pelo governo imperial para enfrentar as tropas de Solano López.

No início do século XIX, os índios eram bastante importantes para a administração da Província do Mato Grosso, uma vez que os colonos estrangeiros não se interessariam por uma região tão distante da costa, com vias de comunicação e transporte extremamente rústicas, sofrendo com a ausência crônica de capital destinado a promover o desenvolvimento da região. Nesse cenário, a população indígena era essencial para tornar viável qualquer atividade mercantil, motivo que levou o governo imperial a fundar, em julho de 1845, a Diretoria Geral dos Índios. O órgão destinava-se a acelerar o processo de conversão dos povos nativos, implementando uma vigorosa política de aldeamento nas províncias do Império. Na prática, esse órgão buscava submeter os índios aldeados a um processo civilizatório proposto pelo Estado a fim de que fazendeiros e autoridades provinciais pudessem explorar a mão de obra indígena. Incorporados às novas práticas de cultivo e trabalho, etnias como a dos terena, guaná, laiana e guaicurus prestavam relevantes serviços à sociedade realizando diversas atividades como trabalhadores subordinados (Esselin & Vargas, 2015, pp. 369-370).

Quando as tropas paraguaias invadiram a Província do Mato Grosso, os povos indígenas, principalmente aqueles que se encontravam no sul da região, desempenharam um papel importantíssimo na proteção das terras onde se encontravam suas aldeias. Após a incipiente resistência das tropas brasileiras e em razão de os militares terem fugido, deixando o Forte Coimbra, a Vila de Miranda e a Cidade de Corumbá à mercê dos paraguaios, os índios e a população foram abandonados à própria sorte. Então, eles se reuniram na Serra do Maracaju (localizada no estado do Mato Grosso do Sul entre os municípios de Campo Grande e Corumbá) onde conviveram e se protegeram mutuamente entre 1865 e 1866 (C. C. Santos & Ferreira, 2017, pp. 295-296). Antes disso, porém, durante o avanço das forças de Solano López pelo território sul-mato-grossense destruindo os aldeamentos e as lavouras que abasteciam as vilas e as cidades da região, coube aos índios terena e guaná conduzir as ações de emboscada contra os soldados paraguaios impondo-lhes resistência. Inclusive, a pequena oposição que as tropas paraguaias encontraram no deslocamento foi, quase exclusivamente, ocasionada pelo esforço empreendido pelos nativos (Esselin & Vargas, 2015, pp. 374-376).

Os povos indígenas foram preparados durante muito tempo para enfrentar os portugueses e os espanhóis que os ameaçavam. Desse modo, eram considerados plenamente capazes de defender a comunidade e o território em que habitavam. Conforme previsto no Estatuto das Missões Jesuíticas, documento que vinculava a população nativa às suas respectivas comunidades e outorgava-lhes uma série de obrigações para com os demais habitantes, os nativos que habitavam no entorno dos aldeamentos de Bom Conselho e Miranda assumiram a responsabilidade de defender a região sul-mato-grossense quando sobreveio a invasão das tropas paraguaias (M. F. Costa, 2008, pp. 355- 368). Nesse contexto, quando as forças de Solano López assediaram o Forte Coimbra, um grupo de aproximadamente dez índios guaicuru juntou-se à guarnição do forte para auxiliar na pequena luta de resistência que perdurou por alguns dias até a edificação ser abandonada pelos militares alegando falta de munição (Esselin & Vargas, 2015, p. 376).

Os povos indígenas, sobretudo aqueles que integravam as etnias terena e guaicuru, tomaram partido na Guerra do Paraguai na transição de 1865 para 1866. Nesse cenário, a denominada Coluna Expedicionária do Mato Grosso, organizada com o objetivo de libertar a região sul da Província, chegou à Serra de Maracaju, onde foi organizado um serviço de alistamento com a finalidade de recrutar os nativos para o serviço militar, juntando-os às tropas que enfrentariam as forças de Solano López (ibid., pp. 376-378).

Os índios foram convocados a se apresentar às autoridades militares e a se juntar à força que enfrentaria os exércitos invasores. O tenente Alfredo d'Escragnolle Taunay (visconde de Taunay) relata sobre o recrutamento dos nativos, que foram reunidos:

em um primeiro alistamento duzentos e dezesseis terenas, trinta e nove kinikinaus e vinte laianas. Os Guaicuru, através do seu capitão Nadô, firmaram o compromisso de se juntarem com todos os seus guerreiros ao Exército Imperial (ibid., 376).

A partir da incorporação dos índios à Coluna Expedicionária, coube-lhes cumprir as "missões ponta de lança" realizando as operações mais arriscadas de reconhecimento do território e da capacidade de combate do inimigo. Caracterizadas pelo perigo iminente, as missões dessa ordem eram protagonizadas pelos índios guaicurus montados a cavalo[24], uma vez que os nativos se deslocavam de maneira mais hábil do que os militares brasileiros, cuja característica como tropa de Infantaria era o deslocamento a pé.

Os comandantes brasileiros atribuíam tanta relevância a essas missões que as decisões sobre as próximas ações a serem realizadas eram devidamente norteadas após os relatos apresentados quando os indígenas retornavam. Entretanto, ainda que tenham desempenhado um papel significativo nas ações militares para restituir a autoridade brasileira na região sul da Província do Mato Grosso, os índios engajados na guerra contra os paraguaios não receberam armas de fogo. Desse modo, restou-lhes apenas as armas próprias de sua cultura e os armamentos dos quais se apossaram quando a Vila de Miranda e a Cidade de Corumbá foram abandonadas pela população em fuga com destino à serra do Maracaju (C.C. Santos & Ferreira, 2017, pp. 296-297).

As missões de reconhecimento executadas pelos guaicuru tiveram valor substancial para a campanha do Mato Grosso, mas a participação dos indígenas na guerra não se restringiu meramente à tarefa de coleta de informações. Os terena e os guaicuru realizaram efetivas operações de combate de natureza irregular, como nas ações de emboscada e operações de assalto aos acampamentos paraguaios com o propósito de roubar os cavalos, utilizados como montaria, restringindo a capacidade combativa das tropas invasoras (Esselin & Vargas, 2015, p. 376).

A importância do envolvimento da população indígena na Guerra do Paraguai é bem explicitada no documento emitido em 8 de junho de 1867 por João Lustosa da Cunha Paranaguá (2º marquês de Paranaguá), ministro dos Negócios da Guerra, o qual escreve:

> Fico inteirado, pelo seu Officio de 28 de março ultimo, de que Lapagote, um dos Capitães da tribu dos Canídeos que serve junto ás nossas forças em operações, em Miranda, mandado em exploração sobre a fronteira do Apa, conseguio sorprender e bateu um dos pontos fortificados que os Paraguayos conservão sobre esse rio; cconvindo que se repitão taes explorações com o concurso dos índios conhecedores d'aquellas passagens (Marques, 2004).

Em 1867 os índios acompanharam a Coluna Expedicionária até a Fazenda Laguna, adentrando o território paraguaio. No entanto, sem dispor de recursos logísticos e força militar suficiente, com a situação agravada devido a sucessivos surtos de cólera, tifo e beribéri, a coluna militar brasileira, bastante desgastada pelas doenças e pelo constante assédio das forças paraguaias, foi forçada a se retrair. Essa situação é bem retratada pelo Visconde de Taunay no livro *A retirada de Laguna* (Doratioto, 2007, pp. 121-127).

Em fevereiro de 1868, a esquadra da Marinha Imperial ultrapassou as defesas da Fortaleza de Humaitá[25] (ocupada por tropas paraguaias), fato que possibilitou a ocupação da cidade de Assunção (capital do Paraguai) por forças brasileiras no ano seguinte. Após essa conquista, Solano López ordenou que seu exército se retirasse da Província do Mato Grosso de modo a reforçar o contingente paraguaio que combatia no teatro de operações da região sul (ibid., p. 130).

As ações irregulares empreendidas pelos indígenas evidenciam a importância de sua participação na restauração do território invadido pelos paraguaios. No entanto, no contexto da Guerra do Paraguai, o teatro de operações da Província do Mato Grosso foi considerado como secundário, não influenciando de forma significativa no resultado do enfrentamento entre a Tríplice Aliança e as forças paraguaias (ibid., p. 121).

A Guerra do Paraguai, o maior conflito armado internacional travado na América do Sul, caracterizou-se, sobretudo, por uma sucessão de grandes combates campais que priorizavam a concentração da massa de combate (1ª geração da guerra moderna). Nesse enquadramento, as forças antagonistas, organizadas formalmente em linhas e colunas, confrontaram-se nas batalhas de Jataí (17 de agosto de 1865), Tuiuti (24 de maio de 1866), Curupaiti (22 de setembro de 1866), Itororó (6 de dezembro de 1868), Avaí (11 de dezembro de 1868), Lomas Valentinas (entre 21 e 27 de dezembro de 1868) e Cerro Corá (1° de março de 1870). Essa última marca o desfecho da guerra culminando com a caçada e morte do ditador Francisco Solano López às margens do rio Aquidabán, alvejado por um golpe de lança desferido pelo cabo José Francisco Lacerda (também conhecido pela alcunha de "Chico Diabo") do Exército Imperial Brasileiro (ibid., p. 451).

NOTAS

1. No início do século XIX, Portugal era política, econômica e militarmente dependente da Inglaterra, efetuando todo fluxo comercial de suas colônias em favor dos ingleses. Em 1866 a França, governada por Napoleão Bonaparte, estava em guerra com a Inglaterra e impôs um bloqueio naval estabelecendo que nenhum país europeu poderia vender ou comprar produtos de origem inglesa, sob pena de ser ocupado por tropas francesas. O bloqueio comercial deixou Portugal em uma encruzilhada, pois recusar-se a aderi-lo colocava o país em guerra com a França, enquanto aceitá-lo significava colocar em risco as relações comerciais com a Inglaterra. Diante do impasse e da iminência de as tropas napoleônicas chegarem a Lisboa, em 1807, Dom João VI, príncipe regente que governava Portugal desde 1792 após a insanidade de sua mãe (Maria I), decidiu tomar uma atitude. Ele simulou o fechamento dos portos às embarcações inglesas e promoveu a transferência da Corte para o Brasil (com a devida escolta de navios de guerra britânicos), fixando-se na cidade do Rio de Janeiro a partir de 8 de março de 1808. É pertinente esclarecer que a capital da colônia havia sido transferida em 1763, período no qual o marquês de Pombal foi secretário de estado do reino

(primeiro-ministro) de Dom José I, rei de Portugal e Algarves entre 1750 a 1777. A medida foi considerada estratégica, pois levava em conta a proximidade do Rio de Janeiro com o polo minerador (regiões de Vila Rica/Ouro Preto e Sabará, no estado de Minas Gerais) e a região Sul (Banda Oriental) (Cáceres, 1993, pp. 134-136; Rosa, 1997, p. 89-90).

2. Napoleão Bonaparte, nascido em 15 de agosto de 1769 na ilha de Córsega, localizada no mar Mediterrâneo, foi um destacado líder político e militar que predominou no cenário europeu por mais de duas décadas. Oficial do Exército francês durante a Revolução Francesa de 1789, ele rompeu os laços com sua terra natal quando esta declarou-se independente em 1793. Militar destacado, Bonaparte conquistou relevantes vitórias que o projetaram politicamente, levando-o a ocupar o cargo de primeiro cônsul da França em 1799, reformando a Constituição francesa em 1802 e intitulando-se imperador em 1804. Napoleão avançou militarmente (Guerras Napoleônicas) pelo continente impondo sua influência mediante o uso da força, com uma agressiva política externa que objetivava expandir os ideais de modernização política e econômica da Revolução Francesa por toda Europa. Em 1813, a Rússia, a Prússia (região que compreende a Alemanha), a Inglaterra e a Suécia se uniram para confrontá-lo. Ele foi derrotado e banido para a ilha de Elba onde permaneceu entre 1814 e 1815. Posteriormente, após escapar, reassumiu o comando das tropas francesas para retomar sua ofensiva de conquistas. Contudo, sem demonstrar o mesmo entusiasmo e espírito combativo das campanhas passadas, as tropas de Bonaparte foram derrotadas na Batalha de Waterloo, no dia 18 de junho de 1815. Exilado mais uma vez na remota ilha de Santa Helena, Napoleão permaneceu por seis anos até seu falecimento em 5 de maio de 1821 (Lanning, 1999, pp. 19-24).

3. O artigo tem como referência os Tratados de Paz de Vestfália (1648), que estabeleceu o fim da Guerra dos Trinta Anos (1618-1648) cessando as hostilidades entre diferentes nações europeias, instituindo o conceito de Estado-nação (soberania estatal) e atribuindo aos Estados o monopólio da guerra. O texto apresenta as quatro gerações da guerra moderna, classificadas conforme mudanças qualitativas em sua conduta tática. Assim, temos: a 1ªgeração, caracterizada pelo princípio da massa (grandes formações de Infantaria compactadas manobrando pelo terreno em linha e coluna); a 2ªgeração, marcada pelo princípio do fogo (desenvolvimento de armas de fogo individuais com maior alcance e precisão, permitia maior distanciamento entre as forças antagonistas); a 3ªgeração, norteada pelo princípio da manobra (técnica que combina mobilidade e velocidade, surpreendendo o inimigo sem dar-lhe tempo para organizar suas defesas), e; a 4ªgeração, assinalada pelo princípio da guerra irregular (perda do monopólio estatal sobre a guerra, no qual forças independentes e de efetivo reduzido atuam com liberdade de ação utilizando táticas de guerrilha, ataques terroristas, entre outros, priorizando alvos psicológicos em detrimento de objetivos físicos) (Lind *et al.*, 1989, pp. 2-11, pp. 3-4).

4. As capitanias-gerais foram implementadas no Brasil em 1759 como parte de um conjunto de reformas promovidas pelo marquês de Pombal para modernizar o reino de Portugal e Algarves e suas colônias, ampliando sua influência em um cenário global cada vez mais competitivo. O sistema substituiu todas as donatarias (capitanias hereditárias) de modo que essas divisões administrativas estivessem sob o domínio da Coroa portuguesa e fossem controladas por governadores nomeados pela metrópole. Desse modo, não estavam mais a cargo de donatários ou de latifundiários com excessivo poder político, econômico e judiciário (Cáceres, 1993, pp. 98-100).

5. Fundada em 1634, Caiena é a capital da Guiana Francesa e está situada ao norte do estado do Amapá, localização que desde o século XVII gerava grande controvérsia entre os portugueses e os franceses em relação aos limites fronteiriços, ocasionando um impasse relacionado à navegação do rio Amazonas. O Tratado de Utrecht, firmado em 11 de abril de 1713, pôs fim à disputa territorial ao estabelecer que o limite entre as posses portuguesa e francesa seria o rio Oiapoque. Entretanto, Dom João VI, motivado pela invasão das tropas lideradas por Napoleão Bonaparte ao território português na Europa, em novembro de 1808, enviou tropas luso-brasileiras a Caiena, que em janeiro de 1809 foi anexada aos domínios de Portugal. A retomada do território pela França ocorreu em 1817, quando ambas as Coroas promoveram a assinatura de uma convenção particular respeitando o que fora acordado pelo Tratado de Utrecht (Brasil, 1972, pp. 363-370).

6. As jovens nações hispano-sul-americanas, sob os efeitos das Guerras Napoleônicas travadas no continente europeu, buscavam emancipar-se da Espanha, que havia perdido sua autoridade sobre as colônias por ter se submetido à invasão francesa. Movido por ideais políticos, José Gervásio Artigas liderava um movimento que contrariava os interesses da Corte portuguesa empenhada em retomar o controle da Banda Oriental (República Oriental do Uruguai). Em 1680, as tropas lusitanas fundaram no local a colônia do Santíssimo Sacramento (situada às margens do rio da Prata) com a finalidade de estender as posses portuguesas na fronteira meridional. Nesse contexto, em 1817, as tropas enviadas por Dom João VI ocuparam Montevidéu, mas o domínio luso-brasileiro se efetivou apenas em 1820 com a incorporação da Província Cisplatina ao Reino de Portugal, Brasil e Algarves. Após terem se declarado independentes da Espanha em 1816, as Províncias Unidas do Rio da Prata (Argentina) buscaram restituir a Banda Oriental quando em 29 de outubro de 1825 o Consulado Brasileiro em Buenos Aires foi atacado. A ação levou Dom Pedro I, já exercendo as funções de imperador do Brasil, a deflagrar a Guerra da Cisplatina que se estendeu até 1828, quando foi assinado um tratado de paz que culminou com a perda da Província Cisplatina, a qual se constituiu um novo Estado independente (República Oriental do Uruguai) (Brasil, 1972, pp. 373-382; E. S. Cunha, 1999, p. 372-373).

7. Localizado ao sul de Portugal, Algarves foi um reino ocupado pelos mouros entre 715 e 1249 e conquistado pelos portugueses durante o reinado de Afonso III (1248-1279). Oriundos do Norte da África, na região compreendida pelo Marrocos, Argélia e Mauritânia, os mouros eram povos de origem islâmica que invadiram a Península Ibérica e parte da França durante a Idade Média (Cáceres, 1993, p. 140).

8. Havia em Portugal um descontentamento causado pela ruína deixada pelas Guerras Napoleônicas, pela insistência da Corte em permanecer no Brasil mesmo após a expulsão dos franceses, pelos privilégios concedidos aos brasileiros em detrimento dos portugueses e pela humilhação de suportar militares ingleses em território português (a título de proteção) dando ordens para os oficiais lusitanos. Essa situação desencadeou a Revolução Liberal do Porto em 24 de agosto de 1820. Opondo-se ao absolutismo (sistema de governo caracterizado pelo poder absoluto do monarca) e à presença inglesa, uma junta provisória expulsou os ingleses após a deposição do conselho de regência presidido pelo general inglês William Carr Beresford. O grupo organizava-se para promover uma nova Constituição e exigia o retorno do rei a Portugal. Dom João VI percebeu a possibilidade de emancipação do Brasil com seu retorno à Europa e, diante da pressão imposta pela junta, temendo perder o trono e desejando manter a eventual Coroa brasileira na sua dinastia, partiu para Portugal deixando seu filho, Dom Pedro de Alcântara, como príncipe regente do Brasil (Fausto, 2002, pp. 130-131).

9. Conflitos travados entre a Espanha e suas colônias estabelecidas no continente americano durante o século XIX. Iniciados em 1808, no reino de Nova Espanha (corresponde aos estados norte-americanos do Arizona, Califórnia, Colorado, Nevada, Novo México e Utah, estendendo-se até à Costa Rica, na América Central, tendo a Cidade do México como capital) em reação à Guerra Peninsular (conflito travado entre 1807 e 1814, no contexto das Guerras Napoleônicas, envolvendo o Império Francês, governado por Napoleão Bonaparte, contra a Grã-Bretanha, Espanha e Portugal pelo domínio da Península Ibérica), esses conflitos estabeleceram-se como uma guerra de libertação. O propósito era livrar as colônias espanholas na América, criando um conjunto de países independentes que se estenderam por todo o continente, permanecendo apenas as ilhas caribenhas de Porto Rico e Cuba sob o controle da Espanha. Posteriormente, em decorrência da Guerra Hispano-Americana travada entre a Espanha e os EUA em 1898, Cuba conquistou a independência enquanto Porto Rico se tornou um estado associado aos EUA (Cáceres, 1988, pp. 177-178).

10. Em 1831, após a abdicação de Dom Pedro I e seu retorno para Portugal, ocasionado pela grave crise político-econômica pela qual o Império passava, a qual gerava vários distúrbios nas ruas do Rio de Janeiro, a regência caberia a seu único filho homem (Pedro), herdeiro direto e legítimo do trono. Contudo, o príncipe imperial era uma criança de apenas cinco anos e a família real não dispunha de

um integrante com mais de 25 anos. Por isso, em 17 de junho do mesmo ano, foi eleita uma Regência Trina (conforme determinava a Constituição de 1824) que governaria o Império até o menino atingir a maioridade. Constituída pelos deputados João Bráulio Muniz (Maranhão) e José da Costa Carvalho (Bahia), e pelo senador e general Francisco de Lima e Silva (Rio de Janeiro), a Regência sofreu exaltada oposição de correntes políticas liberais radicais. Para conter as agitações que ganharam as ruas da capital do Império, o padre Diogo Antônio Feijó, ministro da justiça, obteve plenos poderes da Câmara dos Deputados para retomar o estado de segurança. Com a ordem restaurada, os liberais moderados promoveram mudanças constitucionais que permitiram maior participação das províncias e dos municípios nas decisões que afetavam os rumos do país. Nesse contexto, para reforçar o Poder Executivo, a Regência Trina foi substituída pela Regência Una, para a qual foi eleito o padre Feijó, em julho de 1835. Posteriormente, isolado pelo próprio autoritarismo e enfraquecido pela crise política, econômica e social, Feijó foi obrigado a renunciar em 1837. No ano seguinte, o conservador Pedro de Araújo Lima (marquês de Olinda) foi eleito. O novo regente governou até 1840, quando Pedro, com 15 anos, teve a maioridade antecipada devido à campanha promovida pelo partido liberal para tirar os conservadores do poder, levando o príncipe a assumir o trono com o título de Dom Pedro II (E. S. Cunha, 1999, pp. 382-393).

11. O federalismo norte-americano resulta do processo de colonização das treze colônias distribuídas pela costa leste entre as regiões Norte e Sul. Alcançada a independência do Reino da Grã-Bretanha em 4 de julho de 1776, o território recém-constituído dos EUA uniu-se em uma Confederação (associação de Estados autônomos que por terem interesses comuns se colocam sob dependência de um governo central) com o objetivo de prover proteção mútua tanto no cenário interno quanto externo, uma vez que temiam a retaliação por parte da antiga metrópole. Entretanto, o sistema de Confederação não propiciou estabilidade aos treze estados, pois a noção de independência, de soberania e de liberdade produziram um entendimento divergente que dificultou o exercício pleno de um governo central gerando rivalidade e tendências separatistas entre algumas regiões. O principal problema encontrado na relação entre os treze estados era a conduta individual no que tange às ordens emanadas do governo central, que eram interpretadas apenas como sugestões. O fruto de tal postura e das interpretações era, de modo evidente, a falência do vínculo confederativo. Tais análises acabaram por demonstrar que os laços da associação entre os territórios eram fracos, uma vez que todos estão sujeitos às incertezas, às aptidões políticas e às infidelidades dos associados. Desse modo, era necessário deixar as discordâncias de lado e voltar a atenção para a diferença existente entre um governo parcial e um governo geral. Era essencial estabelecer, mediante adoção de um governo federativo, o vínculo efetivo entre os treze estados, que deveriam atender aos interesses da União em substituição aos interesses particulares. O federalismo norte-americano marcou

o modelo que seria adotado por outros países no futuro. Sobre as especificidades desse sistema de governo implementado pelos EUA é possível destacar: adoção de um governo central e de governos locais (fruto da união de estados autônomos), divisão de poderes entre o governo federal e os governos estaduais, supremacia do poder nacional em detrimento dos poderes locais e reconhecimento de mecanismos de execução das leis (R. G. Oliveira, 2009, pp. 186-189).

12. Promovida pela burguesia em 1789, foi um movimento social que provocou a queda da monarquia absolutista francesa resultando na extinção do feudalismo e do mercantilismo na França. No final do século XVIII, os burgueses (classe economicamente privilegiada, mas sem nenhum poder político), sensíveis às restrições e às regulamentações da economia mercantilista que era totalmente dirigida pelo Estado, desejavam implantar o capitalismo e um modelo de sociedade no qual todos fossem iguais perante a lei, sem privilégios para as classes dominantes (clero e nobreza). A Revolução Francesa resultou da crise econômico-financeira ocorrida em virtude de uma sucessão de eventos: a seca recorrente que destruiu grande parte da produção agrícola, o tratado comercial assinado com a Inglaterra em 1786, ampliando a concorrência entre as manufaturas francesa e estrangeira e as tropas enviadas para combater ao lado das Treze Colônias na Guerra de Independência dos EUA. Foi fortemente influenciada pelo Iluminismo (movimento intelectual e filosófico centrado na razão e defendia ideias como: a liberdade, o progresso, o governo constitucional e a separação da Igreja-Estado). Iniciada a partir da convocação dos Estados Gerais (formados por deputados dos três estados: nobreza, clero e burguesia, esta dividida em duas subclasses: obreiros e camponeses) com o objetivo de votar o projeto das reformas. Opiniões divergentes relacionadas ao processo eleitoral (nobreza e clero não admitiam um sistema que comprometesse seus privilégios) levaram os representantes do terceiro estado a se autoproclamarem como Assembleia Nacional Constituinte. Em Paris, a população incitada por oradores se rebelou, atacando e promovendo a tomada da Bastilha em 14 de julho de 1789. A fortaleza era usada como prisão e simbolizava o poder absoluto da monarquia francesa. Detentora do poder legislativo, a Assembleia Nacional limitou a autoridade do rei tornando-o chefe do executivo, promulgou a Declaração Universal dos Direitos do Homem e do Cidadão (1789), a Constituição Civil do Clero, que separava a Igreja do Estado (1790), e a Constituição Monárquica (1791). Em 1792 a França foi obrigada a entrar em guerra contra a Áustria e a Prússia (região Alemanha) que pretendiam restaurar o vacilante trono francês de Luís XVI, aprisionado após ser acusado pela corrente revolucionária progressista (jacobinos) de conspirar contra a revolução e contribuir para a viabilização da guerra. Conclamada a defender a revolução, a população se organizou para derrotar o Exército prussiano, que marchava em direção a Paris. Posteriormente, formou-se uma nova assembleia, denominada Convenção Nacional, que extinguiu a monarquia e proclamou a República em 22 de setembro de 1792. As diferenças entre os revolucionários girondinos (corrente conservadora que queria uma

república federativa burguesa) e os jacobinos (que queriam uma república federativa igualitária) criaram divergências marcadas pela radicalização e pela violência. O resultado foi a decadência do regime com a promoção e a ascensão de Napoleão Bonaparte a representante de uma nova alternativa política para a França (Cáceres, 1993, pp. 151-159; Souto Maior, 1976, pp. 325-331).

13. Além da Sabinada na Província da Bahia, os seguintes movimentos insurrecionais compuseram o quadro de instabilidade política que caracterizou o período regencial: Balaiada, na Província do Maranhão, Cabanada, nas Províncias de Pernambuco e Alagoas, Cabanagem, na Província do Grão-Pará (atuais estados do Pará e Amazonas) e Revolução Farroupilha, na Província de São Pedro do Rio Grande do Sul (R. L. Silva, 2013, p. 70).

14. Movimento republicano influenciado pela Guerra de Independência dos EUA e pela Revolução Francesa, desencadeado pela oligarquia da Província de São Pedro do Rio Grande do Sul contra o governo imperial resultando na declaração de independência da província, proclamada em 11 de setembro de 1836, originando a República Rio-Grandense. A Revolução Farroupilha, também conhecida por Guerra dos Farrapos (1835-1845), foi organizada e dirigida por estancieiros (grandes proprietários rurais criadores de gado) e comerciantes. Eles perceberam que as províncias de economia marginal, como era o caso de São Pedro do Rio Grande do Sul, estavam abandonadas em favor das províncias que se dedicavam ao desenvolvimento da economia cafeeira. Por não dispor de proteção alfandegária, o charque (carne salgada e seca ao sol para aumentar o tempo de conservação) produzido no Sul do país sofria forte concorrência do produto importado da região platina, uma vez que no mercado interno servia como fonte de alimento para os escravos nas fazendas de café da região Sudeste. Devido à peculiaridade que caracterizava a apropriação de terras na província rio-grandense, os estancieiros gozavam de certa autonomia (permitida pelo poder central desde os tempos coloniais) para constituir tropas particulares e defender seus interesses naquela zona de fronteira. O estopim para a deflagração da revolta foi a acusação feita por Antônio Rodrigues Fernandes Braga, presidente da Província de São Pedro do Rio Grande do Sul, a Bento Gonçalves da Silva, líder dos estancieiros rio-grandenses. Na sessão inaugural da Assembleia Provincial, ocorrida em 22 de abril de 1835, Fernandes Braga acusou Bento Gonçalves de ser o artífice de um plano para separar a província do restante do Império unindo-a ao Uruguai. No dia 20 de setembro, com o propósito de nomear outro presidente para a província e ter seus interesses atendidos pelo governo regencial do padre Diogo Antônio Feijó, tropas de estancieiros invadiram a cidade de Porto Alegre, depondo Fernandes Braga. No interior, várias milícias foram alertadas e deram início à revolta. José de Araújo Ribeiro, nomeado presidente da província pelo governo regencial, foi encarregado de confrontar os farrapos (originalmente um termo pejorativo utilizado para designar os sul-rio-grandenses oposicionistas ao governo central, mais tarde foi adotado pelos próprios revolucionários).

Com a Proclamação da República Rio-Grandense (tendo Bento Gonçalves como presidente) e a invasão da Província de Santa Catarina (fato que levou à criação da República Juliana, em 1839) o novo governo regencial de Pedro de Araújo Lima intensificou a repressão contra o movimento farroupilha. Em 1840, após a ascensão de Dom Pedro II ao trono do Império, o marechal de campo Luís Alves de Lima e Silva (então Duque de Caxias, futuro patrono do Exército Brasileiro) foi nomeado pelo imperador para pôr fim à revolução que já se mostrava bastante desgastada devido ao prolongamento do conflito. Mediante estratégica combinação de diplomacia e sucessivas vitórias militares, Caxias pacificou a região em março de 1845, quando foi assinado o Tratado de Poncho Verde, acordo que decretou o fim da Revolução Farroupilha (Brasil, 1972, pp. 463-479; Cáceres, 1993, pp. 167-169).

15. O caráter transitório da Sabinada decorria do fato de o movimento separatista baiano reconhecer o príncipe imperial Pedro como legítimo sucessor de Dom Pedro I ao trono do Império do Brasil (Cáceres, 1993, p. 169).

16. A Batalha do Passo do Rosário, travada no dia 20 de fevereiro de 1827 no contexto da Guerra da Cisplatina (1825-1828) — na qual se envolveram o Império do Brasil e as Províncias Unidas do Rio da Prata (Argentina) pela posse da Província Cisplatina (Uruguai) —, ocorreu às margens do rio Santa Maria na Província de São Pedro do Rio Grande do Sul. Comandados pelo general Carlos Maria de Alvear, os soldados platinos invadiram o território do Brasil atravessando a Banda Oriental (Uruguai) com o objetivo de combater o contingente brasileiro comandado pelo tenente-general Felisberto Caldeira Brant Pontes de Oliveira Horta (marquês de Barbacena). Acreditando confrontar apenas um pequeno contingente das tropas platinas, Oliveira Horta optou por atacar progredindo em direção ao inimigo, mas foi surpreendido pelo restante da formação adversária. Sem condições de resistir às sucessivas investidas da Cavalaria oponente, Oliveira Horta ordenou o recuo das tropas, que deixaram o campo de batalha. Desgastados em consequência das onze horas de combate, os platinos decidiram não perseguir os brasileiros. Apesar da vitória no confronto com as tropas imperiais, o triunfo platino foi parcial, pois o objetivo de anexar a Província Cisplatina às Províncias Unidas do Rio da Prata não foi concretizado (Brasil, 1972, pp. 537-542).

17. Embarcação de pequena tonelagem, dotada com dois mastros e um conjunto de velas quadradas dispostas transversalmente, armado com 12 a vinte peças de Artilharia (Cherques, 1999, p. 118).

18. Filósofo e estrategista chinês que viveu no século IV a.C., destacou-se como autor da obra *Ping-fa* (A arte da guerra), tratado que reúne compilações sobre estratégia militar, é considerado uma das principais fontes de influência para o desenvolvimento da doutrina da guerra dos chineses e dos japoneses. Mais tarde, o livro foi descoberto pelos ocidentais (século XVIII). Reunidos nos treze capítulos que compõem a coletânea, os ensinamentos de Sun Tzu constituem o

primeiro esforço para organizar racionalmente o planejamento e a conduta do combate. Ainda que o texto original tenha sido concebido como um manual para orientar as operações convencionais (regulares), as circunstâncias do século XX contribuíram para que personagens como Mao Tsé-Tung (na China) e Vo Nguyen Giap (no Vietnã) se debruçassem sobre a obra de Sun Tzu, adotando-a como referência para o desenvolvimento das ações de guerra irregular em seus respectivos países (Lanning, 1999, pp. 111-113).

19. Nos anos 1830, a grande dissidência regional levou o governo imperial a aumentar o recrutamento forçado, pois as tropas locais não eram de confiança. Assim, foi necessário convocar jovens camponeses de outras províncias para servir por sete anos compondo o contingente das tropas legais. O recrutamento subtraía a força de trabalho das famílias livres e pobres e correspondia ao principal tributo que a população rural estava destinada a pagar naquele período, sob o risco de os recrutados nunca mais retornarem, uma vez que tinham poucas chances de sobreviver às exigentes condições climáticas e sanitárias caso fossem enviados para o sul do país (Assunção, 1998, pp. 67-89, p. 83).

20. Conflito ocorrido entre o Império do Brasil e as Províncias Unidas do Rio da Prata (Argentina) entre 1825 e 1828 pela posse da Província Cisplatina (Uruguai). Devido à sua propensão autonomista, os habitantes do Vice Reino do Rio da Prata rejeitavam a dominação portuguesa sobre a Banda Oriental do Uruguai (anexada ao Reino Unido de Portugal, Brasil e Algarves em 1821). Comandando um grupo de 33 homens, Juan Antonio Lavalleja, líder da resistência uruguaia contra o domínio português, promoveu a separação da região do Império do Brasil e sua incorporação às Províncias Unidas do Rio da Prata. A preservação da integridade dos domínios portugueses no continente americano era considerada imprescindível pela dinastia dos Bragança (casa real portuguesa entre 1640 e 1910), motivo que levou Dom Pedro I a declarar guerra às Províncias Unidas do Rio da Prata. Após quase quatro anos de uma campanha desgastante, ambos os lados manifestaram interesse em resolver o impasse. Então, a Grã-Bretanha mediou um acordo de paz que promoveu a desmilitarização da região e o reconhecimento da independência do Uruguai (Brasil, 1972, p. 529-544; E. S. Cunha, 1999, pp. 372-373).

21. Na fronteira ocidental, Brasil e Paraguai confrontavam-se diplomaticamente devido à divergência em relação à demarcação fronteiriça pleiteada pelos dois países. O governo imperial brasileiro reivindicava a soberania do território localizado entre os rios Branco e Apa. Este último foi estabelecido como o limite entre as fronteiras do Brasil com o Paraguai, conforme o *uti possidetis*, princípio do direito internacional que reconhece a legalidade e a legitimidade do poder estatal que de fato exerce controle político e militar sobre a região em litígio considerando disputas envolvendo soberania territorial. O governo paraguaio, por sua vez, com base no Tratado de Santo Ildefonso (ratificado entre a Coroa espanhola e a portuguesa em 1777) requeria o limite fronteiriço no rio

Branco. A diplomacia brasileira rejeitava o pleito paraguaio argumentando que o Tratado de Badajoz (firmado entre Portugal e Espanha em 1801) anulava o documento anterior (Doratioto, 2007, p. 32).

22. Constituída durante o período da Regência Trina (1831-1835), a Guarda Nacional foi criada com a finalidade de conter a anarquia gerada pelas agitações político-sociais promovidas por partidários da corrente liberal radical, que se aproveitavam do movimento para causar efervescência nas classes mais pobres da população com o objetivo de pressionar o governo e alcançar o poder. O Exército Imperial tinha vários oficiais, praças e soldados envolvidos nas manifestações e, por isso, não dispunha da confiança da ala moderada do partido liberal, do padre Diogo Antônio Feijó (ministro da Justiça) e dos grandes proprietários rurais. Por esse motivo, formou-se uma força paramilitar composta por cidadãos armados — com renda mínima entre cem mil-réis (para eleitores residentes no interior) e duzentos mil-réis (para eleitores residentes nas grandes cidades) — fiéis ao governo, que assumiram a responsabilidade de manter a ordem e a tranquilidade pública, assegurar o cumprimento da Constituição e defender a integridade e a independência do Império. Nesse período, enquanto o Exército e a Marinha Imperial foram esvaziados pelo regime vigente, a Guarda Nacional atuava com o propósito de protegê-lo, preservando os interesses dos grandes proprietários rurais. Subordinada aos juízes, presidentes das províncias e ao ministro da Justiça durante o período imperial, com o advento da República (proclamada em 1889), a Guarda Nacional foi transferida para o Ministério da Justiça e Negócios Interiores. Em 1918 ela se subordinou ao Exército Brasileiro, sendo incorporada como tropa de 2ª linha composta por cidadãos comuns armados (milícias), diluída posteriormente (Cáceres, 1993, p. 163).

23. A Força Expedicionária que socorreu a Província do Mato Grosso durante a invasão das tropas paraguaias era composta pelos denominados Corpos de Voluntários da Pátria, unidades do Exército Imperial constituídas em caráter emergencial. Surgiu da iniciativa de Francisco Solano López (presidente do Paraguai) de invadir o território brasileiro na região Centro-Oeste em 1864. Nessa época, o Exército Imperial encontrava-se desvalorizado e desprestigiado pelo descaso demonstrado pela sociedade brasileira às temáticas militares. A origem da falta de interesse remontava ao período regencial, quando a Força Terrestre passou a ser vista com desconfiança pelas autoridades imperiais em razão da participação de oficiais, praças e soldados em revoltas e rebeliões, fato que motivou a formação da Guarda Nacional em 1831. Em 1865, quando o governo imperial constatou que a Guerra do Paraguai seria prolongada e desgastante, chegou à conclusão de que era necessário recompor as fileiras do Exército (com um efetivo de 16.800 homens espalhados pelo território nacional) por meio do sistema de voluntariado. Desse modo, pelo Decreto N° 3.371, emitido em 7 de janeiro de 1865, o governo de Dom Pedro II criou o Corpo de Voluntários da Pátria para responder ao serviço de guerra. Após a publicação desse documento, muitos

brasileiros se alistaram espontaneamente atendendo ao clamor patriótico que varria o país devido à invasão da Província do Mato Grosso. Além disso, havia o interesse nas vantagens que eram ofertadas, tais como: soldo de trezentos mil-réis, liberdade para os escravos, concessão de terras, patentes de oficiais honorários, baixa do serviço após a guerra, pensão para a família em caso de morte, entre outros benefícios. De início, cerca de dez mil voluntários se apresentaram, contudo o fervor patriótico se desvaneceu com o longo, custoso e sangrento desenrolar da guerra, diminuindo o entusiasmo popular e o número de voluntários. Diante desse quadro, o governo imperial mudou o recrutamento, que se tornou coercitivo, exigindo dos presidentes das províncias cotas de "voluntários", que deveriam ser enviados para a guerra. Assim, as camadas marginais da sociedade como presidiários, escravos, indigentes, índios, migrantes rurais e imigrantes começaram a ser recrutados à força e deslocados para as frentes de combate (Daróz, 2017, pp. 72-83, pp. 72-74).

24. Por influência europeia, os índios guaicuru incorporaram à sua cultura a domesticação e montaria do cavalo, o que lhes permitia deslocar pelo chaco paraguaio, região semiárida onde habitaram durante todo o século XVI e início do século XVII junto à margem ocidental do rio Paraguai (Esselin & Vargas, 2015, p. 371).

25. Localizada na margem esquerda do rio Paraguai, ao sul de Assunção (capital paraguaia), a Fortaleza de Humaitá foi a obra de engenharia militar mais importante realizada entre 1841 e 1870, período que durou os governos de Carlos Antonio López e seu filho Francisco Solano López. Devido à sua localização privilegiada, a fortaleza controlava o acesso por via fluvial à capital paraguaia, representando o mais poderoso e temido bastião do sistema defensivo do Paraguai. Com o objetivo de cortar as linhas de comunicação fluvial que abasteciam as tropas paraguaias, entre agosto de 1867 e fevereiro de 1868, ocorreu uma sucessão de eventos que propiciou a ofensiva da Marinha Imperial Brasileira ao longo do rio Paraguai contra o conjunto de fortificações de Curupaiti (15 de agosto de 1867), componente do complexo defensivo da Fortaleza de Humaitá, localizada a alguns quilômetros de distância rio abaixo, que também foi tomada em 19 de fevereiro de 1868 (Brasil, 2006, pp. 116-117; Nakayama, 2018, pp. 11-18, pp. 11-14).

4

BRASIL REPÚBLICA (1889-1957)

CENÁRIO BRASILEIRO NO FINAL DO SÉCULO XIX E INÍCIO DO SÉCULO XX

A instauração da República[1], proclamada pelo marechal Manuel Deodoro da Fonseca no dia 15 de novembro de 1889, em substituição ao Império, constitui o marco de um novo período na história do Brasil. Considerando o cenário mundial, era uma época em que as guerras passaram por grandes e sucessivas mudanças conceituais de teor organizacional e tecnológico (resultantes da Revolução Industrial[2]). Havia uma busca pela superioridade decisiva em relação às capacidades humanas e aos recursos materiais do adversário, que oportunizou uma completa e generalizada transformação da forma de combater no que diz respeito aos métodos e aos recursos precedentes (Teixeira, 2009, p. 52).

Considerando as quatro gerações da guerra moderna, o período republicano brasileiro contemplado neste capítulo foi testemunha de duas transições. A primeira é marcada pela Primeira Guerra Mundial (1914-1918), conflito que inaugura a 2ª geração e que se destaca pela transformação relativa ao alcance e à precisão das armas de fogo individuais. Essa alteração possibilitou que as tropas que se antagonizavam no campo de batalha se posicionassem para o combate em distâncias muito maiores em relação a dos conflitos anteriores. O outro marco é a Segunda Guerra Mundial[3] (1939-1945), que introduz a 3ª geração, confronto que evidencia a eficiente combinação de mobilidade e velocidade, características necessárias para surpreender o inimigo. Essa conduta, não permitia que o oponente, fosse pela falta de tempo, capacidade ou recursos, se organizasse de forma conveniente para se defender da ofensiva (Lind et al., 1989, pp. 3-4).

O direcionamento baseado na modalidade de guerra irregular foi utilizado pontualmente durante a Primeira Guerra Mundial, durante o envolvimento britânico em favor da causa árabe contra o Império Turco-Otomano. O episódio ajudou a fundamentar as bases do conceito de OpEsp que seria praticado por inúmeras unidades militares e agências de inteligência que combateram, cada uma a seu modo, nos diferentes cenários da Segunda Guerra Mundial (Visacro, 2010, p. 17).

O entusiasmo com as tropas especiais arrefeceu após a conclusão da Segunda Guerra, inclusive, muitas se dissolveram com o término do conflito. Alguns Estados optaram por voltar sua atenção para as categorias de guerra convencional em virtude do advento da Guerra Fria[4] (1947-1991), enquanto outros se conscientizaram da importância de disporem de meios que lhes permitissem viabilizar ações não convencionais (guerra irregular) na retaguarda das linhas inimigas (Denécé, 2009, pp. 87-88).

O Brasil teve participação modesta durante a Primeira Guerra[5], atuando de forma mais expressiva na Segunda,[6] quando o Exército Brasileiro engajou-se no conflito, com a Força Expedicionária Brasileira (FEB) combatendo as forças do Eixo junto às tropas Aliadas na Campanha da Itália. Ainda que as OpEsp tenham se notabilizado nesse conflito executando distintas e variadas ações de enfrentamento fora dos padrões ortodoxos (guerra não convencional) que possibilitaram significativas conquistas sobre as forças inimigas, as operações exercidas pela FEB foram planejadas e executadas considerando o modo convencional de conduzir a guerra. Isso se deve ao fato de que as FA brasileiras, assim como várias de suas congêneres internacionais, ainda não haviam se conscientizado acerca do papel desempenhado pelas FOpEsp no âmbito dos quatro níveis de condução dos conflitos (político, estratégico, operacional e tático).

CAMPANHA DE CANUDOS

Na segunda metade do século XIX, Antônio Vicente Mendes Maciel, membro de uma das famílias mais conceituadas do interior do Ceará (Maciel), passou por uma série de problemas familiares e pessoais até se mudar para a Bahia, local onde vivia de forma itinerante como beato, devotado a pregar a tradição da fé católica. Suas andanças pelos sertões da Bahia, Pernambuco, Ceará, Piauí e Sergipe angariaram inúmeros seguidores oriundos da grande parcela carente e inculta da população do interior nordestino daquele período. Preocupadas com a massa de seguidores daquele que ficou popularmente conhecido como Antônio Conselheiro, autoridades políticas e religiosas acusaram o movimento, responsabilizando-o por influenciar pessoas contra o governo e a religião. Em decorrência de sua personalidade carismática e discurso insuflado, Conselheiro passou a ser a única autoridade reconhecida pelos sertanejos, que abandonavam tudo para segui-lo (Araripe, 1985, pp. 4-5).

Em 1893, após confrontar autoridades do sertão em episódios distintos, o movimento liderado por Antônio Conselheiro se estabeleceu em Canudos (local que rebatizou com o nome Belo

Monte), uma fazenda abandonada às margens do rio Vaza-Barris no interior da Bahia. Em pouco tempo, ergueu-se naquele local um arraial que comportava um número estimado de vinte a trinta mil pessoas, que viviam isoladas do restante das sociedades sertanejas cortando qualquer tipo de vínculo com elas. Embora grande parte dos seguidores de Conselheiro tivessem origem simples e digna, mobilizados a segui-lo devido ao apelo religioso de seu discurso, também eram atraídos desordeiros, cangaceiros (agrupamento de homens armados que vagavam em bando pelo sertão nordestino vivendo de saques e doações) e fugitivos de várias regiões (Cáceres, 1993, pp. 250-252).

As autoridades ficaram ainda mais alarmadas com o relatório apresentado em 1895 ao arcebispo da cidade de Salvador pelo frade João Evangelista do Monte Marciano, que conviveu durante alguns dias com os seguidores de Antônio Conselheiro. No documento, o religioso descreve os conselheiristas da seguinte forma:

> [...] a seita político-religiosa, estabelecida e entrincheirada em Canudos, não é só um foco de superstição e fanatismo e um pequeno cisma na religião baiana; é principalmente uma nódoa, na aparência, desprezível, mas um tanto perigosa e funesta, de ousada resistência e hostilidade ao governo constituído do país. Aquilo é um Estado dentro do Estado; ali não são aceitas as leis, não são reconhecidas as autoridades, não é admitida a circulação do próprio dinheiro da República [...]
> Antônio Conselheiro conta a seu serviço mais de mil companheiros decididos, entre esses oitocentos homens sempre armados e as mulheres e crianças estão dispostas a formarem uma reserva que ele mobilizará e porá em pé de guerra, quando for preciso [...] (Brasil, 1972, p. 8-9).

O texto elaborado pelo frade Marciano evidencia as particularidades de uma área localizada no interior do território brasileiro onde o governo formal não exercia qualquer tipo de administração, nem sequer tinha sua autoridade reconhecida pela população que lá vivia.

Tal como havia ocorrido com os Quilombos Palmarinos no século XVII, Canudos apresentava-se no cenário brasileiro como uma "área não governada" na qual a ordem vigente e as normas sociais eram conduzidas de forma paralela, sendo absolutamente distintas daquelas adotadas pelo governo federal. O reduto conselheirista era visto pelas autoridades como um polo monarquista irradiador de insegurança, com potencial para promover efeitos danosos à credibilidade e ao funcionamento das instituições políticas e sociais do país (M. C. Souza, 2012, p. 11).

Em outubro de 1896, o governador do estado da Bahia requisitou auxílio ao 3º Distrito Militar (atual 6ª Região Militar), sediado na cidade de Salvador. Assim, o Exército Brasileiro entrou em cena para intervir no movimento de resistência. O apelo visava a garantir segurança à população da cidade de Juazeiro, então alarmada com a ameaça de investida feita pelos sertanejos, frustrados por não terem recebido a madeira adquirida para a construção de casas e de uma nova igreja no arraial de Canudos.

Desse modo, uma tropa de cem homens, comandados pelo tenente Manuel da Silva Pires Ferreira, deslocou-se de trem e chegou a Juazeiro com o propósito de responder à ofensiva das forças conselheiristas (Araripe, 1985, pp. 9-14).

Após alguns dias de espera, a ameaça não se cumpriu e Pires Ferreira mobilizou a tropa em direção a Canudos, submetendo-a a uma longa e extenuante marcha através de um terreno difícil (devido à vegetação típica da caatinga) e do clima semiárido (caracterizado pelo calor sufocante e longos períodos de estiagem). Sua ação foi motivada pelo desejo de ver a resistência canudense dominada e pela disposição de cumprir a missão que lhe havia sido atribuída. No decorrer de seu deslocamento, aquele pequeno contingente do Exército, precariamente adestrado, sem dispor de qualquer apoio e desconhecendo completamente o ambiente, foi surpreendido na madrugada do dia 21 de novembro por cerca de quinhentos conselheiristas no povoado de Uauá, cuja população havia abandonado o local temendo o confronto. Entrincheirados nas casas desocupadas, as duas forças antagonistas sustentaram o combate por quatro horas até que os sertanejos, suplantados pelo poder de fogo que causou 150 baixas entre seus homens, decidiram retornar para Canudos. Ponderando sobre a situação, o tenente Pires Ferreira optou pelo regresso da tropa para Juazeiro, uma vez que os soldados se mostravam extremamente desgastados pelo combate e o povoado não dispunha de víveres suficientes para abastecê-los (ibid., pp. 15-16).

As dificuldades enfrentadas pela 1ª expedição levaram o governo federal a organizar, em janeiro e março de 1897, outras duas empreitadas semelhantes com a finalidade de cessar o movimento de resistência canudense. Assim como ocorreu com a tropa federal que inaugurou os combates contra os sertanejos, tanto a 2ª expedição, constituída por 540 homens comandados pelo major Febrônio de Brito, quanto a 3ª, composta por 1.300 soldados subordinados ao coronel Antônio Moreira César, foram rechaçadas pelos conselheiristas, mostrando-se insuficientemente preparadas para investir contra a cidadela de Canudos e restabelecer a ordem no longínquo sertão baiano (Brasil, 1972, pp. 709-716).

Sobre os desajustes que levaram ao fracasso da 1ª, 2ª e 3ª expedições a Canudos, cabe destacar que na ansiedade de fazer cessar o movimento, percebido pelas autoridades estaduais e federais como uma ameaça à estabilidade das instituições, foram mobilizados os efetivos que estavam disponíveis, com o número de homens que se julgava necessário. Não houve, portanto, a devida preocupação de provê-los com os recursos requeridos para o tipo de combate que se prenunciava.

Influenciados pelas opiniões das autoridades estaduais, os decisores militares acreditavam que a 1ª expedição poderia dominar os canudenses com relativa facilidade, sendo eles incapazes de intuir acerca das dificuldades que a tropa encontraria no ambiente (clima e terreno), ou sobre a intensidade com a qual os sertanejos poderiam reagir ao ataque. Posteriormente, tanto a 2ª quanto a 3ª expedição não se debruçaram sobre as lições advindas da primeira investida e incidiram nos mesmos erros. Ambas ignoraram a tipologia do enfrentamento e precipitaram-se na ofensiva sem rever os processos de gestão da tropa ou seu aparelhamento adequado.

No campo de batalha, as tropas apresentaram instrução e logística insuficientes (os soldados não eram afeitos aos esforços físicos ou aos exercícios militares, o armamento era desgastado e a munição escassa, a instrução de tiro era restrita e não havia equipamento de campanha, viaturas ou animais). Apesar disso, suas lideranças demonstraram conhecer os procedimentos táticos em voga na época, conseguindo adaptá-los às condições próprias do combate típico da guerra de guerrilha empreendida pelos sertanejos. Foi exatamente essa competência combativa, demonstrada pelos líderes em todos os escalões da tropa, a principal responsável por evitar um desastre total para as forças legais na campanha de Canudos (Araripe, 1985, pp. 226-228).

Decidido a confrontar a resistência canudense de forma definitiva, o Exército organizou a 4ª expedição, em abril de 1897. Sob comando do general Artur Oscar de Andrade Guimarães, a tropa era composta por quatro mil homens (distribuídos em duas colunas) que ens frentaram a acirrada oposição dos conselheiristas em várias batalhas antes de conseguirem impor um cerco ao arraial. Os sertanejos continuaram sitiados mesmo após a morte de seu líder, falecido no dia 22 de setembro, em decorrência, provavelmente, de uma disenteria ou dos estilhaços de uma granada. Sem ter mais como suportar o assédio das tropas federais, parte dos canudenses que sobreviveram optaram pela rendição, enquanto os demais decidiram continuar o enfrentamento até o dia 6 de outubro, quando a cidadela de Canudos foi finalmente vencida e destruída (Brasil, 1972, pp. 716-731).

Considerando a sólida defesa de posição empreendida pelos conselheiristas para salvaguardar a cidadela após os ataques efetuados pela 3ª e 4ª expedições, pode-se dizer que o combate travado era de natureza convencional. Porém, as ações empreendidas pelos sertanejos nos caminhos que conduziam a Canudos apresentaram contornos de guerra de guerrilha. Com poder de combate inferior ao das forças federais (guerra assimétrica), os canudenses portavam armas rústicas (velhas espingardas, facões, foices, cajados, entre outros) e se aproveitavam de todas as vantagens que o terreno seco e o clima semiárido podiam lhes oferecer para impor dezenas de pequenas derrotas aos seus adversários (Rosa, 1997, p. 174).

Na cultuada obra *Os sertões*, escrita pelo tenente Euclides Rodrigues Pimenta da Cunha, destacado pelo Exército Brasileiro para registrar os eventos ocorridos durante a campanha de Canudos, as particularidades do terreno da caatinga são retratadas como um importante aliado dos conselheiristas:

> [...] as caatingas são um aliado incorruptível do sertanejo em revolta. Entram também de certo modo na luta. Armam-se para o combate; agridem. Trançam-se, impenetráveis, ante o forasteiro, mas abrem-se em trilhas multívias, para o matuto que ali nasceu e cresceu (1984, p. 139).

Um exemplo do modelo de guerra conduzido pelos seguidores de Antônio Conselheiro ocorreu durante o deslocamento da 2ª expedição para o arraial de Canudos. Nessa situação, os conselheiristas empreenderam um súbito ataque às tropas federais no momento em que estas se moviam por uma das exíguas passagens típicas da região da serra do Cambaio:

> Quando os soldados iniciaram a travessia dessa passagem estreita, foram surpreendidos pelos jagunços, que estavam entrincheirados nas montanhas de pedra. [...] iniciaram o ataque. Como dispunham de poucas armas de fogo, as espingardas rústicas passavam de mão em mão, com extraordinária agilidade. A ordem era acertar de preferência oficiais e soldados comuns, que, sem liderança, ficavam desnorteados. Com os primeiros tiros dos jagunços, os soldados entraram em alvoroço.

> Pegos de surpresa e sem localizar o inimigo protegido pelas pedras, arremetiam tiros ao acaso [...] (Coin, 1994, pp. 40-41).

Limitados a uma atitude passiva de defesa da região onde habitavam, os conselheiristas, incapazes de confrontar o poderio bélico das tropas federais, característica de suas ações irregulares, emboscaram os soldados que se deslocavam a caminho de Canudos. Mantendo tocaia enquanto aguardavam a aproximação das forças legais, pequenos grupos de sertanejos que se deslocavam com velocidade, perturbavam os militares, lançando-se súbita e impetuosamente sobre eles com a finalidade de retardar a marcha das colunas e causar o maior número de baixas possível (Araripe, 1985, p. 88).

ANEXAÇÃO DO ACRE

O território amazônico somente ganhou atenção do Império Colonial Português no decorrer do século XVII, quando Portugal manifestou preocupação acerca da propriedade e da posse das terras daquela região. Nesse período, ignorando os limites do Tratado de Tordesilhas, os lusitanos construíram uma série de fortalezas em locais estratégicos com o propósito de barrar eventuais invasões estrangeiras. Como consequência da construção dos fortes, ordens religiosas foram atraídas para aquela área, erigindo povoamentos e promovendo a catequese das populações nativas.

No século XVIII, com base no Tratado de Madri[7], Portugal faz uso do *uti possidetis* para garantir a posse de parte do território amazônico, espaço sobre o qual não exercia autoridade até então (Franco, 2017, pp. 126-127).

O progresso tecnológico resultante da Revolução Industrial evidenciou a borracha como produto de grande aplicação para diferentes segmentos, levando o mercado internacional a lançar-se pelo mundo à procura de regiões produtoras de látex. A abundância de seringueiras nos vales dos rios Acre, Iaco e Purus (região sudoeste da Amazônia) foi descoberta em meados do século XIX. A partir daí, o governo amazonense organizou uma série de expedições visando ao reconhecimento da área e à coleta de diversas informações que serviram de subsídios para as futuras incursões ao território (Pontes, 2014, pp. 108-112).

Quando a borracha começou a ser explorada na região acreana, entre as décadas de 1860 e 1870, várias etnias indígenas constituíram a primeira leva de mão de obra. Eles contribuíram substancialmente para o empreendimento seringalista, uma vez que foram os responsáveis pela disseminação das técnicas de extração do látex das seringueiras. Mais tarde, as populações nativas foram substituídas por imigrantes nordestinos oriundos das províncias do Ceará, Paraíba, Pernambuco e Rio Grande do Norte. Os retirantes se deslocaram para a região devido à seca que assolou o Nordeste em 1877 e também motivados pela propaganda que alimentou o anseio de ter melhores condições de vida na Amazônia (ibid., pp. 113-114).

Assim como o Brasil agia de modo a fazer valer seus interesses em relação ao território acreano, a República da Bolívia (atual Estado Plurinacional da Bolívia), em razão da crescente demanda internacional pela produção de látex, fundou em 1899 a cidade de Puerto Alonso com o propósito de firmar sua autoridade na região fronteiriça. Por estarem profundamente integrados à terra que haviam desbravado, os sertanejos perceberam os representantes do governo boliviano como intrusos, e uma série de medidas arbitrárias adotadas contra os seringueiros acirrou ainda mais os ânimos. Assim, a população acreana, composta em sua maioria por brasileiros, intimou as autoridades bolivianas a se retirarem da terra que ocupavam (Brasil, 1972, pp. 750-752).

Interessados no elevado potencial comercial da borracha no mercado internacional, os EUA, agindo em conformidade com a Doutrina Monroe[8], firmaram um acordo com a Bolívia de modo que o governo estadunidense se comprometia a exigir que o Brasil reconhecesse os limites do Tratado de Ayacucho[9], firmado em 1867. No acordo firmado entre os bolivianos e os norte-americanos, ficou estabelecido que na eventualidade de haver uma guerra entre o Brasil e a Bolívia pela posse da área em disputa, caberia aos EUA fornecer todo o suporte bélico às tropas bolivianas, assegurando a soberania sobre o território do Acre. A medida foi tomada porque o governo boliviano reconhecia sua incapacidade de assegurar a autoridade na região de maneira independente (ibid.). Em contrapartida, seriam distribuídas concessões aduaneiras e territoriais aos norte-americanos.

Em relação à Campanha do Acre, é importante mencionar o conceito de *proxy war* (guerra por procuração[10]) do qual se valeu os EUA para assegurar seus interesses financiando o esforço de guerra boliviano contra as tropas acreanas, sem se envolverem diretamente no conflito.

Após tomar conhecimento do acordo entre a Bolívia e os EUA, Luiz Gálvez Rodrigues de Árias, jornalista espanhol que trabalhava no jornal *A Província do Pará*, divulgou o conteúdo do acordo provocando grande repercussão em Belém (capital do Pará) e Manaus (capital do Amazonas). Posteriormente, com o propósito de restringir ao máximo a presença boliviana no território acreano, o governo do estado do Amazonas, auxiliado por grandes seringalistas e comerciantes, financiou uma expedição chefiada por Gálvez que promoveu, em 14 de julho de 1899, a independência do Acre. Embora a proposta inicial da expedição fosse dominar a região para em seguida anexá-la ao território do estado do Amazonas, Gálvez instituiu uma nação republicana, segundo ele, devido à falta de consideração e apoio do governo brasileiro para com a causa dos acreanos (Pessoa, 1991, pp. 11-14).

Como o governo do presidente Manuel Ferraz de Campos Sales não estava a par do acordo firmado entre Gálvez e o governo estadual do Amazonas, o Brasil manteve-se fiel à sua política de não intervenção na soberania de nações estrangeiras. Desse modo, enviou duas embarcações para a região com o propósito de depor Galvéz, (eleito presidente da República do Acre) e restituir a soberania do território acreano à Bolívia (Monteiro, 2008, pp. 100-101).

Após a dissolução da República do Acre, em março de 1900, o governo boliviano organizou uma pequena expedição militar com a finalidade de ocupar a região. Saindo de La Paz, o contingente se deslocou por terra atravessando as montanhas andinas até chegar à cidade de Porto Acre (nova denominação atribuída a Puerto Alonso) quase um ano após sua partida da capital boliviana (Pessoa, 1991, pp. 21-22).

A administração boliviana do Acre se deparou com um movimento de oposição constituído por homens amazonenses e paraenses. A denominada Expedição Floriano Peixoto, popularmente conhecida como Expedição dos Poetas, foi malograda em sua tentativa de retomar o controle do território acreano pela imposição das armas e fortaleceu a soberania do governo da Bolívia na região. Embora não tenha alcançado seu intento, a malfadada Expedição dos Poetas despertou a atenção nacional para a dramática situação dos milhares de brasileiros que ocupavam e exploravam economicamente as terras do Acre, disputando-as obstinadamente com um país vizinho — que era apoiado por grupos estrangeiros interessados em controlar e tirar proveito comercial da produção e exportação da borracha (Monteiro, 2008, pp. 102-103).

Neste contexto, é pertinente destacar que o governo boliviano, incentivado pelos interesses comerciais norte-americanos, negociou em 1901 um contrato de arrendamento do território com o *Bolivian Syndicate of New York City* — uma associação constituída por grandes comerciantes com sede na cidade estadunidense de Nova York. O tratado atribuía à associação o direito de administrar o Acre, transferindo sessenta por cento da renda para a Bolívia enquanto assegurava autoridade boliviana à área. Firmado com o objetivo aparente de valorizar os territórios promovendo seu desenvolvimento, o governo brasileiro temia que as reais motivações estrangeiras na região acreana seguissem o modelo de dominação utilizado ostensivamente no passado por ingleses, franceses e portugueses e que, assim, se repetisse uma situação na qual companhias privadas que operavam no exterior, ao indício de qualquer sinal de ameaça contra elas, agiam de modo a salvaguardar interesses particulares e estatais intervindo na região com o propósito de controlá-la e impondo direitos de soberania (colonização) delegados por seu Estado de origem (Barros, 1993, p. 33).

Em 1902, o governo amazonense se mostrava insatisfeito com os elevados impostos que deixava de recolher em virtude do livre trânsito por Manaus da produção de borracha proveniente do Acre, fato que levou as autoridades do Amazonas a instalar um posto de coleta fiscal nas proximidades da fronteira. A designação como coletor do advogado Rodrigo de Carvalho, declarado presidente da República do Acre após a fracassada Expedição dos Poetas, revoltou os bolivianos por causa do seu passado insurgente. Logo após assumir sua função aduaneira, Carvalho arregimentou pessoas que fossem favoráveis à formação de um novo movimento de oposição à administração boliviana do Acre, preocupando-se, particularmente, em encontrar um líder para a revolução.

Nesse cenário, surge o agrimensor gaúcho José Plácido de Castro, ex-aluno da Escola Militar de Porto Alegre que lutou junto às forças rebeldes durante a Revolução Federalista[11], quando alcançou a patente de major. Abandonando a carreira militar após a derrota dos federalistas, Plácido de Castro dedicou-se a outras profissões antes de seguir para a região acreana com a finalidade de demarcar porções de áreas rurais (Pessoa, 1991, pp. 34-36).

Ainda que se mostrasse favorável à causa acreana, Plácido de Castro testemunhou os movimentos insurgentes anteriores à distância, até tomar conhecimento do tratado firmado entre os bolivianos e os norte-americanos. O acordo, percebido por ele como uma espoliação de terras que poderia levar ao desmembramento do território brasileiro (Brasil, 1972, pp. 756-757) tornou sua participação efetiva.

Imediatamente após assumir a liderança da nova sublevação, ele se deslocou pelo Acre para fazer o reconhecimento da região, estabelecendo contato com os proprietários de seringais enquanto reunia homens, armas, munições, entre outras provisões necessárias para viabilizar a ação de suas tropas. Preocupado em não despertar a atenção dos bolivianos, Plácido de Castro agiu secretamente antes do início das operações com o objetivo de transformar cada seringal disposto nas margens do rio Acre em um depósito de suprimentos. Ele preparou tropas de muares (mulas e burros) para transportar víveres e armamento, organizou um serviço de saúde, constituído por médicos e farmacêuticos voluntários, e também instalações hospitalares improvisadas em quatro seringais distintos (Pessoa, 1991, p. 38).

A primeira ofensiva das tropas lideradas por Plácido de Castro ocorreu no alvorecer do dia 6 de agosto de 1902, quando um pequeno grupo de 33 homens, deslocando-se furtivamente por via fluvial, desembarcaram de suas canoas para surpreender as sentinelas bolivianas que guarneciam a Vila de Xapuri (localizada na confluência dos rios Acre e Xapuri), centro de convergência da produção de inúmeros seringais. O grupo se dividiu em equipes menores para o ataque, cada uma delas responsável pelo assalto às residências das principais autoridades bolivianas no Alto Acre, que foram tomadas de sobressalto enquanto seus ocupantes dormiam. A ação em Xapuri culminou com a proclamação de Independência do Acre e a expulsão dos bolivianos civis e militares da área, os quais foram embarcados para Manaus de modo a impedir que se juntassem às tropas bolivianas, que ainda ocupavam a cidade de Porto Acre (ibid., pp. 38-40).

Sobre a ação de assalto que deu origem à denominada Revolução Acreana[12], Plácido de Castro pondera:

> Com estes 33 homens, ao cerrar da noite, seguimos em canôas para Xapury, onde chegamos ás cinco horas da manhã do dia seguinte:

Sem que soubessemos, era 6 de agosto, dia de festa nacional na Bolivia; era o dia da sua Independencia, pelo que estava preparada uma grande festa. Na vespera haviam as autoridades dormido muito tarde, depois de abundantes libações e dos canticos patrioticos do costume, pelo que áquella hora da manhã dormiam ainda a somno solto.

As autoridades bolivianas eram poucas e estavam alojadas em tres casas — na de Alfredo Pires, na de Augusto Nunes, portuguez, instrumento dellas e tambem autoridade, e na intendencia, onde residia o proprio Intendente, D. Juan de Dias Bulientes, *que não gostava de beber...*

Ao saltar em terra, dividi a pequena força em tres partes, para atacar simultaneamente as tres casas, reservando para mim a do centro que era a Intendencia, a do Sr. Alfredo Pires para o Sr. José Galdino e a de Augusto Nunes, na outra margem, para Antonio Moreira de Souza.

Tudo correu como eu havia determinado. Penetrando na Intendencia, de lá retiramos umas carabinas e dous cunhetes de balas; em seguida chamei-os em voz alta. O intendente, mal acordado ainda, respondeu: "Es temprano para la fiesta", ao que lhe retorqui: "Não é festa, Sr. Intendente, é revolução". Levantaram-se então o intendente e os demais, sobresaltados.

Deixei-os sob guarda e fui á casa do Sr. Nunes, onde Moreira nada havia feito. Prendi-os todos. O Coronel José Galdino já vinha da casa de Alfredo Pires com muitos presos. Assim começou a revolução (G. Castro, 2005, pp. 54-55).

Após a operação realizada em Xapuri, Plácido de Castro deslocou-se rio abaixo atravessando os seringais para recrutar sertanejos afeitos à selva e ao manejo de armas com o propósito de incorporá-los às forças que libertariam o Acre. Indisciplinados e alheios à luta coletiva, o grupo reunido e treinado por Plácido de Castro foi rapidamente transformado em uma tropa coesa de combatentes de selva, que compensava a diferença de efetivo valendo-se da surpresa (Brasil, 1972, p. 757).

Analisada pela ótica dos conflitos contemporâneos, a operação de assalto conduzida pelos acreanos contra as tropas bolivianas que guarneciam a Vila de Xapuri se enquadra no contexto das OpEsp como um empreendimento do tipo AD. A ação foi praticada com o objetivo de aturdir o adversário não lhe dando tempo para reagir, conforme seria preconizado na última década do século XX pelo princípio da superioridade relativa. Por sua vez, Plácido de Castro agiu como multiplicador de força, fazendo com que seu papel no esforço de organizar, adestrar e equipar o exército acreano seja percebido no presente como uma OpEsp alicerçada no método de AI.

A vitória conquistada na Vila de Xapuri teve grande repercussão em todo território nacional, elevando substancialmente não apenas o moral das tropas acreanas como também seu contingente. Na sequência do enfrentamento, a força militar liderada por Plácido de Castro intensificou a luta, confrontando os bolivianos em uma sucessão de combates até desfechar o golpe de misericórdia impondo um cerco a Porto Acre (entre 15 e 24 de janeiro de 1903).

Durante o cerco ao último foco de resistência boliviana, os insurgentes executaram constantes assaltos de pequena intensidade, mantendo as forças inimigas sob constante tensão. Após 171 dias de campanha, Plácido de Castro assumiu a função de presidente do Estado Independente do Acre, abandonando-a apenas quando as tropas federais brasileiras ocuparam a região. A intervenção foi feita por José Maria da Silva Paranhos Júnior (barão do Rio Branco), ministro das Relações Exteriores durante o governo do presidente Rodrigues Alves (1902-1906), com o objetivo de controlar a situação militar e administrativamente até haver um desfecho para a questão (Monteiro, 2008, pp. 104-105; Pessoa, 1991, p. 62).

Como responsável pela pasta das Relações Exteriores, o barão do Rio Branco se dedicou a resolver os impasses de fronteira, em especial, a complexa situação envolvendo o Acre. Após algumas divergências relacionadas às linhas demarcatórias que estabeleciam os limites entre o Brasil e a Bolívia, ambos concordaram com os termos de um acordo (Tratado de Petrópolis), ratificado em 17 de novembro de 1903. Segundo o documento, o Brasil incorporou 191.000km² ao seu território, enquanto a Bolívia recebeu 3.200km² de uma região ocupada majoritariamente por bolivianos, além de compensações em dinheiro (dois milhões de libras esterlinas) e a construção da estrada de ferro Madeira-Mamoré, entre Porto Velho e Guajará-Mirim (Almeida, 2010, pp. 33-37).

Sobre Plácido de Castro é conveniente esclarecer que, enquanto exerceu a função de líder militar do movimento insurgente acreano, sua contribuição foi perceptível tanto no nível estratégico quanto no nível tático. Estrategicamente ele fixou as fronteiras com a Bolívia ocupando seus pontos mais importantes, encontrando ou abrindo caminhos no teatro da guerra, organizando o planejamento geral de campanha e aproveitando os parcos recursos existentes na região para o abastecimento de suas tropas. Taticamente ele foi eficiente ao adotar fardamento de cor azul para seus homens (a tonalidade escura permitia que eles se confundissem com o ambiente), ao ocultar as insígnias dos oficiais (evitando que fossem identificados pelo inimigo), ao fazer com que as tropas sob seu comando tirassem proveito das particularidades da floresta (oriundos do altiplano andino os bolivianos não estavam familiarizados com o terreno de selva) e ao neutralizar as emboscadas realizadas pelo contingente boliviano (Brasil, 1972, p. 758; G. Castro, 2005, p. 158).

NOTAS

1. O ideal republicano lutava pela autonomia das províncias e repudiava o centralismo da monarquia. Associava-se à ideia de secessão por estar presente nas mais significativas revoluções do período imperial brasileiro, em especial na Revolução Farroupilha. Na década de 1880, as ideias de emancipação dos escravos e a substituição do regime de governo frutificaram rapidamente em diferentes segmentos da sociedade. Declarada no dia 13 de maio de 1888, a Lei Áurea aboliu a escravatura no Brasil, sendo um evento importante inserido no processo de transição pelo qual passava a economia brasileira, que se adequava ao desenvolvimento mundial do sistema capitalista. Assim, com o mercado interno em

franco crescimento e o capital estrangeiro disponível para investimentos no país, a excessiva centralização de um governo monárquico limitava as possibilidades de progresso do Brasil. Para os adeptos da mudança de regime, a solução para as debilidades do país recaía sobre a República Federativa. Buscando o apoio das FA — sobretudo do Exército que se mostrava descontente com o descaso da classe política vinculada ao Império para com a comunidade castrense que havia se arriscado pelo país na Guerra do Paraguai — o movimento republicano crescia no interior dos quartéis. Coube à economia cafeeira paulista dar aos militares a convicção de que dispunham de uma sólida base de apoio econômico e social para levar em frente a mudança do sistema de governo, que foi efetivada na manhã do dia 15 de novembro de 1889, no Campo de Santana (Rio de Janeiro) pelo marechal Manuel Deodoro da Fonseca. Mais tarde, ele assumiu o poder como presidente do governo provisório da República (E. S. Cunha, 1999, p. 554-562; Rosa, 1997, p. 153-160).

2. Iniciada na Inglaterra no final do século XVIII, estendendo-se por toda a Europa até meados do século XIX (1ª Revolução Industrial) e para os EUA até o início do século XX (2ª Revolução Industrial), constitui uma série de mudanças tecnológicas, econômicas e sociais relacionadas aos métodos de produção, até então artesanais e manuais. As modificações possibilitaram o surgimento de processos produtivos derivados da mecanização das indústrias e da agricultura, permitindo a criação de novas mercadorias, bem como o aumento da produção com o propósito de atender à crescente demanda dos mercados interno e externo. As transformações advindas da Revolução Industrial inovaram o cenário e oportunizaram um substancial desenvolvimento tecnológico em segmentos diversos. No âmbito militar, a fabricação do ferro permitiu a produção de novos armamentos e sua distribuição, contribuindo para o suprimento das tropas; as máquinas a vapor inauguraram o transporte de grandes efetivos a longas distâncias e em prazo relativamente curto quando comparado aos deslocamentos a pé, enquanto o telégrafo possibilitou a rápida transmissão de mensagens, ampliando a mobilidade dos contingentes distribuídos pelo terreno (Cáceres, 1988, pp. 144-150).

3. Concluída a Primeira Guerra Mundial, os conflitos interimperialistas que a haviam desencadeado foram reavivados em razão do desaparecimento dos Impérios Austro-Húngaro e Turco-Otomano, além da fragmentação do território alemão. Tais fatos ocasionaram uma grave crise no sistema capitalista europeu. Nesse contexto de recessão, inflação e desemprego, as democracias europeias entraram em declínio, possibilitando a ascensão do socialismo na União das Repúblicas Socialistas Soviéticas (URSS), bem como de regimes totalitários como o fascismo na Itália e o nazismo na Alemanha. Atingidos brutalmente pela quebra da bolsa de valores de Nova York, ocorrida em outubro de 1929, os países europeus elevaram suas tarifas alfandegárias na tentativa de proteger o mercado interno da concorrência estrangeira. Essa atitude gerou um nacionalismo econômico que intensificou a luta pelo mercado entre as várias potências imperialistas. Sob os efeitos da recessão, a

partir de 1930, a Alemanha, a Itália e o Japão iniciaram campanhas expansionistas agressivas que resultaram no pacto de formação do Eixo Roma-Berlim-Tóquio. A Alemanha nazista — instigada por ideais ultranacionalistas exacerbados pelo sentimento de indignação causado pelos termos que lhe foram impostos pelo Tratado de Versalhes após a Primeira Guerra Mundial — assumiu a iniciativa das ações ofensivas em março de 1938, promovendo a anexação da Áustria e a ocupação da Tchecoslováquia um ano depois. Em resposta a uma eventual agressão alemã à Polônia, a França e o Reino Unido assumiram o compromisso de responder à invasão à altura, fato que se concretizou em 1º de setembro de 1939. Desse modo, começaram as hostilidades entre as potências do Eixo e os Aliados, que inicialmente eram constituídos pela França e pelo Reino Unido (incluindo todos os integrantes da comunidade britânica: Austrália, Canadá, Índia Britânica e Nova Zelândia). Posteriormente, foram acrescidos pela URSS, invadida por tropas alemãs em 22 de junho de 1941 (Operação Barbarossa) e pelos EUA — em resposta ao ataque perpetrado pela Marinha Imperial Japonesa, em 7 de dezembro de 1941, contra a base naval norte-americana de Pearl Harbor (situada no isolado arquipélago havaiano no meio do oceano Pacífico) —, além de outros países coadjuvantes. No decorrer de seis anos de enfrentamento entre as alianças militares antagonistas, o conflito se estendeu por diferentes teatros de operações (Europa, Pacífico, Atlântico e Norte da África), espalhando-se por todo o globo. A Segunda Guerra terminou com a vitória dos Aliados em 1945, promovendo um significativo alinhamento político-social mundial. Enquanto a ONU era estabelecida para estimular a cooperação global e evitar futuros conflitos, os EUA e a URSS emergiam como superpotências rivais, preparando o terreno para a Guerra Fria (Cáceres, 1988, p. 271-279; Ferrari, 2011, p. 436-439).

4. Período histórico de disputas políticas, econômicas, estratégicas e militares entre os EUA e a URSS, marcado por uma série de conflitos indiretos travados por nações que se confrontaram influenciadas pelos interesses que opunham as duas superpotências. O desfecho do conflito se deu em 1989, com a onda de revoluções que buscavam a soberania nacional de diversas unidades administrativas da Europa Central e Oriental (então vinculadas à URSS). A queda de todos os governos que administravam esses países (à exceção da Romênia) culminou com a dissolução da URSS em 1991, quando o Partido Comunista da União Soviética perdeu o controle da administração estatal (Ferrari, 2011, pp. 490-491).

5. Mantendo-se fiel às Convenções de Haia, o Brasil inicialmente adotou postura neutra em relação à Primeira Guerra Mundial. Após a proclamação alemã de estender a guerra às nações neutras pelo confisco da liberdade dos mares, o governo do presidente Wenceslau Braz Pereira Gomes rompeu as relações diplomáticas com o Império Alemão, em 11 de abril de 1917. A ação foi uma resposta ao torpedeamento do navio mercante Paraná, quando a embarcação brasileira navegava na costa ocidental da França. Com o posterior ataque a outras seis embarcações (Tijuca, Lapa, Macau, Tupi, Acari e Guaíba), o governo brasileiro,

com o devido apoio do Congresso, reconheceu o estado de guerra iniciado pelos alemães, fato que levou o Brasil a colaborar com as tropas da Tríplice Entente. Durante a guerra, o Exército Brasileiro enviou oficiais que foram incorporados a diferentes regimentos franceses e mobilizou uma Missão Médica (composta por 86 profissionais) com a finalidade de oferecer tratamento aos feridos de guerra na França. A Marinha do Brasil, por sua vez, assumiu o encargo de patrulhar as águas do Atlântico Sul com a Divisão Naval em Operações de Guerra (DNOG), que era composta pelas seguintes embarcações: cruzadores Rio Grande do Sul e Bahia, contratorpedeiros Piauí, Rio Grande do Norte, Paraíba e Santa Catarina, tender Belmonte e Rebocador Laurindo Pitta (Brasil, 1972, pp. 819-823).

6. Assim como ocorreu na Grande Guerra, a princípio o Brasil adotou uma posição isenta em relação à Segunda Guerra Mundial. No entanto, após o ataque japonês a Pearl Harbor, apoiou os EUA, em cumprimento ao fortalecimento da integridade continental estabelecido em várias conferências pan-americanas realizadas na primeira metade do século XX. Temendo futuras agressões promovidas pelas forças do Eixo, o Brasil rompeu relações diplomáticas com a Alemanha, a Itália e o Japão, em janeiro de 1942. O país ingressou efetivamente na guerra em agosto do mesmo ano, após embarcações submarinas da *Kriegsmarine* (Marinha de Guerra alemã) realizarem sucessivos ataques contra a navegação comercial brasileira. Coube à Marinha do Brasil assegurar a proteção dos comboios navais que trafegavam próximos ao litoral brasileiro e fazer o patrulhamento oceânico para coibir os navios destinados a abastecer as tropas alemãs dispostas pela região Norte da África. Por sua vez, o Exército Brasileiro, em agosto de 1943, criou a FEB — constituída pela 1ª Divisão de Infantaria Expedicionária (1ª DIE) —, que, anexada ao 5º Exército dos EUA, operou no teatro de operações europeu (Campanha da Itália) com um efetivo aproximado de 25.000 homens, dentre eles: quatro generais e 1.535 oficiais (Brasil, 1972, pp. 824-834).

7. Ratificado entre Portugal e Espanha no ano de 1750, em Madri (capital espanhola), os acordos decorrentes deste tratado substituíam aqueles firmados pelo Tratado de Tordesilhas em 1494. Como consequência do acordo, a Espanha obteve a posse da Colônia do Santíssimo Sacramento, o que lhe deu controle sobre o estuário do rio da Prata, enquanto Portugal recebeu as missões jesuíticas dos Sete Povos das Missões, além de ter suas pretensões reconhecidas sobre a bacia Amazônica (Cáceres, 1993, p. 81).

8. Implementada em 1823 pelo presidente norte-americano James Monroe. Constitui um conjunto de medidas adotadas com a finalidade de impedir que os países europeus reunidos pela Santa Aliança (coligação de países absolutistas instituída após a queda de Napoleão Bonaparte) tentassem recolonizar os territórios americanos que haviam se tornado independentes durante o domínio napoleônico na Península Ibérica. Na teoria, os fundamentos da Doutrina Monroe se estendiam a todas as nações do continente americano, mas na prática as ações adotadas

objetivavam proteger a política externa norte-americana da interferência europeia (Cáceres, 1988, p. 191).

9. Acordo firmado entre os governos brasileiro e boliviano segundo o qual o Império do Brasil aceitava a fronteira com a Bolívia tendo como referência o paralelo 10°20' do rio Madeira ao rio Javari. O tratado foi ratificado no contexto da Guerra do Paraguai, quando o Império do Brasil, temendo que as forças do ditador paraguaio Solano López incorporassem tropas bolivianas ao seu Exército, cedeu o território acreano à Bolívia diante do compromisso boliviano de não se aliar ao Paraguai (Brasil, 1972, p. 750).

10. Conflito envolvendo agentes externos que, impedidos de participarem de maneira direta, financiam atores internos para lutarem pelos seus interesses. Assim sendo, as guerras por procuração são cálculos racionais feitos por Estados que, tendo seus objetivos estratégicos em mente, evitam pagar os custos diretos das guerras ao mesmo tempo que garantem seu posicionamento político-estratégico (Brancoli, 2017, p. 590).

11. Guerra civil ocorrida no Sul do Brasil entre 1893 e 1895 em decorrência da crise política gerada pelos federalistas (popularmente conhecidos como maragatos). O grupo era constituído por estancieiros e charqueadores que dominavam a política do Rio Grande do Sul, mas se sentia desprestigiado no cenário regional e nacional devido à grande redução na demanda do charque. Os federalistas pretendiam conquistar maior autonomia para o estado sul-rio-grandense, descentralizando o poder da recém-proclamada República por meio do enfrentamento aos seguidores do governador do estado (denominados pica-paus ou ximangos). O conflito estendeu-se além das fronteiras gaúchas e foi vencido pelas tropas legalistas na Batalha de Campo Osório, que atingiu os estados do Paraná e de Santa Catarina, caracterizada de ambos os lados pela violenta prática da degola (Cáceres, 1993, pp. 215-218).

12. Pela perspectiva semântica, o termo revolução é empregado aqui de forma inadequada, pois o movimento liderado por Plácido de Castro não dispunha de motivações ideológicas (característica fundamental da luta revolucionária). Nesse sentido, os enfrentamentos ocorridos em território acreano, na transição do século XIX para o século XX, adequam-se melhor à categoria de conflito insurrecional (insurreição), uma vez que foi organizado como uma sublevação popular desprovida de causa ideológica, sendo fundamentada em reivindicações políticas, sociais e econômicas específicas e limitadas (Visacro, 2009, p. 224).

5

PRIMEIRA GERAÇÃO DAS OPESP DO EXÉRCITO BRASILEIRO (1957-1968)

CENÁRIO BRASILEIRO ENTRE AS DÉCADAS DE 1950 E 1960

No decorrer da Segunda Guerra Mundial, o EB orientava sua doutrina em moldes estritamente defensivos consagrados pela França[1] nas várias campanhas em que suas tropas se envolveram na Primeira Guerra. Contudo, o impacto de uma nova mentalidade combativa, constituída nos campos de batalha europeus lutando ao lado das forças aliadas, levou o Brasil a se aproximar dos EUA em razão de um acordo de assistência militar, firmado em 1952. O documento previa ações para a defesa comum e a manutenção da paz, dos direitos e dos deveres para o fornecimento de equipamentos, materiais, serviços e de outras formas de assistência militar (Brasil, 1972, pp. 1033-1034). Finalizado o Acordo Militar Brasil-EUA, em meados da década de 1970, o Brasil se conscientizou da necessidade de promover uma doutrina autóctone que possibilitasse uma mudança no cenário.

Para isso, era necessário ajustar as peculiaridades de sua herança histórica às particularidades de cada uma das regiões que compõem o território nacional, além de adquirir ou produzir recursos materiais de uso militar (Peres, 2011, pp. 57-58).

No que concerne às operações militares de natureza não convencional, os anos finais da década de 1950 foram particularmente importantes para o EB. Nesse período, a tipologia das OpEsp executadas pelo Exército norte-americano serviram como parâmetro para a implementação de atividade análoga na Força Terrestre Brasileira. A mudança possibilitou o desenvolvimento gradativo e autóctone de um empreendimento que se tornou, nas duas primeiras décadas do século XXI, um componente imprescindível da estratégia de defesa adotada pelo Brasil com o propósito de resguardar a soberania do país, seja em tempos de paz ou em situações de crise e conflito (Schwingel & Mota, 2016, pp. 39-40).

A segunda metade do século XX tem grande representatividade internacional com relação à guerra irregular. Esse período marca o reconhecimento aos conflitos de natureza irregular em detrimento das formas tradicionais de enfrentamento. Essa modalidade evidenciou o impasse estratégico gerado pelo equilíbrio de poder entre as duas superpotências antagonistas (EUA e URSS), a disseminação da ideologia marxista, bem como o desmembramento dos impérios coloniais europeus (Visacro, 2009, p. 76).

Nesse contexto, entre vários conflitos relevantes travados de forma não ortodoxa despontam: a revolução camponesa desencadeada por Mao Tsé-Tung em virtude da Guerra Civil Chinesa (ver referência no Capítulo 3), a luta nacional emancipacionista travada pela resistência argelina em oposição à dominação francesa na Guerra de Independência da Argélia[2], a guerrilha evasiva do vietcongue comprometida com o estabelecimento do regime comunista no território sul-vietnamita durante a Guerra do Vietnã, além das ações terroristas perpetradas por extremistas palestinos no longo Conflito Árabe-Israelense[3] (ocorrido a partir de 1948).

O VOO AUDACIOSO DA ÁGUIA

Iniciada no Brasil em meados da década de 1940, a atividade aeroterrestre promoveu uma mudança sem precedentes no modo como o EB vislumbrava a atividade operativa. A nova mentalidade se alastrou pelo núcleo da comunidade castrense propiciando a criação de diversos cursos operacionais ministrados por oficiais paraquedistas.

Destacado como precursor da atividade aeroterrestre militar no país, o capitão Roberto de Pessôa demonstrou um aguçado espírito perceptivo quando — compondo o Comitê Olímpico Brasileiro durante a Olimpíada de 1936, realizada em Berlim[4] (capital da Alemanha) — impressionou-se com as demonstrações de perícia dos pilotos de planadores sobrevoando o estádio olímpico. Diante da notória perspicácia, ele percebeu que toda soberba e exibicionismo demonstrados pelos alemães no decorrer dos jogos figuravam como um símbolo de superioridade, que refletia a força e o poderio das *Wehrmacht* (Forças Armadas da Alemanha Nazista) em franca preparação para o cenário iminente da Segunda Guerra Mundial.

Durante as Olimpíadas, informações não oficiais alardeavam a existência de tropas paraquedistas aquarteladas nas imediações da capital alemã, levando o capitão Pessôa a solicitar permissão das autoridades do país para conhecer as dependências de uma unidade com tal qualificação, sendo designado para sua visita o *1. Fallschirmjägerbataillon* (1º Batalhão de Paraquedistas). Posteriormente, obteve autorização do Ministério da Guerra do Brasil e estendeu sua permanência no país para frequentar o curso de Planador ministrado pela Escola de Planadoristas da *Luftwaffe* (Força Aérea alemã) em Wenningstedt-Braderup, próximo à cidade de Westerland, localizada na Ilha de Sylt (região norte da Alemanha) (Loureiro, 2003, pp. 85-103).

Em 1944, em razão do envolvimento brasileiro no esforço Aliado para combater as forças do Eixo durante a Segunda Guerra, o capitão Pessôa postulou a indicação para cursar, em caráter de voluntariado, a

Escola de Paraquedistas (*The Airborne School*, atual *US Army Airborne School*) do Exército norte-americano, situada em Fort Benning (Geórgia). Ele se qualificou no Curso Básico, Curso de Mestre de Saltos e Orientação, Curso de Demolições e Treinamento Avançado (os dois últimos realizados em Fort Bragg, Carolina do Norte), tornando-se o primeiro paraquedista militar brasileiro (ibid., pp. 105-119).

Após retornar ao Brasil o capitão Pessôa redigiu um relatório ao Estado-Maior do Exército (EME) recomendando enfaticamente a implementação de uma escola de formação de paraquedistas na estrutura do EB (Ferro, 2015, p. 8, pp. 26-39). Seu entusiasmo para com o paraquedismo militar levou-o a difundir a atividade por diferentes Organizações Militares (OM) do país. Ele arregimentou voluntários para o curso promovido nas dependências de Fort Benning e assumiu a tarefa de selecionar e preparar os primeiros 22 militares (14 oficiais e 8 sargentos) enviados para os EUA em dezembro de 1945 (Gonçalves, 2007, p. 40).

As experiências assimiladas tanto na Alemanha quanto nos EUA levaram o capitão Roberto de Pessôa a vislumbrar a importância da utilização de pequenas unidades de Infantaria, oportunamente lançadas atrás das linhas inimigas por meios de infiltração aeroterrestre, com o objetivo de conduzir operações rápidas e precisas. Para exemplificar suas concepções, ele cita a invasão da Ilha de Creta por tropas alemãs (Operação Mercúrio[5]), ocorrida no contexto da Segunda Guerra Mundial. Assim, ele demonstra que um assalto aeroterrestre em massa não deveria ser a opção preferencial para a tropa paraquedista e que a alternativa mais adequada seria o lançamento executado por meio da técnica de queda-livre (Loureiro, 2003, pp. 151-155).

Pronunciando-se acerca da relevância do uso dessa técnica específica de salto para a aplicação militar de pequenas frações de Infantaria, o general de divisão Roberto de Pessôa alegava que:

> Enquanto os aviões de Tropas Páraquedistas são obrigados a baixar ao máximo, para lançar seus homens, (tanto mais baixo

quando menos expostos ao fogo anti-aéreo adversário) uma equipe de pára-quedistas de ação retardada poderá ser lançada, com segurança, da altura de 3 a 4 mil pés, sem expor seus homens, ou dificultando, de muito, a identificação do avião e dos pequenos efetivos eficientemente empregados.

Considerando também que esse lançamento é, preferencialmente, realizado durante a noite, podemos concluir que essa é a melhor maneira para um pequeno grupo saltar próximo ao inimigo e realizar surpreendentes ações de patrulha em busca de informes, ações de sabotagem, emboscadas ou incursões especiais para eliminação de Chefes ou capturas de prisioneiros, conservando a vantagem do sigilo e da surpresa (Pessôa, 1960, pp. 18-19).

O espírito empreendedor que levou o capitão Roberto de Pessôa a buscar por conhecimentos inovadores no exterior e a defender sua adesão pela Força Terrestre Brasileira foi recompensado em dezembro de 1945, com a criação da Escola de Paraquedistas. A instituição pode ser considerada um protótipo daquele que em 1953 se tornaria o Núcleo da Divisão Aeroterrestre (NuDAet), denominação da atual Brigada de Infantaria Paraquedista[6] (Bda Inf Pqdt) do EB (Gonçalves, 2007, p. 48).

É digno de nota o fato de que a contribuição do capitão Pessôa não se restringiu apenas à criação e ao desenvolvimento da atividade paraquedista. Como homem à frente de seu tempo, seu legado inaugurou uma mentalidade inovadora, que transpôs os padrões defensivos preconizados pela doutrina francesa que ainda perdurava no EB, possibilitando que a próxima geração de paraquedistas idealizasse a concepção da atividade OpEsp na estrutura da Força Terrestre Brasileira.

ALVORECER SOBRE A COLINA

Em dezembro de 1953, o NuDAet qualificou mais um grupo de candidatos ao Curso de Precursor Aeroterrestre (atual Curso de Precursor Paraquedista). Como primeiro colocado da turma, o capitão

Gilberto Antônio Azevedo e Silva viajou para os EUA com outros oficiais paraquedistas e frequentou os cursos de formação paraquedista em Fort Benning (Georgia) e Fort Bragg (Carolina do Norte). Nessa ocasião, ele tomou conhecimento da existência da atividade OpEsp[7] desempenhada pelos *Rangers*[8] e do SFG-A[9] do Exército norte-americano, cujas tarefas operacionais estavam sendo devidamente remodeladas (Brasil, 1958, p. 16) devido às mudanças ocorridas no cenário internacional em razão da Guerra Fria. O capitão Gilberto, impressionado com a nova atividade que havia conhecido no exterior, reuniu algumas referências (anotações e manuais de instrução) que oportunamente apresentou, em formato de relatório, ao general de brigada Djalma Dias Ribeiro, comandante do NuDAet, que posteriormente visitou as mesmas instalações militares com o objetivo de conhecer as FOpEsp da Força Terrestre dos EUA (G.A. Silva, 2007).

Naquela época, a necessidade de realizar operações complexas de busca e salvamento de aeronaves acidentadas no território nacional levou a Força Aérea Brasileira (FAB) a convidar o NuDAet para executar várias ações conjuntas. Os exercícios tinham como finalidade identificar os respectivos locais de queda, promover o resgate de tripulantes e passageiros e realizar a coleta de materiais para fins de investigação das causas que motivaram os acidentes. Os militares engajados nessas missões não dispunham de meios e procedimentos doutrinários apropriados para nortear sua conduta. Desse modo, trabalharam combinando instinto, entusiasmo, ousadia e espírito de cooperação para cumprir com os objetivos que lhes foram atribuídos (Gonçalves, 2007, p. 88).

Cientes de que as FA brasileiras necessitavam capacitar seus quadros no cumprimento de operações de busca e salvamento, em 1956, os ministros da Guerra e da Aeronáutica nomearam uma comissão conjunta, constituída por militares do NuDAet e da Diretoria de Rotas Aéreas (vinculada ao Ministério da Aeronáutica). Inicialmente composta pelos capitães Augusto Verner de Castro Araújo, Júlio Werner Hackradt e Edmar Eudóxio Telesca, os dois primeiros foram posteriormente substituídos pelo major Gilberto Antônio Azevedo e Silva e pelo primeiro-tenente

Sérgio Boris Barcelos Borges. A junta se dedicava a estudar as atribuições dos paraquedistas do EB em operações dessa ordem, e foi responsável pela concepção do Curso de Busca e Salvamento (Carvalho, 2011).

Contudo, a viabilidade deste curso foi reavaliada, uma vez que seria inconveniente para o EB investir tempo e recursos na capacitação de pessoal especializado que ficaria aguardando, imprevisivelmente, por algum acidente aéreo para que pudesse entrar em operação. Assim, em razão da necessidade de adaptação das FA às exigências da guerra irregular, que começava a se sobressair no cenário internacional, foi requisitada a adequação do currículo para que o curso priorizasse a formação de quadros capacitados a conduzir OpEsp, deixando as funções de busca e salvamento como tarefas subsidiárias.

Partindo do estudo preliminar que foi realizado para a organização do curso de busca e salvamento, a comissão do NuDAet, composta pelo major Gilberto, capitão Telesca e primeiro-tenente Sérgio, incorporou conteúdos sobre as práticas dos *Rangers* e do SFG-A para compor o programa do Curso de Operações Especiais (COpEsp). Após ser devidamente avaliado e ajustado pelo Estado-Maior do NuDAet, o projeto foi executado em caráter experimental no dia 2 de dezembro de 1957 (Brasil, 1958, p. 17).

Conforme estabelecido pelo programa, o curso tinha por objetivo qualificar pessoal para liderar tropas especiais ou guerrilheiros. Organizados em equipes, eles cumpririam uma diversidade de missões de natureza variada, entre as quais: sabotagem, destruição, golpes de mão, conquista de pontos-chave, busca por informações (coleta de dados de inteligência), enquadramento e instrução de guerrilheiros (treinamento e assessoramento de forças irregulares), captura de chefes inimigos (apreensão de alvos de valor estratégico), socorro e ajuda a populações ameaçadas por catástrofe e busca e salvamento (Brasil, 1958).

O COpEsp ministrado entre 1957 e 1958, denominado 57/1, teve duração de 28 semanas e foi estruturado em duas fases com os respectivos estágios incorporados ao currículo do curso (Quadro 6) por serem compatíveis com os métodos de condução da guerra irregular vigente na época.

Quadro 6 – Grade curricular do COpEsp 57/1. (Fonte: adaptado de Brasil, 1958, pp. 5-8)

CURSO DE ESPECIALIZAÇÃO – 57/1 CURSO DE OPERAÇÕES ESPECIAIS					
1ª FASE (12 SEMANAS)		**2ª FASE (16 SEMANAS)**			
		PERÍODO DE FORMAÇÃO		**FASE DE APLICAÇÃO**	
1	Minas e armadilhas, explosivos e destruição, informação, armamento e tiro, patrulha (teórica), treinamento físico, comunicações, etc.	1	Técnica aeroterrestre: salto livre, dobragem de paraquedas, suprimento aéreo, construção de pistas de pouso, etc.	1	Xingu (Centro-Oeste): Combate em selva e indiologia (conhecimentos relacionados aos hábitos de vida indígena).
2	Estágio de guerra irregular.	2	Destruição subaquática.	2	Amazonas e Pará (Norte): golpe de mão, sobrevivência e apoio à população.
3	Estágio de guerra na selva.	3	Treinamento médico.	3	Petrolina e Paulo Afonso (Nordeste): coordenação de população civil em defesa de líder ameaçado de rapto e destruição de usina hidrelétrica.
4	Estágio de guerra em montanha.	4	Direção de veículos.	4	Alegrete, Livramento e Uruguaiana (Sul): montagem e atividade de rede de espionagem e contraespionagem, subtração de documentos e raptos de uma personalidade.
	--------	5	Guerrilhas.		--------
	Carga horária: 392 horas			**Carga horária: 133 horas**	

Além do período de estágio, a proposta inicial do curso era que houvesse uma segunda fase na qual os alunos pudessem praticar os conteúdos assimilados. Portanto, seriam realizados quatro exercícios em regiões geográficas que apresentassem características específicas relacionadas ao clima e ao terreno: ambiente de selva (Norte), ambiente de caatinga (Nordeste), ambiente de planalto (Centro-Oeste) e ambiente de montanha (Sul) (P. F. Tavares, 2019).

A atividade que começava a ser implementada no NuDAet era inovadora em todos os sentidos e suas realizações produziram efeitos transformadores a médio e longo prazo em diferentes segmentos do EB. Todavia, assim como ocorre com a maioria dos empreendimentos que propõem soluções incomuns em um ambiente profissional conservador, as OpEsp inicialmente tiveram que se impor pela persistência, esmerando-se para encontrar formas de viabilizar o curso recém-idealizado. Diante da resistência dos setores tradicionais da força terrestre, habituados a resolver questões militares fundamentando suas reflexões e condutas nos conceitos da guerra clássica (guerra de atrito) (ibid.), foi preciso lutar para manter o tênue apoio que as sustentava.

Publicada no Boletim Diário do NuDAet, em 12 de setembro de 1957, a divulgação do processo seletivo do COpEsp 57/1 chamou a atenção de 19 militares de diferentes Armas[10] previamente qualificados como paraquedistas. Todos eles foram voluntários atraídos pelo ineditismo e pelas experiências que esse curso poderia agregar em suas carreiras (Schwingel & Mota, 2016, p. 41). O formato inovador do curso caracterizava-se, de forma peculiar, por fazer com que alguns dos envolvidos no processo desempenhassem simultaneamente as funções de instrutores ou monitores (Quadro 7) e alunos.

Quadro 7 – Corpo de instrutores, monitores e colaboradores do COpEsp 57/1. (Fonte: Brasil, 1958, p. 1)

FUNÇÃO	NOME
Instrutor-chefe	major Gilberto Antônio Azevedo e Silva
Instrutores	1º tenente Joubert de Oliveira Brízida
	1º tenente Sérgio Boris Barcelos Borges
	1º tenente Ramiro Júlio Souto Bozano
Monitores	2º sargento Ly Adorno
	3º sargento Dalton Malfacini
Colaboradores	major Octávio Alves Velho (psicologia militar e liderança)
	major Paulo Altemburg Brasil (salto comandado)
	capitão Alzir Nunes Gay (ataque e defesa)
	capitão Paulo Filgueiras Tavares (natação)
	1º tenente Antônio Luiz Coimbra de Castro (treinamento médico)

Os instrutores do COpEsp 57/1 eram oficiais e sargentos do Centro de Instrução Especializada Aeroterrestre (CIEspAet), atual Centro de Instrução Paraquedista General Penha Brasil (CI Pqdt GPB), que dispunham de capacitação e de perfis profissionais compatíveis com as qualificações que se buscava desenvolver junto aos alunos. Entretanto, o curso abrangia um currículo bastante diversificado, que contemplava alguns conteúdos nos quais a NuDAet não dispunha de expertise para transmitir os conhecimentos. Sendo assim, foi necessário buscar em outras OMs e fora do ambiente castrense o conjunto de saberes complementares para cumprir o programa.

Nesse contexto, as unidades que contribuíram com as instruções específicas foram a Escola de Instrução Especializada: instrução de explosivos, minas, armadilhas, guerra química, biológica, radiológica e foto informação; a Escola de Motomecanização: instrução de direção de carros de combate e defesa anticarro; o Batalhão de Guardas: instrução de direção de motocicletas; a Escola de Educação Física do Exército (EsEFEx): instruções de aplicações militares relacionadas à natação, ataque e defesa, e direção de veículos aquáticos; e a Polícia Militar do Estado do Rio de Janeiro (PMERJ): adestramento com cães de guerra. Por sua vez, as instituições civis que colaboraram com a capacitação dos alunos do COpEsp 57/1 foram o Centro de Excursionistas do Rio de Janeiro: instruções de montanhismo, a Companhia Ferro-Carril do Jardim Botânico do Rio de Janeiro: instrução de direção de bondes e a Estrada de Ferro Central do Brasil: instrução de direção de locomotivas (Brasil, 1958, p. 1).

Ao ser inaugurado, o COpEsp 57/1 foi instalado nas dependências do NuDAet, situado na região conhecida como Colina Longa, localizada no bairro de Deodoro, zona norte da cidade do Rio de Janeiro. No precário pavilhão — que anteriormente abrigava a seção de costura e reparos de paraquedas, transferida para Arroio dos Afonsos (situada também na zona norte da capital fluminense) juntamente com os Batalhões de Infantaria Paraquedista —, a equipe de instrução e os alunos do curso trabalharam intensamente. Foi preciso valer-se de muita criatividade e improvisação para transformar uma edificação ociosa e rudimentar, cujas estruturas limitavam-se a apenas quatro paredes pouco ventiladas e um teto de zinco, em um local minimamente habitável e apto a receber as acomodações do recém-criado curso de OpEsp (Schwingel & Mota, 2016, p. 41).

Progredindo com dificuldade enquanto suportava a carência de recursos e o descrédito de significativa parcela do EB, o COpEsp 57/1 avançou pelo primeiro semestre de 1958 com uma agenda de atividades bastante intensa. Com uma sequência diversificada de instruções e de exercícios, o grupo de alunos vivenciou situações que reproduziam o ambiente típico da guerra irregular, sendo desafiados a desenvolver atitudes e a explorar capacidades que extrapolam as exigências requeridas do militar convencional. Na sucessão de conteúdos teóricos e dinâmicas práticas a que foram submetidos durante o curso, os alunos destacaram, particularmente, quatro eventos distintos: o inédito salto comandado[11] (salto livre militar) realizado sobre a Zona de Lançamento de Gramacho (estabelecida na região norte da cidade do Rio de Janeiro), o contato com populações indígenas que viviam nas proximidades do rio Xingu (região norte do estado do Mato Grosso), além dos assaltos simulados à Fortaleza de São João (instalada na zona sul da cidade do Rio de Janeiro) e à usina da Companhia Hidrelétrica do São Francisco (atual Complexo Hidrelétrico de Paulo Afonso, situado na Bahia) (Carvalho, 2011; G. A. Silva, 2007; P. F. Tavares, 2019).

Na segunda metade da década de 1950, com o objetivo de lançar tropas no terreno utilizando aeronaves de asa fixa, o NuDAet qualificou paraquedistas aptos a realizar o salto semiautomático (salto enganchado[12]). Todavia, por ser um procedimento ostensivo, essa tipologia de salto era considerada inadequada para as missões cujas características não convencionais requeriam infiltrações aéreas furtivas. Assim, buscando adquirir *know-how* em procedimentos de infiltração compatíveis com a natureza das OpEsp, o COpEsp 57/1 promoveu, de forma inédita no Brasil, o denominado salto comandado.

As instruções preliminares foram ministradas por Charles Astor (civil de origem argelina considerado pioneiro da atividade paraquedista no Brasil e que atuava como instrutor do Aeroclube do Brasil e da Escola de Aeronáutica), devidamente assessorado pelo major Paulo Altenburg Brasil (instrutor do NuDAet). O salto histórico foi executado no dia 3 de junho de 1958 de uma aeronave McDonnell Douglas Fairchild C-82

Packet de fabricação norte-americana, que voava a seiscentos metros de altitude. Utilizando os precários paraquedas B-8 e B-12 (transportados pelas tripulações das aeronaves da FAB e utilizados em situações de emergência), os instrutores e alunos do 57/1, colocando em prática técnicas igualmente improvisadas e arriscadas, saltaram sobre a Zona de Lançamento de Gramacho. Assim surgiu a base da doutrina de SLOp desenvolvida pela Bda Inf Pqdt (Malfacini, 2020).

O currículo do curso incluía conteúdos relacionados à compreensão das tradições culturais próprias das áreas onde as FOpEsp operam. Por esse motivo, o COpEsp 57/1 participou de um exercício prático de contato com as populações indígenas brasileiras, o qual contemplava simultaneamente um estudo relacionado aos métodos de sobrevivência em ambiente de selva.

No dia 20 de junho de 1958, aproximadamente um ano após a viagem de reconhecimento ao Xingu (estado do Mato Grosso), realizada em 15 de julho de 1957, com a finalidade de levantar dados para a execução do exercício, os alunos e instrutores do curso foram transportados por via aérea e saltaram de paraquedas sobre as margens do rio Tuatuari, região onde estava localizado o Posto Indígena Capitão Vasconcelos (atual Posto Leonardo Villas Bôas). Os militares foram recebidos com curiosidade e gentileza pelos índios e pelo sertanista Orlando Villas Bôas, funcionário do Serviço de Proteção ao Índio[13].

Contando com o inestimável apoio do renomado sertanista, o grupo de instrutores e alunos do COpEsp 57/1 interagiu com várias etnias indígenas que habitavam a área. Por conseguinte, absorveram conhecimentos inerentes às diferentes culturas e obtiveram relevantes informações relacionadas ao terreno e ao clima característicos da região central do Brasil (P. F. Tavares, 2019). Ainda que os alunos do 57/1 tenham cursado o Estágio de Guerra na Selva[14], realizado nas proximidades da Represa de Ribeirão das Lajes (região sul do estado do Rio de Janeiro) durante a Fase de

Comandos, esse ambiente de mata não era compatível com um ecossistema selvático. Assim, a iniciativa de deslocar o curso para o Xingu permitiu ao grupo entrar em contato com a realidade desse tipo de cenário (ibid.).

Qualificado como Operador Especial (OE) número dez, o general de brigada Thaumaturgo Sotero Vaz destaca o pioneirismo das experiências de selva vivenciadas pela turma 57/1 como precursoras da doutrina desenvolvida mais tarde pelo Centro de Instrução de Guerra na Selva (CIGS[15]). Para ele:

> Graças à existência e ao desempenho do então Curso de Operações Especiais, alguns de seus estágios foram transformados em cursos e adotados como novas especialidades no Exército. Assim sendo, o Estágio de Operações na Selva, realizado em Ribeirão das Lajes, foi posteriormente transformado no Centro de Instrução de Guerra na Selva. [...] Enfim, aquela pequena equipe de instrutores e alunos idealistas contribuíram definitivamente para o melhor preparo operacional do Exército Brasileiro. Essa plêiade de pioneiros surgiu da vontade de ampliar os conhecimentos técnicos de combate especializado e, posteriormente, atuarem como disseminadores dessas técnicas inovadoras (T. S. Vaz, 2012).

Influenciada pela bem-sucedida operação de assalto realizada por tropas alemãs contra a Fortaleza de Eben-Emael[16] durante a Segunda Guerra Mundial, a direção do COpEsp 57/1 organizou um exercício com características similares, em junho de 1958. Durante a atividade, os alunos tiveram que conduzir um golpe de mão contra a Fortaleza de São João, edificada no Morro Cara de Cão, no tradicional bairro carioca da Urca. A construção histórica figura como marco da fundação do povoado de São Sebastião do Rio de Janeiro (1º de março de 1565) — foi nomeada oficialmente em 1618 e guarnecida até 1991 —, desempenhando um relevante papel na defesa da Baía de Guanabara, cruzando fogos com a Fortaleza de Santa Cruz da Barra (localizada na cidade de Niterói) e o Forte Tamandaré da Laje (construído na Ilha da Laje, posicionada na entrada da Baía de Guanabara) (Carvalho, 2011; P. F. Tavares, 2019).

Conforme estabelecido no planejamento do exercício, a força invasora composta por alguns dos alunos do 57/1, dividida em três equipes distintas, infiltraria as defesas da fortaleza, por terra e por mar, com o objetivo de sabotar a artilharia de costa disposta na instalação. Na avaliação que buscava identificar qual seria a ocasião mais adequada para realizar a invasão, ficou estabelecido que seria durante a transmissão de rádio do jogo final da Copa do Mundo da Suécia, entre o time sueco e a seleção brasileira de futebol.

A direção do curso informou antecipadamente ao comando do 2º Grupo de Artilharia de Costa (2º GACos), OM que guarnecia a Fortaleza de São João, sobre a realização do exercício, mas não forneceu qualquer indício acerca do dia em que ocorreria. No horário do jogo, com os militares que guarneciam a fortaleza atentos aos lances da partida, a primeira equipe de três homens aproveitou-se da vulnerabilidade na segurança para invadir a instalação pela mata adjacente e lá permaneceu até o anoitecer. A segunda equipe foi precocemente detectada quando tentava entrar escondida no veículo que transportava suprimentos para a cantina. Por sua vez, a terceira equipe que se infiltraria à noite por mar, fez a aproximação a nado após ser transportada por uma lancha da guarnição do Forte Tamandaré da Laje, mas não conseguiu escalar as paredes de pedra da fortaleza (ibid.).

Sem dispor de recursos de comunicação para informar sobre a situação das outras equipes, os homens que aguardavam na mata decidiram prosseguir com o exercício. Favorecidos pela cor negra de seus trajes e pela camuflagem de cortiça queimada, que atenuava o tom e a luminosidade da pele, os três invasores remanescentes se deslocaram furtivamente pela mata escura, atentos aos sons da guarnição que, àquela altura, mostrava-se agitada com a presença de "elementos adversos" no interior da instalação. Armados com carabina .30 e pistola, os homens que compunham a equipe moveram-se morro acima com a máxima cautela, atravessando a densa vegetação em direção às peças de artilharia posicionadas na elevação. Com a guarnição à sua procura, os sabotadores invadiram o abrigo onde estavam dispostos quatro canhões Vickers Armstrong calibre seis polegadas (152,4 milímetros) de fabricação britânica. Para sinalizar que estiveram no local sabotando as peças, eles deixaram uma tira de náilon de paraquedas amarrada de forma visível e acenderam um petardo de trotil (TNT), causando uma explosão que indicava a destruição simulada dos canhões. Ainda que o barulho da detonação fictícia tenha alertado a guarnição levando-a a capturar os invasores em seguida, a equipe de sabotadores havia alcançado seu intento, cumprindo o objetivo da missão (ibid.).

Um segundo exercício de assalto foi posto em prática na região Nordeste durante o COpEsp 57/1. Tendo como alvo a usina da Companhia Hidrelétrica do São Francisco, construída no município de Paulo Afonso (Bahia), os alunos deveriam usar suas habilidades para infiltrar as defesas da usina, guarnecida por uma unidade de Infantaria subordinada à 6ª Região Militar (RM), com sede em Salvador. O objetivo era simular a sabotagem do suprimento de energia das principais cidades daquela importante região do país, mas o exercício serviria também para testar o sistema defensivo da usina. Como no procedimento anterior, a administração estava ciente acerca da simulação de assalto (P. F. Tavares, 2019).

Dividido em quatro equipes de dois a três homens, o grupo de assalto infiltrou-se na área de operações por via aérea durante o crepúsculo. A maior parte dos alunos permaneceu na região rural, a uma distância segura da barragem da usina, enquanto uma equipe se deslocou para a cidade com o propósito de estabelecer contato "fortuito" com os funcionários da companhia (ibid.).

Algumas horas após se infiltrarem, o operador de rádio recebeu uma mensagem comunicando que o elemento responsável por invadir a instalação, com o intuito de prover orientações do interior da usina, havia conseguido ultrapassar a vigilância que guarnecia o portão de entrada do complexo. Somente após a conclusão do exercício, os demais componentes do grupo de assalto souberam que ele havia aprisionado um caminhão que transportava carne para o interior da instalação, permanecendo deitado no piso da cabine com a pistola apontada para o motorista. O segundo integrante da equipe, na iminência de invadir a usina, foi detectado pelo oficial de dia que circulava pela área da barragem, o qual, assustado com o vulto, descarregou a munição de seu revólver de forma desajeitada e ineficaz. Posteriormente, o invasor conseguiu burlar a vigilância e ingressou no interior do complexo (ibid.).

No horário estabelecido para o assalto, todas as equipes deslocaram-se em direção à barragem. Os componentes do grupo que estavam na cidade, após interagir com os engenheiros da usina em um bar, conseguiram se apoderar dos capacetes usados para segurança e identificação de funcionários. O equipamento incomum, assegurou a passagem dos dois incursores pela vigilância sem dificuldade. Uma das equipes que se deslocava pelo campo teve que atravessar para a outra margem do Rio São Francisco, trançando as resistentes linhas de paraquedas para vencer a forte correnteza que fluía próximo ao vertedouro da barragem. Entretanto, a equipe remanescente foi precocemente detectada pela guarnição da usina quando se deslocava para a estrutura que controlava a distribuição de energia. Obedecendo a uma informação local equivocada, que previa o nascer do sol uma hora depois, a equipe iniciou sua ofensiva sob a luz da alvorada e foi facilmente avistada.

Após identificar a movimentação dos invasores, o comandante da guarda distribuiu seus homens sobre o paredão da barragem com os fuzis apontados para baixo na tentativa de resistir ao ataque. Contudo, a equipe que atravessara o São Francisco já havia invadido a casa de controle para simular a destruição dos quadros de gestão e geração de energia, deixando tiras de paraquedas amarradas nos cabos de transmissão como indicativo de cumprimento do objetivo (ibid.).

Quadro 8 – Pioneiros da atividade OpEsp do EB. (Fonte: adaptado de Brasil, 1958, pp. 4-5)

NÚMERO	ARMA/SERVIÇO	GRADUAÇÃO	NOME
OE 01	Infantaria	major	GILBERTO Antônio Azevedo e Silva
OE 02	Engenharia	capitão	PAULO Filgueiras TAVARES
OE 03	Engenharia	capitão	IRAN Carvalho
OE 04	Artilharia	capitão	LÍCIO Augusto Ribeiro Maciel
OE 05	Infantaria	capitão	LUIZ PAULO Fernandes de Almeida
OE 06	Artilharia	1º tenente	Ramiro Júlio Souto BOZANO
OE 07	Serviço de Saúde/Médico	1º tenente	Antônio Luiz Coimbra de CASTRO
OE 08	Artilharia	1º tenente	IVO Augusto Barreto de Oliveira
OE 09	Artilharia	1º tenente	JOUBERT de Oliveira Brízida
OE 10	Infantaria	1º tenente	THAUMATURGO Sotero Vaz
OE 11	Engenharia	1º tenente	Carlos BUCH Neto
OE 12	Cavalaria	1º tenente	José Carlos SARAIVA dos Santos
OE 13	Serviço de Intendência	1º sargento	IURY Nicolau Kler
OE 14	Infantaria	2º sargento	LY ADORNO de Carvalho
OE 15	Infantaria	3º sargento	DALTON Malfacini
OE 16	Infantaria	3º sargento	GENIVAL Montenegro Guerra

No dia 4 de julho de 1958 terminava o período de aplicação do COpEsp 57/1 e apenas 16 alunos (Quadro 8), dos 35 que haviam iniciado, conseguiram concluí-lo. No transcorrer dos sete meses de duração, o grupo de instrutores e alunos daquele programa inovador superou as adversidades e adaptou-se à realidade, descobrindo formas de atuação que possibilitaram novas perspectivas operacionais para a Força Terrestre Brasileira.

O relatório elaborado pelo major Gilberto para o encerramento daquela edição do programa, evidencia a coesão e o comprometimento daqueles que se qualificaram no 57/1:

> Certos que contamos com o entusiasmo e apoio do Comandante do Núcleo e que nossas instalações serão construídas no menor espaço de tempo possível, cremos que nosso esforço não será desperdiçado e teremos o prosseguimento e solidificação dessa ideia da criação da tropa de Operações Especiais.
> Tomo a liberdade de falar em nome de quinze Oficiais e Sargentos que terminaram o primeiro curso e que se colocam inteiramente ao dispor desse comando, para não medindo sacrifícios, manter sempre acesa a chama que aquece os corações que se dedicaram às Operações Especiais, servindo com todo o entusiasmo e vibração ao BRASIL [...] (Brasil, 1958, p. 17).

Ainda que tenha representado uma quebra de paradigma no que se refere à forma como o EB imaginava o modo de conduzir as guerras, o COpEsp teve que aguardar longos dez anos até que a Força Terrestre finalmente reconhecesse oficialmente o curso, fato que ocorreu com a publicação da Portaria Ministerial número 292/GB, de 12 de agosto de 1968 (Pinheiro, 2008, p. 20).

AGULHAS NEGRAS

No segundo semestre de 1959, o capitão Paulo Tavares e o primeiro-tenente Thaumaturgo, ambos egressos do COpEsp 57/1, estavam na cidade de Resende (região sudoeste do estado do Rio de Janeiro) cumprindo tarefas que lhes foram atribuídas pelo NuDAet junto à AMAN, instituição de ensino superior responsável pela formação dos oficiais combatentes do EB. Aproveitando-se da presença dos dois operadores na academia, o major José de Aragão Cavalcante, instrutor chefe do Curso de Infantaria, preocupado com o excessivo conteúdo teórico e a escassez de atividades combativas no currículo de formação dos cadetes, solicitou-lhes: "quero que vocês deem uma sacudidela neles [cadetes], com isso que vocês fazem" (P. F. Tavares, 2008, pp. 8-9). O major Aragão referia-se à intensidade dos treinamentos ministrados durante o COpEsp, cuja elevada exigência foi bastante divulgada pela Força Terrestre Brasileira junto à comunidade castrense. Sua intenção era que os cadetes do terceiro ano[17] vivenciassem um pouco as atividades combativas antes de serem declarados aspirantes a oficial (ibid., pp. 9-10).

Após tomar conhecimento da solicitação do major Aragão, o coronel Sylvio Américo de Santa Rosa, comandante do NuDAet, consentiu em promover um estágio operacional sem tornar sua decisão oficial (deixando de publicá-la em boletim), uma vez que a atividade de OpEsp ainda não era formalmente reconhecida pelo EB. A partir do consentimento do coronel Santa Rosa, o capitão Paulo Tavares e o primeiro-tenente Thaumaturgo viabilizaram um Estágio de Fuga e Evasão, com duração de 72 horas, sendo oito de descanso. As atividades aconteceram nos campos de instrução da AMAN, localizados em Membeca, nas fazendas da Barra e na Fazenda Santa Maria (ibid.).

Na noite estabelecida para iniciar o estágio, mais de cem cadetes armados com fuzil Mauser 1908 entraram em forma no Parque da Arma de Infantaria diante da equipe de instrução, formada por alguns oficiais e sargentos oriundos das duas primeiras turmas do COpEsp (o segundo curso foi ministrado em 1959). Nos três dias seguintes, desconhecendo completamente os conteúdos do treinamento, o grupo de cadetes foi submetido a uma diversidade de instruções que incluía: transposição de brechas com auxílio de cordas, pista de reação, sobrevivência, procedimentos de patrulha, fuga e evasão, primeiros socorros, entre outras. Finalizado o período de estágio, os cadetes, cujo espírito de combate havia sido estimulado em situações até então nunca experimentadas na academia, classificaram o desempenho da equipe de instrução como excepcional (ibid., pp. 10-13).

Refletindo sobre a experiência de difundir procedimentos de combate inovadores no ambiente acadêmico da AMAN, o coronel Paulo Filgueiras Tavares argumenta:

> Meditando sobre o passado, foram mais de cem oficiais de infantaria que disseminaram pelas unidades onde serviram um novo "espírito" no adestramento do combatente. [...] o Exército recebeu nova diretriz na instrução militar que se originou na AMAN para se estender às demais Forças Armadas. [...]
> Da "sacudidela" pedida pelo major Aragão para os quase aspirantes de Infantaria, resultou a transformação radical no treinamento militar, no aumento de cadetes e oficiais voluntários ao paraquedismo, na divulgação para criação de uma unidade de Operações Especiais, na disseminação de uma doutrina ofensiva de pequenas frações [...] (ibid., pp. 13-15).

Os conteúdos ministrados no estágio desenvolvido junto aos cadetes da Infantaria repercutiram bem entre os demais cursos da academia, resultando em requisições das outras Armas na tentativa de elaborar um programa de instruções semelhante para seus cadetes. Entretanto, como o COpEsp não era reconhecido como curso regular e tampouco a equipe de instrução dispunha de ato oficial que os amparasse, as solicitações não puderam ser atendidas (ibid., p. 13).

Posteriormente, o general de exército Augusto César Muniz de Aragão, comandante do Departamento de Educação e Cultura do Exército (DECEx) e ex-comandante do Corpo de Cadetes da AMAN, atendendo a reivindicação dos instrutores, constituiu um organismo destinado a aprimorar o ensino profissional, com ênfase para as ações de combate dentro da estrutura de ensino da academia (ibid., pp. 13-14). A partir da publicação do Boletim Interno número 55, em 12 de agosto de 1966, foi designada uma comissão especial de estudo responsável por atualizar e dinamizar as instruções militares ministradas na AMAN.

Os trabalhos resultantes dessa comissão permitiram a implementação de diversas ações, dentre as quais destaca-se a criação do Departamento de Instrução Especial (DIEsp), instituído com o objetivo de desenvolver competências técnico-profissionais relacionadas a: procedimentos de patrulha, montanhismo, guerra revolucionária, guerra na selva e fuga e evasão. O modelo utilizado para estruturar os processos de formação do DIEsp foi baseado, inicialmente, no currículo do Curso de Comandos (cuja primeira turma havia se qualificado naquele mesmo ano) e propôs que as diferentes temáticas fossem exploradas na forma de estágios. A grade tinha como finalidade apresentar um panorama amplo e objetivo do combate moderno no uso de pequenas frações de tropa (Neto, 2017, pp. 16-18).

Devidamente aprovadas pelo Departamento de Ensino e Pesquisa da AMAN, as instruções ministradas a partir de 1967, ano de início das atividades do DIEsp, foram incluídas no currículo acadêmico e estavam alicerçadas nas notas de aula do Curso de Comandos, o qual teve quatro oficiais e dois sargentos que serviam na academia como alunos. Esses militares compuseram a primeira equipe de instrução do DIEsp[18] com o tenente-coronel Jofre Coelho Chagas, destacado como instrutor chefe daquele departamento. Posteriormente, em razão da Portaria nº 54 publicada pelo EME, em 8 de dezembro de 1969, o DIEsp teve sua denominação alterada para Seção de Instrução Especial (SIEsp), oficialmente reconhecida pelo EB (ibid., p. 18).

Os módulos de instrução ministrados pela SIEsp[19] são considerados pelos cadetes da AMAN como um dos maiores desafios enfrentados em seu percurso acadêmico. Computando uma trajetória de mais de 50 anos como seção orgânica do Corpo de Cadetes, a reverenciada SIEsp teve sua semente plantada por um grupo coeso de militares. Eles ousaram tanto no desafio de estabelecer as bases da atividade de OpEsp no EB quanto na tarefa de incutir uma mentalidade transformadora no ambiente acadêmico da Força Terrestre Brasileira. Quando se recordam do exigente programa de instrução promovido pela SIEsp, os oficiais qualificados pela Academia não escondem o profundo apreço que têm pela seção orgânica, e evidenciam a contribuição que os conteúdos ali ministrados trouxeram para seu aperfeiçoamento pessoal e profissional (Lisboa, 2018c, pp. 20-22).

CORAÇÕES E MENTES

Consideradas um importante recurso na condução das guerras, as OpPsc foram historicamente utilizadas no cenário internacional como elemento de influência e persuasão. Embora ainda não tivessem seus conceitos doutrinários formalmente estabelecidos em períodos anteriores à Primeira Guerra Mundial, conflito que marca a utilização da propaganda (OpPsc) devido ao desenvolvimento dos meios de comunicação de massa, diferentes autoridades políticas e militares utilizaram desse artifício em favor de seus objetivos.

Nos conflitos travados em território brasileiro no decorrer do século XIX, Duque de Caxias se valeu de OpPsc de modo a favorecer sua ação de comando contribuindo para a pacificação nacional. No Maranhão (Revolta da Balaiada), Caxias obteve sucesso perante os rebelados, quebrando-lhes a unidade e levando-os à cisão em razão de divergências internas. No Rio Grande do Sul (Revolução Farroupilha), o apelo ao sentimento pátrio fez superar os ideais federalistas, republicanos ou separatistas, promovendo a união de todos os contendores (Rodrigues & Vale, 2021).

Já no século XX, o desenvolvimento da doutrina de OpPsc da Força Terrestre Brasileira recebeu uma notável contribuição da comunidade OpEsp. Ainda que o primeiro contato do EB com essa modalidade de ação tenha ocorrido durante a Segunda Guerra Mundial, quando militares brasileiros e norte-americanos atuaram conjuntamente nos mais diversos tipos de operações, foi a partir da publicação do Manual de Campanha de Guerra Psicológica (C 33-5), editado em 1956, que os pilares doutrinários das OpPsc nacionais foram cimentados (Brasil, 1999, pp. 1/1-1/2).

Em decorrência da Guerra Fria, em 1959, o resultado da Revolução Cubana[20] levou os EUA a desenvolverem variados programas de contrainsurgência na América Latina como parte de sua política de contenção do comunismo na região. No ano de 1962, o 8th SFG-A enviou uma companhia para o Panamá com o propósito de ministrar diversos cursos (Inteligência, Saúde, Investigação Criminal Militar, Demolições e OpPsc) na *United States Army Caribbean School* (Escola Caribenha do Exército dos Estados Unidos — atual *United States Army School of the Americas*, ou Escola das Américas do Exército dos Estados Unidos — localizada em Fort Gulick. O capitão Thaumaturgo Sotero Vaz (OE nº 10) participou da aplicação desses cursos como instrutor convidado, entre 1962 e 1963. Por esse motivo, foi designado para servir no Centro de Estudo de Pessoal (CEP), em 1966, e incumbido de planejar e conduzir, pela primeira vez no Brasil, os cursos de Informações e de OpPsc (T. S. Vaz, 2012; Rodrigues & Vale, 2021), com o capitão José Carlos Saraiva dos Santos (OE nº 12).

No decorrer de 1968, o Curso de OpPsc foi suspenso e a formação nessa modalidade se restringiu à comunidade OpEsp por meio de um estágio. Uma questão que merece ser evidenciada é que durante um longo período o 1º BFEsp (criado em 1983) foi a única tropa do EB capacitada a realizar OpPsc. Essa realidade foi alterada apenas com o advento da Brigada de Operações Especiais (Bda Op Esp [atual Comando de Operações Especiais/COPESP[21]]) em 2002, com a criação do Destacamento de OpPsc (DstOpPsc), posteriormente designado como 1º Batalhão de Operações Psicológicas (1º BOpPsc) subordinado àquela grande unidade de OpEsp do EB (Rodrigues & Vale, 2021).

No caso do Brasil, em especial, é de fundamental importância esclarecer que, histórica e doutrinariamente, as OpPsc são parte integrante da Comunicação Social (ComSoc), como também as Relações Públicas e as Informações Públicas, sendo seus métodos limitados pelos costumes, moralidade e valores éticos do povo brasileiro (Brasil, 1999, pp. 1/3).

NOTAS

1. A doutrina militar francesa, vitoriosa na Primeira Guerra Mundial, foi escolhida pelo governo do presidente Wenceslau Braz Pereira Gomes para atualizar a arte militar junto ao EB. Coube à Missão Militar Francesa a tarefa de apresentar aos militares brasileiros os aspectos inerentes à nova tipologia de armamento e os novos métodos de combate que tornavam obsoletos os procedimentos anteriores à Grande Guerra. A decisão de tomar a França como modelo de referência para instruir o EB se explica pela vitória francesa ao final do conflito, bem como pelos laços culturais que aproximavam os dois países. No curso de vinte anos (1920-1940), a Missão Militar Francesa influenciou os militares brasileiros à implantação de um método de raciocínio voltado para a solução de assuntos táticos, contribuindo substancialmente para o desenvolvimento do pensamento militar nacional (Brasil, 1972, pp. 810-813).

2. Conflito ocorrido na Argélia (região Norte do continente africano) entre 1954 e 1962, desencadeado pela FLN (Frente de Libertação Nacional) contra a dominação da França, que desde 1830 tinha o território argelino como sua colônia. Iniciadas no campo, as ações da FLN ganharam notoriedade entre as populações árabe e berbere (povos pertencentes às famílias linguísticas afro-asiáticas), estendendo o movimento de libertação para a cidade de Argel, em 1956. Lutando com base nas ações de pequenos grupos de guerrilha, os insurgentes argelinos foram impiedosamente combatidos pelas tropas francesas. No decorrer de oito anos de confronto, o ímpeto combativo das duas forças antagonistas mostrava grandes sinais de desgaste. Finalmente, em julho de 1962, a Argélia conquistou sua independência após o presidente francês Charles de Gaulle oferecer aos argelinos a opção de se integrarem à França com um governo autônomo ou tornarem-se plenamente livres (Ferrari, 2011, pp. 506-507; H. F. Tavares, 1984, pp. 366-369).

3. Constitui o extenso período de confrontos iniciado em 1948 por iniciativa dos países que constituíam a Liga Árabe (Egito, Iraque, Líbano, Síria, Arábia Saudita, Transjordânia [atual Jordânia] e Iêmen) em represália a criação do Estado de Israel. Em resposta ao Holocausto (processo de extermínio étnico deliberado da população judaica realizado pela Alemanha nazista durante a Segunda Guerra Mundial), a grande imigração de judeus para o Oriente levou a ONU a decidir, em

novembro de 1947, pela divisão da Palestina em dois Estados: um judeu e outro árabe. Historicamente, o termo Palestina refere-se à área geográfica na qual se encontram os atuais Estados de Israel, a Cisjordânia e a Faixa de Gaza. A região fez parte do Império Turco-Otomano (1299-1922), passando a ser governada pelo Reino Unido desde o fim da Primeira Guerra Mundial até 1948. Apesar da Liga Árabe se opor veementemente à divisão proposta pela ONU, Israel proclamou sua independência em 14 de maio de 1948, iniciando um período de hostilidade que se estendeu por toda a segunda metade do século XX, prolongando-se pelo século XXI (Ferrari, 2011, pp. 512-513; H. F. Tavares, 1984, pp. 63-67).

4. Durante a realização dos Jogos Olímpicos de 1936, o capitão Roberto de Pessôa foi destacado como subchefe da delegação de professores-estudantes de desportos que participaram do Congresso Internacional de Educação Física na *Reichssport Akademie* paralelamente à Olimpíada de Berlim (Gonçalves, 2007, p. 520).

5. Para a estratégia de guerra nazista, a ocupação da Ilha de Creta (Grécia) possibilitaria à *Luftwaffe* dispor de considerável poder aéreo sobre a parte oriental do Mediterrâneo. No dia 19 de maio de 1941, os alemães bombardearam as bases navais da baía de Suda, Alexandria e Benghazi, enquanto a *Luftwaffe* encarregou-se de silenciar a artilharia antiaérea. No dia seguinte, veio a onda de paraquedistas transportados por planadores. Ainda que um significativo número de soldados tenha sucumbido ante as defesas das tropas neozelandesas, australianas, britânicas e gregas, grande parte deles, distribuídos em três grupos de assalto distintos, conseguiu ganhar terreno dominando posições estratégicas na ilha. No dia 28, ficou evidente que a batalha estava perdida para as forças Aliadas, e, no princípio de junho, toda ilha havia sido dominada pelas tropas paraquedistas do *XII Fliegerkorps* (XII Corpo Aéreo), unidade da *Luftwaffe* comandada pelo general Kurt Student (Young, 1980, pp. 72-74).

6. Grande unidade do EB constituída a partir da criação da Escola de Paraquedistas (1945), mais tarde transformada em NuDAet (1953) e Brigada Aeroterrestre (1969), cuja denominação foi alterada para Brigada Paraquedista (1973) e BdaInfPqdt (1985). Localizada na Vila Militar (região oeste da cidade do Rio de Janeiro), a Bda Inf Pqdt é subordinada ao Comando Militar do Leste (CML) e ao Comando de Operações Terrestres (COTER), e componente da Força de Atuação Estratégica do EB. Estruturalmente a Bda Inf Pqdt é formada pelo quartel-general e por outras 15 organizações militares: Centro de Instrução Paraquedista General Penha Brasil (CI Pqdt GPB), três Batalhões de Infantaria Paraquedista (25º, 26º e 27º B I Pqdt), 8º Grupo de Artilharia de Campanha Paraquedista (8º GAC Pqdt), 20º Batalhão Logístico Paraquedista (20º BLog Pqdt), Batalhão de Dobragem, Manutenção de Paraquedas e Suprimento pelo Ar (B DoMPSA), 1º Esquadrão de Cavalaria Paraquedista (1º Esqd C Pqdt), Companhia de Precursores Paraquedistas (Cia Prec Pqdt), 21ª Bateria de Artilharia Antiaérea Paraquedista (21ª Bia AAAe Pqdt), 1ª Companhia de Engenharia de Combate Paraquedista (1ª Cia E Cmb Pqdt), 20ª

Companhia de Comunicações Paraquedista (20ª Cia Com Pqdt) Destacamento de Saúde Paraquedista (Dst sal Pqdt) e 36º Pelotão de Polícia do Exército Paraquedista (36º Pel PE Pqdt) (Ferro, 2015, pp. 26-39).

7. Necessitando se adaptar às especificidades de um novo cenário, no qual a guerra irregular (guerra de guerrilha) ganhava cada vez mais relevância nas estratégias de condução dos conflitos, as FOpEsp do Exército norte-americano promoveram esse ajustamento no início da década de 1950. A transição se embasou nos ensinamentos obtidos durante a Segunda Guerra Mundial e a Guerra da Coreia (1950-1953), e na assimilação dos conhecimentos adquiridos em razão dos procedimentos realizados pelas tropas paraquedistas francesas contra os integrantes do *Viet Minh* (Movimento Revolucionário de Libertação do Vietnã na Primeira Guerra da Indochina, 1946-1954) (Rottman, 1999, pp. 3-4).

8. Os *Rangers* norte-americanos surgiram no contexto da Segunda Guerra Mundial, quando o brigadeiro general Lucian King Truscott Jr., oficial de ligação junto ao alto comando britânico, convenceu o chefe do estado-maior do Exército dos EUA sobre a necessidade de se constituir uma tropa estadunidense que operasse ao estilo dos *Commandos* britânicos. Em maio de 1942, foi autorizada a criação do *1st Ranger Battalion* (1º Batalhão Ranger), comandado pelo major William Orlando Darby, oficial com treinamento em operações anfíbias. O termo foi escolhido propositalmente devido à relevância histórica das tropas *Rangers* organizadas pelo major Robert Rogers durante a Guerra Franco-Indígena travada no território norte-americano entre 1754-1763. No decorrer da Segunda Guerra, diferentes batalhões com essa nomenclatura participaram com destaque nos teatros de operações da Europa, África do Norte e Pacífico, e alguns deles foram desmobilizados após o término do conflito. Na década de 1950, os *Rangers* foram mais uma vez chamados a intervir. Na Guerra da Coreia (1950-1953), eles foram destacados para apoiar diferentes unidades de Infantaria, patrulhando as linhas inimigas, além de realizar operações de reconhecimento, assalto e emboscada (Rottman, 1998, pp. 23-24; Southworth & Tanner, 2002, pp. 34-43).

9. O conceito dos SFG-A do Exército norte-americano surgiu em decorrência da atmosfera belicosa resultante da Guerra Fria, que conferia aos Estados vinculados aos blocos capitalista e socialista a necessidade de dispor de organizações aptas a executar ações clandestinas (realizadas de forma sigilosa, distante da opinião pública e sem denunciar o envolvimento do país que as patrocina) nas regiões globais onde fossem solicitadas. Particularmente nos EUA, coube ao brigadeiro general Robert Alexis McClure, comandante da OPW (*Office of Psychological Warfare*, ou Divisão de Guerra Psicológica) do Exército, a criação de unidades vocacionadas para este fim. Convicto de suas percepções, e enfrentando a resistência da ala conservadora da Força Terrestre Estadunidense (cujo pensamento estava enraizado nos conceitos da guerra clássica e direcionado para o contexto da guerra nuclear), em 1951, McClure instituiu e vinculou uma seção destinada

à condução de ações não convencionais ao órgão que comandava. Liderada pelo coronel Wendell Fertig, a *Special Operations Section* (Seção de Operações Especiais) da OPW tinha os coronéis Russell William Volckmann e Aaron Bank, respectivamente, como oficial de planejamento e diretor de operações. Veteranos da Segunda Guerra Mundial, Fertig, Volckmann e Bank prestaram relevante contribuição na assessoria a movimentos de guerrilha que se opunham às tropas do Eixo nos teatros da Europa e do Pacífico. Foram incorporados à Seção de Operações Especiais antigos integrantes da OSS (*Office of Strategic Services*, ou Agência de Serviços Estratégicos), serviço de inteligência dos EUA durante a Segunda Guerra, e dos *Merrill's Marauders*, tropa norte-americana constituída entre 1943 e 1944 para conduzir operações irregulares na Birmânia (atual Mianmar) contra os japoneses. Embora não tivesse oferecido condições para o desencadeamento de OpESp, a Guerra da Coreia (1950-1953) teve importância como primeiro campo de experimentação para a OPW. Posteriormente, em junho de 1952, sob o comando do coronel Aaron Bank, foi criado o 10th SFG-A, reunindo um grupo heterogêneo de voluntários oriundos de diferentes unidades do Exército, incluindo soldados jovens inexperientes e veteranos de conflitos passados. Foi durante o governo do presidente John Fitzgerald Kennedy (1961-1963) que as FEsp norte-americanas tiveram grande incremento. Em 1961, em uma visita oficial a Fort Bragg, Kennedy mostrou-se positivamente impressionado com as capacidades na condução da modalidade de guerra não convencional demonstradas pelo 7th SFG-A (criado em maio de 1960). Convicto de que aquela modalidade de enfrentamento era a mais adequada para o tipo de guerra que se configurava no cenário internacional, o presidente determinou a expansão das Forças Especiais. A iniciativa presidencial deu origem ao 5th SFG-A (1961), 3rd, 6th e 8th SFG-A (1963) (Rottman, 1999, pp. 5-10; Southworth & Tanner, 2002, pp. 102-109).

10. As diretrizes do Curso de OpEsp ministrado entre 1957 e 1958 estabeleciam que somente poderiam ser matriculados os oficiais e sargentos oriundos das seguintes Armas: Infantaria (para cobertura e ação), Engenharia (para o emprego de minas, armadilhas e destruições), Serviço de Intendência (para os suprimentos e subsistências) e Serviço de Saúde (para ações de socorro e assistência médica) (Schwingel & Mota, 2016, p. 41).

11. Técnica militar de salto livre que posteriormente daria origem ao SLOp (salto livre operacional), executado quando os militares se encontram equipados e armados para o combate. Nessa categoria, o paraquedista salta da aeronave em alturas que variam entre mil e dez mil metros do solo. Essa modalidade é realizada em grandes altitudes (requerendo dispositivo de respiração em função do ar rarefeito) a fim de manter o sigilo da operação. A queda pode durar mais de um minuto até o altímetro acusar a altura ideal para o acionamento manual do equipamento. Esse tipo de salto distingue-se por duas técnicas: HALO (*High Altitude-Low Opening*), que se caracteriza por saltos realizados em grande altitude e abertura do paraquedas em baixa altura (entre seiscentos a setecentos metros do

solo), minimizando os riscos do paraquedista ser alvejado pelo inimigo durante o voo, e HAHO (*High Altitude-High Opening*), que se caracteriza pelo salto em grande altitude e abertura do paraquedas em grande altura (entre setecentos a 1.500 metros do solo), permitindo que o paraquedista voe cobrindo distâncias que variam entre vinte a 25 quilômetros até a área de pouso (Lisboa, 2018a, p. 265).

12. Este tipo de salto requer paraquedas semiautomático, cuja fita de abertura é conectada a um dispositivo no teto interno do avião. Logo após a execução do salto, a fita presa ao avião libera o paraquedas principal (localizado nas costas) que se abre quase que imediatamente. Os saltos enganchados visam a chegada rápida dos paraquedistas ao solo, evitando que eles sejam alvejados em pleno ar pelo inimigo. Por isso, esse tipo de salto ocorre a cerca de quatrocentos metros do solo, forçando a aeronave a voar em altitudes baixas, que a tornam vulnerável a radares e armas antiaéreas. O salto enganchado é executado de duas formas diferentes: MAMO (*Medium Altitude-Medium Opening*), nessa modalidade o salto é realizado entre 250 a quatrocentos do solo em locais onde a incidência defensiva inimiga é limitada, oferecendo poucos riscos à integridade dos paraquedistas ou da aeronave, e LALO (*Low Altitude-Low Opening*), nesta variação o salto é realizado entre 160 a duzentos metros do solo, praticada em locais onde ocorre grande incidência defensiva por parte do inimigo, oferecendo risco para a integridade tanto dos paraquedistas quanto da aeronave (Lisboa, 2018a, p. 265).

13. Entidade constituída em 1910, durante o governo do presidente Nilo Peçanha, com o propósito de prestar assistência às populações indígenas do Brasil — organizada pelo marechal Cândido Mariano da Silva Rondon, por ocasião do trabalho por ele realizado visando a expansão da rede telegráfica de comunicação brasileira, que utilizava a doutrina sociológica de integração dos povos indígenas por absorção (considerava-se que o nível de desenvolvimento dos índios ocorreria mediante adaptação gradativa às vantagens dos processos civilizados de habitação). Após denúncias de corrupção e ineficiência, em 1967 a entidade foi substituída pela Fundação Nacional do Índio (FUNAI) (Brasil, 1972, pp. 793-799).

14. O Estágio de Guerra na Selva do curso 57/1 foi elaborado com referência às informações transmitidas pelo capitão Luiz Paulo Fernandes de Almeida (OE 05), em razão de sua experiência ao cursar o estágio análogo ministrado pelo Exército norte-americano no *Jungle Warfare Training Center* (Centro de Treinamento de Guerra na Selva), localizado em Fort Sherman, base da Força Terrestre Estadunidense instalada no Panamá. O treino ocorreu durante o período em que os EUA permaneceu em território panamenho devido ao Tratado de Hay-Bunau-Varilla (1903-1977), acordo ratificado entre os países visando a construção e o controle do Canal do Panamá por autoridades norte-americanas. Posteriormente, quando o EB se conscientizou acerca da importância de dispor de doutrina autóctone relacionada às operações de selva, um grupo de militares liderados pelo major Jorge Teixeira de Oliveira, servindo no quartel-general do NuDAet, deslocou-se para o Panamá em

março de 1964 com o objetivo de qualificar-se no JOTC (*Jungle Operation Training Course*). Essa viagem à América Central é bastante significativa para a história do EB, pois constitui o marco da criação do CIGS. O papel desempenhado pelo capitão Thaumaturgo Sotero Vaz (OE nº 10) contribuiu substancialmente para a origem desse centro de formação. Na época, servindo como instrutor convidado da *United States Army Caribbean School*, foi responsável por traduzir para o português todos os documentos necessários para a aplicação do JOTC aos militares brasileiros. No segundo semestre de 1964, servindo junto ao CIAet, coube ao capitão Thaumaturgo elaborar um relatório sobre as atividades do *Jungle Warfare Training Center* por solicitação do Gabinete do Ministro do Exército (P. F. Tavares, 2019; T.S. Vaz, 2012).

15 Considerado o principal difusor da doutrina de guerra na selva do EB e um dos principais centros de referência do mundo na formação de combatentes vocacionados para esse tipo de ambiente. Também conhecido como Centro Coronel Jorge Teixeira, o CIGS foi criado no dia 2 de março de 1964 para atender uma necessidade da Força Terrestre Brasileira de capacitar oficiais e praças na condução de operações de selva e adestrar as frações de tropa ou unidades. Subordinado ao CMA, o CIGS está localizado na cidade de Manaus (capital do Amazonas) e é constituído por uma Divisão de Doutrina e Pesquisa (DDP), além de um complexo de sete Bases de Instrução (Marechal Rondon, Plácido de Castro, Lobo D'Almada, Pedro Teixeira, Ajuricaba, Felipe Camarão e Henrique Dias) destinadas à realização de cursos e estágios de operações na selva (Farias, 2014, pp. 10-12).

16. Fortaleza belga construída nas proximidades da fronteira norte da Bélgica, responsável por defender as pontes sobre o Canal Alberto, fundamentais para o acesso da *Wehrmacht* (FA da Alemanha nazista) à região central belga e às áreas adjacentes. Considerada intransponível, esperava-se que a fortaleza conseguisse conter o avanço alemão por algumas semanas, mas uma operação de assalto, realizada entre os dias 10 e 11 de maio de 1940, possibilitou que 85 homens das tropas *Fallschirmjäger* (paraquedistas) alemãs adentrassem o forte transportados por planadores DFS-230, avançando rapidamente pelo local enquanto confrontavam a guarnição de 750 militares que se renderam. Simultaneamente ao ataque à Eben-Emael, outros grupos *Fallschirmjäger* atacaram as pontes sobre o canal, permitindo que as tropas alemãs do Grupo de Exército do Norte, sob comando do general Fedor von Bock, avançassem furiosamente contra seus oponentes (Jordan & Wiest, 2008, pp. 31-32).

17. O currículo da AMAN foi alterado em virtude de um seminário ocorrido em 1959 que orientou acerca de modificações nos cursos militares. Assim, atendendo a uma portaria emitida em 27 de janeiro de 1964, a academia passou a ter um novo regulamento, segundo o qual os cursos que até então tinham duração de três anos passariam a ser ministrados ao longo de quatro anos, sendo os dois anos iniciais no Curso Básico e mais dois anos em uma das Armas (Infantaria, Cavalaria, Artilharia, Engenharia e Comunicações), quadro de material bélico ou serviço de intendência. A primeira turma qualificada pela AMAN após a

adequação do currículo de quatro anos foi a de 1967 (Peres, 2011, p. 57).

18. Além do tenente-coronel Jofre, compunham a primeira equipe de instrução do DIEsp os seguintes militares: capitão José Siqueira Silva, capitão Renato Sérgio Nogueira de Oliveira, primeiro tenente Aderval Waltemberg Silva, primeiro tenente Roberto Jugurtha Câmara Senna, segundo sargento Evaristo da Silva e terceiro sargento Marton Vieira de Souza (Neto *et al.*, 2017, p. 20).

19. A SIEsp é responsável por planejar, coordenar e conduzir quatro módulos de instrução que reproduzem situações de combate próprias de ambientes complexos: Estágio Básico do Combatente de Montanha (1º ano), Estágio de Vida na Selva e Técnicas Especiais (2º ano), Estágio de Patrulha de Longo Alcance com Características Especiais (3º ano) e Estágio de Operações de Garantia da Lei e da Ordem (4º ano). Realizados de forma independente no decorrer dos quatro anos de formação acadêmica, cada um dos módulos é conduzido seguindo uma complexidade progressiva, com a finalidade de explorar nos Cadetes os aspectos físicos, psicológicos e intelectuais do desenvolvimento humano. Os Estágios promovidos pela SIEsp transcorrem de forma semelhante a um módulo didático dos Programas Padrão de Adestramento realizados nos cursos (respectivos de cada Arma) e demais seções da AMAN (Seção de Liderança, Seção de Tiro, Seção de Educação Física e Seção de Equitação) (Lisboa, 2018c, pp. 18-19).

20. Movimento revolucionário armado conduzido em Cuba entre 1953 e 1959 contra o governo do presidente Fulgencio Batista. Liderado por Fidel Castro, o Movimento 26 de Julho (denominação alusiva à data da primeira ação guerrilheira no país) manteve-se refugiado e em treinamento na pouco habitada região de Sierra Maestra, uma cadeia de montanhas situada nas proximidades da província de Oriente. Contando com suporte urbano desde a cidade de Santiago de Cuba, localizada nas imediações de Sierra Maestra, em 1958 os revolucionários declararam guerra total ao governo sediado em Havana, o qual se mostrava cada vez mais fragilizado. Aproximando-se da região central do país, as tropas revolucionárias comandadas por Ernesto Che Guevara atacaram com sucesso a capital provincial de Santa Clara, ação que precipitou a fuga de Fulgencio Batista levando à queda imediata de seu governo em 1º de janeiro de 1959. Ainda que Fidel Castro não tenha se comprometido com a causa socialista enquanto durou a revolução, seu posterior alinhamento com a URSS e sua posição anti-imperialista (a partir de 1960) deram início a um período no qual a América Latina foi fortemente influenciada por movimentos esquerdistas dispostos a transformar a ordem vigente nos EUA, sua principal referência (H. F. Tavares, 1984, pp. 393-399).

21. A sigla COPESP, utilizada em referência ao Comando de Operações Especiais do EB, foi grafada intencionalmente com todas as letras maiúsculas para não causar confusão com o mesmo acrônimo (COpEsp), escrito com uma combinação de letras maiúsculas e minúsculas e usado para designar o Curso de Operações Especiais ministrado pelo NuDAet.

6
SEGUNDA GERAÇÃO DAS OPESP DO EXÉRCITO BRASILEIRO (1968-1983)

CENÁRIO BRASILEIRO ENTRE AS DÉCADAS DE 1960 E 1980

Nos anos finais da década de 1960, grupos de orientação marxista-leninista iniciaram a luta armada no Brasil com a finalidade de encontrar um caminho que lhes desse acesso ao poder. Conduzidas no campo ou nas cidades com ações de propaganda e intimidação, que visavam a colapsar o governo militar de modo a instalar um regime comunista, as táticas de guerrilha empreendidas por esses grupos desafiaram as FA a se adequarem a um tipo de enfrentamento ao qual não estavam familiarizadas. Desse modo, foi preciso encontrar soluções que fugiam dos padrões convencionais para colocar fim à ameaça representada pela iniciativa desses movimentos guerrilheiros (Studart, 2006, pp. 13-14).

A experiência adquirida nos anos 1970 por causa do enfrentamento à atividade guerrilheira, sobretudo no combate travado em ambiente rural, trouxe inúmeras e valiosas lições para o EB, incrementando as doutrinas relativas ao modo de guerra irregular. Tal evolução refletiu na década seguinte, quando a Força Terrestre Brasileira, ciente da crescente relevância dos conflitos de natureza irregular, promoveu um importante avanço em sua atividade de OpEsp.

No cenário internacional, a Guerra do Vietnã demonstrou quão despreparadas para travar pequenas guerras (modalidade irregular) estavam as FA dos estados que moldam suas concepções de enfrentamento no poderio de seu aparato bélico e nos procedimentos convencionais da guerra de atrito. Adotando um estilo evasivo de guerrilha, o vietcongue não permitia às tropas norte-americanas travar uma batalha decisiva. Tal fato evidenciou a eficiência da estratégia de desgaste conduzida por atores que se valem da guerra irregular assimétrica para compensar desproporções relacionadas ao poder de combate (Wiest & McNab, 2016, p. 25).

Considerado um período no qual a atividade terrorista internacional teve grande desenvolvimento, as décadas de 1970 e 1980 marcam o surgimento de grupos extremistas de natureza religiosa ou político-ideológica como o Baader-Meinhof, IRA (*Irish Republican Army*, ou Exército Republicano Irlandês[1]), o ETA (*Euskadi Ta Askatasuna*, ou Pátria Basca e Liberdade[2]), o FPLP (Frente Popular para a Libertação da Palestina[3]), entre outros. Optando pela imposição da violência para promover suas causas e alcançar seus objetivos, esses grupos utilizaram artefatos explosivos ou executaram sequestros como moeda de troca na compra da liberdade de companheiros e também como forma de financiar novas ações (Woloszyn, 2010, pp. 17-21).

Em resposta à crescente atividade terrorista que causava grande inquietação em toda comunidade internacional, os Estados nacionais investiram na constituição de tropas vocacionadas para enfrentar a ameaça representada pela ação desses grupos armados.

DIVIDIR PARA CONQUISTAR

Durante a Guerra Civil deflagrada na República Dominicana em 1965, a Organização dos Estados Americanos (OEA), temendo a instauração do regime comunista[4] em mais um país ocidental, organizou uma Força Interamericana de Paz[5] (FIP) composta por militares da Nicarágua, de Honduras, da Costa Rica, do Paraguai e do Brasil (além de tropas norte-americanas que foram enviadas pelo governo dos EUA antes da constituição da FIP).

Cumprindo a resolução da OEA com o propósito de auxiliar no processo de restauração da normalidade no país caribenho, o Brasil constituiu o Destacamento Brasileiro da Força Armada Interamericana (FAIBRÁS), composto por um Batalhão do Regimento Escola de Infantaria (REsI), acrescido de um grupamento de Fuzileiros Navais do Batalhão Riachuelo. No ano seguinte, após a retirada do contingente internacional do território dominicano, um grupo de oficiais e sargentos do REsI que integraram a FAIBRÁS decidiu criar um Curso de Comandos no qual pretendiam disseminar os conhecimentos adquiridos no ambiente operacional dominicano. A partir da criação desse curso, o EB desenvolveu dois programas de formação especializados em métodos de AD, sendo um no CIEspAet (1ª fase do COpEsp) e outro no REsI, ambos não reconhecidos oficialmente pela Força Terrestre Brasileira (Pinheiro, 2008, pp. 19-20).

Ainda em 1966, com o objetivo de promover um estudo para identificar o aproveitamento do COpEsp para o EB, o coronel Augusto Verner de Castro Araújo — inicialmente escalado para compor o grupo que em 1956 avaliou as possibilidades de inserir paraquedistas do EB em operações de Busca e Salvamento — foi incumbido de presidir uma comissão constituída por oficiais do Estado-Maior do NuDAet e por oficiais qualificados em OpEsp (ibid., pp. 19-20).

Conforme levantamento realizado por essa comissão, ficou evidente que o currículo do COpEsp, nos moldes originais concebidos em 1957, não mais atendia às demandas do EB, portanto era necessário desmembrá-lo (Motta, 2020). Submetido à avaliação do EME, o estudo resultou no reconhecimento da atividade de OpEsp pelo EB (com a publicação da Portaria Ministerial número 292/GB, emitida em 12 de agosto de 1968, pelo general de exército Aurélio de Lira Tavares, Ministro do Exército) e na criação do CAC (Curso de Ações Comandos, 1ª fase do COpEsp) e CFEsp (Curso de Forças Especiais, 2ª fase do COpEsp). Na sequência desse ato administrativo, o curso do REsI foi extinto, enquanto o Destacamento de Forças Especiais (DFEsp), primeira unidade de OpEsp do EB foi ativado (Pinheiro, 2008, pp. 19-20).

Com a divisão do COpEsp em dois cursos distintos (CAC e CFEsp), o EB enfatizou a doutrina dos Movimentos Revolucionários Patrocinados[6] (MRP), tendo o modelo utilizado pelas *Special Forces* norte-americanas nas aldeias sul-vietnamitas[7] durante a Guerra do Vietnã como principal referência (Silveira, 2020).

Instalado nas dependências do NuDAet e subordinado ao CIEspAet, o DFEsp era uma OM com valor de companhia estruturada nos moldes dos SFG-A norte-americanos[8], dispondo de um Destacamento de Coordenação e Controle (DstCooCt) e dois Destacamentos Operacionais de Forças Especiais (DOFEsp). Nesse contexto, tomando a organização dos SFG-A do Exército dos EUA como referência, inicialmente projetava-se que, ao dispor de efetivo suficiente, as FEsp do EB seriam compostas da seguinte forma: um grupo de FEsp teria três Destacamentos C, um Destacamento C teria três Destacamentos B e um Destacamento B teria três Equipes A. Cada Equipe A deveria ser constituída por quatro oficiais e oito sargentos, aptos a atuar operacionalmente com completa autonomia (Pinheiro, 2008, pp. 19-20).

Na época de sua criação, o DFEsp era responsável por cumprir missões operacionais recebidas diretamente do comando da

Brigada Aeroterrestre (BdaAet) e por conduzir o CAC e o CFEsp. Após o fim do período de enfrentamento ao foco guerrilheiro na região do rio Araguaia, o DFEsp teve sua subordinação alterada, respondendo diretamente ao Comando da BdaAet. Embora a Seção de Operações Especiais (SeçOpEsp) tenha sido constituída em 1982, seu efetivo era insuficiente, fazendo com que o DFEsp permanecesse responsável pela formação dos quadros operacionais qualificados como Comandos e FEsp até a criação do 1º BFEsp em 1983 (Gonçalves, 2007, p. 78).

Uma passagem significativa relacionada ao desmembramento do COpEsp refere-se à aplicação do Treinamento de Prisioneiros de Guerra ministrado para os alunos do Estágio de Ações de Comandos a partir de 1964. Esse programa surge como uma variação do Estágio de Fuga e Evasão ministrado no segundo semestre de 1959 para os cadetes do terceiro ano do Curso de Infantaria da AMAN (Montenegro, 2020). Influenciado pela leitura do livro *Os centuriões* — obra escrita pelo autor francês Jean Lartéguy (publicada em 1960) que narra a atuação dos legionários paraquedistas franceses nas campanhas de guerra irregular realizadas na Primeira Guerra da Indochina (1946-1954) e na Guerra de Independência da Argélia (1954-1962), considerada leitura indispensável para os paraquedistas brasileiros na década de 1960 — o capitão Luiz Fernando Teixeira Dantas, instrutor-chefe do CAC, propôs a realização de treinamentos dessa natureza para os militares que se candidataram ao curso (Motta, 2020). Aplicado em uma área de clima frio e chuvoso na região das Agulhas Negras (Parque Nacional de Itatiaia, estado do Rio de Janeiro), o treinamento estendia-se por três dias e três noites em uma área de duzentos metros quadrados e tinha a finalidade de testar os limites da resistência física e psicológica dos alunos. As missões cumpridas por tropas qualificadas como Comandos ocorrem, predominantemente, em território inimigo ou hostil, ou seja, em um ambiente no qual o risco de ser capturado e preso por elementos adversos é potencializado (Veja, 1969, pp. 22-24).

Após o desmembramento do COpEsp, o conteúdo do CAC foi estruturado tendo por referência os tópicos ministrados no *Ranger Course* (Curso *Ranger*), programa de treinamento promovido pelo Exército dos EUA para unidades de Infantaria Aeroterrestre desde setembro de 1950, e que contemplava três fases distintas: Planejamento de Missões (nível de Grupo de Combate), Operações de Montanha e Operações Ribeirinhas (Silveira, 2020).

BATISMO DE FOGO

No início da década de 1970, o Brasil vivenciava um conturbado período de sua história, influenciado pelo ambiente polarizado decorrente da Guerra Fria, que motivou alguns atores partidários da ideologia comunista a optarem pela radicalização como alternativa para impor sua vontade. Seis anos antes, diante da convulsão social que havia se instaurado no país por causa do conjunto de medidas adotadas pelo presidente João Belchior Marques Goulart (1961-1964), cujo posicionamento político (populismo[9]) de forma ameaçadora se mostrava alinhado com os ideais da esquerda comunista, as FA, devidamente apoiadas por uma parcela da sociedade, dos empresários e da imprensa, interviram com o propósito de conter o recrudescimento dos conflitos e assegurar a democracia, passando a administrar o cenário político brasileiro a partir de 31 de março de 1964 (Brasil Paralelo, 2019).

O clima favorável à deflagração de uma revolução comunista no Brasil iniciou em novembro de 1935, quando a Aliança Nacional Libertadora[10] (ANL), apoiada pelo Partido Comunista Brasileiro (PCB) e pela Terceira Internacional Comunista[11], promoveu uma frustrada tentativa de golpe político-militar contra o governo do presidente Getúlio Dornelles Vargas (1937-1945). Com sucessivas rebeliões desencadeadas nos quartéis de Natal, Recife e Rio de Janeiro, o violento levante comunista liderado por Luís Carlos

Prestes, ex-capitão do EB convertido ao comunismo e presidente de honra da ANL, prolongou-se por quatro dias (entre 23 e 27 de novembro). O motim promoveu uma onda progressiva de saques, furtos, depredações, ocupação de prédios governamentais e atentados contra os irmãos de farda, sendo oportunamente debelado pelas tropas legalistas com um saldo de mais de duas dezenas de baixas fatais entre os militares que se comprometeram com os ideais democráticos e a defesa do Brasil (Brasil, 1972, pp. 960-972).

Sobre a tentativa de implementar o comunismo no Brasil, é importante destacar que a Revolução Cubana, ocorrida entre 1953 e 1959, motivou os jovens universitários que em diferentes países da América Latina foram tomados pelo fascínio utópico do guerrilheiro romântico a promover a revolução socialista no continente (Studart, 2006, p. 13). Inspirando-se no exemplo cubano[12], a ala mais radical da esquerda brasileira mobilizou-se para impulsionar a luta armada visando a imposição do regime comunista no país. Divergências na cúpula do PCB, cuja maioria não queria aderir à radicalização, levou a ala dissidente a fundar o Partido Comunista do Brasil (PCdoB) em 1962. Não tardou para que dezenas de militantes da nova legenda partidária fossem enviados a Cuba e à China a fim de receberem treinamento que seria posteriormente utilizado em ações guerrilheiras executadas no território brasileiro (Maciel, 2008, p. 15).

A luta armada começou, efetivamente, em 1965 com movimentos guerrilheiros urbanos e rurais desenvolvendo-se simultaneamente com diversas facções marxistas-leninistas agindo cada qual a seu modo com o propósito de tomar o poder (Studart, 2006, p. 13). Organizações como o PCdoB, ALN, Comando de Libertação Nacional (COLINA), Movimento Revolucionário 8 de Outubro (MR-8), Movimento Revolucionário Tiradentes (MRT), Vanguarda Popular Revolucionária (VPR) e Vanguarda Armada Revolucionária Palmares (VAR-Palmares), entre outras, combinaram ações armadas e realizaram propaganda com o propósito de intimidar o governo militar em um *modus operandi* típico das organizações terroristas[13].

Em meados da década de 1960, a violência revolucionária foi inserida na rotina dos brasileiros, que atemorizados passaram a acompanhar o aumento de assaltos a bancos e a estabelecimentos comerciais, a explosão de bombas em locais públicos, os sequestros de personalidades, os assassinatos e as execuções (justiçamentos) de companheiros que manifestavam o desejo de desistir da luta armada (Brasil Paralelo, 2019).

O movimento guerrilheiro rural teve início em 1966, quando começaram a chegar à área de selva os primeiros militantes do PcdoB. Eles se fixaram ali executando atividades agrárias e administrando pequenos comércios de modo a estabelecer contato com os moradores visando a conquistar sua confiança, a conduzir o reconhecimento da região do Araguaia e a instalar um precário sistema de identificação de pessoas estranhas que ali chegavam. Posteriormente, conforme preconizavam os princípios concebidos pela guerrilha revolucionária chinesa desencadeada por Mao Tsé Tung, o aumento do fluxo de militantes na área a partir de 1970 possibilitou o início da doutrinação político-ideológica da população com aparente apelo de trabalho voltado para a melhoria das condições sociais (Studart, 2006, pp. 326-327).

A Força de Guerrilha do Araguaia (FOGUERA), denominação autoatribuída pelos integrantes do movimento revolucionário, era composta por cerca de oitenta militantes do PCdoB (incluindo 15 mulheres). A organização se dividia em uma Sucursal Política, uma Comissão Militar, que por questão de segurança atuava de forma compartimentada em três destacamentos, cada um sem tomar conhecimento das ações efetuadas pelos demais, nas áreas de Faveiro, Gameleira e Caiano, respectivamente ao norte, centro e sul da região do Araguaia. Recrutados majoritariamente no ambiente universitário das cidades de Fortaleza, Salvador, Rio de Janeiro e São Paulo, os militantes que compunham a FOGUERA buscavam eclodir um movimento guerrilheiro rural que se estenderia para os grandes centros urbanos após receber apoio da população residente no campo (Pinheiro, 1996, pp. 38-55, pp. 40-43).

O cenário de crescente radicalização no país causou tamanha inquietação à sociedade brasileira que o governo do presidente Artur da Costa e Silva, em 1968, decretou o Ato Institucional nº 5 (AI-5) — documento legal que atribuía poderes de exceção ao Poder Executivo, tendo a ameaça à Segurança Nacional como justificativa para sua implementação (ibid., p. 19) — e intensificou o combate à atividade revolucionária em 1969.

Após a morte de Carlos Marighella (principal líder da ALN), ocorrida no dia 4 novembro de 1969 na cidade de São Paulo, o EB teve acesso a documentos que faziam alusão à grande área de treinamento da guerrilha rural que estava sendo preparada por militantes do PCdoB (Maciel, 2008, p. 25). Em decorrência dessa documentação, em novembro de 1970 o EB conduziu a Operação Marabá 70 (posteriormente denominada Operação Carajás) na região situada entre os estados de Goiás, Pará e Maranhão. A investida também se baseou em estudos conduzidos pelos órgãos de Inteligência das FA que apontavam a extensa região conhecida como Bico do Papagaio (compreendida pelos rios Xingu, Araguaia e Rio São Francisco) como área provável utilizada para o treinamento de guerrilheiros.

Realizada pelo Comando Militar da Amazônia (CMA) com a finalidade de promover um adestramento militar, a operação foi empreendida como uma cortina de fumaça para que integrantes do DFEsp e do Centro de Informações do Exército (CIEx), atuando descaracterizados nas localidades de Marajá (Pará), Imperatriz e Carolina (ambas no Maranhão), pudessem coletar informações acerca da presença de um foco guerrilheiro na região (E. Castro, 2020). Embora a operação de Inteligência tenha possibilitado a coleta de dados que comprovavam a atuação guerrilheira naquele ambiente, o material foi inadvertidamente queimado durante a destruição da base de apoio dos guerrilheiros, fato que inviabilizou a legitimação da existência de movimentos de orientação comunista na região (Maciel, 2008, p. 17).

Em 1972, após obter informações privilegiadas transmitidas em depoimento por um casal que havia desertado por não concordar com os métodos adotados pelo movimento guerrilheiro, o CIEx apressou-se em organizar uma operação composta por militares da BdaAet. A missão se destinou a realizar levantamento de área e a buscar informações a partir do município de Xambioá (situado no estado de Tocantins, à época localizado na região norte do estado de Goiás), deslocando-se para o norte seguindo o rio Araguaia (ibid., pp. 37-38).

Quando se recorda de sua participação nesta operação, o tenente-coronel Lício Augusto Ribeiro Maciel, qualificado no COpEsp 57/1, esclarece:

> A partir de Xambioá, subindo o rio Araguaia até Pará da Lama, antes da primeira corredeira, um dia inteiro de marcha firme pela trilha no sentido do Xingu. Partimos ainda escuro, dia 11 de abril de 1972. [...]
> Cerca de meio dia [do dia seguinte], são avistados dois homens sem camisa sentados em tocos, no pátio de uma grande palhoça, e uma velha, conversando, descansando para o almoço.
> Os cachorros da casa começaram a latir e iniciamos a corrida para onde eles estavam. Conseguiram fugir para a mata, pois havia sido preparado um obstáculo entre a picada e a casa: eles aproveitaram um leito de rio seco, cheio de troncos que tornaram pontiagudos, à guisa de abatises, retardando nossa aproximação. Quando chegamos na casa, os comunistas tinham fugido, deixando o almoço no fogo, quase pronto, uma panela de frango, outra de arroz e muita farofa. Dividida pelo nosso grupo, não deu para matar a fome, mas foi muito bom.
> Foi encontrada uma grande quantidade de documentos e manuais de treinamento militar, livros de doutrinação comunista, grande quantidade de uniformes, mochilas de lona reforçadas e costuradas com linha grossa, máquina de costura grande, industrial, armamento e munição, oficina de rádio bem aparelhada, com instrumentos básicos para transmissão e recepção [...] Procuramos a casa do gerador de energia e não encontramos.

Estava, assim, a 12/04/1972, descoberta a "grande área" de treinamento de guerrilha citada por Marighella.

Estávamos satisfeitos; afinal, após um grande esforço, tínhamos cumprido com pleno êxito a missão recebida (2008, pp. 37-38).

Em meados da década de 1960, quando foi iniciada a luta armada no Brasil, as FA já estudavam a tipologia da guerra irregular praticada por grupos guerrilheiros em diferentes partes do mundo, embora jamais tenham colocado em prática os conhecimentos teóricos (Studart, 2006, p. 14).

Sobre a doutrina de contraguerrilha utilizada pelas tropas brasileiras na região do rio Araguaia, convém esclarecer que as ações realizadas no combate ao movimento guerrilheiro desencadeado pela FOGUERA ocorreram com base no empirismo, oportunizando aprendizados que geraram uma doutrina autóctone[14] diferente daquela que era ensinada nas escolas de formação como a EsAO (Escola de Aperfeiçoamento de Oficiais) e ECEME (Escola de Comando e Estado-Maior do Exército). Distinguindo-se da doutrina norte-americana que era ensinada em ambas escolas[15], os princípios aplicados no Bico do Papagaio demandavam o enfrentamento a uma força irregular que estivesse em fase de implementação e, portanto, não totalmente consolidada (Silveira, 2020).

As ações militares empreendidas na região do Bico do Papagaio podem ser divididas em quatro fases/campanhas distintas conduzidas sucessivamente entre abril de 1972 e março de 1975.

A primeira fase ocorreu entre os meses de abril e agosto de 1972, quando o DFEsp (21 militares), comandado pelo major Thaumaturgo Sotero Vaz, operou na região compreendida pelos municípios de Xambioá e Bacaba estabelecendo suas instalações em uma localidade chamada Abóbora (nomeada em tom de brincadeira pelos operadores como República Pqdt Independente da Abóbora) situada nas proximidades da cidade de São Geraldo do Araguaia (ibid.). O DFEsp havia sido deslocado do Rio de Janeiro para aquela região com a finalidade de conduzir missões de resgate de pessoal, coletar informações que aconteciam na área, manter a segurança de militares engajados nas operações efetuadas nos arredores de Xambioá, além de participar de missões de cerco para neutralizar ou derrotar o inimigo (Casali, 2020, p. 54). Naquela época, embora as forças legais ainda não soubessem, já existiam três destacamentos da guerrilha atuando na área.

Transcorrida entre agosto de 1972 e outubro de 1973, a segunda fase, denominada Operação Papagaio, utilizou tropas convencionais (efetivo de aproximadamente 1.500 homens) com a finalidade de realizar operações de patrulha conduzidas por Grupos de Combate (GCs) transportados por helicópteros e posicionados em clareiras distribuídas pela área de operações[16]. Nessa fase o DFEsp atuava como a força de reação do comandante da 3ª Brigada de Infantaria Motorizada (3ª BdaInfMtz), realizando operações de patrulha ostensiva com os militares fardados (Casali, 2020, p. 10). Foi durante a segunda fase que, devido ao esforço conjunto demandado pelo CIEx e o DFEsp, a composição do grupo guerrilheiro foi descoberta por três destacamentos (A, B e C) cada um deles reunindo de sete a oito integrantes. Os procedimentos adotados também identificaram uma rede de apoio à FOGUERA distribuída pela área, além de uma força subterrânea de sustentação (obscura e difícil de ser detectada) (Silveira, 2020).

Embora tenha padecido de uma série de equívocos que a levaram ao insucesso, a segunda fase serviu para conscientizar todos os escalões de comando do EB acerca da gravidade da situação envolvendo as ações guerrilheiras no Araguaia (Pinheiro, 1996, pp. 43-44).

Aproveitando as experiências adquiridas na campanha anterior, a terceira fase, denominada Operação Sucuri, foi planejada como uma campanha contrainsurrecional[17]. Assim, foi empreendida entre maio e outubro de 1973 com o objetivo de executar um minucioso levantamento de Inteligência contendo informações relacionadas ao terreno, à população local, aos militantes que integravam a FOGUERA, às áreas onde foram instaladas suas bases, às redes de apoio (informações e logística) montadas para fornecer-lhes suprimentos, além de identificar moradores neutros ou simpatizantes que pudessem contribuir com as FA (Maciel, 2008, p. 45; Pinheiro, 1996, p. 44).

O CIEx, órgão responsável por conduzir as operações de Inteligência, assumiu a incumbência de obter dados relacionados à Comissão Militar da FOGUERA. Como parte do processo, selecionou no Comando Militar do Planalto (CMP) pessoal com características físicas típicas dos nativos da região do Bico do Papagaio para se infiltrarem sem serem detectados e coletar informações que seriam utilizadas posteriormente (Silveira, 2020).

A Operação Sucuri foi planejada e executada de forma bastante criteriosa, ficando explícito ao final da campanha que a solução para extinguir o foco guerrilheiro no Araguaia não se restringia ao esforço militar, sendo necessário integrar os diversos órgãos governamentais nas esferas federal e estadual (Maciel, 2008, p. 45).

Assim, entre outubro de 1973 e outubro de 1974, as mais bem adestradas tropas do EB[18] (unidades de Infantaria de Selva e Infantaria Paraquedista) foram destacadas para atuar na Operação Marajoara, quarta fase da campanha de combate à FOGUERA, e utilizaram táticas típicas da guerra irregular que jamais haviam sido postas em prática no país. O DFEsp engajado nessa operação atuou descaracterizado[19], usando trajes civis, com cortes de cabelo fora do padrão militar e barba por fazer, cada um deles apresentando diferentes estórias cobertura (origem, família e ocupação fictícios) e oriundos de diferentes locais do país, de modo a não levantar suspeita quanto ao seu vínculo militar (Pinheiro, 1996, pp. 38-55, pp. 44).

Respondendo diretamente ao CMA, órgão responsável pelo controle operacional das ações realizadas na região do Araguaia, os operadores do DFEsp promoveram uma infiltração sigilosa (planejada pelo CIEx) na área de operações, deslocando-se em uma aeronave Buffalo C-115 da FAB (descaracterizada) até a cidade de Imperatriz (Maranhão), onde embarcaram à noite em um caminhão do Instituto Nacional de Colonização e Reforma Agrária (INCRA) até Xambioá, atravessando o rio Araguaia em voadeiras (pequenas embarcações de transporte fluvial a motor, largamente utilizadas na Amazônia e no Pantanal) (Silveira, 2020). O contingente operou na selva em sistema de rodízio, todos atuando descaracterizados a fim de que os guerrilheiros e as suas redes de apoio não soubessem que militares das FA estavam em uma ação de contraguerrilha (Pinheiro, 1996, p. 45).

Atuando com o apoio de habitantes locais que agiam como guias ou rastreadores[20], os militares operavam em patrulhas de cinco a dez homens[21] munidos com armas e equipamentos leves, confrontando com firmeza um adversário obstinado, violento, cujo radicalismo marxista não tolerava meios termos (ibid.). Nas operações de patrulha, o DFEsp agia com oficiais, sargentos, cabos e soldados, procedimento que posteriormente (década de 1990) seria adotado pelas OpEsp dando origem ao Destacamento de Ação Imediata[22] (DAI), formação eventual constituída por quadros operacionais qualificados no CFEsp e CAC (Silveira, 2020).

Nessa fase das operações, o DFEsp treinou os Grupos de Autodefesa (GADs), formação composta por habitantes das diferentes localidades distribuídas pela região. A prática tinha o objetivo de proteger a população local dos justiçamentos realizados por integrantes da FOGUERA contra os colaboradores das FA, e também para que pudessem integrar as patrulhas (Equipes Zebra) de captura de guerrilheiros, procedimento que foi incorporado à doutrina das OpEsp do EB (ibid.).

Em janeiro de 1974, as tropas do CMA deixaram a área de operações e o DFEsp assumiu toda a área de operações entre Bacaba (Norte) e Xambioá (Sul) até abril do mesmo ano, quando a comunidade OpEsp foi substituída por tropas convencionais da

BdaPqdt até o final da missão (ibid.). Cabe salientar que a adaptação tática promovida na quarta fase de condução dos enfrentamentos à FOGUERA pelo EB teve sua eficiência comprovada à medida em que os guerrilheiros foram sendo gradativamente colocados na defensiva até serem definitivamente derrotados (Pinheiro, 1996, p. 45; Studart, 2006, pp. 180-195).

Os ElmOpEsp do EB tiveram destacado papel no contexto do enfrentamento à atividade guerrilheira promovida pela FOGUERA na região do Bico do Papagaio, atuando como multiplicadores de força no treinamento das forças de autodefesa das comunidades locais, iniciando operações de informação e operações psicológicas junto à população local e atuando em ações de combate contra os guerrilheiros. Contando com o suporte de esquadrões de helicópteros da FAB, imprescindíveis nas missões de infiltração, exfiltração, ressuprimento e evacuação aeromédica, o EB colheu significativos ensinamentos na condução da guerra irregular e cumpriu a missão de pôr fim ao foco de guerrilha rural que ameaçava a segurança e estabilidade do país (Pinheiro, 1996, p. 45).

No ano de 1973, o EB ainda estava envolvido nas ações de combate à FOGUERA quando a equipe do DFEsp, comandada pelo major Cláudio Netto Di Primio, foi enviada para os EUA a fim de participar de um intercâmbio com o 7th SFG-A do Exército norte-americano em Fort Bragg, Carolina do Norte. A oportunidade de interagir com as tropas especiais estadunidenses foi intermediada pelo major Thaumaturgo Sotero Vaz, que em 1962 havia participado como instrutor convidado de uma série de cursos ministrados pelo 8th SFG-A.

O efetivo do DFEsp, que na época contava com 24 FEs foi completado por militares qualificados, como Comandos que atuaram da Campanha do Araguaia, e dividido em grupos. Na primeira fase, eles participaram de adestramentos relacionados a diferentes atividades especializadas: SLOp, operações subaquáticas, operações psicológicas, comunicações, explosivos e destruições, armamento, munição e tiro e socorros de urgência. Na segunda fase, ocorreu um treinamento cruzado de curta duração, enquanto na última fase foi realizado um exercício de campanha de guerra irregular, com DOFEsp[23] infiltrados em duas AOGI (Área Operacional de Guerra Irregular), controladas e coordenadas por uma cabeça de companhia de FEsp. Os aprendizados assimilados nesse adestramento foram decisivos na determinação da identidade das FEsp do EB, uma vez que permitiu consolidar procedimentos próprios, estabelecidos em virtude dos diferentes ambientes operacionais brasileiros (Gonçalves, 2007, pp. 283-284; Silveiras, 2020; P. F. Tavares, 2019).

EMBRENHANDO-SE NA SELVA, ESCALANDO AS MONTANHAS

Na transição da década de 1960 para 1970, a atividade guerrilheira no Araguaia despertou a atenção da alta cúpula do EB acerca do perigo que a presença de elementos adversos representava para a região amazônica. Ciente da necessidade de dispor de oficiais e praças qualificados em conduzir ações de combate não convencionais em ambiente selvático, o EME emitiu o Decreto nº 67.458 (publicado em 29 de outubro de 1970) determinando a criação de um Curso de Comandos no Centro de Operações na Selva e Ações de Comandos (COSAC), nova denominação atribuída ao CIGS.

Naquele momento, o Curso de Comandos passou a ser ministrado tanto pelo COSAC quanto pela BdaPqdt. Coube ao primeiro, particularmente, a tarefa de ministrar instruções que exploravam técnicas de sobrevivência na selva com rápidas e repentinas ações de choque (golpes de mão) para serem utilizadas no contexto da contrainsurgência. Responsável por introduzir em sua grade curricular o Estágio de Caatinga, o CAC ministrado pelo COSAC qualificou diversos operadores aptos na condução de ações alicerçadas nos métodos de AD em ambientes de farta vegetação, militares que posteriormente prosseguiram com sua capacitação habilitando-se na execução de métodos de AI (Forças Especiais) no CI Pqdt GPB (designação do CIEspAet a partir de 1967).

Em 1978, após o EB alterar novamente sua estrutura de ensino, o CAC voltou a ser ministrado exclusivamente pela BdaPqdt enquanto o COSAC retomou sua antiga denominação (Pimentel, 2007, pp. 22-23).

Implementada no EB durante o Estágio de Guerra em Montanha presente no currículo do COpEsp 57/1, a atividade combativa em terreno de montanha representa um empreendimento realizado "[...] mais contra a natureza do que contra exércitos hostis", conforme palavras do major-general Charles Edward Callwell, oficial do exército britânico que atuou em várias pequenas guerras[24] na transição dos séculos XIX e XX. Analisado pelo aspecto físico, as montanhas impõem um grande desafio até mesmo para os bem-equipados exércitos modernos, despontando como grandes barreiras agravadas pelas particularidades inerentes ao clima e à altitude. Pela perspectiva militar, por comprometerem o apoio logístico das tropas convencionais, as regiões de montanha favorecem as atividades típicas de guerrilha — oferecendo-lhes oportunidades defensivas para acossar as forças oponentes com emboscadas ou tiros de tocais — e contribuem para a fuga dos combatentes irregulares em caso de necessidade (H. F. Tavares, 1984, pp. 41-44; P. F. Tavares, 2019).

Ciente da necessidade de dispor de capacidade para combater nesse tipo de ambiente, em 1977 o EME atribuiu à 4ª Brigada de Infantaria (4ª BdaInf), na época sediada em Belo Horizonte (capital de Minas Gerais), a responsabilidade de desenvolver aplicações operacionais em terreno montanhoso. A tarefa foi designada ao 11º Batalhão de Infantaria de Montanha (11º BIMth), denominado Regimento Tiradentes, situado na cidade mineira de São João del-Rei. A escolha dessa unidade militar deveu-se, basicamente, a dois motivos: a cidade localiza-se em um vale situado entre a serra de São José (leste) e a serra do Lenheiro (oeste), região considerada propícia para o desenvolvimento da atividade de montanhismo militar, e porque o Regimento Tiradentes tem em seu histórico a experiência de ter participado (integrado à FEB) dos combates travados nas regiões montanhosas da Itália durante a Segunda Guerra Mundial (Pimentel, 2007, p. 23).

Em 1979, o DFEsp foi convidado a realizar o reconhecimento da área de instrução do 11º BIMth, pois este havia assumido a incumbência de difundir a doutrina de operações em montanha junto à Força Terrestre Brasileira. A inspeção tinha a finalidade de instalar no local um Campo Escola de Montanhismo (CEMonta), atual Centro de Instrução de Operações em Montanha (CIOpMth). O convite foi feito ao DFEsp porque os OEs são os únicos militares do EB a disporem de expertise em operações nas regiões montanhosas, uma vez que todos os qualificados no CAC frequentaram um estágio específico nesse tipo de terreno. Deslocaram-se do Rio de Janeiro o capitão Aldo Demerval Rio Branco Fernandes, o primeiro-tenente Alberto Fonseca e o terceiro-sargento Adão Macário, permanecendo ao longo de uma semana em São João del-Rei. Eles fizeram o reconhecimento da área e instalaram os grampos para o funcionamento das diferentes oficinas destinadas ao desenvolvimento das técnicas de escalada. Suas ações foram precursoras no processo de capacitação entre os Cursos de Montanhismo ministrados pelo EB (Pimentel, 2007).

Uma peculiaridade ocorrida neste período refere-se ao CFEsp ministrado em caráter excepcional em 1977, nas dependências da BdaPqdt, quando o EME, atendendo à solicitação da BdaPqdt autorizou sua realização em duas fases, a exemplo do que ocorria no antigo COpEsp. A falta de oficiais qualificados no CAC — considerado pré-requisito para que o CFEsp seja realizado desde 1968, quando ocorreu o desmembramento do COpEsp — não permitiu a concretização do Curso de Forças Especiais. Assim, com a emissão da Portaria nº 40, publicada no dia 10 de julho de 1979, o EME reconheceu como qualificados no CAC os alunos aprovados na primeira fase do curso (Estágio Avançado de Combate), que tinha por objetivo habilitar os candidatos para a segunda fase, destinada à capacitação de operadores vocacionados para atuar no contexto das FEsp (Portaria nº 40, 1979).

NOTAS

1. Movimento separatista de cunho religioso (católico) iniciado na Irlanda do Norte após a Segunda Guerra Mundial. Composto por uma ala dissidente do Partido *Sinn Féin*, intensificou sua luta armada contra a opressão inglesa em 1972. No episódio histórico conhecido como "Setembro Negro", a polícia reprimiu uma manifestação de minoria católica que reivindicava igualdade de direitos em relação à maioria protestante, o que resultou em 13 mortes e centenas de feridos. Seu *modus operandi* preferencial envolvia a utilização de atentados à bomba e assassinatos políticos na Irlanda do Norte e na Inglaterra (Woloszyn, 2010, p. 21).

2. Movimento de cunho nacionalista, surgido em 1959 com o propósito de promover a cultura do povo basco, grupo étnico que habita as regiões nordeste da Espanha e sudoeste da França. Lutando pela separação do País Basco da Espanha, o grupo de ideologia marxista-leninista revolucionária usava artefatos explosivos e perpetrava sequestros e assassinatos tendo como alvos preferenciais altos funcionários do governo espanhol (Woloszyn, 2010, pp. 21-22).

3. Movimento nacionalista de ideologia marxista-leninista constituído em 1967 na Cisjordânia, por George Habash, médico palestino de origem cristã-ortodoxa, após a Guerra dos Seis Dias — conflito que antagonizou o Estado de Israel e os países de origem árabe (Síria, Egito, Jordânia e Iraque) entre os dias 5 e 10 de junho, em uma campanha armada que advogava em favor do fim do Estado de Israel e da influência ocidental no Oriente Médio. Os integrantes da FPLP foram pioneiros em perpetrar atentados terroristas promovendo o sequestro de aviões como ferramenta de marketing para sua causa (Woloszyn, 2010, p. 22).

4. Em essência o comunismo é um sistema ideológico e econômico resultante da implementação das ideias fundamentais do socialismo, que busca a igualdade entre os membros da sociedade. Os princípios socialistas surgiram com base nas reflexões de Platão (filósofo grego que viveu entre 427 e 348 a.C.), segundo as quais a divisão das classes sociais não se baseava nos laços de nascimento

ou patrimônio econômico, mas na capacidade de cada indivíduo para colocar a educação por ele recebida, além de suas capacidades pessoais, em favor da sociedade. Posteriormente, por influência da Revolução Industrial iniciada no século XVIII, o proletariado passou a intervir ativamente na política, dando lugar a um movimento revolucionário alicerçado na luta de classes. Teóricos como os alemães Karl Marx e Friedrich Engels, autores da obra *O manifesto comunista* (publicada em 1848), estabeleceram as bases da teoria socialista moderna, exercendo grande influência na Europa no início do século XIX. Os conceitos relacionados à sociedade, à economia e à política, manifestados por Karl Marx, sobretudo na série de livros denominada *O capital* (lançada entre 1867 e 1894), advogam que a sociedade evolui em razão da luta de classes (conflito entre uma classe social que controla os meios de produção e a classe trabalhadora) e que o Estado foi criado para proteger os interesses da classe dominante. Para Marx, o sistema capitalista contribui para o antagonismo entre a burguesia e o proletariado, promovendo um conflito entre ambos. Segundo ele, caberia à classe trabalhadora organizar-se para realizar um movimento revolucionário destinado a viabilizar as mudanças socioeconômicas e a derrubar o capitalismo. O pensamento marxista teve grande influência no encadeamento de eventos que resultaram na Revolução Russa (1917), cujos efeitos desfavoráveis da Primeira Guerra Mundial levaram à derrubada do czarismo russo, à ascensão ao poder do Partido Bolchevique liderado por Vladimir Lenin e, posteriormente (1922), à criação da URSS (Souto Maior, 1976, pp. 417-425).

5. Criada com a finalidade de solucionar a crise na República Dominicana, a FIP teve como seus comandantes os generais de divisão Hugo Panasco Alvim e Álvaro Alves da Silva Braga (ambos oficiais do EB), fato que marca a primeira vez que tropas norte-americanas foram comandadas por militares estrangeiros (não estadunidenses) (Silveira, 2020).

6. Tipo específico de movimento social que recebe apoio externo (normalmente logístico e financeiro) dedicado a conduzir uma revolução contra a autoridade do grupo que está no controle do Estado-alvo, ou de alguns de seus segmentos. Em geral há uma convergência de interesses entre os revolucionários e seus patrocinadores, que podem ou não ser agentes estatais. Durante a Guerra do Vietnã tanto a CIA quanto as *Special Forces* encarregaram-se de intervir junto às aldeias das montanhas do Vietnã do Sul (Dunnigan, 2008, pp. 217-220).

7. Quando as tropas norte-americanas desembarcaram no Vietnã em 1965, depararam-se com um cenário que evidenciava o controle efetivo dos vietcongues sobre oitenta por cento das áreas e das populações rurais. Para o Departamento de Defesa, essa incidência devia-se ao poder de intimidação que os guerrilheiros exerciam sobre os líderes das aldeias. Assim, era necessário convencer os camponeses que o governo sul-vietnamita poderia neutralizar a pressão que lhes era imposta e, posteriormente, conquistar sua confiança desencadeando uma

campanha de melhoramentos sociais. O problema enfrentado pelos militares estadunidenses nesse empreendimento decorreu do fato de que o apoio camponês à guerrilha não era fruto apenas da intimidação. Seu posicionamento era resultante também de uma duradoura tradição que exaltava a lealdade à família e às heranças culturais camponesas que se mostravam avessas à ocidentalização da capital sul-vietnamita (Saigon), cuja oligarquia era extremamente hostil ao campesinato. O insucesso da campanha norte-americana junto aos aldeões levou os militares estadunidenses a migrarem para uma outra forma de atuação que previa missões de "busca e destruição" dos guerrilheiros nas selvas e montanhas do país (H. F. Tavares, 1984, p. 588).

8. Historicamente os SFG-A foram estruturados de forma particular, organizados em diferentes equipes denominadas ODA (*Operational Detachment Alpha*, ou Destacamento Operacional Alpha). Também conhecidos como "*A-Team*", cada ODA era constituído por 12 homens distribuídos conforme sua MOS (*Military Occupational Specialty*, ou Especialidade Ocupacional Militar): operações, inteligência, armamentos, comunicações, engenharia e saúde. Além de suas especialidades, cada operador deveria ser versado em operações de contrainsurreição, recrutamento político de população civil, instrução militar de guerrilheiros e incursões de profundidade na retaguarda do inimigo com o suporte de irregulares locais. Na estrutura organizacional dos SFG-A, quatro ODAs reunidos formavam um *OD-Bravo* ou *B-Team*, enquanto três *OD-Bravos* compunham um *OD-Charlie* ou C-*Team* (Southworth & Tanner, 2002, p. 107).

9. Fenômeno urbano, típico da transição de uma sociedade rural para uma sociedade urbana e industrial, a política populista era caracterizada pelo aliciamento e pela manipulação das massas populares urbanas exercida por líderes políticos. Os partidos populistas reuniam os mais variados interesses em torno de um conjunto de reivindicações básicas e sua base popular era formada pela classe média e operária. Devido à carência de vivência política das massas, líderes carismáticos eram mais importantes que o partido, levando a população a se identificar com o movimento devido à influência de um líder por ela admirado (Cáceres, 1993, pp. 292-293).

10. Frente popular composta por correntes políticas socialistas e comunistas constituída com a finalidade de lutar contra o fascismo, o imperialismo e o latifúndio. Na tentativa de alcançar seus objetivos, a ANL radicalizava sob a influência de correntes progressistas. O movimento foi classificado como ilegal pelo governo do presidente Getúlio Vargas, em 11 de junho de 1935, e deixou de organizar manifestações e influenciar a população, passando a ser conduzido por membros do PCB e de uma pequena ala militar aliciada pelos militantes comunistas. A Aliança foi responsável pelo malfadado levante político-militar historicamente conhecido como "Intentona Comunista", e foi totalmente desarticulada ainda em 1935 após o golpe ter fracassado (Cáceres, 1993, pp. 277-278).

11. O termo Internacionais refere-se ao conjunto de três associações fundadas por trabalhadores socialistas: Primeira Internacional Comunista (1864), também conhecida como Associação Internacional dos Trabalhadores, Segunda Internacional Comunista (1889) e Terceira Internacional Comunista (1919), denominada *Komintern*, foi instituída pelo Partido Bolchevique reunindo coligações comunistas de diferentes países. As Internacionais tinham o objetivo de colocar em prática o plano de expansão mundial do comunismo, lutando contra o capitalismo na busca pelo estabelecimento da ditadura do proletariado (forma de governo na qual a classe trabalhadora responsabiliza-se pelo controle do poder político). As ações eram uma tentativa de implementar o socialismo e fazer a transição para uma sociedade comunista, que preconizava a completa abolição do Estado. O estatuto do *Komintern* para filiação de partidos comunistas estabelecia um conjunto de condições que incluíam: o dever revolucionário de fazer propaganda legal e ilegal para promover agitações, o dever de levar a ideologia para dentro dos sindicatos e cooperativas para conduzir as massas operárias para a revolução, financiar sem reservas todas as repúblicas soviéticas em sua luta contra os conservadores e acatar de forma obrigatória todas as decisões do *Komintern* (Brasil Paralelo, 2019; Cáceres, 1993, p. 277).

12. No XX Congresso do Partido Comunista Soviético, realizado em 1956, Nikita Kruschev denunciou os crimes de Josef Stalin (secretário-geral do Partido Comunista Soviético) e pregou a tese da Coexistência Pacífica (superar o âmbito das relações diplomático-militares e desenvolver linhas de cooperação política com governos ou com movimentos políticos e sociais que não partilhavam com a URSS uma plena homogeneidade no campo das ideias). Em resposta às acusações realizadas por Kruschev, várias coligações comunistas em todo o mundo questionaram as práticas stalinistas. A vitória da Revolução Cubana (1959), por meio da luta armada, causou alvoroço no movimento comunista internacional. Devido à contestação aos métodos stalinistas, vários partidos optaram por outras variantes socialistas, como a chinesa, a cubana e a vietnamita. No Brasil, Fidel Castro articulou com as Ligas Camponesas e com o Movimento Revolucionário Tiradentes (MRT) a possibilidade de desencadear no país uma guerrilha com foco na população rural (foquismo). Posteriormente, as Ligas Camponesas, que até então defendiam uma reforma agrária convencional, passam a preparar seus quadros em Cuba. Em 1962, o MRT articula suas primeiras áreas de treinamento de guerrilha. Nesse mesmo ano, estando o movimento comunista internacional dividido, Luís Carlos Prestes, partidário das ideias de Kruschev, fica com a sigla PCB (Partido Comunista Brasileiro), enquanto aqueles que defendiam a luta armada de influência cubana adotam a sigla PCdoB (Casali, 2020, p. 8).

13. Conforme estabelecido na Resolução 1.566 do Conselho de Segurança da ONU, documento que trata das ameaças à paz e à segurança internacional por atos de terrorismo, são consideradas como ações terroristas os "[...] atos criminosos, nomeadamente aqueles dirigidos contra civis com a intenção de causar a morte ou lesões corporais graves ou a tomada de reféns com objetivo de provocar terror na população, num grupo de pessoas ou em determinadas pessoas, de intimidar

uma população ou de forçar um governo ou organização internacional a realizar ou abster-se de realizar qualquer ato, que constituem infrações no âmbito das convenções e protocolos internacionais relacionados com o terrorismo, não são em circunstância alguma justificados por considerações de ordem política, filosófica, ideológica, racial, étnica, religiosa ou outras de idêntica natureza [...]" (United Nations, 2004).

14. Tomando como referência as lições assimiladas no combate aos guerrilheiros da FOGUERA, os primeiros ensinamentos doutrinários brasileiros relacionados à contraguerrilha foram elaborados no início dos anos 1980 por ex-combatentes que serviam junto ao DFEsp e à SIEsp na AMAN (Silveira, 2020).

15. Na década de 1970, a doutrina norte-americana de contraguerrilha preconizava o uso maciço do apoio de fogo (ofertado por peças de Artilharia ou aeronaves da Força Aérea) quando as frações engajavam o inimigo. Além disso, os fundamentos estadunidenses previam que as tropas a serem engajadas em uma campanha de contraguerrilha deviam ter o número de guerrilheiros de 10 para 1 ou o tamanho da AOGI como referência. Tal conceito era utilizado, pois os EUA sempre conduziam suas operações de contraguerrilha em um país estrangeiro e não consideravam combater uma guerrilha em ambiente doméstico. Assim, as FA somente interviam mediante solicitação de ajuda de uma nação amiga ou em caso de haver interesses estratégicos norte-americanos envolvidos. As operações de contraguerrilha eram desencadeadas apenas quando a situação já se mostrava fora de controle, com uma Área Vermelha (Avm, aquela que se encontra sob controle contínuo ou intermitente do inimigo) estabelecida e com as forças irregulares devidamente consolidadas (Silveira, 2020).

16. Área extensa com características de selva, afastada dos centros vitais do país. Em 1972, a região do Rio Araguaia apresentava acesso difícil, com baixa densidade populacional, habitantes com pouca instrução e precária situação econômica. Tais motivos favoreceram as atividades de guerrilha rural naquela região (Araguaia) se comparada às outras (Caparaó e Registro) selecionadas para essa mesma finalidade por outras organizações subversivas. Basicamente o território encontrava-se dividido em dois espaços distintos. O primeiro era limitado ao norte pela Rodovia Transamazônica, a leste pelo rio Araguaia, a oeste pelo rio Sororó e ao sul pelo rio Gameleira e pela serra das Andorinhas. O segundo era limitado a norte pela serra das Andorinhas, a leste e a sul pelo rio Araguaia e a oeste pelo rio Sororó. Na área Norte (1º espaço), os guerrilheiros posicionaram os grupamentos A e B, enquanto na área Sul (2º espaço), foi estabelecido o Destacamento C (Casali, 2020, p. 10).

17. Uma campanha clássica de contrainsurgência pode ser dividida em quatro fases distintas: 1ª) infiltração em uma área inimiga e estabelecimento de uma base de operações; 2ª) uma unidade especializada, trabalhando *in loco*, promove a coleta de informações a respeito da presença do inimigo; 3ª) tomando como referência os relatórios desenvolvidos por setor especializado, outras unidades enfrentam as forças

insurgentes; 4ª) ocupação efetiva da área em questão, devidamente livre das forças insurretas (H. F. Tavares, 1984, p. 165).

18. Na terceira campanha, o EB teve atuação majoritária, com o apoio aéreo da FAB e a contribuição de agentes de informações, enquanto a MB (atuante na segunda campanha com um destacamento de Fuzileiros Navais) permaneceu afastada (Studart, 2006, p. 42).

19. No processo de descaracterização, realizado ainda no Rio de Janeiro (distante das dependências da BdaPqdt para não despertar a atenção), os operadores FE (reforçados por militares qualificados como Comandos), utilizaram trajes civis e deixaram a barba e os cabelos crescerem. Na semana que antecedeu a infiltração dos operadores na área de operação, foi realizado o isolamento, rompendo o contato dos homens com as pessoas mais próximas a eles (família e amigos). Como recurso de despistamento, adotado para evitar vazamento de informações que poderiam quebrar o sigilo da operação e comprometê-la, foi publicado no Boletim Interno da BdaPqdt que os operadores iriam atuar em regiões do Brasil diferentes daquela no Rio Araguaia (Silveira, 2020).

20. Nas operações empreendidas na região do rio Araguaia, o DFEsp utilizou o pessoal do local como guias (indivíduos que conhecem a área e auxiliam no direcionamento da tropa) e mateiros (indivíduos familiarizados a identificar e seguir rastros). Em comum acordo com os nativos, os militares forneceriam toda assistência que suas famílias necessitassem enquanto eles estivessem na selva participando das operações (Silveira, 2020).

21. O contingente das patrulhas era composto, geralmente, por um operador FE, três militares, além do guia e do mateiro/rastreador, com as ações ocorrendo, de forma prevalente, como uma missão de busca e captura. O serviço era realizado no sistema de escala e o efetivo reduzido forçava os civis a participarem da escala de serviço também (Silveira, 2020).

22. É importante salientar que, conforme estabelece a doutrina das OpEsp do EB nas operações de contraguerrilha, os FE atuam, predominantemente, na coordenação e em todas as ações que consideram o contato com a população (AI), enquanto os Comandos são engajados em ações de enfrentamento (AD) contra as forças irregulares (Silveira, 2020).

23. A partir do CFEsp ministrado em 1970, o DFEsp adotou como base de referência a doutrina que estabelece a atividade de um DOFEsp com formação de 12 componentes, sendo quatro oficiais e oito sargentos (E. A. Vaz, 2020).

24. Conforme preconizado pelo major-general Charles Edward Callwell, são consideradas pequenas guerras "todas as campanhas militares diferentes daquelas em que ambos os lados são tropas regulares". Tomando essa citação como referência, Callwell trata essa modalidade de enfrentamento (pequenas guerras) como conflitos armados realizados de forma assimétrica por forças irregulares (Gray, 2016, pp. 332-334).

7

TERCEIRA GERAÇÃO DAS OPESP DO EXÉRCITO BRASILEIRO (1983-2004)

CENÁRIO BRASILEIRO NA TRANSIÇÃO DO SÉCULO XX PARA O SÉCULO XXI

No decorrer de suas respectivas histórias, as FA Brasileiras coexistiram de forma harmônica, mas sem grande integração nas operações. A nomeação do Estado-Maior das Forças Armadas (EMFA), ocorrida em dezembro de 1948, representou um importante avanço no processo de organização e atuação conjunta dessas instituições na mobilização para a guerra. Contudo, mesmo após a constituição do EMFA, cada Força responsabilizava-se individualmente por encontrar soluções próprias para o cumprimento de sua missão constitucional.

Diante da necessidade de adequar as FA nacionais a um modelo de subordinação semelhante ao adotado por países mais desenvolvidos, em 1999, o governo do presidente Fernando Henrique Cardoso criou o Ministério da Defesa (MD). O órgão, vinculado ao governo federal, era responsável pela direção superior das FA, articulando as ações dessas instituições nos âmbitos individual e conjunto. A criação do MD levou à extinção do EMFA e os ministérios militares do Exército, Marinha e Aeronáutica foram transformados em Comandos de Força subordinados ao Presidente da República (autoridade política), destacado como comandante em chefe das FA (Vasconcellos, 2020, pp. 5-9).

No ambiente internacional da década de 1980, dois eventos correlacionados foram fundamentalmente importantes para o incremento organizacional e operacional das OpEsp. A fracassada missão de resgate de 52 reféns norte-americanos, mantidos em cativeiro por ativistas iranianos na embaixada dos EUA em Teerã, prevista para ser executada entre os dias 24 e 25 de abril de 1980, sob o codinome Operação Garra de Águia[1] (*Operation Eagle Claw*), expôs as falhas das FA estadunidenses no que concerne à estrutura de comando e controle e à forma de atuação interoperativa.

As inaptidões demonstradas pelas tropas norte-americanas nessa malfadada operação de resgate, incluindo duas unidades de elite do Exército, levaram ao processo de reorganização das FOpEsp estadunidenses culminando com a criação do USSOCOM (*United States Special Operations Command*, ou Comando de Operações Especiais dos Estados Unidos). A organização foi criada em 16 de abril de 1987, como um Comando Conjunto de Operações Especiais (CmdoCjOpEsp), responsável por gerenciar as várias tropas especiais das FA no nível do DoD (*Department of Defense*, ou Departamento de Defesa) dos EUA.

Na esteira dessa iniciativa, no decurso das décadas de 1980 e 1990, cada uma das FA norte-americanas estabeleceu seus respectivos Comandos Singulares de Operações Especiais (CmdoSgOpEsp), órgãos componentes do USSOCOM encarregados de coordenar as FOpEsp a eles vinculados. Em consequência das profundas mudanças ocorridas após a fragmentação da URSS, ocorrida em 1991, o modelo organizacional que propõe a criação de Comandos

Integrados de Operações Especiais passou a ser adotado por outros países ao redor do mundo (Lisboa, 2017, p. 54).

Levando-se em consideração as quatro gerações da guerra moderna, os conflitos ocorridos na transição do século XX para o século XXI, após o final da Guerra Fria (1947-1989), inauguraram a guerra de 4ª geração. Esse estágio pode ser identificado pelas seguintes características: perda do monopólio estatal da guerra (devido ao surgimento no cenário internacional de atores sem vínculo estatal: terrorismo, pirataria, crime organizado, entre outros), mudança do enfoque da vanguarda do exército inimigo para o interior da própria sociedade oponente, custos altos para que um Estado confronte as ameaças assimétricas e efetivos reduzidos e independentes atuando com grande iniciativa, liberdade de ação e mínimo suporte e apoio logístico, privilegiando alvos de valor psicológico em detrimento de objetivos físicos (Visacro, 2018a, p. 106).

A SAGA DO CAMBOATÁ

No início da década de 1980, os órgãos responsáveis por salvaguardar a segurança nacional brasileira manifestavam grande preocupação com a crescente influência comunista na região do Caribe, situação que levou as tropas norte-americanas a intervirem em Granada[2], entre outubro e dezembro de 1983. Avaliando a conjuntura e constatando não dispor de nenhuma unidade vocacionada para executar operações de risco e criticidade elevados, o general de exército Walter Pires de Carvalho e Albuquerque, Ministro do Exército, determinou que o EME realizasse um estudo em caráter de urgência visando a criação de uma OM que executasse missões longínquas, de forma independente, com o mínimo de direção e apoio. No princípio de 1983, o coronel Edvard Cavalcanti Leite foi designado pelo EME para fazer esse estudo. Devidamente assessorado pelo major Rui Monarca da Silveira, que respondia pelo comando do DFEsp, ele desenvolveu um projeto que considerava a implementação de uma unidade de OpEsp valor de batalhão (M. V. Pimentel, 2007, p. 24).

Paralelamente a essa pesquisa, quadros operacionais do DFEsp elaboraram uma proposta de doutrina de emprego de um batalhão vocacionado para a condução de OpEsp, enquadrando os militares qualificados como Comandos e os FEs em uma mesma unidade. Como justificativa para essa junção, a proposta alegava que tal união promoveria uma grande sinergia entre as duas especialidades de modo a otimizar a ação operacional da unidade que estava sendo considerada (M. V. Pimentel, 2007).

Resultante da combinação das duas propostas supracitadas, o 1º BFEsp foi criado a partir do Decreto Presidencial nº 88.782, publicado em 30 de setembro de 1983, permanecendo a unidade recém-constituída subordinada à BdaInfPqdt e estruturada em um Comando e Estado-Maior, uma Companhia de Comando e Serviços (CCSv), uma Companhia de Forças Especiais (CiaFEsp) e uma Companhia de Ações de Comandos (CiaAçCmdos). Nesse período, a atividade de OpEsp, que desde 1957 era composta por oficiais e sargentos, com cabos e soldados não qualificados como operadores trabalhando em funções de apoio, passou a admitir esses praças para as CCSv e CiaAçCmdos. Ainda em 1983, o DFEsp promoveu um processo de seleção realizado no âmbito da BdaInfPqdt com o objetivo de identificar praças (cabos e soldados) voluntários para servir na CCSv do 1º BFEsp ou participar do 1º Estágio de Ações de Comandos, atual Curso de Formação de Cabos Comandos (CFCC) (Schwingel & Mota, 2016, pp. 121-122).

O ano de 1983 foi significativo para a comunidade OpEsp do EB, não apenas pela criação do 1º BFEsp, como também pelo desenvolvimento doutrinário da atividade, que a partir daquele momento reuniu todos os conceitos inerentes à expertise de Comandos e FEsp. No transcorrer desse processo de combinação doutrinária, o general de divisão Marcos Edson Gonçalves Dias, general de brigada Júlio de Amo Júnior, coronel Luiz Cláudio Del Rio Chagas do Nascimento e o coronel Cid Canuso, desempenharam um papel fundamental elaborando o texto que resultou na doutrina de OpEsp da Força Terrestre Brasileira. Mais tarde, esse conteúdo foi encaminhado ao EME para sua efetivação (Silveira, 2020).

A criação do 1º BFEsp obrigou a unidade a buscar um novo aquartelamento para acomodar toda sua estrutura, uma vez que as dependências da BdaInfPqdt não atenderiam às demandas do batalhão no que se refere ao espaço físico. A princípio, cogitou-se a possibilidade de abrigá-lo nas instalações do Forte do Imbuhy, localizado na histórica região das praias da Baía de Guanabara, na cidade de Niterói (estado do Rio de Janeiro), mas houve forte resistência do 1º Grupo de Artilharia de Costa Motorizado (1º GACosM) que já estava alojado ali. Assim, por sugestão do general de divisão Diogo de Oliveira Figueiredo, comandante da 1ª Divisão de Exército (1ª DE) no Rio de Janeiro, transferiu-se a unidade para a Estrada do Camboatá, área militar situada no bairro de Deodoro (zona oeste da cidade do Rio de Janeiro). O local havia hospedado o Depósito Central de Material Bélico do EB até meados da década de 1950 e, desde então, vinha sendo utilizado como um entreposto de distribuição de munição no âmbito da 1ª Região Militar (1ª RM) (M. V. Pimentel, 2007, p. 25).

Nos anos iniciais da década de 1980, a área do Camboatá encontrava-se desabitada e se caracterizava por uma paisagem que parecia fundir a extensa vegetação local a um conjunto de paióis desativados. Após levantamento de custos feito pela Comissão Regional de Obras (CRO-1), constatou-se que os valores obtidos cobriam apenas um terço do projeto, levando o comando do 1º BFEsp a responsabilizar-se pela execução da obra (ibid., p. 28).

Externando suas recordações acerca do processo de mudança de aquartelamento e da construção das instalações da unidade, o general de brigada Mauro Patrício Barroso, primeiro comandante nomeado do 1º BFEsp, relata:

Praticamente não havia nada de estrutura física no Camboatá. Decidimos aproveitar dois conjuntos de paióis desativados e adequá-los para as nossas necessidades. Basicamente, iríamos construir instalações para o comando do batalhão, rancho, alojamento para os militares, garagem, Companhia de Ações de Comandos, Companhia de Comando e Serviço, Companhia de FE e sala de instrução. Os paióis estavam há mais de 25 anos abandonados e tomados pela vegetação. Para se ter uma ideia, a poucos metros de distância não se conseguia vê-los! Ao procedermos a limpeza da área, encontramos diversas [cobras] jararacas que foram encaminhadas para o Instituto Vital Brasil (M. V. Pimentel, 2007, p. 28).

Após meses de intenso trabalho braçal retirando mato, entulho e construindo todas as acomodações que comporiam a unidade, o 1º BFEsp ocupou oficialmente as dependências do Forte Camboatá, no dia 27 de setembro de 1984. Essa instalação militar serviu como divisor de águas para as OpEsp do EB, uma vez que deu maior visibilidade para o batalhão aumentando a demanda por operações fora do contexto da BdaInfPqdt (Schwingel & Mota, 2016, pp. 117-118).

Em 1987, quando o coronel Victor Pacheco Motta comandava o 1º BFEsp, ocorreu nas dependências da OM a apresentação de uma proposta de concepção de um Comando de Operações de Unidades Especiais (COpUEsp), grande unidade do EB que em 2002 foi instituída como um CmdoSgOpEsp (BdaOpEsp) (Motta, 2020). O ato foi realizado durante a visita do general de exército Athos Cézar Baptista Teixeira, Chefe do Departamento de Engenharia e Comunicações (atual Departamento de Engenharia e Construção [DEC]).

A proposição, levada ao conhecimento do EME ainda em 1987, foi submetida a um estudo pormenorizado considerando a criação daquela grande unidade de OpEsp. Assim, projetando a possibilidade de formação do COpUEsp, os generais de brigada Thaumaturgo Sotero Vaz, Luiz Paulo Fernandes de Almeida, José Siqueira Silva e o coronel Paulo Ney Machado Ramalho de Azevedo, compuseram o grupo de trabalho responsável pela elaboração da doutrina do CopUEsp, utilizando como referência os conceitos já aplicados pelos quadros operacionais qualificados como FEsp e Comandos (Silveira, 2020).

O exercício militar realizado em 1988 na região da Cabeça do Cachorro (área situada no extremo oeste do estado do Amazonas próximo à fronteira com a Colômbia e a Venezuela) assinala a primeira vez em que o 1º BFEsp participou de uma atividade operacional engajando todas as unidades componentes, com os destacamentos desdobrados pelo terreno ao longo da fronteira. Devidamente apoiados por aeronaves da FAB, os quadros operacionais do 1º BFEsp permaneceram por cerca de 45 dias na região fronteiriça amazônica envolvidos naquele exercício (Motta, 2020).

Uma significativa adequação na estrutura do 1º BFEsp ocorreu a partir de 1989, quando a unidade assumiu a responsabilidade pela execução do CAC e do CFEsp até então conduzidos pelo CIPqdtGPB. Essa transferência permitiu que o 1º BFEsp incorporasse os recursos humanos e materiais da SeçOpEsp daquele centro, incrementando o quadro organizacional da unidade que passou a dispor de: uma CCSv, duas CiaFEsp e uma CiaAçCmdos, formada por quatro Destacamentos de Ações de Comandos (DAC), cada um deles com 42 combatentes (Pinheiro, 2008, p. 23). Especificamente, no que se refere à organização das CiaFEsp, é importante destacar que naquele período a 1ª CiaFEsp (também conhecida como Força 1) era estruturada em um DstCooCt e três DOFEsp, enquanto a 2ª CiaFEsp (Força 2) praticamente replicou a distribuição da SeçOpEsp do CIPqdtGPB, sendo utilizada exclusivamente para a condução do CAC e do CFEsp.

DESTACAMENTO ALFA-ÔMEGA

A conjuntura das décadas de 1960 e 1970 evidenciou um crescente surto de ações terroristas provenientes de todos os quadrantes geográficos e ideológicos, cujos perpetradores acreditavam que, ao provocar uma reação armada por parte dos Estados agredidos (sobretudo europeus), polarizariam a sociedade em torno de sua causa. Nesse contexto, um pequeno grupo de militantes podia colocar em xeque tanto um governo democrático quanto um regime autoritário.

Nesse período os organismos internacionais buscavam compreender as motivações terroristas de modo a contextualizar, tipificar e criminalizar as ações de violência extremista. Desconhecendo como lidar com esse tipo de ameaça, restava aos Estados acionar tropas convencionais na tentativa de solucionar o problema, mas a inadequação desses meios ocasionou uma série de falhas e equívocos. Todavia, os erros de operações passadas trouxeram aprendizado para as forças de segurança e defesa dos Estados Nacionais, levando-as a constituir tropas vocacionadas para combater o terrorismo. Assim, no decorrer dos anos 1970, surgiram várias unidades contraterroristas ao redor do mundo, entre as quais: SAS britânico, GSG9 alemão (*Grenzschutzgruppe 9*, ou Grupo 9 da Guarda de Fronteira), GIGN francês (*Group d'Intervention de la Gendarmerie Nationale*, ou Grupo de Intervenção da Polícia Nacional), GOE (*Grupo de Operaciones Especiales*, ou Grupos de Operações Especiais) espanhol, GIS italiano (*Gruppo di Intervento Speciale*, ou Grupo de Intervenção Especial) e 1st SFOD-D norte-americano (H. Tavares, 1984, pp. 889-893).

No Brasil, a criação de uma unidade vocacionada para o combate à atividade terrorista surgiu no final da década de 1980, quando as autoridades norte-americanas solicitaram que seus militares participassem de manobras na região amazônica. Com a finalidade de facilitar as negociações para viabilizar o envolvimento de seus quadros operacionais nos exercícios realizados na Amazônia, o exército dos EUA formalizou um convite singular para as FOpEsp Brasileiras. A solicitação foi apresentada ao general de exército Leônidas Pires Gonçalves, então ministro do exército, que fazia uma viagem de intercâmbio àquele país. Assim, as OpEsp do

EB conheceram o incógnito 1st SFOD-D, unidade que operava em sigilo e não era reconhecida formalmente pelas autoridades estadunidenses (M. V. Pimentel, 2007, p. 32).

A visita à *Delta Force* (termo pelo qual o 1st SFOD-D é internacionalmente conhecido) foi o evento catalisador para a constituição, em caráter prototípico, de uma unidade análoga na estrutura do EB. Para tanto, a concepção de ação da futura unidade foi alicerçada no amálgama de conhecimentos reunidos com base nas doutrinas dos grupos contraterroristas mais proeminentes do mundo naquela época. No início de 1989, tendo essas unidades como referência, foi criado o Destacamento Especial de Ações de Comandos (DEACOM), também conhecido como Destacamento Alfa-Ômega. A unidade, subordinada à BdaInfPqdt, opera de forma autônoma para desempenhar missões de risco e sensibilidade elevados (ibid., pp. 32-33).

Aquartelada nas dependências da BdaInfPqdt, a unidade recém-criada era comandada pelo tenente-coronel Carlos José do Canto Barros, oficial destacado para a visita realizada a Fort Bragg com o propósito de conhecer as capacidades da *Delta Force*. Assim que assumiu o comando do DEACOM, o tenente-coronel Canto Barros desenvolveu um projeto adequado para as instalações que abrigariam a unidade e um processo de seleção de pessoal com o perfil compatível com as demandas de uma tropa contraterrorista, uma vez que ações dessa ordem requerem uma rara combinação de capacidades humanas (física, intelectual, psicológica e técnica). Com esse perfil de militar em mente, buscou-se o suporte do Centro de Estudo de Pessoal (CEP) do EB para identificar os parâmetros profissiográficos, que dariam o dimensionamento das características desejáveis ao indivíduo qualificado para o desempenho daquela função específica. Surpreendentemente, quase todos os militares que atendiam aos requisitos exigidos não dispunham de qualificação em OpEsp e exerciam funções burocráticas no Quartel-General do Exército em Brasília.

Entretanto, os testes práticos jamais chegaram a acontecer, como também não ocorreu o devido aparelhamento da unidade, abastecida apenas com armas e equipamentos destinados ao adestramento mínimo do pequeno efetivo inicial composto por Operadores de Forças Especiais (FE). Tampouco foi colocada em prática a ideia de manter as instalações que comportariam a unidade em condição de isolamento, para que houvesse o máximo de compartimentação das atividades por ela desenvolvidas de modo a atender ao elevado nível de segurança orgânica requerido para uma tropa de ação contraterrorista (M. V. Pimentel, 2007, pp. 33-35).

No período em que se manteve ativo, o Destacamento Alfa-Ômega não foi prioridade para o Alto Comando do EB, motivo que levou à sua precoce extinção em meados de 1990, quando a condução das ações de contraterror foi transferida para o 1º BFEsp pelo EME. Devido a essa mudança, um estande de armas (Estande General Luiz Paulo) para a prática de procedimentos operacionais, visando a entrada em edificações, foi construído nas dependências do Forte Camboatá. Também foi efetuada uma série de adestramento em diferentes tipos de aeronaves de empresas aéreas comerciais com a finalidade de treinar as equipes em situações envolvendo a tomada de reféns (M. V. Pimentel, 2007, p. 35; Pinheiro, 2008, pp. 24-25).

ALÉM DA MARGEM OPOSTA DO RIO

Em razão dos múltiplos e conflitantes aspectos políticos, econômicos, psicossociais e militares que caracterizam a região amazônica, o Estado brasileiro atribui-lhe o status de área estratégica prioritária. O arco fronteiriço amazônico faz divisa com nações estrangeiras que, assim como o Brasil, experimentam problemas internos demasiadamente complexos. Ainda que os esforços de países como Colômbia, Peru e Bolívia tenham resultado em sucessos eventuais, a presença sistemática e irrestrita da narcoguerrilha em um ambiente precariamente monitorado e onde predomina a densa vegetação de selva torna a defesa da região uma tarefa extremamente difícil (Pinheiro, 1996, p. 50).

Situada na porção noroeste da América do Sul, a República da Colômbia divide com o Brasil uma faixa fronteiriça terrestre de 1.645km localizada em plena região amazônica, que corresponde a uma área de baixa densidade populacional e de pequena integração com os centros de poder político e econômico de ambos os países. A Colômbia vivencia problemas internos desde meados do século XX, mas, a partir da década de 1980, enfrentou mais intensamente a criminalidade resultante do narcotráfico. A ausência do Estado nas áreas destinadas ao cultivo de droga transformou esse mercado ilegal na principal fonte patrocinadora dos movimentos narcoguerrilheiros, que no afã de expandir sua área de influência, e consequentemente seus lucros, extrapolaram os limites territoriais colombianos adentrando as fronteiras de países vizinhos (Lima, 2017, pp. 8-11).

Iniciada a década de 1990, as FARC (*Fuerzas Armadas Revolucionarias de Colombia*, ou Forças Armadas Revolucionárias da Colômbia[3]), que à época ainda não eram consideradas uma organização narcoguerrilheira, procuravam compensar a perda de financiamento político ofertado pela URSS (extinta em dezembro de 1991 após o reconhecimento de independência das antigas repúblicas soviéticas e a criação da Comunidade de Estados Independentes). Desse modo, dedicavam-se à prática de atividades alternativas, tais como a prestação de "serviços de segurança" para laboratórios de refino de cocaína dos poderosos cartéis de Cali e de Medellín, e a extração de pedras preciosas, sobretudo, na região amazônica.

Cerca de dez anos antes, um rico veio de ouro localizado na região fronteiriça do rio Traíra (curso de água situado na bacia do rio Amazonas nos limites divisórios entre o Brasil e a Colômbia), atraiu a atenção das FARC para a atividade garimpeira realizada nas margens ocidental e oriental daquele rio. Como o garimpo de ouro no lado ocidental era prejudicado por causa do minério encontrado no subsolo, sendo necessário o uso de explosivos que denunciavam a prática de atividade ilegal para as autoridades colombianas, a facilidade de extração no lado oriental, uma vez que o ouro de aluvião brotava nos rios e barrancos, levou os interessados a cruzarem a fronteira irregularmente (Montenegro, 2021, pp. 24-25).

A Companhia Mineradora Paranapanema, empresa legalizada de extração aurífera do lado brasileiro, indenizou a tribo da etnia Macu pelo uso de terra indígena para empreender a atividade de mineração, em meados da década de 1980. Em 1989, a empresa encerrou suas atividades na região por julgar a prática comercialmente inviável.

A atividade de garimpo ilegal praticada por brasileiros e colombianos se tornou constante no lado oriental da fronteira. Por isso, o coronel Edson Sá Rocha — comandante do 1º Comando de Fronteira do Solimões/1º Batalhão Especial de Fronteira (1º CmdoFronSol/1º BEF, atual Comando de Fronteira do Solimões/8º Batalhão de Infantaria de Selva [CmdoFronSol/8º BIS]) — inaugurou a primeira fase da Campanha do Rio Traíra em outubro de 1989, enviando duas missões de Reconhecimento de Fronteira (ReFron), partindo do 3º Pelotão Especial de Fronteira (localizado em Vila Bittencourt), subindo a calha do rio até a cachoeira do Machado, com a finalidade de intensificar a presença do EB naquela área (Angonese, 2020).

A segunda fase da Campanha do Traíra teve início quando o tenente-coronel Evandro Augusto Pamplona Vaz, após assumir o comando do 1º CmdoFronSol/1º BEF, em janeiro de 1990, ficou ciente do cenário na região. O tenente-coronel Vaz acionou um pelotão de fuzileiros de selva, utilizado permanentemente, para ocupar as instalações abandonadas pela mineradora com meios próprios de sua unidade, controlando o acesso à região de modo a coibir o garimpo clandestino e eventuais danos ambientais causados por brasileiros e colombianos. Cada pelotão enviado para essa atividade saía da escala de serviço um mês antes para se preparar, participando de instruções e treinamentos intensos; depois disso, seguia para a área de operações, onde permanecia cerca de um mês na posição (Montenegro, 2021, pp. 24-25).

O translado da tropa e de suprimentos da sede do 1º CmdoFronSol/1º BEF (localizada na cidade amazonense de Tabatinga) até o Destacamento Traíra era uma atividade logisticamente muito complexa, uma vez que carecia do apoio de meios aéreos e fluviais. O transporte entre Tabatinga e Vila Bittencourt, cidade onde está situado o 3º Pelotão Especial de Fronteira [3º PEF], depende exclusivamente de aeronaves de asa fixa (normalmente Buffalo C-115 ou Hercules C-130) para percorrer a distância de 320km que separa as duas localidades.

Os militares saíam do 3º PEF e carregavam todo material em cinco lanchas voadeiras que subiam um curto trecho do rio Japurá ingressando no sinuoso rio Traíra, de onde tinham que desembarcar todo o conteúdo para carregá-lo a braço por trilhas íngremes na selva, até transpor as cachoeiras de Jacamim e das Andorinhas. Cada um desses traslados consumia até dezesseis horas, devido à quantidade e peso das provisões, acrescidas do transporte de combustível, motores de popa (cada um pesando cerca de 70 quilos), além das próprias embarcações. Percorrendo uma distância de aproximadamente cem quilômetros, essa desgastante subida até o Destacamento Traíra levava cerca de cinco dias.

Ao compreender a necessidade de fortalecer a autoridade brasileira naquela área da selva amazônica, o CMA solicitou ao COTER o uso de Forças de Operações Especiais durante o mês de maio de 1990, desencadeando a Operação Urumutum. Transportados por via aérea, partindo do Rio de Janeiro, os operadores do 1º BFEsp se infiltraram por paraquedas, aterrando na pista de pouso abandonada da Companhia Mineradora Paranapanema. Dali marcharam até o acampamento que abrigava o Destacamento Traíra, local em que foi instalada a Base de Operações do Batalhão de Forças Especiais (BOBFEsp) de onde partiram as patrulhas em missões de levantamento estratégico de área, que poderiam ser engajadas em missões de combate dependendo da situação. Nesse período, houve um acidente fatal com uma embarcação, que causou o falecimento do segundo-sargento Carlos Tavares Duarte Senra. O corpo foi evacuado da região através de um helicóptero CH-34 Super Puma, da Equipe *Search and Rescue* (EqpSAR) da FAB, sediada em Manaus (Moraes, 2020).

Todas as tropas em operação na região desde fevereiro de 1990 adotavam *modus operandi* similar, valendo-se do auxílio de guias locais, muitas vezes nativos integrantes do 1º CmdoFronSol/1º BEF. Os deslocamentos das patrulhas eram feitos em marcha pelo terreno ou por via fluvial (inicialmente em lanchas voadeiras e posteriormente a pé). Em virtude das particularidades do ambiente, as patrulhas, normalmente, pernoitavam na selva, constituindo uma base de combate com dispositivo em 360º, e reforçavam a segurança colocando minas antipessoal no perímetro. Quando as áreas a serem reconhecidas eram muito afastadas, o tempo de duração das patrulhas era mais longo e a missão se estendia por mais de uma semana, com os operadores transportando todas as provisões e materiais necessários para permanecer na selva em suas mochilas. As patrulhas ocorriam próximo aos principais eixos fluviais da calha do rio Traíra e do igarapé do Castanho, com o objetivo de controlar a circulação de garimpeiros que tentassem usar aquelas vias de acesso para o interior do território brasileiro e levantar informes sobre a presença de grupos de guerrilheiros (ibid.).

As FARC, sentindo-se financeiramente prejudicada em virtude da ação repressiva dos militares brasileiros, no dia 26 de fevereiro de 1991, organizaram um ataque surpresa às instalações do acampamento que abrigava o destacamento do EB. Era próximo do meio-dia quando um grupo com cerca de 40 guerrilheiros desencadeou a ofensiva contra o efetivo de 17 militares que compunham o destacamento, constituído por homens do 1º CmdoFronSol/1º BEF. Após abaterem os dois sentinelas que estavam armados na beira do rio, atacaram a maioria dos militares que se encontravam reunidos na cozinha para o almoço, não oferecendo chance de reação aos brasileiros. Ao final, três militares morreram e nove foram feridos por disparos de armas de fogo. A ação dos guerrilheiros também feriu fatalmente dois garimpeiros colombianos detidos que aguardavam transferência para Vila Bittencourt. No assédio ao acampamento do EB, os guerrilheiros ainda se apropriaram de estações de rádio, munição, uniformes, além de todas as armas do destacamento, deixando os militares incomunicáveis e sem nenhum tipo de suprimento ou material de primeiros socorros (Pinheiro, 1996, p. 47).

O Destacamento Traíra permaneceu incomunicável, pois o acampamento era isolado em uma densa área de selva, cujo acesso por terra era extremamente difícil. Somente no dia 1º de março, a tropa que substituiria o contingente que guarnecia o acampamento chegou ao local por via fluvial. As primeiras ações dessa tropa foram: prestar assistência de primeiros socorros aos feridos e reestabelecer contato por rádio com a sede do batalhão em Tabatinga para informar o ocorrido. A mensagem recebida pelo tenente-coronel Vaz foi imediatamente retransmitida ao CMA (Lorch, 1992, p. 69).

A partir do momento que soube da ocorrência, o CMA desencadeou a terceira fase da campanha do Traíra, enviando helicópteros CH-34 Super Puma da FAB vindos de Manaus para evacuar os mortos e os feridos, bem como aeronaves de asa fixa para o transporte de tropas em reforço. Dessa forma, o comandante do batalhão determinou o deslocamento imediato de uma companhia de fuzileiros de selva para a região em conflito sob o comando do major Sérgio Chambarelli Magluf, subcomandante do 1º CmdoFronSol/1º BEF. Assim que chegaram ao local, os militares assumiram o controle das operações na área, rapidamente transformando-a numa base de selva fortificada com toras de madeira, protegida por armadilhas e intensificando o patrulhamento na serra e no vale do rio Traíra. Também foi ampliada a clareira ao redor das instalações com uso de motosserras visando a confecção de quatro Locais de Aterragem (LAt) de helicópteros, que precisavam ter um assoalho reforçado com troncos de árvores, uma vez que o solo nem sempre tinha a consistência suficiente para aguentar o peso das aeronaves (E. A. Vaz, 2020).

Enquanto a base do Destacamento Traíra recebia melhorias, foi empreendida uma operação de inteligência enviando soldados rastreadores da etnia tukano, que foram incorporados ao batalhão no ano anterior, com o objetivo de localizar os guerrilheiros que atacaram e subtraíram materiais do EB. Ainda nesse contexto, o CMA determinou ao 1º Batalhão de Infantaria de Selva (1º BIS), com sede em Manaus, o envio de um pelotão de fuzileiros de selva para a área de operações, sendo utilizado inicialmente no reforço da segurança de Vila Bittencourt, onde também permaneceu como reserva e força de reação do 1º CmdoFronSol/1º BEF (ibid.).

Após identificar o rastro dos guerrilheiros agressores, uma patrulha integrada pelos rastreadores e outros militares orgânicos do 1º CmdoFronSol/1º BEF, qualificados no CAC, CFEsp e Curso de Operações na Selva (COS), alcançou-os. Por iniciativa do tenente-coronel Vaz, os patrulheiros aplicaram um assalto fulminante utilizando o princípio da oportunidade. Nesse embate travado no meio da selva, vários guerrilheiros foram abatidos enquanto outros fugiram para a mata, abandonando os fuzis e outros equipamentos subtraídos dos brasileiros (material que foi devidamente recuperado nessa operação de assalto).

Essa ação promovida pelo 1º CmdoFronSol/1º BEF é considerada a mais relevante entre todas aquelas relacionadas ao combate à atividade garimpeira clandestina na região da Serra do Traíra. Na ocasião, o tenente-coronel Vaz, qualificado como operador de Forças Especiais e veterano das ações de enfrentamento ao foco guerrilheiro na região do rio Araguaia, aplicou conceitos doutrinários assimilados durante os combates contra a FOGUERA (ibid.).

A quarta fase da Campanha do Traíra começou alguns dias após o assalto que permitiu a recuperação de parte do material subtraído pelos guerrilheiros. Posteriormente, uma aeronave Hércules C-130 da FAB, que partira do Rio de Janeiro transportando quadros operacionais do 1º BFEsp, deslocou-se para a Base Aérea de Brasília, onde fez um pouso momentâneo, para receber o envelope encaminhado pelo COTER contendo instruções específicas para os operadores. Foi durante o voo da capital federal para a região amazônica que os detalhes referentes ao ataque ao destacamento de fronteira e os pormenores da missão foram transmitidos aos militares do 1º BFEsp.

Logo após a aterrissagem da aeronave na pista de pouso do 3º PEF em Vila Bittencourt, os ElmOpEsp foram saudados pelo general de brigada Thaumaturgo Sotero Vaz, egresso do COpEsp 57/1, exercendo a função de Chefe do Estado-Maior do CMA. Naquele momento, os operadores foram divididos em dois grupos, um deles equipou-se com paraquedas no Hércules C-130 e saltou sobre a pista abandonada da Companhia Mineradora Paranapanema, enquanto o outro foi transportado para o acampamento do Destacamento Traíra em helicópteros HM-1 Pantera e HA-1 Esquilo. Ao chegarem à região, os integrantes do 1º BFEsp instalaram a BOBFEsp e assumiram o setor norte da área de operações (acima da cachoeira das Andorinhas), desencadeando a Operação Jatuarana, missão de interdição de área com o propósito de promover uma campanha dissuasória que demovesse eventuais agressores de adotar atitudes semelhantes no futuro.

Naquela época, a doutrina de emprego do 1º BFEsp previa a constituição de um Destacamento de Ação Imediata (DAI) com efetivo integrado por operadores vinculados às Companhias de Forças Especiais (Forças 1 e 2) e à CiaAçCmdos. Nas operações efetuadas na região do rio Traíra, o DAI (Destacamento Jatuarana) era subdividido em três destacamentos operacionais (Alfa, Bravo e Charlie), além de um destacamento de comando e controle

(Delta). Duas equipes seguiam rotas distintas e sem que uma tivesse conhecimento das ações da outra, se infiltrando pelo terreno de forma compartimentada, enquanto a terceira permanecia descansando em sobreaviso na base e só iniciava sua infiltração pouco tempo depois do regresso de uma das outras duas. Por sua vez, a Equipe Delta quase não se ausentava da BOBFEsp, mantendo contato permanente com os grupos distribuídos pelo terreno e com a sede do 1ºBFEsp no Forte Camboatá.

Cada um dos destacamentos operacionais executou em média quatro missões de longa duração pelo terreno selvático fronteiriço, conduzindo missões de reconhecimento e combate, devido à alta probabilidade de confronto com elementos adversos. Executando uma OpPsc, um dos destacamentos promoveu SLOp de aeronaves HM-1 Pantera, aterrando na clareira do Destacamento Traíra, com o objetivo de causar um efeito dissuasório, despertando na força adversa a percepção de que havia uma tropa com adestramento diferenciado no terreno (Operador A, 2014).

A maior parte da fronteira entre o Brasil e a Colômbia naquela região é definida por cursos de rios, exceto um trecho em que o rio Traíra entra pelo território colombiano, formando uma linha reta balizada por um meridiano, que se estendia pela selva por vários quilômetros até o rio Papuri, que também adentra o espaço terrestre colombiano fazendo fronteira com o Brasil a partir da localidade de Melo Franco.

As equipes guiavam-se pelo terreno por cartas de orientação imprecisas em escalas 1:250.000 e, por não disporem de um Sistema de Posicionamento Global (GPS, ou *Global Positioning System* na sigla em inglês), não sabiam ao certo se estavam em território brasileiro ou colombiano. Enquanto se desdobravam pelo terreno, os destacamentos operacionais se valiam dos habitantes nativos da região como guias e fontes de informação na tentativa de localizar os guerrilheiros (Operador C, 2020).

Nesse período, enquanto as tropas brasileiras e as colombianas se desdobravam no terreno, ações diplomáticas entre os governos dos presidentes Fernando Collor de Mello e César Augusto Gaviria Trujillo ocorriam em paralelo. Dessa forma, cada país se responsabilizou pela execução de operações militares em seu próprio território, comprometendo-se a compartilhar informações de inteligência e a manter a ordem na região fronteiriça (Montenegro, 2021, pp. 24-27).

Nesta fase da campanha, o Comando do Teatro de Operações ficou a cargo do CMA, que utilizou vários recursos das três Forças Singulares. O EB acionou o 1º BFEsp (ao norte), o 1º CmdoFronSol/1º BEF (ao sul), o 1º BIS como tropa reserva e contou com o apoio aéreo de diversos helicópteros da Brigada de Aviação do Exército (BdaAvEx, atual Comando de Aviação do Exército [CAvEx]), situada na cidade de Taubaté, interior do estado de São Paulo. A FAB atuou com aeronaves de asa fixa e rotativa na concentração estratégica, no apoio logístico, no reconhecimento e no ataque ao solo. A MB, por sua vez, deslocou um Navio Patrulha Fluvial (NPaFlu) da Flotilha do Amazonas (FlotAM) para fornecer segurança e apoio logístico até a calha do rio Japurá, local onde o calado da embarcação permitia aproximação (Lima, 2017, pp. 24-25).

A última fase da Campanha do Traíra foi iniciada com o regresso do 1º BFEsp para o Rio de Janeiro, após quarenta dias de operação, e prolongou-se por cerca de um ano. Coube ao 1º CmdoFronSol/1º BEF assumir novamente toda a área de operações colocando uma companhia de fuzileiros de selva na base do Destacamento Traíra. Nesse período, os guerrilheiros das FARC empreenderam ações para intimidar, fazendo disparos fortuitos à noite contra os militares brasileiros que ocupavam a base situada às margens do rio Traíra. Em resposta a esse assédio, o tenente-coronel Vaz, comandante do 1º CmdoFronSol/1º BEF, desencadeou a Operação Tempestade da Amazônia, executando todas as noites, em horários variados e de forma inopinada, um minuto de fogo intenso em ângulo de 360º ao redor da base. Como resultado da reação dos militares brasileiros, as intimidações por parte dos guerrilheiros cessaram e o destacamento prosseguiu com sua missão (Montenegro, 2021, p. 27).

Os resultados obtidos na Campanha do Traíra ratificaram a relevância do engajamento de tropas vocacionadas para a condução do combate não convencional em conflitos característicos de guerra irregular, bem como o uso de aeronaves de asa rotativa na Amazônia. Também foi substancial o aprendizado absorvido pela recém-constituída BdaAvEx, que teve essa operação como seu batismo de fogo.

O elevado nível de adestramento e de desempenho das tripulações da denominada Patrulha Ajuricaba, integrada por quatro helicópteros de manobra HM-1 Pantera e dois helicópteros de reconhecimento e ataque HA-1 Esquilo, evidenciou-se ao atender as demandas próprias da região selvática, que exige uma performance diferente daquela requerida em outros ambientes geográficos. A expertise obtida nesses eventos, levou o Comando da BdaAvEx a perceber a importância de prover apoio aéreo ao CMA. Assim, o Destacamento estacionado em Tabatinga (devido ao suporte ofertado ao 1º CmdoFronSol/1º BEF) foi transferido para Manaus, de modo a manter uma força de helicópteros permanente na região amazônica. Inicialmente designada como Destacamento Amazônia, essa força de aeronaves de asas rotativas posteriormente foi transformada no 4º Batalhão de Aviação do Exército (4º BAvEx) (Nery, 2021, pp. 28-29).

As lições absorvidas conjuntamente pela Aviação do Exército, pelo 1º BFEsp, pelo 1º CmdoFronSol/1º BEF e pelo 1º BIS da Campanha do Traíra possibilitaram o desenvolvimento de procedimentos inerentes à orientação embarcada, às operações helitransportadas, à infiltração e à exfiltração de tropas helitransportadas, às operações em zonas de pouso de helicópteros, entre outras.

Ainda em 1991, esses ensinamentos contribuíram para que fosse instituído o primeiro Estágio de Operações Aeromóveis, com o conteúdo direcionado a aperfeiçoar a capacidade de líderes de pequenas frações do EB na execução de missões suportadas por aeronaves de asa rotativa. Também vale destacar que, desde então, os adestramentos e missões do 1º BIS com uso de helicópteros foram intensificados, levando a unidade a receber a denominação de 1º Batalhão de Infantaria de Selva Aeromóvel (1º BIS Amv) a partir de 2005 (Operador A, 2014).

NA MATA, ENTRE IGARAPÉS E IGAPÓS

A Operação Guahariba foi conduzida entre os meses de março e abril de 1992, no estado de Roraima, como uma ação de reconhecimento e avaliação de área destinada a coibir o garimpo clandestino na região amazônica. Na ocasião, o EB inaugurou as atividades de um DAI, tendo uma fração de tropa orgânica da CiaAçCmdos como base principal do efetivo. Cabe destacar que até se engajarem na Operação Guahariba, o 1º BFEsp empregava frações oriundas da 1ª CiaFEsp (também conhecida como FORÇA 1) como base para o exercício de um DAI, utilizando militares da CiaAçCmdos para completar o efetivo (Cardoso, 2020).

As ações levadas a efeito em Roraima marcaram o desempenho do protótipo daquele que se tornaria o Destacamento de Reconhecimento e Caçadores (DRC). Ainda que a atuação das equipes operacionais não tenha ocorrido em favor de uma fração de Comandos, como preconiza a doutrina de emprego do DRC, a Operação Guahariba inaugurou a utilização efetiva de equipes orgânicas, compostas majoritariamente por cabos e soldados vinculados a um DAC, conduzindo operações de reconhecimento e monitoramento de alvos, entre outras atividades (Montenegro, 2020a).

Distribuído pelo terreno selvático, o DAI foi desmembrado em 3 equipes operacionais que se deslocavam pela combinação de mata e cursos d'água (igarapés e igapós) que formam o labirinto amazônico, para empreender uma ação dissuasória.

A intervenção englobava as seguintes tarefas: identificar e confirmar a localização geográfica de pistas de pouso clandestinas que, provavelmente, eram utilizadas para o garimpo ilegal; manter contato com garimpeiros de toda a área, informando o prazo para evacuação voluntária com apoio da FAB (após encerramento do prazo estipulado os garimpeiros que insistissem em não deixar a área poderiam ser presos) e acionar a Polícia Federal para que tomasse providências caso fossem encontradas aeronaves suspeitas ou garimpos em funcionamento (Cardoso, 2020).

As atividades executadas pelo DAI em Roraima duraram aproximadamente duas semanas, com as equipes operacionais recebendo suporte aéreo ofertado por helicóptero (transporte de tropa e ressuprimento logístico e de víveres) a cada cinco dias. No decorrer desse período, os quadros operacionais qualificados como FE planejaram as funções das equipes operacionais, que, além de cumprirem as demandas da missão que lhes foi conferida, alcançaram os seguintes resultados adicionais: promoveram o cadastramento de dezenas de garimpeiros, atuaram como elemento de dissuasão considerando a eventual presença de militares venezuelanos em território brasileiro e asseguraram a presença do EB em terras indígenas, embora as ações conduzidas pelos destacamentos operacionais não tenham ocorrido no interior daquela que viria a se tornar a Reserva Yanomami (ainda inexistente no período da Operação Guahariba) (ibid.).

DIVERSIFICANDO CONHECIMENTOS

Nas décadas de 1960 e 1970, o principal exercício contraterrorista realizado no âmbito do EB era conduzido como componente curricular do CFEsp e CAC, com a finalidade de capacitar os alunos em procedimentos de retomada de edificações e aeronaves comerciais dominadas por terroristas. O adestramento com a aeronave era viável em virtude da concessão feita por uma companhia aérea, que cedia um avião mantido em manutenção por dois ou três dias, para o desenvolvimento do treinamento.

Em que pese o esforço empreendido para a qualificação de quadros operacionais vocacionados para as ações contraterroristas, o 1º BFEsp não dispunha de condições para participar de intercâmbios com unidades estrangeiras análogas e carecia de atualização técnica e doutrinária, além de equipamentos compatíveis para o cumprimento de tarefas dessa ordem (L. P. Pimentel, 2019). Embora o enfrentamento aos movimentos guerrilheiros como MR-8 e VAR-Palmares tenha proporcionado relevante experiência no combate às ações extremistas, o conjunto de conhecimentos adquiridos no passado mostrava-se defasado perante o tipo de confronto travado duas décadas depois.

Com a atividade de contraterrorismo conduzida pelo EB a cargo do 1º BFEsp desde a extinção do Destacamento Alfa-Ômega no final de 1991, o conhecimento sobre as alternativas táticas[4] aplicadas em eventos dessa ordem era superficial em decorrência da breve existência daquela unidade.

Na transição de 1991 para 1992, o 1º BFEsp recebeu a incumbência de constituir uma força de pronta resposta para enfrentar eventuais atentados que pudessem ocorrer na Conferência das Nações Unidas sobre o Meio Ambiente e o Desenvolvimento (também conhecida como Cúpula da Terra ou ECO-92). Compareceram ao evento 120 Chefes de Estado dos cinco continentes para debater formas de desenvolvimento sustentável.

Em razão da ECO-92, foi instituída uma Coordenação de Segurança de Área, sob autoridade do Comando Militar do Leste (CML), reunindo as três Forças Singulares e todos os órgãos de Segurança Pública nos âmbitos federal e estadual. Durante esse importante evento internacional, ocorrido entre os dias 3 e 14 de junho de 1992 no Riocentro (Centro de Convenções localizado na zona oeste da cidade do Rio de Janeiro), foram realizados vários encontros de trabalho com as tropas especiais de diferentes nações estrangeiras (responsáveis pela segurança de suas respectivas autoridades) com a finalidade de estabelecer procedimentos e normas de segurança. Coube ao 1º BFEsp o planejamento, o treinamento, a coordenação e a execução das operações contraterroristas. A experiência adquirida no evento contribuiu substancialmente para o papel desempenhado pelo destacamento no planejamento de segurança da III Conferência Ibero-Americana de Chefes de Estado e de Governo, realizada na cidade de Salvador, Bahia, entre os dias 15 e 16 de julho de 1993 (Pinheiro, 2008, pp. 25-26).

No início da década de 1990, o capitão Pedro Luiz de Souza Paranhos Ferreira, que servia junto ao 1º BFEsp, viajava constantemente para a cidade paulista de Boituva, conhecida por ser referência nacional na prática de paraquedismo e balonismo, com a finalidade de treinar o salto livre desportivo. Foi praticando essa modalidade esportiva no município do interior paulista que o capitão Paranhos conheceu Renato de Toledo Guimarães Vaz, diretor de segurança do Banco do Estado de São Paulo (BANESPA), que devido à natureza de sua profissão havia participado de diferentes cursos em Israel e EUA abordando a atuação de equipes táticas (Montenegro, 2020c).

Devido aos laços de amizade que surgiram entre eles, Renato Vaz ofereceu ao 1º BFEsp três vagas para um curso de tiro que o BANESPA ministraria para policiais de São Paulo, em março de 1992. Acreditando ser uma boa oportunidade para diversificar os conhecimentos, o tenente-coronel Rui Monarca da Silveira, comandante do 1º BFEsp, autorizou o capitão Paranhos e os primeiros-tenentes Jorge Luiz Ferreira Gonçalves da Cunha e Paulo Roberto Rodrigues Pimentel a participarem do curso, que ao final do primeiro de dois módulos (Curso Básico de Times Táticos e Curso Avançado de Times Táticos) mostrou ser um eficiente treinamento para a aplicação de TTPs inovadoras para os padrões brasileiros (P. R. Pimentel, 2019).

Convidado a ministrar os dois módulos do curso para os militares do 1º BFEsp nas dependências do Forte Camboatá entre abril e maio de 1992, Renato Vaz permaneceu por quinze dias instruindo os quadros operacionais do 3º DOFEsp. Os módulos foram ministrados no estande de tiro General Luiz Paulo, inaugurado no ano anterior. A construção foi adaptada às ruínas de um antigo paiol de munição dos anos 1950. Situada nos fundos do aquartelamento e cercada por uma região de mata densa, a edificação foi dividida em duas instalações com finalidades distintas: um estande de tiro coberto e uma "casa de matar" para treinamentos de assalto em ambiente confinado compartimentado (ibid.).

Na época em que o curso foi ofertado, o 1º BFEsp não dispunha dos materiais adequados para viabilizar o adestramento, ficando a cargo de Renato Vaz dispor de quase todos os aparatos requeridos financiados pelo BANESPA. No decorrer do curso, o instrutor apresentou inovações nos métodos de treinamento *Stress Fire* (Tiro sob Estresse), incorporando elementos como: máscaras de gás, cães de guerra, tiro embarcado, proteção de autoridades, dentre outros. Os procedimentos adotados naquele período enfatizavam as técnicas de assalto sem priorizar as demais alternativas táticas: negociação e gerenciamento de crises, utilização de agentes químicos e tiro de comprometimento efetuado por atiradores de precisão. O curso promovido por Renato Vaz despertou uma nova mentalidade no 1º BFEsp, motivando a unidade a buscar por intercâmbios com tropas especiais de outros países no intuito de manter-se atualizada e em conformidade com as doutrinas operacionais mais avançadas do mundo (Montenegro, 2020c).

Após a conclusão do curso de tiro, a 1ª CiaFEsp encarregou cada um de seus DOFEsp a desempenhar uma atividade específica, mantendo a proficiência, e a ministrar treinamentos e estágios envolvendo a especialidade que lhes cabia. Assim, o 1º DOFEsp incumbiu-se das operações subaquáticas, enquanto o 2º DOFEsp assumiu o SLOp e o 3º DOFEsp responsabilizou-se pelas ações de contraterrorismo, atuando também como Destacamento de Contraterror (DCT). Especificamente no que se refere ao DCT, os FEs que o compunham tiveram destacado papel na formação e no aperfeiçoamento das FOpEsp das outras Forças Singulares e das Forças Policiais. Seus integrantes promoveram a assessoria para a aquisição de materiais (armas e equipamentos) e fomentaram uma mentalidade voltada para o alto desempenho operativo em situações de risco e criticidade elevados (O. Costa, 2019).

Nos anos 1990, o 1º BFEsp foi bastante requisitado para conduzir operações de reconhecimento e avaliação de área, como parte dos planejamentos efetuados pelo EME, considerando as hipóteses de conflito vislumbradas para o país. São exemplos de eventos dessa ordem: Operação Surumu, executada na zona fronteiriça entre o Brasil e a Venezuela nos meses de setembro e outubro de 1993; Operação Apapóris, levada a efeito na região de Japurá, no estado do Amazonas, entre os meses de outubro e novembro de 1994; Operação em proveito do CMA na região da Reserva Indígena Raposa Serra do Sol, situada no estado de Roraima, em novembro de 1997; Operação Mamoré, realizada durante exercício promovido pela 17ª Brigada de Infantaria de Selva (17ª BdaInfSl) na região de Guajará-Mirim, estado de Rondônia, em setembro de 1998 (M. Oliveira, 2020).

Algumas Operações de Interdição de Área[5] foram executadas pela unidade na década de 1990, destacando-se como modelo: Operação Urumutum e Operação Jatuarana (ambas devidamente abordadas na seção anterior); Operação Guahariba, empreendida no estado de Roraima em 1992; Operação Querari, desempenhada em proveito do CMA na região do rio Querari, situada na fronteira amazônica do Brasil com a Colômbia, em novembro de 1999 (ibid.).

Nesse período, o 1º BFEsp também foi responsável por conduzir Operações de Inteligência[6], sendo as mais relevantes: Operação Taquaral Açú, desenvolvida sob controle operacional da 5ª RM, na região da represa de Itaipú, estado do Paraná, entre os meses de novembro e dezembro de 1991; Operação Rio, estruturada entre dezembro de 1994 e janeiro de 1995 sob o controle operacional do CML, em proveito da Segurança Pública do estado do Rio de Janeiro; Operação organizada em proveito do Comando Militar do Nordeste (CMNE) entre os meses de julho e agosto de 1997, em razão dos movimentos grevistas iniciados por policiais militares dos estados do Alagoas e do Ceará (ibid.).

OS FRUTOS DA CASTANHEIRA

No final da década de 1990, as constantes invasões ao território brasileiro pelos guerrilheiros das FARC colocavam em xeque a segurança e a autoridade brasileira na região amazônica. Decidido a encontrar uma solução para confrontar a ameaça guerrilheira, o general de exército Gleuber Vieira (comandante do EB) manifestou a intenção de criar no Brasil tropas vocacionadas na condução de ações de guerra não convencional em diferentes regiões geográficas do país. Essas unidades, denominadas por ele com o sugestivo nome "FE Caboclo", funcionariam a exemplo das unidades especializadas que o general havia conhecido em uma visita recente à África do Sul (Senna, 2020).

Posteriormente, em uma breve viagem à AMAN, o general Gleuber atribuiu ao coronel Cláudio Barroso Magno Filho, comandante do 1º BFEsp, a tarefa de estudar a viabilidade de criação de um núcleo de tropa OpEsp no CMA. Após minuciosa análise, o Núcleo de Destacamento de Forças Especiais (NuDFEsp) foi oficializado no dia 6 de novembro de 2000, por meio da Portaria nº 103 emitida pelo EME. A partir de então, a responsabilidade de implantação do referido núcleo ficou a cargo do general de exército Alcedir Pereira Lopes, comandante do CMA, uma vez que dispunha de quatro FEs atuando sob seu comando. Subordinado ao recém-criado Centro de Operações (COP) do CMA, o NuDFEsp foi inicialmente comandado pelo capitão Omar Zendim, sendo constituído por um efetivo de dois oficiais e quatro praças (um primeiro-sargento e três segundos-sargentos). A primeira missão atribuída a esse contingente foi selecionar um local adequado para receber sua sede e colocar em prática as atividades de interesse do CMA (ibid.).

Em junho de 2001, iniciou-se a limpeza e a adequação das instalações do extinto Posto de Retransmissão do 4º Centro de Transmissão da Amazônia, situado no Parque Regional de Manutenção da 12ª Região Militar (12ª PqRMnt), a qual hospedou a sede definitiva do NuDFEsp. As obras transcorreram com o suporte de pessoal e de material cedido, principalmente, pela 12ª Companhia de Guarda do CMA e contaram também com o apoio logístico de todas as unidades subordinadas àquele grande comando de área (Macedo, 2020).

Com o propósito de acompanhar o processo de implementação da subunidade idealizada por ele, o general Gleuber visitou o NuDFEsp em janeiro de 2002, ano em que outros militares integraram o efetivo existente, iniciando os encargos administrativos e patrimoniais, bem como o recebimento de todos os suprimentos necessários para efetivar seu funcionamento (ibid.).

Como consequência do processo de criação da BdaOpEsp (a ser abordada no próximo capítulo), em 2003 o NuDFEsp foi reestruturado como subunidade independente e elevado à categoria de Companhia subordinada ao CMA, conforme especificado na Portaria nº 505 emitida pelo Comandante do Exército no dia 4 de setembro.

Tal como uma frondosa castanheira (árvore símbolo da Amazônia), a semente plantada pelo general Gleuber germinou dando origem à 3ª Companhia de Forças Especiais (3ª CiaFEsp), também conhecida por FORÇA 3, consolidando um antigo sonho que data do COpEsp 57/1, e repercutiu desde então nas diferentes gerações de operadores qualificados pelo EB. Sediada em Manaus, capital do Amazonas, a 3ª CiaFEsp recebeu no dia 15 de abril de 2016 a denominação histórica de "Companhia General de Brigada Thaumaturgo Sotero Vaz", designação atribuída em referência ao OE nº 10 (egresso do COpEsp 1957/1) que no decorrer de sua carreira militar desempenhou importantes funções na região amazônica, tais como: comandante do DFEsp nas operações contra forças irregulares executadas na região do rio Araguaia, comandante do 1º BIS, comandante do CIGS e Chefe do Estado-Maior do CMA (Senna, 2020; Schwingel & Mota, 2016, p. 86).

Em seus sessenta e poucos anos de existência, as OpEsp do EB foram chamadas diversas vezes para ampliar a resposta do Estado a problemas ocorridos no interior da Amazônia ou em suas áreas fronteiriças. Situada no coração da floresta amazônica, a 3ª CiaFEsp, desde sua constituição, é frequentemente acionada em diferentes pontos da selva como multiplicador do poder de combate. A unidade também promove estudos constantes daquela que é considerada uma região de importância estratégica para o Brasil[7].

Em virtude do grandioso potencial natural, das fronteiras extensas e das questões de segurança ainda em aberto, a Força Terrestre Brasileira mantém um considerável efetivo na região amazônica para contribuir com o esforço conjunto de mantê-la protegida e segura. Nesse contexto, a FORÇA 3 é responsável por proporcionar ao CMA pronta resposta em situações que demandam a ação de ElmOpEsp (AD, AI e RecEsp), seja em circunstâncias de normalidade ou não, em ambiente de defesa externa, GLO, entre outros (Lisboa, 2017, pp. 34-38).

NOTAS

1. No dia 4 de novembro de 1979, ativistas de origem iraniana invadiram a embaixada dos EUA localizada na cidade de Teerã (capital do Irã), capturando 52 pessoas como reféns. Com o objetivo de resgatá-los, o governo do presidente Jimmy Carter executou uma ação militar dividida em três fases: incursão, resgate

e evasão. Planejada para ser conduzida por diferentes unidades, a operação centrava-se nas tarefas a serem desempenhadas pelo 1st SFOD-D (*1st Special Forces Operational Detachment-Delta*, ou 1º Destacamento Operacional de Forças Especiais-Delta) do Exército dos EUA. Em abril de 1980, quadros operacionais da unidade, uma companhia do 75º Regimento Ranger e uma equipe de Forças Especiais, engajados na missão de resgate, deslocaram-se por via aérea até *Desert One*, ponto codificado da região desértica iraniana de onde partiriam de helicóptero para cumprir a segunda fase da operação. Entretanto, duas das oito aeronaves previstas para transportar as tropas e os reféns tiveram problemas antes mesmo de chegar a *Desert One*, vindas do porta-aviões USS Nimitz. Os seis helicópteros remanescentes aterrissaram noventa minutos após o prazo previsto. Um deles apresentou falha técnica, o que o impossibilitou de levantar voo. Dispondo de apenas cinco dos oito helicópteros destacados inicialmente, era impossível dar prosseguimento à missão e a operação foi previamente abortada. Os reféns foram posteriormente libertados mediante negociações diplomáticas entre os governos norte-americano e iraniano (Haney, 2003, pp. 191-207).

2. Em meados da década de 1970, Granada era uma nação insular pertencente à Comunidade Britânica, cujo governador-geral podia ser nomeado pela rainha Elizabeth II. Figura dominante na política granadina, o primeiro-ministro Eric Gairy não escondia sua intenção de se ver livre de seus opositores. Aproveitando-se de uma visita de Gairy à sede da ONU em Nova York (EUA), o Movimento Nova Joia deu um golpe de Estado em 13 de março de 1979, assumindo o poder no dia seguinte para estabelecer um governo de viés socialista. No cargo de novo premiê do país, Maurice Bishop aproximou-se de Cuba, aumentando a preocupação norte-americana em relação à influência soviética no Caribe. A construção do Aeroporto de Ponta Salina, sob alegação de que o campo de pouso atrairia maior número de turistas e incrementaria a rota comercial do país, foi o estopim para o agravamento da crise, uma vez que o governo do presidente Ronald Reagan acreditava que o aeroporto serviria de escala para aviões militares cubanos que se deslocavam para a África e de ponto de trânsito para armas soviéticas destinadas aos movimentos guerrilheiros da América Central. A sucessão de eventos marcados pelo rompimento das relações entre Bishop e a Cúpula do Movimento Nova Joia, a deposição e o assassinato do primeiro-ministro, a ascensão de Bernard Coard ao cargo de premiê, a onda de protestos populares e a prisão do governador-geral levaram a OECS (*Organization of Eastern Caribbean States*, ou Organização dos Estados do Caribe Ocidental) a solicitar uma intervenção no país caribenho. Finalmente, no dia 25 de outubro de 1983, uma força de invasão liderada por tropas norte-americanas invadiu e controlou a situação em Granada naquela que ficou conhecida como Operação Fúria Urgente (*Operation Urgent Fury*) (H. Tavares, 1984, pp. 1065-1067).

3. Organização fundada em 1964 com base nos diversos grupos de autodefesa camponesa sob influência do Partido Comunista Colombiano. Constituída durante

a Guerra Fria, suas ações eram centradas em um movimento de guerrilha rural que objetivava tomar o poder central e transformar o sistema político colombiano. Com o fim da Guerra Fria, as FARC perderam o apoio financeiro e material da URSS e de Cuba, passando a diversificar suas atividades com alternativas próprias do crime organizado. Assim, estruturaram-se em moldes paramilitares com rígida disciplina hierárquica e adotaram métodos violentos como forma de intimidação. Sua atividade principal está voltada para o controle da produção e do cultivo de coca (planta com propriedades estimulantes e efeitos analgésicos que é utilizada como droga) na região amazônica que se estende pelos territórios da Bolívia, Venezuela e Equador (Woloszyn, 2010, pp. 28-30).

4. Nesse contexto, as alternativas táticas aplicadas nas atividades de contraterrorismo são: 1ª) negociação e gerenciamento de crises; 2ª) emprego de agentes químicos; 3ª) emprego de Caçador (*Sniper*) e 4ª) assalto (P. R. Pimentel, 2019).

5. Operação executada para dificultar ou impedir que o inimigo se beneficie: de determinada região, de pessoal, de instalações ou de materiais. As ações realizadas nesse tipo de manobra, abrangem normalmente o uso maciço de fogos aéreos e de artilharia, a realização de assaltos aeromóveis e aeroterrestres, a infiltração de tropas especiais, as ações de sabotagens, de barreiras e de guerrilha (Brasil, 2015b, p. 193).

6. Conjunto de ações de busca (atividade sigilosa voltada para a obtenção de dados não disponíveis e protegidos por medidas de segurança estabelecidas por quem os detém) que utiliza as técnicas operacionais e os meios especializados. É planejado e executado visando a obtenção de dados de interesse aos trabalhos desenvolvidos pela inteligência, para o atendimento de seus usuários (Brasil, 2015b, p. 193).

7. A floresta tropical amazônica é a maior do globo, e em seu território se encontram aproximadamente trinta por cento das espécies vivas do planeta. É o maior banco genético do mundo, onde se concentra mais de uma dezena de bilhões de toneladas de carbono, e é nela que está localizada a maior província mineralógica da Terra. Os rios amazônicos correspondem a um quinto da água doce do planeta. Quinze entre os trinta maiores rios do planeta estão na Amazônia, e nos disponibilizam também dois terços das reservas hidroelétricas do Brasil. Um vinte avos da superfície terrestre pertence à área amazônica, assim como um décimo da superfície da América do Sul e três quintos da superfície terrestre do Brasil. A porção brasileira da Amazônia faz fronteira terrestre com sete países. O aspecto humano é peculiar por sua diversidade sociocultural e pela pluralidade étnica. Povos de várias etnias formam uma babel amazônica inserida na floresta, onde se falam línguas e dialetos absolutamente diversos da língua oficial brasileira. Os problemas da região também são maiúsculos, em consonância com sua pujança natural e com a imensa quantidade de habitantes. O ambiente operacional local é volátil, incerto e complexo e apresenta uma dinâmica de difícil interpretação

e controle. Nesse cenário, muitas situações de conflito são caracterizadas conforme a natureza crônica, a baixa intensidade e o impacto difuso. A Amazônia ainda enfrenta a incidência de crimes e ilícitos transfronteiriços, os problemas fundiários e socioambientais, a proximidade física com as áreas onde atuam grupos insurgentes em outros países, a limitada infraestrutura econômica local, a ausência de um modelo consagrado de desenvolvimento autossustentável e a impossibilidade de contar com a presença efetiva do Estado em toda a área (Lisboa & S. A. Oliveira, 2017, p. 34).

8

QUARTA GERAÇÃO DAS OPESP DO EXÉRCITO BRASILEIRO (A PARTIR DE 2004)

CENÁRIO BRASILEIRO NAS DUAS PRIMEIRAS DÉCADAS DO SÉCULO XXI

Durante a Guerra Fria, o Brasil manteve-se distante dos grandes conflitos internacionais, colocando-se à margem, em termos de política externa e defesa, dos grandes eventos bélicos internacionais. Tal posição, somada às exigentes agendas sociais nacionais (educação, saúde, dentre outros), criou um complexo de ilha que impunha, além de pretensa sensação de segurança e superação de conflitos, pesados limites aos orçamentos direcionados às FA (F. C. Silva, 2012, pp. 62-63).

O surgimento de um novo ordenamento geopolítico, marcado pelo colapso da URSS em 1991 e pelo advento de novas ameaças no cenário internacional (terrorismo, pirataria, crime organizado, dentre outros), evidenciou a carência de mecanismos de segurança coletiva competentes para lidar com a violência crescente (ibid., p. 67). Se no tempo da Guerra Fria as intenções dos antagonistas eram conhecidas, no mundo globalizado as ameaças são difusas e apresentam potenciais distintos. Desse modo, as forças de defesa nacionais precisam se adaptar às mudanças em curso no tabuleiro geopolítico mundial, influenciado pelo impacto desestabilizador desses novos atores (Diégues, 2011, pp. 83-84).

Nesses termos, o acrônimo VUCA passou a ser usado em referência à volatilidade, incerteza, complexidade e ambiguidade (*Volatility, Uncertainty, Complexity and Ambiguity*) que caracterizam os conflitos da Era da Informação. A expressão foi utilizada pela primeira vez por militares norte-americanos durante a Guerra do Golfo (1990-1991).

A evolução tecnológica informacional característica desse período possibilitou à população amplo acesso à informação, de modo a criar um ambiente tridimensional. Sob essa perspectiva, o combate não se restringe apenas à dimensão física (embate de forças antagonistas no campo de batalha), mas se estende além dela, incorporando as dimensões informacional e humana. Nesse contexto, a percepção da opinião pública acerca dos fatos relacionados ao conflito em questão é fundamentalmente importante para conquistar o apoio da sociedade de modo a fortalecer a vontade e a coesão nacional (Visacro, 2018a, pp. 121-127).

Ainda que o Brasil oriente suas relações internacionais com base nos princípios constitucionais da não intervenção, da defesa da paz e da solução pacífica dos conflitos, entre outros, conforme estabelecido pelo Artigo 4º da Constituição Federal (Brasil, 2016, p. 11), os efeitos decorrentes desse novo ordenamento geopolítico impeliram o país a assumir uma postura mais atuante na condução de sua política externa. Foi necessário que as Forças Singulares Brasileiras agissem em sincronia com a diplomacia, ambos funcionando como importantes instrumentos da política nacional. Nesse sentido, as FA passaram a desempenhar tarefas cada vez mais significativas nas relações do Brasil com as demais nações do cenário regional e internacional (F. C. Silva, 2012, p. 67). Adotando uma conduta de atuação ativa que se opõe à ideia de defesa estática e puramente reativa, as Forças Singulares do país maximizaram seu poder de operação e combate de modo a gerar um efeito dissuasor, que desencorajasse eventuais pressões ou iniciativas externas contrárias aos interesses nacionais (Diégues, 2011, p. 85).

Particularmente no que se refere às atribuições do EB, a Estratégia Nacional de Defesa (END) — documento lançado em 2008 com a finalidade de estabelecer as diretrizes para a adequada preparação e capacitação das FA de modo as garantir a segurança do país em tempo de paz ou em situações de crise — determina que cabe à Força Terrestre cumprir sua destinação constitucional e desempenhar suas funções com base nos conceitos estratégicos de flexibilidade[1] e elasticidade[2] e agir de forma progressiva nas diferentes conjunturas em que for chamada a intervir (Brasil, 2012, pp. 75-76).

As FA Brasileiras compreendem as demandas provenientes de um ambiente operacional complexo e multifacetado. Por essa razão, adentraram o século XXI engajando-se em Operações no Amplo Espectro[3], integrando Operações de Paz[4] executadas no exterior sob autoridade da ONU ou participando de Operações de Garantia da Lei e da Ordem[5] (OpGLO) realizadas em território nacional.

Especificamente para as OpEsp o início do século XXI representou um divisor de águas em relação ao método de ação das tropas especiais na condução dos enfrentamentos. Preparadas para lidar com o ambiente de incerteza e de imprevisibilidade que caracterizam as guerras de 4ª geração, as FOpEsp passaram a ser acionadas como esforço principal[6] na *Global War on Terrorism* (GWOT, ou Guerra Global contra o Terrorismo) desencadeada após a série de atentados perpetrados pela *al-Qaeda* contra o território estadunidense, na manhã do dia 11 de setembro de 2001.

O JSOC (*Joint Special Operations Command*, ou Comando de Operações Especiais Conjuntas[7]) norte-americano era a autoridade responsável pela campanha militar contra franquias terroristas. Adaptando-se às exigências impostas pelo terreno acidentado do Afeganistão e pela campanha de desgaste realizada pelos integrantes do Talibã e da *al-Qaeda*, o Comando cobria um arco territorial que se estendia do Norte da África até as Filipinas. Emitida em 2004 por Donald Rumsfeld, secretário de defesa do governo do presidente George W. Bush, a AQN-ExOrd (*al-Qaeda Network Execute Order*, ou Ordem de Execução da Rede *al-Qaeda*) dava ao JSOC uma projeção sem precedentes na história militar, transformando-o na rainha entre as peças movimentadas pelo DoD no tabuleiro de xadrez da GWOT (Mazzeti, 2016, pp. 138-139).

VENTOS QUE SOPRAM DO CENTRO-OESTE

Conforme abordado no capítulo anterior, os planos de constituição de um CmdoSgOpEsp na estrutura organizacional do EB ocorreu em 1987, quando o EME promoveu um minucioso levantamento acerca da atividade OpEsp considerando a criação de uma grande unidade de OpEsp, à época conhecida pelo acrônimo COpUEsp.

No início do século XXI, o temor e a instabilidade afligiam o mundo após a série de atentados terroristas perpetrados pela *al-Qaeda* contra o território norte-americano, no dia 11 de setembro de 2001, levando o governo dos EUA a desencadear a GWOT, encabeçada por FopEsp. Em virtude desse ambiente conturbado, a Força Terrestre Brasileira achou por bem retomar o estudo iniciado em 1987. Após cuidadosa análise de viabilidade que promoveu adequações compatíveis com a conjuntura do início século XXI, ainda em 2001, o general de brigada Álvaro de Souza Pinheiro, ex-comandante do 1º BFEsp que àquela época atuava à frente da 3ª Subchefia do Estado-Maior do Exército (3ª SCh do EME), apresentou junto ao EB a proposta de criação de um CmdoSgOpEsp (Schwingel & Mota, 2016, pp. 138-139).

Em 2002, o debate gerado com base no estudo que propunha a constituição de uma grande unidade de OpEsp na estrutura organizacional do EB levou a um impasse relacionado à composição de seus elementos subordinados. A proposta original previa um arranjo com dois batalhões de FEsp com CACs integrando cada um desses batalhões. Na época, o general de brigada Rui Monarca da Silveira, que havia substituído o general Álvaro na 3ª SCh do EME, discordou dessa formação. Assim, foi sugerido, e posteriormente aprovado, que a melhor formação seria aquela que contemplava um BFEsp e um BAC (Silveira, 2020). No mesmo ano, o Decreto Presidencial nº 4.289, emitido dia 27 de junho de 2002, oficializou a BdaOpEsp, instalada na cidade do Rio de Janeiro e subordinada à BdaInfPqdt. Para atender adequadamente os requisitos específicos das FOpEsp, era essencial que essa nova grande unidade do EB fosse estruturada nos moldes de um comando operacional diferente do modelo organizacional típico de uma brigada (Schwingel & Mota, 2016, pp. 138-139).

Comentando os pormenores desse ajustamento, o general de brigada Marco Aurélio Costa Vieira, nomeado gerente do projeto de implantação da BdaOpEsp e posteriormente seu primeiro comandante, esclarece:

> Após a criação da Brigada de Operações Especiais, já em 2003, a 3ª Subchefia do Estado-Maior do Exército conduziu estudos mais completos, visando definir uma concepção estratégica que atendesse aos objetivos e considerasse as peculiaridades das Forças Especiais do Exército Brasileiro [...]
> Houve sempre um consenso de que uma Grande Unidade com essas características não deveria se constituir em uma Brigada clássica, nos moldes de uma Grande Unidade de Infantaria Leve, por exemplo. O ideal seria um Grupamento (ou um Comando) Operacional de Unidades Especiais, capaz de coordenar e apoiar o emprego de pequenas frações especializadas em missões típicas de Comandos, Operações Psicológicas e de Forças Especiais.
> Essa concepção estratégica de emprego prevaleceu, ainda que a designação adotada pelo Exército Brasileiro tenha sido a de "Brigada" de Operações Especiais (2007, pp. 42-43).

A opção por instalar a BdaOpEsp no Rio de Janeiro ocorreu, principalmente, por razões econômicas, combinadas com justificativas técnicas, geográficas e operacionais, dado que o Forte Camboatá está situado nas proximidades do mar, da montanha e de importantes áreas de adestramentos. Além disso, o apoio aéreo da FAB é facilitado por meio das aeronaves estacionadas no Aeródromo dos Afonsos (ibid., pp. 41-42).

A implantação da BdaOpEsp oportunizou atender uma antiga demanda dos operadores, a criação do 1º Batalhão de Ações de Comandos (1º BAC) e do Centro de Instrução de Operações Especiais (CIOpEsp), ambos constituídos pela Portaria nº 332, emitida pelo Comandante do EB no dia 22 de julho de 2002. A partir de então, o EB contou com uma unidade especialmente organizada, equipada e adestrada para o planejamento, a condução e a execução de AD (1º BAC), além de um estabelecimento de ensino militar vocacionado para a formação do ElmOpEsp (CIOpEsp) (Schwingel & Mota, 2016, pp. 156-167).

Ainda que a cidade do Rio de Janeiro tenha sido inicialmente escolhida para acomodar a BdaOpEsp, para o Comando do Exército (CEX) era importante oferecer condições mais adequadas para que a grande unidade de OpEsp do EB otimizasse sua operacionalidade e atuação. Assim, foi apresentado um estudo pormenorizado ao Alto Comando do Exército (ACE) que considerava três possibilidades de aquartelamento: Rio de Janeiro, Brasília e Goiânia. No dia 19 de abril de 2003, após ouvir os integrantes do Alto Comando, o comandante do Exército, general Francisco Roberto de Albuquerque, decidiu pela transferência da sede da BdaOpEsp para o aquartelamento de Goiânia (capital do estado de Goiás). A deliberação foi oficializada por meio do Decreto Presidencial nº 4.828, expedido dia 3 de setembro de 2003. A BdaOpEsp ocupou as instalações anteriormente habitadas pela 3ª BdaInfMtz, transferida para a cidade de Cristalina (região leste do estado de Goiás), assumindo o novo aquartelamento no dia 1º de janeiro de 2004 (Vieira, 2007, p. 42).

A partir da transferência para Goiânia, a BdaOpEsp ficou subordinada ao CMP e vinculada ao COTER, órgão de direção operacional do EB responsável por orientar e coordenar, em seu nível, o preparo e o emprego da Força Terrestre, em conformidade com as diretrizes do comandante do Exército e do EME.

Na época de sua instalação na região Centro-Oeste, a BdaOpEsp era constituída por seu Comando e Estado-Maior, mantendo subordinadas as seguintes OMs: 1º BFEsp, 1º BAC, CIOpEsp, Batalhão de Apoio às Operações Especiais (BtlApOpEsp), Base Administrativa (BAdm), Companhia de Defesa Química, Biológica, Radiológica e Nuclear (CiaDQBRN), DstOpPsc — transformado em 2012 no 1º BOpPsc, designado em 2014 como 1º Batalhão de Operações de Apoio à Informação (1º BOAI) e posteriormente rebatizado com sua antiga denominação 1º BOpPsc — e 6º Pelotão de Polícia do Exército (6º PelPE). É fundamental esclarecer a natureza específica da 3ª CiaFEsp, que, apesar de ser vinculada à BdaOpEsp, constitui-se como uma subunidade independente subordinada de modo direto ao CMA (Vieira, 2007, p. 40).

Após onze anos da criação da BdaOpEsp, a Portaria nº 142, emitida pelo Comandante do Exército em 13 de março de 2013, posteriormente ratificada pelo Decreto Presidencial nº 8.214, publicado dia 27 de março de 2014, atribuiu à grande unidade de OpEsp do EB a denominação de Comando de Operações Especiais (COPESP), designação compatível com a atuação estratégica dessa grande unidade operacional da Força Terrestre Brasileira (Schwingel & Mota, 2016, p. 144).

OPERAÇÃO DE RESGATE NA COSTA OCIDENTAL DA ÁFRICA

Em novembro de 2004, um destacamento composto por militares qualificados em OpEsp foi enviado para salvaguardar os interesses brasileiros na Costa do Marfim, nação africana que desde 2002 enfrentava as adversidades de uma Guerra Civil que dividiu o país em dois (C. J. Vaz, 2020).

Historicamente conhecida pelo comércio de marfim promovido por exploradores portugueses no século XV, a Costa do Marfim foi colonizada pelos franceses, tornando-se colônia autônoma em 1893, integrando a Federação da África Ocidental Francesa no final do século XIX. O país alcançou a independência parcial em 1919, quando a região Norte se libertou do domínio francês, e em 1958 foi proclamada a República da Costa do Marfim, estado autônomo dentro da *Communauté Française* (Comunidade Francesa), cuja independência seria plenamente conquistada dois anos depois (Almeida, 2020).

No final do século XX, a Costa do Marfim experimentava um período de grave instabilidade decorrente da crise política, econômica e social que assolava o país. As eleições presidenciais realizadas no ano 2000 deram a vitória a Laurent Gbagbo, histórico líder político de oposição. Por causa do conceito excludente de nacionalidade estabelecido pelo governo de Gbagbo, em 2002 fortes tensões criaram divisões entre governistas e opositores, nacionais e estrangeiros, deflagrando uma Guerra Civil que fragmentou o país entre rebeldes (muçulmanos localizados no Norte) e partidários do governo (cristãos situados no Sul). O conflito levou a ONU a constituir a ONUCI (*Opération des Nations Unies en Côte d'Ivoire*, ou Operaçõs das Nações Unidas na Costa do Marfim) com a finalidade de intervir no enfrentamento, posicionando tropas entre os dois lados beligerantes.

Em 2003, a ratificação de um acordo de paz diminuiu os poderes do presidente e promoveu a formação de um governo de união nacional, mas a situação política permaneceu instável e os confrontos continuaram (ibid.).

A situação se agravou em decorrência de um ataque aéreo malsucedido efetuado por quatro caças da Força Aérea marfinense, que na tentativa de bombardear posições rebeldes na região Norte acabaram alvejando, equivocadamente, a base francesa da Força Licorne (tropa da Legião Estrangeira estacionada na Costa do Marfim) no limite entre as regiões Norte e Sul. Atacado por engano, o contingente francês revidou de imediato destruindo (em solo) todo poder aéreo marfinense, resumido àquelas quatro aeronaves de origem russa. A retaliação francesa foi o estopim para que os cidadãos marfinenses residentes em Yamoussoukro (capital do país) principiassem uma onda de ataques indiscriminados contra quaisquer pessoas que aparentassem ter origem estrangeira. A crescente escalada da violência incluía distúrbios civis generalizados, desabastecimento, assassinato e estupro de estrangeiros, fechamento de embaixadas, destruição de imóveis comerciais pertencentes a pessoas oriundas de outros países, entre outras manifestações de ódio e intolerância (ibid.).

Por solicitação do embaixador Fausto Orlando Campello Coelho, representante do Brasil na Costa do Marfim, o governo do presidente Luiz Inácio Lula da Silva enviou tropas para o país africano. A missão precípua objetivava evacuar os brasileiros da zona de conflito, proteger a embaixada localizada na cidade de Abidjan e prover a segurança do embaixador.

A base do destacamento de 13 militares enviados para a Operação Tigre foi composta, em sua maioria, por operadores do 3º DOFEsp (vocacionado para ações contraterroristas) do 1º BFEsp, acrescida de dois sargentos provenientes do 1º BAC. Na manhã do dia 14 de novembro, após participarem de um briefing[8] na sede da BdaOpEsp em Goiânia, os ElmOpEsp componentes do Destacamento Tigre embarcaram com duas toneladas de equipamentos em uma aeronave Hércules C-130 da FAB rumo ao Aeroporto Internacional do Recife-Guararapes (situado na capital de Pernambuco). Os militares tiveram uma rápida apresentação da missão junto ao Alto Comando do EB, antes de voarem para o continente africano na noite daquele mesmo dia (C. J. Vaz, 2020).

Na iminência do pouso no Aeroporto Port Bouët, situado na cidade de Abidjan, não se sabia qual era o real estado da pista, tampouco eram conhecidas as condições em que se encontravam os brasileiros que deveriam ser evacuados. Quando a aeronave tocou o solo marfinense, o grupo de 21 pessoas que seria transportado de volta para o Brasil já se encontrava reunido às margens da pista aguardando o embarque. A aeronave permaneceu na Costa do Marfim apenas por algumas horas, retornando para o território brasileiro depois de desembarcar toneladas de equipamentos que seriam utilizados pelo grupo de operadores que compunham o Destacamento Tigre (Almeida, 2020).

Diferente da decisão de outras delegações estrangeiras presentes na Costa do Marfim, o embaixador optou por manter a representação diplomática brasileira aberta para apoiar aqueles que por diferentes motivos resolveram permanecer no país. A posição assumida pelo diplomata brasileiro alterou o tempo de engajamento do Destacamento Tigre. Inicialmente previsto para apenas um mês e meio, os operadores permaneceram no país africano por sete meses, com o efetivo da fração sendo reduzido para sete operadores após os primeiros 45 dias (ibid.).

Os militares brasileiros destacados para a Operação Tigre chegaram a Abidjan durante o Ramadã[9], período no qual a população marfinense mostrava-se relativamente calma após os momentos de grande agitação. Instalados na residência da embaixada brasileira, os operadores ocuparam o alojamento e definiram um cômodo para servir como centro de operações.

No âmbito da embaixada, os quadros operacionais do destacamento protegeram suas instalações, promoveram o incremento do serviço de internet, coordenaram a aquisição e a instalação de câmeras de segurança junto a uma empresa local, organizaram as medidas de combate a incêndio, instruíram os funcionários quanto à seleção de prioridades relacionadas à segurança e à retirada de material, organizaram kits de emergência em caso de longa permanência, entre outras ações (C. J. Vaz, 2020).

Fora das dependências da embaixada, os operadores se responsabilizaram por: prover a segurança do embaixador; organizar uma eventual evacuação de brasileiros que haviam permanecido no país; realizar o levantamento de dados de inteligência após sucessivas ações de reconhecimento executadas com o propósito de identificar o poder de combate das forças adversas e localizar as possíveis rotas de fuga e os meios de evasão (ibid.).

Sobre as funções operativas do Destacamento Tigre, o coronel Carlos José Machado Vaz comenta:

> Tínhamos uma rotina de segurança de autoridade. Mas como Destacamento de Forças Especiais, logicamente, com muito mais conhecimentos e atividades planejadas em caso de evolução da situação de um país instável no seu governo. Podendo evoluir para um estado de guerrilha. Pois existia, como ainda existe, um domínio das Forças adversas ao governo do meio norte do país, onde encontram-se os grupos guerrilheiros. Havendo, inclusive muitos simpatizantes circulando na cidade de Abidjan (ibid.).

Considerada a primeira missão de pronta resposta executada pelas FOpEsp do EB em outro continente, a Operação Tigre viabilizou importantes aprendizados operacionais obtidos das dificuldades com as quais os operadores se depararam, a se destacar: a ambientação à uma sociedade cujos traços culturais são muito diferentes daqueles comuns aos brasileiros; a adaptação a uma cultura institucional (Ministério das Relações Exteriores) distinta do ambiente castrense; a dificuldade em lidar com o idioma francês e com os 65 diferentes dialetos existentes na Costa do Marfim e a falta de informação concreta relacionada ao cenário de segurança no país (Almeida, 2020).

OS CAPACETES AZUIS

O Brasil tem um longo histórico de contribuição em missões realizadas sob a égide da ONU, computando mais de cinquenta participações que no decorrer dos últimos 70 anos acionaram aproximadamente 55 mil militares das três FA. O papel desempenhado pelo país em eventos dessa ordem ocorre em conformidade com o Artigo 4º da Constituição Federal, o qual estabelece que dentre os princípios que regem as relações internacionais do Brasil estão a defesa da paz, a solução pacífica de conflitos e a cooperação entre os povos para o progresso da humanidade.

Iniciada em 1947, a atuação brasileira em missões conduzidas pelas Nações Unidas pode ser dividida em quatro fases distintas. A primeira incluiu o engajamento de cinco brasileiros à região dos Bálcãs (situada na região sudoeste da Europa) entre 1947 e 1949, e o envio de um batalhão para compor a Força de Emergência que supervisionava a retirada de tropas durante a Crise de Suez — conflito político-militar ocorrido em 1956 entre o Egito e Israel, que utilizava do Canal de Suez (nacionalizado pelo Egito) para ter acesso comercial ao Oriente.

A segunda fase coincide com o período do regime militar no Brasil e é marcada pela ausência de componentes brasileiros em missões promovidas por organismos internacionais. A terceira fase marca o retorno do país às operações multilaterais nas décadas de 1980 e 1990, com atuação tanto de observadores militares quanto de tropas na UNAVEM I (*United Nations Verification Mission*, ou Missão de Verificação das Nações Unidas em Angola), ONUMOZ (*United Nations Operation in Mozambique*, ou Operação das Nações Unidas em Moçambique) e na UNTAET (*United Nations Transitional Administration in East Timor*, ou Administração Transitória das Nações Unidas em Timor Leste).

A quarta e última fase engloba a presença de militares brasileiros na UNIFIL (*United Nations Interim Force in Lebanon*, ou Força Interina das Nações Unidas no Líbano) e na MINUSTAH (*Mission des Nations Unies pour la Stabilisation en Haiti*, ou Missão das Nações Unidas para a Estabilização no Haiti) (Hamann & Teixeira, 2017, p. 1). Esta última é considerada a mais importante na história da participação do Brasil em missões da ONU em virtude do tamanho dos contingentes engajados e das funções estratégicas exercidas.

A República do Haiti é um país insular caribenho que ocupa a porção ocidental da Ilha de São Domingos, banhado pelo oceano Atlântico (ao norte), pelo mar do Caribe (ao sul), pela baía de Gonaives, passagem de *Windward* e estreito da Jamaica (a oeste), fazendo fronteira terrestre com a República Dominicana (a leste). Em 1804 tornou-se a primeira nação independente da América Latina após a bem-sucedida revolta deflagrada por escravos e negros libertos. Em seus duzentos anos de história, o Haiti enfrentou diversos períodos de crises desencadeados pela opressão de ditadores, intervenção de nações estrangeiras e instituições financeiras, ocasionando sérias consequências político-sociais que minaram a autossuficiência econômica do país, considerado um dos mais pobres do continente americano (L. M. Dias, 2018, pp. 16-19).

No início do século XXI, o Haiti era um país altamente deficitário e fragilizado, com taxa de analfabetismo de 53 por cento, índice de desemprego próximo de oitenta por cento, sem dispor de recursos elementares de infraestrutura, com apenas dez por cento das residências dispondo de energia elétrica e vinte por cento com acesso à saneamento básico (Stochero, 2010, p. 35). A acirrada rivalidade do sistema político haitiano — potencializada pela desconfiança gerada pelo resultado das eleições presidenciais de 2001 e pelas sistemáticas denúncias de corrupção — tornou a situação no Haiti insustentável, levando o presidente Jean-Bertrand Aristide a renunciar ao cargo e a deixar o país devido à forte pressão interna (ibid., p. 39).

Pressionado pelos membros permanentes do Conselho de Segurança da ONU (EUA, Reino Unido, França, Rússia e China), o governo do Haiti, que assumiu após a renúncia de Aristide, concordou em submeter o país a uma intervenção internacional capitaneada pela ONU. A MIF (*Multinational Interim Force*, ou Força Multinacional Interina) recebeu a incumbência de manter a ordem em território haitiano, sendo substituída três meses depois pela MINUSTAH, que tinha o Brasil como principal responsável por sua coordenação e um militar brasileiro exercendo a função de *Force Commander*, comandante militar de todas as tropas da ONU que atuavam no país (Argentina, Chile Peru, Bolívia, Guatemala, Jordânia, Filipinas, Indonésia, Nepal, Sri Lanka, dentre outros) (ibid., pp. 39-40).

Instituída com o objetivo de auxiliar o governo de transição a estabelecer um ambiente seguro e estável, cooperar na supervisão, reestruturação e reforma da política nacional do Haiti, a MINUSTAH tinha como responsabilidades adicionais: apoiar o restabelecimento e a manutenção do estado de direito, da segurança e da ordem pública; proteger o pessoal vinculado à ONU, os serviços, as instalações e a população em risco iminente de violência física; apoiar o processo político e constitucional (Peri, 2018, pp. 8-15, pp. 11).

A missão de paz realizada no Haiti foi um importante instrumento da política externa brasileira na busca por espaços de maior protagonismo no cenário internacional. Entre 2004 e 2017, período que durou a missão, o Brasil enviou aproximadamente 37 mil militares, organizados em 26 contingentes em sistema de rodízio (cada um atuava por seis meses) para o país caribenho (Hamann & Teixeira, 2017, pp. 1-2).

O BRABATT (*Brazilian Battalion*, ou Batalhão Brasileiro), que atuou no período em que se estendeu a MINUSTAH, era composto, geralmente, por quatro companhias de Infantaria, um esquadrão de blindados (Urutu), uma companhia de Engenharia, além de pessoal qualificado das Armas de Saúde e Intendência. Completavam o contingente cerca de 225 militares da MB compondo o GptOpFuzNav (Grupamento Operativo de Fuzileiros Navais) e um pelotão de Infantaria da FAB.

Para fins operacionais, a área de responsabilidade da tropa brasileira em Porto Príncipe (capital do Haiti) durante a Missão de

Paz da ONU era muito abrangente e correspondia, basicamente, aos bairros de *Bel Air, Cité Militaire* e *Cité Soleil*. Essas regiões, devido ao elevado índice de criminalidade, violência e resistência às forças legais, deviam ser pacificadas de modo a assegurar que os objetivos das Nações Unidas fossem alcançados (Stochero, 2010, pp. 40-42).

A experiência obtida da atuação na MINUSTAH foi de fundamental importância para que as FA pudessem aprimorar seus sistemas de preparo e ação, projetar o modelo de atuação brasileiro no Haiti como uma referência mundial e consolidar a competência do Brasil como ator relevante no sistema de segurança internacional, com participação desejável em outras importantes operações multilaterais (Hamann & Teixeira, 2017, p. 2).

Uma questão que deve ser abordada refere-se à complexidade do ambiente operacional com o qual o BRABATT se deparou no Haiti. Quando o general de divisão Augusto Heleno Ribeiro Pereira, primeiro *Force Commander* da MINUSTAH, desembarcou na capital haitiana, em maio de 2004, os desafios eram enormes e as condições extremamente críticas, com o ambiente de crise e violência aumentando substancialmente (Caldas, 2020). Diante da necessidade de dispor de uma tropa capacitada para lidar com situações de risco elevado, em julho de 2005, o EB incorporou ao 3º contingente do BRABATT um pequeno efetivo constituído por sete militares, sendo seis cabos qualificados como Comandos liderados por um sargento FE. Inicialmente, o grupo ficou conhecido como Destacamento Caveira, termo utilizado em alusão ao símbolo característico das Ações de Comandos do EB. Seus integrantes operaram no ambiente caótico do Haiti executando missões típicas de OpEsp sem dispor de recursos materiais de alto desempenho, limitados a atuar com armas e equipamentos convencionais utilizados pelas tropas regulares (Furquim, 2020).

Grande parte da sociedade acreditava que o Brasil se limitava a desempenhar uma missão inerente à "manutenção da paz" provendo auxílio social ao Haiti sob chancela do Capítulo VI da Carta das

Nações Unidas.[10] Mas, diferente dessa percepção, a conjuntura com a qual o BRABATT se deparou evidenciava uma atitude demasiadamente agressiva das forças adversas contra as tropas brasileiras e a Polícia Nacional do Haiti. Membros de gangues rivais lutavam entre si, atacavam pontos sensíveis, violentavam mulheres, roubavam, sequestravam e matavam inocentes.

Diante desse quadro, valer-se da força apenas para a autodefesa, conforme preconiza o Capítulo VI do referido documento, mostrava ser uma conduta incompatível com a natureza daquela tipologia de enfrentamento. Assim, o BRABATT atuava sob o amparo normativo do Capítulo VII da Carta das Nações Unidas[11], o qual demandava das tropas engajadas na MINUSTAH um conjunto de procedimentos em conformidade com a missão de "imposição da paz". Desse modo, o uso da força seria necessário e proporcional para agir contra os grupos armados que ameaçavam as forças da ONU ou vitimavam a população em suas respectivas áreas de responsabilidade (Miranda, 2017, pp. 51-53).

Após seis meses de atuação na operação de pacificação de *Bel Air*, a sequência de resultados positivos obtidos pelo Destacamento Caveira levou o general Augusto Heleno a se conscientizar da importância de dispor de ElmOpEsp em ambientes operacionais daquela natureza. Assim, motivou o *Force Commander* da MINUSTAH a convencer o Alto Comando do EB sobre a relevância de enviar um DOFEsp completo para o Haiti (Furquim, 2020). A necessidade de otimizar o poder de choque da fração de OpEsp atuando na MINUSTAH evidenciou que a composição ideal do destacamento a ser engajado deveria ser híbrida, tendo o DAI como referência. Desse modo, a partir do 4º contingente do BRABATT, a Força Terrestre Brasileira designou um efetivo de 12 homens, integrado por militares do 1º BFEsp e do 1º BAC, para compor o Destacamento Caveira (A. Souza, 2017, p. 68).

No primeiro semestre de 2006, quando chegou ao Haiti o 6º contingente, a fração de OpEsp que operava integrada ao batalhão brasileiro teve sua designação alterada pelo coronel Cláudio Barroso Magno Filho, comandante do BRABATT/6, sendo nomeado como Destacamento de Operações de Paz (DOPaz), denominação que permaneceu até o encerramento da missão brasileira no Haiti, em abril de 2017. Cabe destacar que o 6º contingente alterou, de forma substancial, o *modus operandi* do BRABATT, uma vez que o DOPaz treinou todo o Batalhão durante a fase de preparação, apresentando os conceitos técnicos operacionais tendo como referência as regras de engajamento[12] da ONU. Além disso, instruiu o contingente quanto aos aspectos psicológicos que preparavam os soldados com base no conceito de multiplicador de força. Operacionalmente o DOPaz atuou conjuntamente com um esquadrão de Cavalaria, sendo transportado por veículos blindados de modo a favorecer o acesso dos operadores aos bairros mais hostis que integravam a área de responsabilidade do BRABATT (A. L. Silva, 2020).

Selecionado, organizado, preparado e equipado para cumprir missões tanto do BRABATT quanto do escalão superior, o DOPaz era composto por 24 ElmOpEsp organizados em quatro equipes operacionais (Quadro 9). Integravam o DOPaz: quatro oficiais habilitados pelo CAC e CFEsp (comandante [Cmt], subcomandante [SCmt], oficial de operações [Of Op] e oficial de inteligência [Of Intlg]), quatro sargentos especialistas (Sgt Esp) em Comunicações (Com), Armamento (Armt), Demolições (Dml) e Saúde (Sau), também qualificados no CAC e CFEsp, além de cabos e soldados formados no CAC que desempenhavam as funções de auxiliares dos sargentos especialistas e de caçadores (oriundos do DRC do 1º BAC) (A. Souza, 2017, p. 69).

Quadro 9 – Organização do DOPaz. (Fonte: adaptado de Brasil, 1958, pp. 4-5)

DESTACAMENTO DE OPERAÇÕES DE PAZ (DOPAZ)			
COMANDANTE DO DESTACAMENTO			
Subequipe ALFA 1	Subequipe ALFA 2	Subequipe BRAVO 1	Subequipe BRAVO 2
Cmt Dst	SCmt Dst	Of Op	Of Intlg
Sgt Esp Com	Sgt Esp Dml	Sgt Esp Armt	Sgt Esp Sau
Cb Aux Dml	Cb Aux Com	Cb Aux Dml	Cb Aux Com
Cb Aux Sau	Cb Aux Sau	Cb Aux Sau	Cb Aux Dml
Cb Aux Armt (caçador)	Cb Aux Armt (caçador)	Cb Aux Armt (caçador)	Cb Aux Armt (caçador)
Cb Aux Armt (caçador)	Cb Aux Dml (caçador)	Cb Aux Com (caçador)	Cb Aux Sau (caçador)

A pacificação das comunidades de *Bel Air*, *Cité Militaire* e *Cité Soleil*, que ocorreu entre 2005 e 2006, foi planejada e executada com base na doutrina de operações contra forças irregulares em ambiente urbano. Para tanto, as frações componentes do BRABATT, incluindo o DOPaz, conduziam operações do tipo "cerco e vasculhamento", nas quais as tropas engajadas investiam sobre as áreas de influência dos diversos grupos armados de modo a isolá-las, promovendo ações de varredura e desorganizando as forças inimigas localizadas no interior das áreas cercadas. No desempenho dessa estratégia, a implantação do conceito de "pontos fortes" contribuiu substancial-mente para sua efetividade (Miranda, 2017, pp. 53-54).

Nas operações de cerco e vasculhamento, o DOPaz era acionado geralmente para fazer o reconhecimento e a ação inicial, dominando os pontos fortes que eram assentados, preferencialmente, nos mesmos imóveis utilizados pelas gangues para controlar as áreas do bairro. Funcionando como bases de patrulha, esses pontos eram ocupados pelo DOPaz até a chegada da tropa, que ampliava o perímetro de modo gradativo, garantindo a segurança em todas as direções. Além disso, projetavam poder por meio de patrulhas a pé, motorizadas, mecanizadas e mistas, visando a cumprir os objetivos estabelecidos (Miranda, 2017, p. 54; A. L. Silva, 2020).

Especificamente em relação à atuação do DOPaz em operações de AD, as missões do destacamento eram planejadas e executadas com base em dados de inteligência coletados e analisados de antemão. As ações de pronta resposta requeriam que pelo menos uma das equipes operacionais permanecesse em prontidão permanente, para acionamento imediato em caso de necessidade. Normalmente o DOPaz realizava ações de choque e reconhecimento nas áreas de responsabilidade do BRABATT executando patrulhamentos, de preferência noturnos, mas também diurnos, em áreas consideradas perigosas (A. Souza, 2017, p. 72).

O DOPaz também atuou com o Destacamento de Operações Sociais de Paz (DOSPaz) para: conduzir OpPsc em proveito da atuação do BRABATT e promover ações cívico-sociais (ACISO) com o propósito de moldar o ambiente operacional em favor da aceitação popular à presença do contingente brasileiro (A. L. Silva, 2020). Também desempenhou as tarefas de: coleta de dados de inteligência, monitoramento da força adversa, assessoramento do Estado-Maior do BRABATT, segurança da tropa pela atuação dos caçadores que se deslocam pelo terreno, execução de tiro seletivo e de comando e controle (ações de monitoramento) (A. Souza, 2017, pp. 69-70).

PROGREDINDO PELO LABIRINTO

O Brasil, bem como outros países ao redor do mundo que enfrentam graves problemas de ordem político-sociais, vem testemunhando a ascensão das organizações criminosas, cujas práticas ilícitas encontram nas vulnerabilidades demonstradas pelo Estado brasileiro (crescimento desordenado, fragilidade social, inabilidade governamental, corrupção endêmica entre outras) um terreno fértil para impor a criminalidade violenta. Seja por questões sociais ou pela incapacidade das autoridades estatais, a sociedade brasileira se deparou nas últimas duas décadas com uma escalada da criminalidade sem precedentes.

Um aspecto importante a ser considerado sobre as organizações criminosas refere-se às mudanças pelas quais vêm passando suas formas de atuação, aumentando gradativamente ao longo dos anos até atingir uma sucessão de atitudes perigosas, que são influenciadas pelos efeitos da globalização e comprometem a estabilidade estatal (Cruz, B. & Cruz, J., 2013).

Nesse contexto, as organizações criminosas colocam em xeque a soberania dos Estados quando, devido à falta de governança, ocupam um vácuo de poder nas áreas periféricas dos grandes centros urbanos onde a autoridade estatal, por diferentes razões, não consegue atuar de maneira efetiva. Internacionalmente denominadas como *Black Spots* (áreas não governadas), esses locais são fortemente influenciados por facções criminosas que determinam normas sociais paralelas enquanto praticam atividades ilícitas que não respeitam ou reconhecem fronteiras nacionais, expandindo suas práticas para as regiões de interesse dessas facções (M. C. Souza, 2012, p. 12).

No cenário contemporâneo, as organizações criminosas dedicam-se a práticas ilícitas altamente lucrativas, recorrendo a toda sorte de artifícios para proteger suas atividades econômicas. Assim, atuando à margem da lei, esses atores impõem o medo usando a violência para ocupar áreas geográficas onde podem exercer domínio e influência sem o controle do Estado, uma vez que agem indiscriminadamente para corromper e debilitar as instituições governamentais contestando a autoridade e a legitimidade estatal (Brands, 2009). A desordem promovida pelas organizações criminosas pode ser enquadrada no conceito de "guerras civis moleculares".

O termo foi introduzido pelo escritor alemão Hans Magnus Enzensberger, o qual preconiza que essa modalidade de conflito tem origem em áreas urbanas e está intimamente associada à subcultura marginal, que não dispõe de qualquer ideologia nem de objetivos políticos, sendo caracterizada pelo elevado grau de violência. Conforme aponta Enzensberger, as guerras civis moleculares têm início de forma quase imperceptível e se instalam na sociedade de forma lenta e gradativa, se expandindo e se tornando complexas, até a instauração de uma ruptura social que leva ao caos. Nesse ambiente convulsionado, em geral, a lei do mais forte predomina, ocasionando a perda do controle estatal sobre essas áreas, restando aos habitantes que lá residem mudarem-se para outras localidades ou submeterem-se àqueles que dominam o território (Guedes, 2019).

Considerada um dos municípios mais importantes do Brasil, a cidade do Rio de Janeiro figura como a segunda maior metrópole do país e como a principal referência brasileira no exterior. Entretanto, não obstante sua beleza natural e importância política, histórica e cultural, a capital do estado fluminense faz parte da rota internacional do tráfico de armas e drogas que abastece os mercados nacional e internacional.

As organizações criminosas do tráfico no Rio de Janeiro surgiram dentro do sistema penitenciário na transição da década de 1960 para 1970, quando os encarcerados se organizaram constituindo a Falange Vermelha (posteriormente designada Comando Vermelho) para reivindicar direitos[13] e impor seu domínio dentro das prisões. Nos anos 1980, o Comando Vermelho instituiu um modelo estrutural interligando em uma rede as quadrilhas atuantes no comércio de drogas, que agiam sob a proteção da organização criminosa, estivesse o líder dentro ou fora do cárcere.

No decorrer dos últimos trinta anos, o surgimento de facções concorrentes gerou uma violenta disputa que desencadeou uma corrida armamentista pelo controle dos postos de venda e pela expansão de influência para outras comunidades. Como a população dessas áreas está submetida a esse ambiente social convulsionado e desprovido de outras identificações coletivas, criou-se um estigma de identidade local e vínculo cultural (mesmo para aqueles não envolvidos com o tráfico) do qual os criminosos se aproveitam para manter suas atividades ilícitas em movimento e se opor à autoridade estatal (Misse, 2011, pp. 17-19).

As autoridades do estado do Rio de Janeiro estão imersas em uma infinidade de problemas de ordem política, social, cultural e econômica, e, após diversas tentativas inócuas de coibir as práticas ilegais fomentadas pelas organizações criminosas, evidenciaram sua debilidade em lidar com as questões que comprometem a Segurança Pública, não apenas na capital como também em todo o estado.

Diante da incapacidade demonstrada por suas forças policiais, o governo fluminense solicitou o apoio federal em diversas ocasiões a partir de meados da década de 1990, e as FA assumiram as ações de enfrentamento ao crime organizado. Assim, as Forças Singulares Brasileiras agiram no cenário nacional, operando no âmbito das denominadas OpGLO em decorrência dos processos de pacificação de diferentes comunidades cariocas.

Especificamente nessa conjuntura, as sucessivas operações conduzidas na cidade do Rio de Janeiro (Operação Rio [realizada em diferentes comunidades cariocas entre 1994-1995], Operação Arcanjo [Complexo da Penha e do Alemão 26/11/2010 a 09/07/2012] e Operação São Francisco [Complexo da Maré 05/04/2014 a 30/06/2015]), foram realizadas com a finalidade de restaurar a ordem pública e a paz social ameaçadas pela instabilidade provocada pela conduta criminosa e violenta de diferentes facções ligadas ao crime organizado (Ferreira, 2018, pp. 43-48).

Sobre os eventos que demandaram a participação de forças federais brasileiras, fundamentada na Constituição Federal de 1988, é importante destacar que em todas as oportunidades, à exceção da intervenção federal na cidade do Rio de Janeiro ocorrida em 2018, as Forças Singulares foram acionadas em situação de normalidade institucional. Por essa razão, a aplicação de medidas de salvaguarda constitucionais (estado de sítio, estado de defesa e intervenção federal[14]) constituem indicação de incapacidade administrativa por parte de um estado ou município, podendo ocasionar grande desgaste político nas esferas governamentais envolvidas, sejam elas em âmbito municipal, estadual ou federal (Montenegro, 2008, p. 80).

A falta de planejamento e padronização, que caracteriza o ambiente típico de favela, representa um grande obstáculo para as operações militares. As diferentes vias de circulação que alternam ruas, becos, vielas e escadarias se intercalam com uma distribuição mutável de casas irregulares, cuja configuração se altera rapidamente em virtude de novas construções e extensões ilegais. Deslocar-se por vias estreitas — com largura inferior a cinco metros, delimitadas por edificações de quatro andares em ambos os lados, com a visão para o alto prejudicada em virtude do emaranhado de fios elétricos de ligações clandestinas — representa um grande desafio para as pequenas frações de tropa na medida em que as transforma em alvos em potencial. A presença de pessoas inocentes na área de operações também é um óbice, uma vez que a população residente nas comunidades é convenientemente utilizada como escudo humano pelos criminosos. Quando as tropas são transportadas por viaturas blindadas, os deslocamentos são dificultados pela instalação de obstáculos improvisados que impedem ou restringem a locomoção dos veículos pelas vias de acesso (Mendonça, 2020, pp. 15-24).

Sobre o engajamento das FA no combate ao crime organizado cabe um esclarecimento. Por serem vocacionadas para atuar em campanhas de guerra regular, as tropas convencionais são pouco familiarizadas com as ações típicas de guerra irregular praticadas pelas facções/organizações criminosas (insurgência criminal). Nesse contexto, elas operam subordinadas ao maior escalão presente, como parte do esforço que visa, especificamente, ao combate à criminalidade no Brasil.

As FopEsp têm a incumbência de conduzir métodos de ação distintos (AD, AI e RecEsp), prover segurança à população local, negar a liberdade de ação de grupos armados, coibir a prática de atividades ilícitas e violentas, desmantelar a estrutura paramilitar das forças oponentes, suprimir os elementos adversos e retomar o controle das áreas dominadas pelas organizações/facções criminosas. Nas operações de pacificação realizadas nas comunidades do Rio de Janeiro, as FOpEsp do EB participaram nas operações Arcanjo e São Francisco e apenas nas ações conduzidas no complexo de favelas da Maré a tropa foi desdobrada pelo terreno. Nas comunidades da Penha e do Alemão, os operadores atuaram indiretamente, limitando-se a treinar os contingentes engajados na missão.

No esforço para confrontar a criminalidade violenta no Brasil, o valor das experiências adsorvidas no Haiti foi de extrema importância para as FA Brasileiras, uma vez que as ações praticadas no país caribenho, sobretudo no que concerne à ocupação de território densamente povoado e ao relacionamento estabelecido com a população, serviram como laboratório para as OpGLO, desenvolvidas em ambiente nacional (Mendonça, 2020, p. 42).

Todavia, a realidade com a qual as Forças Singulares Brasileiras se depararam durante seu engajamento nas ações realizadas nas comunidades cariocas mostrou-se bastante diversa daquela vivenciada ao longo da MINUSTAH. No Haiti, o BRABATT obteve resultados positivos subjugando os elementos adversos porque, agindo sob a égide do Capítulo VII da Carta das Nações Unidas, atuava com base em regras de engajamento compatíveis com a natureza da situação que enfrentava. Havia, portanto, liberdade para avaliar o terreno, verificar todas as casas e utilizar de força letal contra qualquer pessoa que representasse uma ameaça (portando arma de fogo de forma ostensiva) mesmo antes de iniciar os disparos (Montenegro, 2015).

No Brasil, a decisão política de não conceder as mesmas prerrogativas disponibilizadas para a MINUSTAH às tropas engajadas nas operações de pacificação das comunidades do Rio de Janeiro levou os militares a sujeitarem-se às regras de engajamento estabelecidas pelo MD. Assim, agiam com base no Artigo 142 da

Constituição Federal, na Lei Complementar n° 97 de 9 de junho de 1999 (dispõe sobre as normas gerais para a organização, o preparo e o emprego das FA), e no Decreto n° 3.897 de 24 de agosto de 2001 (fixa as diretrizes para o emprego das FA na GLO). Porém, os documentos se mostravam inapropriados ao cenário de enfrentamento, tornando os contingentes empenhados nas operações incapazes de cumprir os objetivos da missão que lhes foi atribuída (ibid.).

Abordando aspectos relacionados à dificuldade de operar valendo-se das regras de engajamento que foram estipuladas para as operações de pacificação, o Operador B comenta sobre a experiência vivenciada por ele em uma situação específica para ilustrar essa complexidade:

> Na formação de patrulha, quando nos deslocamos pela favela, é importante realizar a identificação positiva do alvo, sabendo identificar o cidadão de bem, o criminoso desarmado, situação em que não podemos atirar, e o criminoso armado. Em uma situação que aconteceu quando patrulhávamos as vias de circulação da Maré logo depois de um confronto que havia ocorrido na área próxima à nossa, disparo pipocando por todo lado, nós avistamos um grupo de cinco elementos correndo na nossa direção vindo de um beco. E aí, o que fazer? Atirar? Não! Esperamos os criminosos se aproximarem a uma distância de cinco metros, quando eles chegaram apontamos o fuzil, pedimos que todos levantassem as mãos e encostassem na parede, fizemos a segurança em 360 graus e revistamos todos. Resultado, todos eles tinham drogas, mas ninguém estava armado. Naquele ambiente hostil é preciso ter treinamento e disciplina mental para saber quando atirar e quando não atirar. É uma situação complicada! Porque quando o criminoso não estiver armado pelas regras de engajamento ele é um trabalhador e se a gente atirasse iria se complicar (2020).

As regras de engajamento que vigoraram nas operações de pacificação das comunidades cariocas foram mais restritas que aquelas que prevaleceram na MINUSTAH, pois ao não disporem de poder de polícia cabia às FA usar a menor força possível para alcançar os objetivos estabelecidos. Nesse contexto, evitando ocasionar danos colaterais quando atuavam diretamente com a população, as armas de fogo somente deveriam ser utilizadas em último caso, quando todas as demais alternativas[15] haviam se esgotado (Instituto Igarapé, 2018). Sobre esse procedimento convém esclarecer que no cenário nacional o uso da legítima força coercitiva pelos aparatos de segurança do Estado, além de se submeter ao escrutínio da opinião pública, sofre as restrições legais impostas pelo ordenamento jurídico. Naquela conjuntura, o sistema avaliaria os acontecimentos envolvendo os militares das Forças Singulares com base nos trâmites da Justiça comum e não da Justiça militar, conforme estabelecido no Projeto de Lei da Câmara dos Deputados 44/2016 (Ferreira, 2018, p. 57; Mendonça, 2020, pp. 15-24).

Uma questão elementar que deve ser percebida pela sociedade brasileira é que o crime organizado não se restringe às organizações criminosas armadas que dominam as diferentes comunidades onde atuam, mas estende-se aos cidadãos que vivem da renda direta ou indireta dos entorpecentes comercializados por essas facções. Portanto, é imprescindível que o Estado compreenda o impacto econômico que a asfixia do tráfico pode causar à sociedade e se mobilize para oferecer alternativas às pessoas que tiram seu sustento dessa atividade ilegal. Foi justamente a falta de uma política consistente de estrangulamento das práticas ilícitas e de alternativas sociais que oportunizassem a melhoria da qualidade de vida nas comunidades que fizeram com que a situação retornasse aos níveis críticos que comprometeram o processo de pacificação nos complexos da Penha, do Alemão e da Maré, após a retirada das FA (Montenegro, 2015).

O general de exército (res.) Augusto Heleno, tomando como referência a experiência como primeiro *Force Commander* da MINUSTAH, função que desempenhou entre junho de 2004 e setembro de 2005, manifestou sua contrariedade em relação às condições nas quais as FA são levadas a atuar nas OpGLO. Ele destaca, principalmente, a não atribuição do poder de polícia às Forças Singulares no desempenho de suas tarefas operativas em situações dessa ordem. Nessa conjuntura, o general Heleno sustenta a revisão das regras de engajamento em OpGLO tornando-as devidamente ajustáveis (baseando-se no uso diferenciado da força[16]), em conformidade com os requisitos operacionais que demandam o enfrentamento eficaz a elementos adversos armados, violentos e descomprometidos com qualquer ordenamento jurídico estatal, cujas práticas ilícitas transformaram um problema de Segurança Pública em uma questão de Segurança Nacional (A. H. Pereira, 2018).

NO OLHO DO FURACÃO

As duas primeiras décadas do século XXI representaram um grande desafio para as FA por causa da sucessão de grandes eventos internacionais realizados em território brasileiro. Essa sequência de acontecimentos notáveis promoveu um grande fluxo migratório de estrangeiros, levando os olhos do mundo a se voltarem para o Brasil de modo a prestigiar as seguintes solenidades: XV Jogos Pan-Americanos do Rio de Janeiro (2007), V Jogos Mundiais Militares do Rio de Janeiro (2011), Conferência das Nações Unidas sobre o Desenvolvimento Sustentável (Rio+20, 2012), Jornada Mundial da Juventude do Rio de Janeiro (JMJ, 2013), Copa das Confederações FIFA (2013), Copa do Mundo FIFA (2014), XXXI Jogos Olímpicos do Rio de Janeiro (2016) e XV Jogos Paralímpicos do Rio de Janeiro (2016) (Lisboa, 2018a, p. 134).

Devido à extrema vulnerabilidade e à ampla exposição midiática, grandes eventos públicos internacionais como esses configuram pontos focais para os quais podem convergir diversas ameaças, geralmente de natureza não-estatal, que atuam em ambiente nacional ou transnacional. Os acontecimentos de grande projeção como esses são um atrativo para criminosos, revolucionários, anarquistas, terroristas, entre outros atores adversos (Visacro, 2018b, pp. 11-21, p. 12), interessados em explorar as fragilidades dos Estados e difundir suas causas.

Os eventos dessa magnitude, promovidos sob a égide do Estado, invariavelmente requerem o engajamento das FA no intuito de proporcionar um ambiente pacífico e seguro que garanta o êxito de sua realização. No caso do Brasil, em particular, devido às especificidades nacionais, o contexto no qual as Forças Singulares foram acionadas ao longo dos grandes eventos internacionais possui características singulares e desfavoráveis, dentre as quais: graves problemas de ordem político-social, avanço desenfreado da criminalidade, onipresença da mídia, ríspida censura da opinião pública, existência de severas restrições legais, assédio de órgãos de defesa dos direitos humanos, entre outras (ibid.).

Sobretudo no âmbito da Copa do Mundo (2014), dos Jogos Olímpicos e Paralímpicos (2016), a ação das FA ocorreu em conformidade com a Portaria Normativa nº 2.221, emitida pelo MD em 20 de agosto de 2012. Assim, foi aprovada a Diretriz Ministerial que estabelece orientações para a atuação da pasta nas atividades compreendidas pelos grandes eventos determinados pela Presidência da República. Norteadas por esse documento e sob supervisão do Estado-Maior Conjunto das Forças Armadas (EMCFA), as FA Brasileiras atuaram com o propósito de garantir a segurança desses eventos. Suas atividades são pautadas em dez eixos: 1º) ações aeroespaciais; 2º) ações marítimas e fluviais; 3º) segurança e defesa cibernética; 4º) ações de transporte aéreo logístico; 5º) fiscalização de explosivos; 6º) DQBRN; 7º) proteção de estruturas estratégicas; 8º) emprego de forças de contingência; 9º) enfrentamento ao terrorismo, e; 10º) ações aeroportuárias (Ferreira, 2018, pp. 48-50).

Os planejamentos de segurança para a Copa do Mundo, os Jogos Olímpicos e os Paralímpicos envolveram a participação integrada de diversos órgãos estatais nos níveis federal, estadual e municipal sob incumbência dos Ministérios da Defesa e da Justiça. A organização também contou com o assessoramento da Agência Brasileira de Inteligência (ABIN, subordinada ao Gabinete de Segurança Institucional da Presidência da República) responsável pelas avaliações de riscos inerentes às ações presumidas para esses grandes eventos.

Embora o nível de dificuldade para prover a segurança nas 12 cidades-sede da Copa tenha sido elevado, os Jogos Olímpicos e Paralímpicos, mesmo sendo disputados em uma única sede (Rio de Janeiro), tiveram grau de complexidade ainda maior em virtude do grande número de delegações representadas nas Olimpíadas (duzentas) em comparação com a Copa do Mundo (32) (ibid., pp. 50-51).

Como se não bastasse o quadro de agitação interna, entre outros fatores ocasionados pela crise na Segurança Pública na cidade do Rio de Janeiro conflagrada pela disputa entre as organizações criminosas ligadas ao tráfico internacional de armas e drogas, o cenário externo evidenciava uma crescente onda de ações terroristas às vésperas da data de abertura dos Jogos Olímpicos de 2016.

Entre os crimes perpetrados é possível destacar: os ataques múltiplos ocorridos no dia 13 de novembro de 2015 no *Stade de France* e na casa de espetáculos *Bataclan* (localizados, respectivamente em Saint-Denis e Paris, França) que vitimaram 479 pessoas (129 mortos e 350 feridos); o atentado à bomba que matou 34 pessoas e feriu outras duzentas no Aeroporto Internacional de Zaventem e na estação de metrô de Maelbeek, ambos localizados na cidade de Bruxelas (Bélgica), no dia 22 de março de 2016; o atirador que matou 50 pessoas e feriu outras 53 na boate Pulse, situada na cidade norte-americana de Orlando, no dia 12 de junho de 2016; o atentado à bomba realizado no Aeroporto Internacional de Atatürk, localizado em Istambul (Turquia), que matou 36 pessoas e feriu 147; o caminhão que atropelou 134 pessoas (84 morreram) na cidade de Nice, na França, durante as comemorações da Queda da Bastilha, no dia 14 de julho de 2016; o atentado a tiros executado no dia 22 de julho de 2016, no shopping Olympia-Einkaufszentrum, na cidade de Munique (Alemanha), que resultou na morte de 10 pessoas e deixou 16 feridos (Visacro, 2018b, p. 14).

Com base nas experiências adquiridas nos planejamentos operacionais para a segurança da Copa das Confederações (2013) e da Copa do Mundo (2014), o MD constituiu uma estrutura temporária com o propósito de planejar, coordenar e conduzir uma diversidade de ações de enfrentamento às ameaças terroristas que poderiam ocorrer durante a realização dos Jogos Olímpicos do Rio de Janeiro.

O Comando Conjunto de Prevenção e Combate ao Terrorismo (CCPCT) foi instituído por um período de tempo determinado para cumprir missões e tarefas previamente estabelecidas (Durão, 2015, pp. 32-34), e desempenhou um papel de grande relevância em todos os níveis de condução do enfrentamento (político, estratégico, operacional e tático). Subordinado ao EMCFA, ele executou um extenso planejamento visando ao intenso e meticuloso adestramento e a preparação para as interagências, tendo como referência o contexto específico das Olimpíadas de 2016. A unidade também se encarregou de desdobrar Forças-Tarefas de Operações Especiais (FTOpEsp) e tropas de DQBRN em todas as seis cidades que sediaram eventos olímpicos (Rio de Janeiro, Brasília, Manaus, Belo Horizonte, Salvador e São Paulo). O CCPCT empenhou-se, com a Polícia Federal e a ABIN, na criação do Comitê Integrado de Enfrentamento ao Terrorismo (CIET), contribuindo para a elaboração de protocolos estratégicos que deram forma ao novo modelo de governança inerente ao combate à ameaça terrorista (Visacro, 2018b, pp. 17-18).

Convém salientar que até às vésperas dos Jogos Olímpicos o Brasil não dispunha de um instrumento normativo que tipificava o crime de terrorismo, fato que tornava complexo o enfrentamento a essa categoria de ameaça. Até então, os atos violentos percebidos como ações terroristas pela comunidade internacional sequer podiam ser julgados e criminalizados como tal por não constarem na legislação brasileira. Contudo, essa lacuna jurídica foi preenchida mediante aprovação da Lei nº 13.260, denominada "Lei Antiterrorismo", sancionada pela presidente Dilma Vana Rousseff, em março de 2016, com a finalidade de oferecer embasamento legal para que ações preventivas contra o terrorismo fossem conduzidas de forma efetiva (ibid., p. 20).

As tropas de OpEsp do EB e das demais Forças Singulares foram engajadas no planejamento de segurança da Copa do Mundo, dos Jogos Olímpicos e Paralímpicos do Rio de Janeiro. O contingente era responsável por conduzir atividades de prevenção e combate ao terrorismo, atuando com as unidades de Operações Policiais Especiais (OpPolEsp) dos Órgãos de Segurança Pública (OSP) federais e estaduais.

As tropas militares e policiais foram incorporadas à Força Conjunta Interagências de Operações Especiais, junto com as unidades DQBRN, as equipes Anti-Dispositivos Explosivos Improvisados (Anti-DEI) e outros elementos de apoio. As forças se articularam da seguinte forma: a Força Tática Central (FTatCent) operava sob coordenação do CCPCT, sendo composta pelas FOpEsp vinculadas às FA e pelas Forças de Operações Policiais Especiais (FOpPolEsp) ligadas aos OSP federais, permanecendo concentradas nas cidades de Brasília, Rio de Janeiro e São Paulo, com possibilidade de serem acionadas em qualquer parte do território nacional; a Força Tática Local (FTatLoc) atuava sob controle dos Centros de Coordenação Táticos Integrados (CCTIs) — responsáveis por prestar assessoramento aos Coordenadores de Defesa de área em atividades de prevenção e combate ao terrorismo —, sendo composta por: FopPolEsp, OSP federais, FOpPolEsp e OSP estaduais, que permaneciam desdobradas nas diversas cidades-sede (Durão, 2015, pp. 36-37).

No decorrer das Olimpíadas do Rio, a atuação das FA e de suas respectivas FOpEsp não se restringiu à segurança dos Jogos, sendo estendida à OpGLO conduzida por solicitação do governador do estado, em diferentes regiões da capital fluminense (Ferreira, 2018, pp. 52).

A atuação das Forças Singulares nos grandes eventos realizados no Brasil entre 2007 e 2016, observando as OpGLO, teve saldo positivo à medida em que convocou os militares a participarem ativamente de operações conjuntas de Segurança Pública. Entretanto, com o fim dos Jogos Olímpicos e a consequente retirada das tropas federais das ruas do Rio, a insegurança gerada pela guerra territorial travada por diferentes facções do crime organizado voltou a ser uma realidade que atemoriza a sociedade carioca e afronta a autoridade do Estado brasileiro (Instituto Igarapé, 2017).

NOTAS

1. Atuação das forças militares com o mínimo de rigidez preestabelecida e com o máximo de adaptabilidade à circunstância de ação da força. Na paz, significa a versatilidade com que se substitui a presença (ou a onipresença) pelo potencial de deslocamento (mobilidade) e de informação (monitoramento/controle). Na guerra, exige-se a competência de deixar o inimigo em desequilíbrio permanente, surpreendendo-o por meio da dialética da desconcentração e da concentração de forças e da audácia com que se desfecha um golpe inesperado. A flexibilidade relativiza o contraste entre o conflito convencional e o não convencional: reivindica, para as forças convencionais, alguns dos atributos de força não regulares, e firma a supremacia da inteligência e da imaginação sobre o mero acúmulo de recursos materiais e humanos. Por isso, rejeita a tentação de ver na alta tecnologia uma alternativa ao combate, assumindo-a como um reforço do desempenho operacional. Além do mais, insiste no papel da surpresa, transforma a incerteza em solução, em vez de encará-la como problema, e combina as defesas meditadas com os ataques fulminantes (Brasil, 2012, p. 75).

2. Elasticidade é o aumento das forças militares quando as circunstâncias o exigem, mobilizando, em grande escala, os recursos humanos e materiais do país. Exige, portanto, a construção de força de reserva, mobilizável de acordo com a situação. Sua base derradeira é a integração das FA com a nação. A elasticidade é similar à flexibilidade, porém com o engajamento de toda a nação atuando em sua própria defesa (Brasil, 2012, p. 76).

3. Combinação simultânea ou sucessiva de operações de natureza ofensiva, defensiva, de cooperação e de coordenação com outras agências em situações de guerra e de não guerra. Essa composição pode ser aplicada a qualquer situação, seja em território nacional ou no exterior. Caracterizado pela flexibilidade, o

espectro dos conflitos pode variar do estado de paz até o conflito armado (estado de guerra), passando por eventos de crise (Brasil, 2015b, p. 196).

4. Ações de força militar em apoio aos esforços diplomáticos, para manter, impor ou construir a paz em país estrangeiro. Essas operações são desenvolvidas, normalmente, visando ao cumprimento de resoluções ou de acordos e são definidas por conceitos básicos e essenciais estabelecidos nas legislações específicas dos organismos internacionais (Brasil, 2015b, p. 193).

5. Operação militar determinada pelo presidente da República e conduzida pelas FA de forma episódica, em área previamente estabelecida e por tempo limitado. A ação tem por objetivo a preservação da ordem pública e da incolumidade das pessoas e do patrimônio em situações de esgotamento dos órgãos previstos no art. 144 da Constituição, ou em situações que se presuma a perturbação da ordem (Brasil, 2015b, p. 192).

6. Dick Cheney e Donald Rumsfeld, respectivamente vice-presidente e secretário de defesa dos EUA durante o governo do presidente George W. Bush, defendiam o modelo de enfrentamento proposto para a GWOT. Esse padrão estava calcado no sistema F3EAD (*Find, Fix, Finish, Exploit, Analyse and Disseminate*, ou localizar, fixar, finalizar, explorar, analisar e disseminar), que previa a ação de FOpEsp e a utilização de vetores aéreos (tripulados ou remotos) para desencadear operações caracterizadas pela precisão cirúrgica que reduziria o número de baixas no campo de batalha. Estruturada nos conceitos operacionais apresentados no JV2010, a denominada guerra centrada em Forças de Operações Especiais (*Special Forces Centric Warfare*) era apoiada, principalmente, pelas agências de inteligência e por todo aparato bélico norte-americano. No escopo da campanha afegã, estendendo-se posteriormente para o Iraque e outras partes do mundo, as FOpEsp atuaram em missões de busca e apreensão de pessoal e material, além da eliminação de alvos de valor estratégico (Lisboa, 2018d, p. 44).

7. Constituído em 1980, após a fracassada Operação Garra de Águia, o JSOC tinha o propósito de assegurar que fracassos semelhantes ao que ocorreu com a malfadada missão de resgate de reféns norte-americanos no Irã jamais voltassem a acontecer. A princípio, cabia à unidade estudar os requerimentos e as técnicas de OpEsp para garantir a interoperabilidade entre agências e a padronização de equipamentos, e também promover o planejamento e a condução das OpEsp. Após a criação do USSOCOM em 1987, o JSOC se tornou um braço operacional desse comando combatente unificado, reunindo sob sua autoridade as duas tropas contraterroristas norte-americanas (1 SFOD-D e o DEVGRU) aptas a conduzir o modelo de guerra alicerçado no sistema F3EAD (Scahill, 2014, pp. 81-96).

8. Reunião pré-ação para coordenar os militares que participarão da missão e apresentar-lhes os pormenores inerentes à operação que será realizada na sequência. São abordadas informações resumidas relacionadas às especificidades que caracterizam aquela ação específica (Brasil, 2015b, p. 50).

9. Constitui o nono mês do calendário islâmico, no qual os muçulmanos devem jejuar do amanhecer ao entardecer, se abstendo de ingerir comida e bebida e evitando relações sexuais objetivando a autopurificação espiritual. No contexto do Islã, o jejum representa o quarto dos cinco pilares que regem a obediência dos fiéis: 1º) testemunho de fé; 2º) orações; 3º) pagamento das dádivas rituais (doação compulsória); 4º) jejum e 5º) peregrinação (Vasconcelos, 2019, p. 14).

10. Documento ratificado por cinquenta países membros da ONU em 26 de junho de 1945, durante a Conferência de São Francisco, cidade situada no estado norte-americano da Califórnia. Constitui um tratado fundamental que articula um compromisso intergovernamental para defender os direitos humanos e as liberdades essenciais dos cidadãos sem qualquer tipo de distinção. Contendo uma série de artigos divididos em capítulos, especificamente o VI e o VII discorrem sobre os convênios para integrar-se às Nações Unidas conforme a lei internacional estabelecida. Particularmente o capítulo VI, considera aspectos relacionados à solução pacífica de controvérsias (United Nations, 1945, pp. 8-9).

11. Este capítulo do documento refere-se, especificamente, à ação relativa às ameaças à paz, rupturas da paz e atos de agressão (United Nations, 1945, pp. 9-11).

12. Caracteriza-se por uma série de instruções pré-definidas que orientam a intensidade com a qual a força é empregada, provendo orientações (individuais e coletivas) às unidades que estão na área de operações, consentindo ou limitando determinados tipos de comportamento, a fim de permitir a consecução dos objetivos políticos e militares estabelecidos pelas autoridades responsáveis. Especificamente no caso das operações de paz conduzidas pela ONU, as regras de engajamento são elaboradas pelo *Force Commander* em estreita colaboração com o DPKO (*Department of Peacekeeping Operations*, ou Departamento de Operações de Manutenção da Paz). Essas diretrizes têm o propósito de detalhar as circunstâncias e a intensidade que regerão o uso da força para cada missão, atuando, em última análise, como um instrumento de comando e controle (Brasil, 2015b, p. 238; J. C. Costa & Maia, 2012, pp. 1-2).

13. Entre 1969 e 1975, uma diversidade de criminosos misturavam-se aos presos políticos na galeria B do presídio da Ilha Grande (localizado na cidade do Rio de Janeiro). Enquadrados na Lei de Segurança Nacional, os prisioneiros vinculados a grupos como ALN, MR-8 e VAR-Palmares difundiram sua ideologia entre os demais detentos. Eles apresentavam-lhes conceitos relacionados ao socialismo científico e ao materialismo histórico, levando-os a formar grupos denominados células ou coletivos. A influência dos militantes/criminosos políticos sobre os outros encarcerados plantou uma semente perigosa, que foi batizada com o sugestivo nome de Falange Vermelha (posteriormente Comando Vermelho) em referência às concepções de esquerda (Lacerda *et al.*, 2017, pp. 12-13).

14. A intervenção federal é a ação sobre as competências de uma autoridade diante de uma situação de anormalidade, ou de condições críticas que colocam em perigo a ordem pública, a segurança do Estado, a harmonia federativa, as finanças estaduais e a estabilidade da ordem constitucional. Por sua vez, o estado de sítio e o estado de defesa (modalidade mais branda do primeiro) integram o chamado sistema constitucional das crises. Esse sistema é um conjunto ordenado de normas constitucionais que, informadas pelos princípios da necessidade e da temporariedade, permitem a manutenção ou o restabelecimento da normalidade constitucional. Nesse contexto, a atuação do Governo Federal tem por finalidade devolver o país ao *status quo ante*, com menor sacrifício possível. Nessas oportunidades, em defesa do Estado e das instituições democráticas, a legalidade normal é substituída por uma legalidade extraordinária (Montenegro, 2008, pp. 41-51).

15. Conforme as regras de engajamento estabelecidas para as OpGLO, antes de optar pelo emprego de armas letais, cabe aos militares buscarem a solução de uma dada situação pela via do diálogo, mediante dissuasão (mostrando superioridade numérica, por exemplo) ou recorrendo a armamento não letal (como as que disparam balas de borracha ou bombas de efeito moral). Caso tais recursos não sejam suficientes para inibir uma ação adversa, estando o militar sob ataque ou grave ameaça, o uso de arma letal é permitido adotando a seguinte ordem de conduta: 1º) disparar tiros de advertência antes de mirar no suspeito; 2º) disparar só contra suspeitos identificados (não atirar a esmo); 3º) tentar ferir sem matar (se possível atirar nas pernas ou nos pneus, se o alvo estiver em um veículo); 4º) evitar ferir inocentes; 5º) disparar somente o necessário e 6º) disparar rajada de tiros só em extrema necessidade (Instituto Igarapé, *Militares tinham mais liberdade para usar força no Haiti do que têm no Rio*. 2 de abr. 2018).

16. Conceito referente ao uso progressivo de força conforme o grau de resistência ou reação do oponente. Em teoria esse conceito considera a divisão da força em níveis distintos, de forma gradual e crescente. O nível de força a ser utilizado é o que se adequar melhor às circunstâncias dos riscos encontrados e for compatível com a ação dos indivíduos suspeitos ou infratores durante um confronto. Há seis alternativas adequadas do uso da força legal como forma de controle: 1ª) presença física; 2ª) verbalização; 3ª) controle de contato (nesse nível utiliza-se apenas as mãos livres, compreendendo técnicas de imobilizações e condução); 4ª) técnicas de submissão (podem ser utilizados agentes químicos, além das técnicas de mãos livres adequadas); 5ª) táticas defensivas não letais (uso de todos os métodos não letais, como: gases fortes, forçamento de articulações e uso de equipamentos de impacto. Aqui ainda se enquadra a utilização das armas de fogo, excluídos os casos de disparo com intenção letal), e; 6ª) força letal. O conceito de uso diferenciado da força foi introduzido no Brasil pela Portaria Interministerial nº 4.226, emitida pelo Ministério da Justiça em 31 de dezembro de 2010, e tem por objetivo estabelecer os parâmetros relativos ao uso da força pelos agentes de segurança do Estado de modo a minimizar os danos físicos no ser humano (Brasil, 2009, pp. 3-11; Portaria Interministerial nº 4.226, 2010).

ILUSTRAÇÕES
ARTE: ANDERSON SUBTIL[1]

---

1. Anderson Subtil é formado em Artes Plásticas pela Escola de Música e Belas-Artes da UNESPAR (Universidade Estadual do Paraná). Trabalha há 15 anos como artista gráfico, arte finalista e produtor gráfico, tanto no mercado editorial quanto na indústria gráfica. Paralelamente, atua como pesquisador autodidata de assuntos relacionados à Defesa, com especial interesse na história da Segunda Guerra Mundial, nas unidades militares de relevância histórica e nas tropas especiais. Atualmente figura como ilustrador e produtor gráfico para casas editoriais como Helion & Publishing (Reino Unido), Schiffer (EUA) e revista *Asas* (Brasil).

A

A. Cap Francisco Padilha, Capitania da Bahia, 1624.

B

B. Sgt-mor Antônio Dias Cardoso, Capitania de Pernambuco, 1639.

C

C. Cel Rafael Pinto Bandeira, Capitania do Rio Grande de São Pedro, 1776.

D

D. Cel Plácido de Castro, Estado Independente do Acre, 1903.

E

E. Maj paraquedista, NuDAet, Rio de Janeiro, 1957.

F1. 3º Sgt, DFEsp, Operação Marajoara, 1974.
F2. Cabo, 1º BFEsp, Forte Camboatá, Rio de Janeiro, 1984.

G

G. 3º Sgt, Destacamento Operacional Alfa (DAI), Operação Jatuarana, 1991.

H

H. 1º Ten, DCT (1º BFEsp), Forte Camboatá, Rio de Janeiro, 1992.

I

I. 3º Sgt, DOPaz (BRABATT – MINUSTAH), Porto Príncipe, Haiti, 2006.

J

J. 2º Sgt, DRC (1º BAC), COPESP, Goiânia, 2017.

K

K1. Distintivo de FEsp.
K2. Distintivo de Ações de Comandos.
K3. Tarja de FEsp.
K4. Tarja de Ações de Comandos.
K5. Brevê do Curso Básico Pqdt (qualificado no CFEsp).
K6. Brevê do Estágio de Salto Livre Avançado.

DESCRIÇÃO DAS ILUSTRAÇÕES

A. Cap Francisco Padilha, Capitania da Bahia, 1624.
Comandante de emboscadas, o capitão Francisco Padilha provavelmente tinha uma aparência que se assemelhava mais à de seus comandados (índios e mestiços) que à de outros comandantes de origem portuguesa. Nesta ilustração, ele é retratado com pele escura e vestindo as roupas simples e surradas de um colono pernambucano. Em contraste com a indumentária militar europeia característica do período, ele usa sobre a cabeça um prático chapéu de palha e seu único item de proteção é um pesado gibão de couro de anta, que lhe conferia ao menos certa proteção contra flechas e armas brancas. No cinto, ele porta uma faca longa e uma cabaça para água. Já a faixa de couro em diagonal sobre o tronco serve para o porte de seu alfange, um tipo de espada mais curta e curva, que chegou ao Brasil trazida pelos marinheiros que aqui aportavam. Sua arma principal é um eficiente arco indígena, capaz de atirar várias flechas enquanto os inimigos holandeses tentavam recarregar suas primitivas armas de fogo.

B. Sgt-mor Antônio Dias Cardoso, Capitania de Pernambuco, 1639.
Como militar de carreira, o sargento-mor Antônio Dias Cardoso é apresentado nesta ilustração vestindo a indumentária comum entre os soldados ibéricos da segunda metade do século XVII, incluindo o característico chapéu de cavaleiro de abas largas. Homem de posses, ele tem o tronco bem protegido por um gibão de couro e uma couraça de aço, chamada pelos portugueses de "peitoral", algo extremamente raro entre as tropas luso-brasileiras durante a Insurreição Pernambucana. Na mão esquerda, ele segura um escudo em formato circular conhecido pelos ibéricos como "rodelas". Embora já caindo em desuso na Europa, o escudo ainda se mostrava efetivo no Brasil, onde as armas de fogo ainda eram pouco usadas. Suas armas são uma adaga de combate e uma rapieira, espada de lâmina longa e afilada, muito em voga em Portugal e na Espanha.

C. Cel Rafael Pinto Bandeira, Capitania do Rio Grande de São Pedro, 1776.

Mostrado nesta ilustração como oficial do Regimento de Dragões do rio Pardo, Rafael Pinto Bandeira apresenta-se trajando uniforme azul composto por casaca, colete e culote. Conforme tendência da época, a casaca modelo "asa de barata" apresenta as extremidades inferiores (saias) dobradas para fora evidenciando a cor amarela. Os componentes da casaca como gola, lapelas, dobraduras e dragonas também são amarelos. Todos os botões do colete e da casaca são forjados em metal e pintados em tom dourado. Sob o colete é possível notar a gola de uma camisa branca. Os culotes estendem-se até abaixo do joelho e têm adornos amarelos. As botas pretas de cavalaria, com a parte superior na cor marrom, parecem ser uma particularidade das tropas coloniais portuguesas neste período histórico. O cinto de couro tem uma fivela redonda e serve para carregar sua espada reta, embora na metrópole (Portugal), ao que parece, já se usavam sabres curvos. Como oficial, ele usa o característico chapéu bicórneo ornado com o laço português. Na mão esquerda, identifica-se um par de luvas marrons.

D. Cel Plácido de Castro, Estado Independente do Acre, 1903.

Líder da Revolução Acreana, Plácido de Castro é visto aqui usando traje (túnica e calça) despadronizado e sem nenhuma identificação referente à graduação hierárquica, indumentária em conformidade com a guerra irregular que ele conduziu no ambiente selvático da região amazônica. O chapéu parece ser uma peça de vestuário da população, seguindo a moda masculina da época. Suas botas de couro de cano alto são típicas da atividade de Cavalaria da região Sul do Brasil. Na mão esquerda, ele segura sua arma principal, uma clássica carabina de repetição Winchester 1866 cartucho .44 de fabricação norte-americana. Disposta transversalmente sobre seu tronco encontra-se a alça de um coldre confeccionado para a clássica pistola Mauser C96 ou alguma de suas muitas imitações, arma de origem desconhecida e provavelmente apresada dos arsenais das tropas bolivianas.

E. Maj paraquedista, NuDAet, Rio de Janeiro, 1957.
Nesta ilustração este major veste o uniforme verde de passeio típico dos anos 1950 (túnica e calça). Na túnica é possível notar o brevê da atividade paraquedista do EB disposto acima do bolso superior direito, os distintivos da Arma de Infantaria nas golas, as divisas de posto sobre os ombros e o brasão representativo do NuDAet costurado junto à manga esquerda. Sobre a cabeça ele usa o tradicional casquete, popularmente conhecido como "bibico" (gorro sem pala verde-oliva), com a divisa de posto costurada do lado esquerdo e o emblema circular de metal (bolacha) com a silhueta de um paraquedas fixado do lado direito. Envolvendo a túnica na região da cintura está um cinto de campanha, à época confeccionado de lona. Nos pés ele calça as tradicionais botas de couro marrom[1], tonalidade que diferencia as tropas paraquedistas do EB das tropas que não dispõem dessa qualificação.

F1. 3º Sgt, DFEs, Operação Marajoara, 1974.
Integrante de um dos grupos de combate (GCs) do DFEsp que atuaram na Operação Marajoara, este operador apresenta-se totalmente descaracterizado com o propósito de não ser identificado como militar. Ostentando barba e com o cabelo fora dos padrões militares, ele veste roupas comuns evitando cores chamativas que poderiam denunciar sua presença durante as ações em ambiente selvático. Rebatido atrás da cabeça, pode-se identificar um chapéu de tecido leve usado em regiões de clima tropical. Sobre o tronco e a cintura ele utiliza um conjunto de suspensório e cinto de campanha, no qual estão atrelados diversos equipamentos: porta-carregador, capa de chuva, cantil de metal, faca de combate e facão de mato. O armamento que ele porta é a versão nacional do confiável e emblemático fuzil de assalto belga FAL (*Fusil Automatique* Léger, ou Fuzil Automático Leve) calibre 7,62mm, nesse caso, particularmente, um modelo convencional de coronha plástica fixa.

F2. Cabo, 1º BFEsp, Forte Camboatá, Rio de Janeiro, 1984.
Qualificado no CAC, este praça usa fardamento com padrão de camuflagem *Duck Hunter*, introduzido pelas tropas norte-americanas durante a Segunda Guerra Mundial. No EB esse padrão foi adotado pela BdaPqdt somente em 1960, quando foi idealizado pelo segundo-tenente Kleber Caldas de Carvalho tendo o modelo de uniforme estadunidense como referência. Confeccionado por uma indústria têxtil nacional, esse fardamento teve suas primeiras unidades pintadas à mão. O modelo visto aqui data do início da década de 1980 e tinha a característica de ser dupla-face, com variações de camuflagem distintas na frente e no verso do uniforme, uma para ambientes de floresta e outra com tons mais adequados para regiões áridas. Sobre a cabeça o militar utiliza a clássica boina bordô[2] (*bordeaux* na grafia francesa), parte do uniforme tradicional das tropas paraquedistas do EB, ostentando o antigo distintivo circular (bolacha) alusivo à atividade paraquedista. A peça foi oficializada pela Portaria nº 2. 241, emitida em 29 de outubro de 1964 pelo Ministro da Guerra (Ministro do Exército). Sob a gandola ele veste uma camiseta branca. Atado à bandoleira pendurada no ombro direito está o fuzil de assalto parafal de origem belga calibre 7,62mm, posteriormente produzido em território nacional pela Indústria de Material Bélico do Brasil (IMBEL).

G. 3º Sgt, Destacamento Operacional Alfa (DAI), Operação Jatuarana, 1991.
Atravessando um dos inúmeros igarapés presentes na região amazônica, este operador veste fardamento com camuflagem *Lizard* (de origem francesa) padrão do EB. Adotado em meados da década de 1980, esse uniforme apresenta configuração ligeiramente diferente do modelo atual. Como era costume na época, a bandeira do Brasil era fixada na manga direita da gandola. O combatente retratado nessa ilustração traz enrolada à cabeça uma camiseta de malha com o padrão de camuflagem DPM (*Disruptive Pattern Material,* de

origem britânica), recurso comumente utilizado pelos militares do período para atenuar a umidade típica do ambiente tropical selvático. Dispondo de certa liberdade para escolher seus equipamentos individuais, esse militar configurou seu aparato de combate com um conjunto de cinto e suspensório tático verde-oliva e uma volumosa mochila de campanha de procedência norte-americana na mesma tonalidade. Note o cantil para dois litros de água e o grande facão de mato pendurados na lateral da mochila. Nas mãos ele usa um par de luvas táticas de meio dedo a fim de evitar que o suor comprometa a manipulação do armamento. Durante as ações praticadas na Operação Jatuarana, os operadores portavam armas leves normatizadas, sendo o fuzil de assalto parafal calibre 7,62mm usado como arma principal, enquanto a pistola semiautomática 9mm Taurus PT99 era utilizada como armamento de *backup*.

H. 1º Ten, DCT (1º BFEsp), Forte Camboatá, Rio de Janeiro, 1992. Integrante do DCT do 1º BFEsp, o operador retratado nesta ilustração veste o macacão preto que tradicionalmente era utilizado pelos submarinistas da MB. A tonalidade escura da indumentária constituía uma tendência das unidades contraterroristas internacionais nos anos 1980 e início da década de 1990. Sobre o macacão é possível identificar um colete tático personalizado (sem proteção balística) confeccionado em náilon verde-oliva ao estilo israelense. Sobre a cabeça nota-se um gorro negro de lã, e uma volumosa máscara contra gases cobre sua face. Ele está calçado com o "boot marrom", característico da tropa paraquedistas da Força Terrestre, com o cadarço trançado à maneira Pqdt (paraquedista). Participando de adestramento de tiro com sua arma de *backup*, esse operador porta uma pistola Taurus PT-92 calibre 9mm Parabellum, versão nacional da Beretta 92 de origem italiana. Nessa época, o armamento principal utilizado pelo DCT era a bastante difundida submetralhadora alemã HK MP-5SD, produzida com o mesmo calibre, que pode ser vista no desenho abaixo.

I. 3º Sgt, DOPaz (BRABATT – MINUSTAH), Porto Príncipe, Haiti, 2006.

A indumentária e o equipamento deste operador misturam itens normatizados pelo BRABATT com outros aparatos exclusivos das FOpEsp do EB, incluindo o uniforme camuflado com padrão *Lizard* da Força Terrestre Brasileira (com a bandeira do Brasil fixada no braço esquerdo), a balaclava negra, o capacete PASGT (*Personnel Armor System for Ground Troops*) em kevlar e o colete *Interceptor* norte-americano, onde estão fixos vários porta-carregadores para o armamento principal e de *backup*, dispositivo de comunicação individual, entre outros. Nas costas ele transporta uma pequena mochila com o *Camelback*, e nas mãos utiliza um par de luvas de aviação militar em tom negro. Como proteção para a articulação do joelho, o operador utiliza joelheiras táticas na cor verde-oliva. As botas são do tipo de selva, confeccionadas de couro marrom e lona verde-oliva. No cinto encontram-se uma bolsa para equipamento tático adicional e o coldre de lona para a pistola semiautomática HK USP (*Universelle Selbstladepistole*) calibre 9mm Parabellum. O armazenamento principal é um Colt M4 calibre 5,56mm, arma padrão das tropas especiais do EB no período.

J. 2º Sgt, DRC (1º BAC), COPESP, Goiânia, 2017.

Este operador componente de um DRC vinculado ao 1º BAC é apresentado com um "traje *ghillie*"[3] sobre o uniforme militar com camuflagem *Lizard* padrão do EB. Ao contrário do que se pensa, a função desse traje não se restringe à camuflagem, sendo usado também para quebrar a silhueta do usuário, dificultando assim sua identificação à distância. Sobre a cabeça ele usa o icônico gorro preto[4] das OpEsp do EB com os distintivos de FEsp[5] e Comandos[6] distribuídos, respectivamente, nas laterais direita e esquerda. Envolvendo o pescoço uma tela anti-inseto é usada como cachecol. O militar calça botas de couro e lona marrom típicas das tropas paraquedistas da Força Terrestre. Nas mãos ele veste luvas na cor preta, modelo tópico usado pela aviação militar e adotado pelos atiradores de precisão, e porta o fuzil de precisão com ação manual de ferrolho Remington MSR (*Modular Sniper Rifle*), equipado com supressor de som e uma luneta Leupold VX3i 3,5/10x40mm.

NOTAS

1. Instituída oficialmente no dia 21 de agosto de 1946, quando as primeiras peças (da marca Corcoran) chegaram ao Brasil vindas dos EUA com os paraquedas adquiridos naquele país, a bota na tonalidade marrom tornou-se um símbolo da tropa paraquedista do EB. A BdaInfPqdt adota um tipo específico de amarração do cadarço como padrão para o uso diário, característica principal da simbologia paraquedista da Força Terrestre Brasileira (Gonçalves, 2007, p. 171).

2. A boina bordô foi adotada pelo NuDAet em 15 de setembro de 1964, após a participação da tropa aeroterrestre do EB no Campeonato Internacional de Pentatlo Militar realizado no ano de 1963 em Roma (capital da Itália) e no Campeonato Mundial de Paraquedismo ocorrido em 1964 na cidade de Pau (França). Em ambas ocasiões a delegação brasileira era a única a não utilizar a boina. A opção pela cor bordô ocorreu por influência das tropas paraquedistas britânicas e francesas que utilizavam uma similar na mesma tonalidade (Gonçalves, 2007, pp. 171-172).

3. Os trajes *ghillie* utilizam velhos uniformes militares, modificados ou não, em sua confecção e são elaborados com acessórios que favorecerão a dissimulação. Em geral, opta-se por um que apresente padrão de camuflagem compatível com o terreno onde se desenvolverá a operação, caso contrário, o uniforme que servirá de base para o traje é pintado respeitando o tom das cores do ambiente em questão. Sua parte ventral é coberta com lona, ajudando a reforçar o tecido que cobre o tronco de maneira a favorecer os deslocamentos no solo e uma rede de camuflagem é acrescentada. Essa rede é usada para prender diversas tiras de pano desgastado e estopa, além de elementos locais como folhas, grama e pequenos galhos. Geralmente apenas a parte de trás do uniforme é equipada com a rede de camuflagem, ficando a parte da frente livre de modo a facilitar a execução dos movimentos. Os atiradores de precisão são treinados para manter os olhos atentos a qualquer coisa que possa representar uma ameaça. Nesse sentido, a forma humana é uma das mais reconhecíveis na natureza, levando os atiradores e seus *spoters* (observadores) a procurar por cores e contornos perceptíveis quando tentam localizar um inimigo. Os trajes *ghillie* ajudam o atirador a dissimular sua silhueta, esconder as linhas retas do seu equipamento e dissimular sua cor no ambiente. Considerando que na natureza nada tem linhas

perfeitamente retas, é comum que rifles e antenas de rádio revelem posições escondidas devido às suas formas facilmente identificáveis. Para compensar esse efeito, os caçadores/*snipers* confeccionam os trajes adaptados para seus equipamentos, usando os mesmos princípios da camuflagem pessoal (Haskew, 2016, pp. 196-197; H. Tavares, 1984, pp. 246-248).

4. Importante elemento da simbologia das OpEsp do EB, esta peça foi adotada pelos pioneiros do COpEsp 57/1 como forma de estimular a mística inerente à atividade. A tradição histórica foi iniciada pelo primeiro-tenente José Carlos Saraiva dos Santos, quando adquiriu uma quantidade de boinas pretas do tipo utilizado pelos imigrantes portugueses que trabalhavam como carregadores nos estabelecimentos comerciais da cidade do Rio de Janeiro. Posteriormente, a boina foi substituída pelo gorro, encomendado em uma alfaiataria que confeccionava os uniformes para o NuDAet. Incorporada ao fardamento de forma irregular pelos 15 OEs pioneiros, a peça foi oficializada mais tarde pelo coronel Silvio Américo de Santa Rosa, respondendo pelo comando do NuDAet em virtude do afastamento do general de brigada Djalma Dias Ribeiro que havia se acidentado. A oficialização ocorreu após o coronel ter realizado um salto de paraquedas organizado pelos militares do 57/1 sobre a região do Xingu. Na ocasião, uma recepção foi oferecida na residência do coronel Santa Rosa para os oficiais qualificados como OE, e estes deram ao comandante, a título de souvenir, uma miniatura do gorro preto (com as estrelas de coronel pintadas à mão) disposta sobre uma placa de madeira e resguardada em caixa de acrílico. Sensibilizado pela atitude de seus subordinados, o coronel Santa Rosa autorizou o uso do gorro preto pelos OEs. Como prevê a tradição das OpEsp do EB, ele é ornado pelos distintivos de Comandos (posicionado na lateral esquerda) e Forças Especiais (disposto na lateral direita) (P. Tavares, 2019).

5. O distintivo alusivo às FEsp surgiu em um concurso realizado em 1958 durante o COpEsp 57/1, sagrando-se vencedora a arte elaborada pelo capitão Paulo Filgueiras Tavares. O esboço inicial utilizou rudimentos de desenho geométrico com eixos transversais, curvas que dão equilíbrio ao desenho. O velame branco do paraquedas simboliza o equipamento reserva, último recurso para o salvamento do paraquedista. As cinco linhas do paraquedas representam as quatro Armas e um Serviço desempenhados no NuDAet (Infantaria, Artilharia, Engenharia, Intendência e Dobragem e Manutenção de Paraquedas). A mão enluvada personifica o anonimato do autor, enquanto o punhal manchado de sangue expressa a ação agressiva, violenta e silenciosa. A faixa que acolhe os elementos do distintivo evidencia o termo Operações Especiais. O fundo negro caracteriza a predominância das ações noturnas na condução das ações operativas. A moldura em friso de ouro acrescenta nobreza a todo conjunto (P. Tavares, 2019; Schwingel & Mota, 2016, p. 195).

6. A origem do distintivo de Comandos remonta ao CAC de 1968, em um dos raros períodos de descanso entre as instruções ministradas no pico das Agulhas

Negras, localizado no município de Resende (estado do Rio de Janeiro). Durante uma fria madrugada, o primeiro-tenente Maurízzio Manuel Procópio da Silva, aluno do curso, foi instado pelo terceiro-sargento Jairo de Canaan Cony, um de seus colegas de curso, a criar um símbolo que representasse o momento singular pelo qual estava passando aquele grupo de candidatos à qualificação de Comandos. Valendo-se de uma caneta e um pequeno pedaço de papel, ele traçou o esboço do distintivo naquela mesma noite, aperfeiçoando-o no decorrer do curso. Como elemento simbólico predominante, a caveira representa a morte e a destruição na retaguarda profunda do inimigo (missão básica dos Comandos). A faca que trespassa o crânio é alusiva à ação silenciosa, característica da atividade executada por essa unidade. A cor verde significa a selva, um dos ambientes em que atuam. O tom vermelho simboliza o sangue derramado no cumprimento das missões, enquanto a tonalidade negra representa a escuridão da noite, período adequado ao princípio da surpresa, elemento fundamental para o sucesso das OpEsp. Finalizando o distintivo, a palavra Comandos é evidenciada em gradação amarela e formato sinuoso no alto (M. M. Silva, 2020).

CRONOLOGIA FOTOGRÁFICA

Relacionado como OE01 por ser o instrutor chefe do COpEsp 57/1, o major Gilberto Antônio Azevedo e Silva (nesta foto ainda ostentando a patente de capitão) assumiu a responsabilidade de organizar e conduzir o primeiro curso de OpEsp ministrado pelo EB nas dependências do NuDAet. (Fonte: acervo do COPESP)

Instalações do NuDAet na região conhecida como Colina Longa, localizada no bairro Deodoro, zona oeste da cidade do Rio de Janeiro. (Fonte: acervo da BdaInfPqdt)

Grupo de alunos qualificados no COpEsp 57/1, considerados militares pioneiros da atividade OpEsp do EB. A imagem foi registrada no dia 03 de junho de 1958 antes da realização do 1º salto comandado realizado pelo NuDAet sobre a Zona de Lançamento de Gramacho, situada na região norte da cidade do Rio de Janeiro. Na foto, o capitão Luiz Paulo Fernandes de Almeida e o 1º tenente Joubert de Oliveira Brízida estão ausentes. É possível observar o major Paulo Altenburg Brasil (terceiro em pé a partir da esquerda), orientador do salto comandado. (Fonte: acervo do COPESP)

Alunos do 57/1 participam de instrução de tiro, ministrada no estande da Vila Militar (próximo ao NuDAet), utilizando a submetralhadora INA (Indústria Nacional de Armas) calibre .45ACP (*Automatic Colt Pistol*) de fabricação brasileira. Alguns dos militares presentes nessa foto não conseguiram completar o curso. (Fonte: acervo do COPESP)

Equipe que participou do reconhecimento da região do Xingu (estado do Mato Grosso), em julho de 1957, visando a coletar informações para o desenvolvimento da fase de aplicação (conteúdos de sobrevivência na selva e indiologia) do COpEsp 57/1. Nessa ocasião, os militares contaram com o suporte do sertanista Orlando Villas Bôas, terceiro homem em pé da esquerda para a direita. Na imagem é possível distinguir um médico civil (terceiro em pé a partir da direita), oriundo da Faculdade de Medicina da Universidade de São Paulo, que realizava estudo na área. (Fonte: acervo do COPESP)

O então 3º sargento Dalton Malfacini (OE nº 15) executa o salto comandado, técnica denominada "posição aberta básica", sobre a Zona de Lançamento de Campo dos Afonsos, localizada na zona oeste da cidade do Rio de Janeiro. A técnica era uma novidade na atividade paraquedista militar brasileira, e sua doutrina foi inicialmente desenvolvida pelos operadores do COpEsp 57/1. (Fonte: acervo pessoal do capitão Dalton Malfacini)

Primeira equipe de instrução do DIEsp da AMAN (constituída em 1967), formada por quatro oficiais e dois sargentos qualificados no CAC ministrado no ano anterior. A implementação do DIEsp (posteriormente SIEsp) foi oportunizada por influência do estágio de atividades combativas realizado no segundo semestre de 1959 por um grupo de egressos dos dois primeiros COpEsp (57/1 e 59/1) para os cadetes do 3º ano do Curso de Infantaria. (Fonte: acervo da SIEsp da AMAN)

Alunos do CAC ministrado em 1968 participam de instrução de montanhismo na região de Cascadura, zona norte do município do Rio de Janeiro. (Fonte: acervo pessoal do coronel Victor Pacheco Motta)

Operadores do DFEsp, atuando como força de reação do comandante da 3ª BdaInfMtz, conduzem operação de patrulha de combate durante a Operação Papagaio, 2ª fase da Campanha do Araguaia. Nesta etapa de enfrentamento à FOGUERA, as patrulhas eram executadas de forma ostensiva e com os militares fardados. (Fonte: acervo pessoal do Operador D)

Operador de FEsp com os nativos integrantes de uma Equipe Zebra na região do rio Araguaia. Na 4ª fase da Campanha do Araguaia (Operação Marajoara), quadros operacionais qualificados como FEsp, utilizando métodos de AI, ministraram treinamento à população local contra a FOGUERA. Os grupos de autodefesa (GADs) protegiam suas localidades das ações de justiçamento executadas pelos guerrilheiros enquanto as Equipes Zebra os perseguiam e combatiam na selva. (Fonte: acervo pessoal do Operador D)

Cerimônia de encerramento do intercâmbio realizado em 1973 pelo DFEsp no 7th SFG-A do Exército dos EUA, situado em Fort Bragg no estado da Carolina do Norte. Na imagem, o coronel Ronald Shackleton, comandante do 7th SFG-A, entrega para os componentes do DFEsp os certificados de conclusão dos cursos de adestramento realizados no John F. Kennedy Warfare Center and School. (Fonte: acervo pessoal do Operador E)

Formatura do DFEsp na sede da BdaInfPqdt localizada na Colina Longa, no início dos anos 1980, durante a passagem de comando do major Rui Monarca da Silveira (comandante do DFEsp) para o major Mauro Patrício Barroso, nomeado comandante do 1º BFEsp. (Fonte: acervo do COPESP)

Palanque de autoridades constituído durante a solenidade de instalação do 1º BFEsp, em novembro de 1984, nas dependências do Forte Camboatá, situado no bairro Deodoro, zona oeste da cidade do Rio de Janeiro. (Fonte: acervo do COPESP)

Instrução aquática ministrada na praia do Forte do Imbuhy para os alunos do 1º CFCC, entre 1983 e 1984. (Fonte: acervo do CIOpEsp).

Encerramento do CFEsp 91/1 em frente à antiga 2ª CiaFEsp (FORÇA 2) no Forte Camboatá. Os alunos concludentes do curso estão à frente trajando uniforme verde-oliva enquanto os instrutores (ao fundo) usam fardamento camuflado. Na formatura os alunos receberam o gorro preto e a tarja negra e amarela de FEsp a ser usada no ombro direito. O uniforme verde-oliva era tradicionalmente utilizado nas cerimônias de brevetação dos cursos de FEsp até ser extinto no decorrer da década de 1990. (Fonte: acervo pessoal do coronel Fernando de Galvão e Albuquerque Montenegro)

Operação Jatuarana, empreendida na selva amazônica em março de 1991. Os integrantes da Equipe Charlie (Destacamento Jatuarana) aguardam o pouso da aeronave HM-1 Pantera na base do Destacamento de Fronteira constituída na margem brasileira do rio Traíra. Quando ocorreu o ataque ao acampamento do EB, o pouso de aeronaves era inviável devido à configuração da floresta. Posteriormente foi construída uma zona de pouso de helicópteros (ZPH) com capacidade para quatro locais de aterragem (LAt). (Fonte: 3º sargento Henry Shiro Morita)

Em decorrência da Operação Jatuarana, componentes da Equipe Bravo (Destacamento Jatuarana) aguardam resgate aéreo em uma clareira após cumprirem a missão de localizar e identificar a trilha da Serra do Pula Pula onde estavam acobertados alguns guerrilheiros das FARC. (Fonte: 3º sargento Henry Shiro Morita)

Embarcados em uma aeronave Hércules C-130 da FAB, operadores do EB participam de adestramento SLOp à grande altitude na cidade de Guaratinguetá, município situado na região do vale do Paraíba, interior do estado de São Paulo. (Fonte: acervo pessoal do coronel Fernando de Galvão e Albuquerque Montenegro)

Militares qualificados como Comandos, componentes de um DAI, participam da Operação Guahariba realizada em área de selva no estado de Roraima entre os meses de abril e maio de 1992. Na ocasião, o EB empregou, pela primeira vez, equipes orgânicas formadas majoritariamente por praças vinculados a um DAC. (Fonte: acervo pessoal do capitão Lauro Pinto Cardoso Neto)

Equipe pioneira da 1ª CiaFEsp que realizou o primeiro Curso Avançado para Times Táticos, ministrado por Renato de Toledo Guimarães Vaz (diretor de segurança do BANESPA) nas dependências do 1º BFEsp no Forte Camboatá, em maio de 1992. Os integrantes dessa equipe foram multiplicadores do conhecimento que serviu de base para a criação do Destacamento de Contraterror que, posteriormente, se tornou o 3º DOFEsp. (Fonte: acervo pessoal do coronel Fernando de Galvão e Albuquerque Montenegro)

Adestramento de tiro em equipe realizado em 1993 pelo DCT (vinculado ao 3º DOFEsp) no estande de tiro General Luiz Paulo localizado nas dependências do Forte Camboatá. (Fonte: acervo pessoal do coronel Fernando de Galvão e Albuquerque Montenegro)

Integrantes do DCT na Base Aérea do Galeão, localizada na Ilha do Governador (lado ocidental da baía de Guanabara na cidade do Rio de Janeiro), durante o planejamento de segurança para a reunião de Cúpula do Grupo do Rio realizada em setembro de 1994. (Fonte: acervo pessoal do coronel Fernando de Galvão e Albuquerque Montenegro)

Visita realizada em janeiro de 2002 pelo general de exército Gleuber Vieira (comandante do EB), acompanhado do general de exército Valdésio Guilherme de Figueiredo (comandante do CMA), às instalações do NuDFEsp, subunidade que posteriormente (2003) foi transformada na 3ª CiaFEsp (FORÇA 3). (Fonte: acervo pessoal do capitão Geraldo Farias Macedo)

Quadros operacionais componentes do Destacamento Tigre que, em novembro de 2003, foram mobilizados para a Costa do Marfim com o propósito de evacuar os brasileiros, proteger a embaixada localizada na cidade de Abidjan e prover a segurança do embaixador durante a Guerra Civil deflagrada no país africano. (Fonte: acervo pessoal do coronel Carlos José Machado Vaz)

Integrantes de uma das subequipes do DOPaz em progressão pelas vias de circulação de uma das comunidades de *Cité Soleil* na cidade de Porto Príncipe (capital do Haiti) visando a busca por informações relevantes ou o cumprimento de uma missão específica. (Fonte: acervo do COPESP)

Operador FE interagindo com crianças nas comunidades carentes de Porto Príncipe durante a MINUSTAH. As informações obtidas com a população nativa constituem dados de inteligência fundamentais para o desempenho das OpEsp do EB. (Fonte: acervo pessoal do major Frederico Chaves Salóes do Amor)

Após a tomada da "Casa Azul", edificação de quatro andares utilizada pelo contingente brasileiro da MINUSTAH como ponto forte na comunidade de *Cité Militaire* (Porto Príncipe), quadros operacionais do DOPaz se reúnem na Base General Bacelar, instalação que desde 2007 abrigava os contingentes do BRABATT e da BRAENGCOY (*Brazilian Enginnering Company* ou Companhia de Engenharia da Força de Paz). (Fonte: acervo pessoal do 3º sargento Marco Antônio Souza)

Equipe de Caçadores (*snipers*) do DOPaz abrigada no interior da caixa d'água da "Casa Azul", com a bandeira do 1º BFEsp fixada em uma das paredes da estrutura. A bandeira, símbolo de afirmação da presença brasileira em *Cité Militaire*, foi utilizada como um indicativo para que as tropas da ONU e das forças adversas soubessem que a construção havia sido conquistada. (Fonte: acervo pessoal do 3º sargento Marco Antônio Souza)

Durante a Operação Arcanjo, os alunos do CFEsp ministrado pelo CIOpEsp no Forte do Imbuhy em 2012 deslocam-se pelas ruas da comunidade da Penha, situada na região norte da cidade do Rio de Janeiro, em visita guiada pelo coronel Fernando de Galvão e Albuquerque Montenegro, comandante da Força-Tarefa Sampaio, incumbida de pacificar os Complexos da Penha e do Alemão. (Fonte: acervo pessoal do coronel Fernando de Galvão e Albuquerque Montenegro)

Durante visita efetuada para conhecer as peculiaridades inerentes ao terreno e à OpGLO (Operação Arcanjo) conduzida nas comunidades da Penha e do Alemão, grupo de instrutores, monitores e alunos do CFEsp 12/01, com o coronel Fernando de Galvão e Albuquerque Montenegro (comandante da Força-Tarefa Sampaio), posicionam-se no alto das escadarias do Santuário de Nossa Senhora da Penha. (Fonte: acervo pessoal do coronel Fernando de Galvão e Albuquerque Montenegro)

Quadros operacionais do 1º BFEsp participam de treinamento conjunto realizado em 2012 com o 3º Batalhão do 7º SFGA-A do Exército dos EUA nas dependências de Fort Bragg, que abriga diversas unidades da Força Terrestre norte-americana, entre elas o 7º SFG-A. (Fonte: acervo do COPESP)

Durante os preparativos para os XXXI Jogos Olímpicos e XV Jogos Paralímpicos, na cidade do Rio de Janeiro em 2016, operadores do DCT do 1º BFEsp participam da simulação de um ataque terrorista na estação ferroviária de Deodoro, localizada nas proximidades de um dos principais complexos esportivos utilizados durante as competições olímpicas. (Fonte: Anderson Gabino, Defesa TV)

PROSPECTANDO O FUTURO DAS OPESP DO EXÉRCITO BRASILEIRO

Quando voltamos nosso olhar de forma mais apurada para a história dos conflitos, bem como para as quatro gerações da guerra que impulsionaram o processo evolutivo do combate, percebemos que o aperfeiçoamento da tecnologia influencia e altera a forma como os atores se antagonizam em um enfrentamento bélico.

A guerra convencional, que predominou em diferentes períodos da história da humanidade, ganhou nova configuração nas quatro décadas de conflitos indiretos travados como consequência do enfrentamento entre os EUA e a URSS. Por causa da bipolaridade que fragmentou o mundo em dois blocos antagonistas, uma infinidade de recursos humanos e materiais foram mobilizados por países ligados à OTAN ou ao Pacto de Varsóvia. Contudo, a ameaça de uma guerra nuclear inviabilizou a manifestação de um confronto direto entre as duas superpotências, levando as nações periféricas a se engajarem em pequenos conflitos (nos quais a guerra irregular ganha proeminência) como forma de afirmar a supremacia de um bloco sobre o outro.

Como resultado do desenvolvimento das sociedades e do aprimoramento tecnológico, o fim da Guerra Fria favoreceu o surgimento ou a ascensão de novas ameaças no cenário internacional, envolvendo atores que devido às suas especificidades e intenções evitam o combate frontal, buscando formas alternativas e diversificadas de enfrentamento. Nesse contexto, os conflitos surgidos nas duas primeiras décadas do século XXI têm características absolutamente distintas que impossibilitam seu desfecho apenas pela via militar, por mais aprimorados e eficientes que sejam os recursos humanos e materiais utilizados em campanha.

Sobre os aspectos inerentes às constantes transformações sob as quais o mundo se encontra inevitavelmente submetido, convém esclarecer que a questão central do problema não está nas mudanças. O ponto principal é o modo como a humanidade reage a tais alterações, uma vez que o ser humano carece de tempo para interpretá-las e entender como afetam os aspectos distintos da sociedade. A partir dessa compreensão seria possível promover adequações compatíveis com a natureza das modificações.

No âmbito da Segurança e Defesa os desafios que se apresentam na atualidade têm antecedentes remotos, cujas conjunturas típicas do mundo contemporâneo os evidenciam no presente com uma nova dinâmica. Entretanto, os cenários atuais têm sido interpretados com base em preceitos ortodoxos arcaicos que pouco variam, como se os problemas que se avultam (manifestando-se em diferentes configurações) se restringissem a soluções preexistentes alicerçadas em um conjunto de princípios, percebidos por alguns setores conservadores, como fundamentais, atemporais, e, portanto, não carecendo de reinterpretações e adequações. Assim, uma variedade de ameaças reais e potenciais continuam se avolumando sem que a sociedade disponha de ferramentas e mecanismos apropriados para seu enfrentamento, motivo pelo qual o aparato militar convencional dos Estados tem se revelado inadequado e pouco compensador no esforço para confrontar atores adversos, que se valem de alternativas não convencionais (irregulares) para alcançar seus intentos (Visacro, 2019, pp. 49-50).

Na tentativa de responder pronta e adequadamente a uma tipologia de ameaça desprovida de vínculo estatal, descomprometida com normas e organizações internacionais, que evitam, de forma intencional, o enfrentamento direto como uma estratégia para prolongar o combate e desgastar seu adversário, os Estados vêm recorrendo, de forma sistemática, às capacidades singulares de suas FOpEsp.

Conforme percepção dos respectivos decisores (políticos ou militares), as OpEsp, quando utilizadas em proveito das políticas nacionais, podem ser acionadas em todos os níveis de condução do enfrentamento (político, estratégico, operacional e tático) com o propósito de cumprir com o conjunto de tarefas operacionais que lhes é atribuído. Desse modo, cabe aos decisores conscientizarem-se acerca das vantagens e desvantagens de recorrer aos expedientes inerentes às OpEsp, uma vez que os resultados obtidos, geralmente, têm consequências que podem afetar positiva ou negativamente os interesses do Estado que as patrocina.

Assim sendo, quando o desfecho das OpEsp apresenta resultados positivos, os governos que as acionaram são fortalecidos politicamente, como ocorreu com Margaret Thatcher, primeira-ministra britânica entre 1979 e 1990, quando empreendeu a Operação Nimrod (*Operation Nimrod*), conduzida entre os dias 30 de abril e 5 de maio de 1980, em resposta ao sequestro de 26 reféns mantidos em cativeiro por ativistas árabes iranianos na embaixada do Irã em Londres. Nesse sentido, o sucesso da missão efetuada por quadros operacionais do SAS do exército britânico resultou em dividendos políticos favoráveis à Dama de Ferro (alcunha pela qual Thatcher ficou conhecida em função de seu peculiar estilo de liderança).

Todavia, quando as OpEsp são malsucedidas os efeitos políticos experimentados têm repercussões igualmente negativas, a exemplo do que ocorreu com Jimmy Carter, presidente dos EUA entre 1977 e 1981, quando, em decorrência da fracassada operação de resgate de 52 norte-americanos apresados como reféns na embaixada estadunidense de Teerã, no Irã (Operação Garra de Águia), ele perdeu as chances de se reeleger para um segundo mandato.

Em virtude da crescente evolução tecnológica e do amplo acesso ao conhecimento possibilitado por ela, a opinião pública passou a ter um papel determinante na condução dos conflitos travados na Era da Informação (sobretudo em países onde vigoram sistemas políticos democráticos), uma vez que obter o apoio da população (sociedade) acerca dos fatos relacionados ao conflito é uma questão imprescindível para fortalecer a vontade e a coesão nacional (Visacro, 2018, pp. 121-127). Elevada à condição de importante centro de gravidade na condução da guerra contemporânea, a população torna a opção da guerra convencional menos exequível devido aos altos custos políticos e físicos implícitos. Diante dessa realidade, a alternativa da guerra indireta, que não emprega abertamente tropas militares (convencionais ou não convencionais) vinculadas a atores estatais, ganha cada vez mais destaque nos planejamentos estratégicos que consideram futuros cenários de enfrentamento (Korybko, 2018, pp. 13-15).

Embora disponham de recursos para engajarem-se em uma guerra convencional, alguns atores estatais (China, Rússia e Irã) que se opõem à autoridade norte-americana (única superpotência remanescente dos tempos da Guerra Fria) não têm qualquer intenção de confrontar seu adversário em um conflito regular, preferindo mobilizar esforços visando a antagonizá-lo em um nível irregular (Veazey, 2020). Combinando um conjunto diversificado de instrumentos convencionais e não convencionais, esses atores investem na modalidade de Guerra Híbrida[1] para congregar ações de forças regulares, irregulares, FOpEsp, apoio a manifestações locais, guerra de informação, diplomacia, ataques cibernéticos e guerra econômica. Essa conduta tem o propósito de desestabilizar um Estado-alvo, criando um ambiente de incerteza, de modo a dificultar seu processo decisório e a reduzir a velocidade de coordenação de possíveis respostas às ameaças que o importunam (Leal, 2016, pp. 6-17, pp. 8-10).

Mesmo combinando a letalidade do conflito convencional com a prolongada estratégia de desgaste da guerra irregular, as ameaças híbridas não mudam a natureza da guerra, apenas alteram a forma como as forças se antagonizam em combates simétricos e assimétricos. Nesse sentido, para confrontar oponentes híbridos é crucial que as FA dos Estados Nacionais compreendam as particularidades dos atores que recorrem a esse artifício, fato que se mostra demasiadamente complexo, uma vez que as escolas de formação, os analistas e os decisores têm grandes limitações para compreender o passado e o futuro, por estarem demasiadamente vinculados ou afeiçoados aos conceitos da guerra clássica. Quanto antes as manifestações passadas e atuais da guerra híbrida forem devidamente entendidas, melhores serão as probabilidades de atuação futura do poder militar diante dessa tipologia de ameaça (Murray & Mansoor, 2020, pp. 14-15).

Analisando os atributos e tendências que caracterizam os conflitos contemporâneos (entre eles a guerra híbrida), nos quais a segurança e a soberania dos Estados podem ser ameaçadas mediante intervenção de atores estatais ou sem vínculo estatal adotando medidas violentas ou não violentas, é possível deduzir que um aspecto intrínseco a todas essas conflagrações refere-se à presença da luta armada e à necessidade do uso de forças militares (incluindo as OpEsp como componentes indissociáveis delas) (Gerasimov, 2018, pp. 42-47, p. 45).

Surgida como uma alternativa militar não convencional durante a Segunda Guerra Mundial, as OpEsp tiveram um grande desenvolvimento no contexto da Guerra Fria, tendo que se moldar a uma tipologia de enfrentamento predominantemente vocacionada para o combate ao terrorismo e à insurgência após os atentados de

11 de setembro de 2001. A proeminência alcançada pelas FOpEsp na GWOT colocou-as em evidência devido à exposição midiática que difundia uma imagem que evidenciava apenas um de seus métodos de atuação (AD), ignorando completamente os demais (AI e RecEsp). Embora a postura ofensiva contraterrorista notabilizada pelo uso de métodos de AD tenha sido necessária para confrontar a ameaça terrorista nas Guerras do Afeganistão e Iraque, os conflitos irregulares atuais requerem que as FOpEsp retornem às suas origens atuando, preferencialmente, nos bastidores do enfrentamento conduzindo métodos de AI e RecEsp (Veazey, 2020)

Ao avaliar a necessidade de promover adequações conceituais, operacionais e institucionais que permitam às FOpEsp desempenharem suas tarefas constitucionais oferecendo soluções contra ameaças típicas do século XX (tradicionais ou recentes) e reduzindo custos e de forma ainda mais eficaz, as respostas obtidas apontam, principalmente, para a exigência de aprimorar as capacidades das tropas especiais de atuarem de forma integrada com outras agências (interoperabilidade), buscando a combinação e o desenvolvimento de competências diversas de modo a alcançar o máximo impacto no desempenho de suas atribuições (Robinson, 2013, p. 20).

Desse modo, são recomendações sugeridas para o incremento das capacidades operativas das FOpEsp:

1. Promover a qualificação intelectual de líderes, fomentando uma mentalidade estratégica.
2. Propiciar o aprimoramento doutrinário e de recursos humanos vinculados às grandes unidades de OpEsp, de modo a assegurar a expertise (qualificação de pessoal) que oportunize o planejamento, a organização, a coordenação e a condução de OpEsp que estejam em conformidade com as respectivas Políticas Nacionais de Defesa.
3. Elaborar formas flexíveis de atuação combinando as capacidades das tropas convencionais e FOpEsp, fornecendo

opções inovadoras, flexíveis (adaptáveis) e econômicas, de modo a atender às necessidades do país em questão sem que haja sobrecarga de demandas que apresentem risco de comprometer o desempenho das tropas especiais.

4. Reconfigurar as estruturas institucionais e reorientar os orçamentos, mediante suporte dos respectivos Ministérios e Secretarias de Defesa e Comandos de Força, de modo a aprimorar as capacidades das grandes unidades de OpEsp com base em investigações (estudos) que identifiquem possibilidades e formas de atuação a cargo das FOpEsp, considerando o atual cenário de ameaças globalizadas e conectadas em rede (Robinson, 2013, pp. 20-25).

No Brasil, a Força Terrestre vem promovendo uma atualização de sua matriz doutrinária desde que percebeu a mudança nos níveis de complexidade do ambiente operacional moderno. Nesse sentido, considerando o amplo espectro dos conflitos, o EB tem se dedicado a ofertar ferramentas alicerçadas na atualização da doutrina e no adestramento em ambientes complexos (operações no amplo espectro), para confrontar ameaças de diferentes matizes, buscando se transformar em um instrumento de combate da Era da Informação (Pinho, 02/2016, pp. 71-83, p. 80).

Ciente do quadro geopolítico da América do Sul, o EB percebe que a fragilidade política, econômica e social dos países da região gera instabilidades que contribuem para o desgaste nas relações interestatais, potencializando antigas desavenças e a ocorrência de problemas intrarregionais, seja entre atores estatais ou não estatais.

Devido à projeção política e comercial que o Brasil vem alcançando no cenário internacional, a Força Terrestre também está atenta para a possibilidade de manifestação de conflitos de natureza híbrida no país, desencadeados por atores estatais que por interesses diversos empenham-se em promover a instabilidade com o propósito de alcançar seus objetivos. Em ambos contextos, são exemplos de adversidades vivenciadas pelo Brasil e por seus vizinhos sul-americanos: existência de ideologias conflitantes nas nações componentes do continente, questões fronteiriças ainda pendentes entre diversos países da região, divisões políticas que dificultam a coesão interna nos respectivos países, corrupção disseminada por todas as nações sul-americanas, pobreza extrema, reduzidos índices de qualidade de vida, baixo nível de qualificação educacional da população, organizações criminosas de natureza nacional e transnacional que fragilizam as estruturas estatais no poder, presença de grupos não estatais com grande poder político e financeiro, interesses internacionais em recursos estratégicos existentes na América do Sul, falta de consciência relacionada aos assuntos inerentes à Defesa, resultando em restrições orçamentárias destinadas ao setor, insegurança jurídica demonstrada pela maioria dos países componentes do continente, dentre outras (Pinho, 02/2016, pp. 71-83, pp. 80-81).

O EB, como instituição, deve dedicar-se a absorver lições aprendidas em conflitos ou em crises recentes, investindo na elaboração de estudos pormenorizados acerca das especificidades que distinguem cada uma das novas ameaças que podem comprometer a estabilidade e a segurança dos Estados.

Nesse aspecto, convém salientar que, devido à complexidade, à amplitude, ao caráter difuso das ações praticadas por atores adversos e à necessidade de promover a adequada coordenação de esforços que abrangem desde o nível político até o tático, a temática das novas ameaças pode extrapolar o conceito de operações no amplo espectro. Desse modo, é necessário estimular a aquisição e a diversificação de conhecimentos que incorporem as variadas nuances da guerra híbrida. Para confrontar as múltiplas ameaças de natureza convencional, não convencional ou híbrida, é essencial que a Força Terrestre priorize a aquisição e a manutenção de recursos e de estruturas dotados de flexibilidade, letalidade seletiva, adaptabilidade, modularidade, elasticidade e sustentabilidade, de forma a viabilizar um somatório de características fundamentais para a defesa do país, considerando a destinação constitucional do EB (Leal, 2016, pp. 15-16).

Projetar o engajamento das FOpEsp brasileiras em um cenário de enfrentamento às novas ameaças somente será possível se houver adequações precedentes que viabilizem tal possibilidade. Na comunidade castrense nacional, é imprescindível que os militares, cientes das peculiaridades do cenário de enfrentamento contemporâneo (no qual as Forças Singulares devem se mostrar devidamente preparadas para confrontos de natureza diversa e distinta em todos os níveis de condução da guerra ou do conflito), disponham de agilidade suficiente para ajustar rapidamente suas FOpEsp, sob risco destas não disporem do conjunto de elementos necessários (doutrina, estrutura, organização, efetivo qualificado e recursos materiais compatíveis com a essência da atividade OpEsp) para confrontar atores adversos de diferentes orientações.

Nesse contexto, é imprescindível que todos os militares (oficiais e praças), no decorrer de seu processo de formação, recebam instruções e saibam como proceder quando a ação das FOpEsp for necessária, uma vez que saber como aplicá-las, nas situações para as quais são recomendadas de modo a produzir o máximo efeito, é um conhecimento que não deve ser ignorado sob risco de acarretar inadequação e fracasso operacional. Também é essencial que as tropas especiais, antecedendo às situações de crise ou conflito e antecipando-se à iniciativa adversa, adotem uma postura proativa, em substituição ao engajamento reativo assumido em períodos passados (Lisboa, 2016, pp. 10-18, pp. 16-18).

Os conflitos típicos do século XXI são caracterizados pela fluidez, não restringindo as ações de enfrentamento apenas à confrontação entre forças antagonistas (sendo travados, fundamentalmente, em meio à população), por isso, é necessário que as FA readequem as condições civis enquanto buscam derrotar militarmente o inimigo. Assim sendo, para alcançar os objetivos estabelecidos para o desenvolvimento de uma campanha militar, não basta somente usar a força, carecendo também do esforço conjunto da sociedade para desempenhar ações coletivas para a retomada da estabilidade e da paz (Pinheiro, 2015, pp. 42-57, pp. 45-46).

Tão importante quanto as mudanças requeridas da sociedade militar no intuito de otimizar o uso de suas FOpEsp, as alterações demandadas da população são impreteríveis. Inicialmente, é essencial que o Estado brasileiro desenvolva uma mentalidade estratégica no que concerne às questões de Defesa, interpretando, de modo preciso, as ameaças internas e externas a que se encontra suscetível, para adotar respostas efetivas, coerentes e coordenadas. O intuito dessa postura é atender à consecução dos objetivos nacionais, uma vez que o tema, muito além das pretensões do Brasil de figurar como líder regional e grande competidor global, envolve elementos sensíveis que dão forma ao Estado e justificam sua existência, ou seja, seu valor social, sua soberania e sua integridade territorial.

Portanto, perante às especificidades inerentes ao ambiente estratégico do século XXI, é imprescindível que a sociedade brasileira amplie, de forma consistente, a agenda de Defesa, evitando adotar um referencial demasiadamente centralizado na concepção militar convencional (embora o Estado jamais possa desvalorizar e negligenciar tal entendimento). Cabe aos planejadores, legisladores e decisores nacionais, sejam eles militares ou não, a tarefa de adotar modelos interpretativos ajustáveis às dinâmicas e aos desafios que os cenários nacional e internacional, ambos sujeitos a constantes e irremediáveis transformações, impõem ao Brasil (Visacro, 2020, pp. 49-65, p. 50).

É necessário também instituir junto à população uma cultura de valorização das FA como instituições indispensáveis à garantia da segurança e soberania do Estado. Na esteira desse processo, torna-se mister que diferentes órgãos (públicos ou privados, governamentais ou não governamentais) desenvolvam uma mentalidade colaborativa que ofereça o suporte que for necessário para que as tropas especiais possam atuar reduzindo ao mínimo os percalços (logísticos, jurídicos, entre outros), operando com a agilidade e a eficiência necessárias à tipologia dos confrontos nos quais se engajam (Lisboa, 2016, pp. 10-18, pp. 16-18).

Transcorridos pouco mais de sessenta anos de sua fundação em 1957, as sucessivas gerações de operadores nascidas nas exigentes instruções ministradas na Colina Longa, nos Fortes Camboatá e do Imbuhy atravessaram seis décadas de provações, aprendendo com os erros e os acertos para superar adversidades, evoluir profissionalmente, convencer os críticos e silenciar os incrédulos. Atraídos pelo chamado que os instigou a esboçar uma atividade tão inovadora quanto desafiadora, 16 pioneiros inauguraram um ofício que seus sucessores desempenhariam com o máximo primor profissional. Os exíguos recursos de outrora demandaram criatividade para a solução de toda sorte de problemas, adaptabilidade herdada no curso das gerações e transformada em um engenho valioso para a afirmação da excelência no exercício da arte operativa.

Um traço característico da atividade OpEsp realizada em âmbito internacional é a diversidade de requisitos operacionais exigidos das tropas especiais do EB. O perfil das atividades é tão distinto que o processo formativo de um operador Comandos e FE requer o desenvolvimento de um profissional tecnicamente eclético e mentalmente disciplinado. Ele também deve ser treinado para encontrar respostas compatíveis com a natureza e a intensidade das missões às quais se dedica, e soluções que englobam um amplo leque de alternativas classificadas por níveis de agressividade (possibilidades que se estendem da resolução da situação em questão pela via diplomática até o uso de força letal). Forjados desde sua gênese na atividade OpEsp em um processo de aprimoramento contínuo, os operadores compartilham inúmeros riscos e dificuldades no curso de suas carreiras, criando condições favoráveis (intensa relação de identidade, camaradagem, solidariedade, coesão e confiança mútua) para o desempenho de suas tarefas operativas. Combinadas de modo a despertar uma vigorosa sensação de "pertencimento" que incrementa o espírito de corpo (lealdade para com os companheiros), essas condições propiciam a constituição de um *ethos*[2] próprio que reforça o comprometimento para com os companheiros, a unidade, a instituição, a Pátria e as demandas operacionais.

As OpEsp do EB são constituídas por uma estirpe de homens cujos corações pulsam mais forte em situações de combate. São indivíduos motivados a buscar a consecução dos objetivos que lhes foram conferidos, controlando a ansiedade e o medo, dedicados a executar seu trabalho corretamente de modo a cumprir seu dever e a concluir a missão.

Muito embora sejam reconhecidos, principalmente, por sua vertente mais combativa (AD), os militares que ostentam o gorro preto preferem agir sob a égide do sigilo. São profissionais do silêncio que optam, sempre que possível, pela solução pacífica dos conflitos e das crises, mas que não hesitarão, caso seja necessário, em espreitar e atacar o inimigo como um predador resoluto que se lança sobre sua presa. Desconhecidos pela maioria da população, a qual juraram defender, esses militares têm em seu histórico o esforço para manter a confidencialidade de operações sensíveis (incluindo as próprias identidades). Eles colocam-se à disposição no presente e no futuro, tal como ocorre desde 1957, para resguardar a liberdade democrática e a soberania do Estado, colocando suas capacidades singulares a serviço do Brasil para realizar… "Qualquer missão, em qualquer lugar, a qualquer hora, de qualquer maneira"[3].

COMANDOS! FORÇA! BRASIL!

NOTAS

1. A guerra híbrida ocorre mediante combinação entre as chamadas revoluções coloridas e as guerras não convencionais. As revoluções coloridas são ações planejadas que se valem do binômio propaganda-psicologia para desestabilizar um Estado-alvo, incitando manifestações populares em nome de reivindicações abstratas (democracia, liberdade, direitos civis, etc.) com a finalidade de gerar uma situação de conflito interno. Por sua vez, as guerras não convencionais ocorrem quando as revoluções coloridas não são suficientes para desestruturar o governo do Estado-alvo, sendo desencadeadas por movimentos insurgentes, movimentos guerrilheiros ou milícias. O impasse geopolítico criado pela guerra híbrida representa um gigantesco desafio para o Estado-alvo, pois, ao semear o caos, promove a divisão da sociedade e a geração de incertezas que colocam o governo do país em questão na defensiva estratégica e, em última instância, provocam sua derrubada (Korybko, 2018, pp. 10-27).

2. Aspectos morais de uma dada cultura que criam elementos valorativos, os quais são traduzidos em um conjunto de hábitos (comportamentais) adotados por uma determinada comunidade. O termo *ethos* evoca um conceito de sociedade igualitária, na qual todos os membros, objetivando estabelecer um convívio coletivo harmônico, abraçam costumes comuns ao grupo que integram (Gerrtz, 1989, p. 93).

3. Lema histórico das OpEsp do EB, adotado durante o COpEsp ministrado pela primeira vez entre dezembro de 1957 e julho de 1958. O mote apresentado no texto é uma sutil variação do bordão original ("Qualquer coisa, a qualquer hora, em qualquer lugar, de qualquer maneira"), alterado no início da década de 1960 por causa de um incidente ocorrido em 1959 durante o segundo COpEsp (P. Tavares, 2019).

POSFÁCIO

A história das Operações Especiais no Brasil carecia de ser contada. E muito bem o fizeram os autores, o professor Rodney Lisboa e o coronel Fernando Montenegro, nesta obra. A perspicácia científica do pesquisador unida à vivência do prático operador de forças especiais, de forma muito competente, produziu uma documentação que, inquestionavelmente, torna-se referência para estudos posteriores.

Deixaram para os leitores, e nada indica que deveria ter sido diferente, a tarefa de refletir sobre quem são os soldados por trás da obra. Que espécie de homens são aqueles? Que valores cultuam? O que verdadeiramente os inspira? O que torna sua vontade de resistir inquebrantável? E por que motivos alguém escolheria uma vida sem conforto, que faz tão pouco do mais forte dos instintos: a autopreservação? Isso parece desafiar o bom senso.

Não para aqueles que carregam na alma o *ethos* do guerreiro, capazes de sacrifícios pessoais e de proezas indescritíveis, em nome tão somente da doce recompensa do dever cumprido e em homenagem ao irmão que luta ao seu lado.

Ainda que o contorno de suas faces escurecidas muitas vezes não denuncie suas expressões e sentimentos, mirando fundo dentro dos seus olhos vemos com clareza a coragem, a lealdade e a abnegação em servir. Em honra nem se fala. À falta dela é preferível a morte. A felicidade que os mais atentos percebem irradiar de suas íris se origina justamente da posse de uma honra imaculada. Para esses soldados, tudo o mais é secundário.

São homens aparentemente ordinários que fizeram, fazem, e seguirão fazendo coisas extraordinárias pelo país. E apesar de raros, e muitos absolutamente anônimos, tais soldados sempre estiveram presentes na história do Brasil. Das guerras do Período Colonial, até o que os autores denominam de a quarta geração das Operações Especiais do Exército Brasileiro (a partir de 2004), passando antes pelos conflitos decorrentes da Independência, pela instabilidade do Império até a Proclamação da República, pela Colina Longa e pelo Camboatá.

Seria injusto não destacar como preponderante no processo evolutivo das FOpEsp brasileiras a epopeia dos 16 pioneiros, especializados no COpEsp 57/1. Que o Senhor dos Exércitos jamais permita que seus feitos sejam esquecidos!

Li certa vez, e aqui reproduzo, que o tipo de soldado que protagoniza as façanhas reveladas em KID PRETO se alimenta de recompensas psicológicas. A oportunidade de fazer parte de uma classe de guerreiros com histórico de missão, valor e glória, de contar com irmãos por escolha que sacrificariam as suas vidas por ele, e, ainda, saber que permanecerá unido a essa irmandade por toda a sua existência e, talvez, até mesmo na eternidade.

Espero que a próxima geração de Forças Especiais leia este livro e se sinta verdadeiramente inspirada a viver uma vida de doação à Pátria.

OPERADOR DE FORÇAS ESPECIAIS NR 209

LISTA DE SIGLAS

ABIN - Agência Brasileira de Inteligência
ACE - Alto Comando do Exército
ACISO - Ação Cívico-Social
ACP - *Automatic Colt Pistol*
AD - Ação Direta
AI - Ação Indireta
ALN - Ação Libertadora Nacional
AMAN - Academia Militar das Agulhas Negras
ANL - Aliança Nacional Libertadora
Anti-DEI - Anti-Dispositivos Explosivos Improvisados
AOGI - Área Operacional de Guerra Irregular
AQN-ExOrd - *al-Qaeda Network Execute Order*
Armt - Armamento
Avm - Área Vermelha
BAC - Batalhão de Ações de Comandos
BAdm - Base Administrativa
BANESPA - Banco do Estado de São Paulo
BAvEx - Batalhão de Aviação do Exército
BdaAet - Brigada Aeroterrestre
BdaAvEx - Brigada de Aviação do Exército
BdaInf - Brigada de Infantaria
BdaInfBld - Brigada de Infantaria Blindada
BdaInfMtz - Brigada de Infantaria Motorizada

BdaInfPqdt - Brigada de Infantaria Paraquedista
BdaInfSl - Brigada de Infantaria de Selva
BdaOpEsp - Brigada de Operações Especiais
BdaPqdt - Brigada Paraquedista
BDoMPSA - Batalhão de Dobragem, Manutenção de Paraquedas e Suprimento pelo Ar
BECmb - Batalhão de Engenharia de Combate
BEF - Batalhão Especial de Fronteira
BFEsp - Batalhão de Forças Especiais
BiaAAAePqdt - Bateria de Artilharia Antiaérea Paraquedista
BIMth - Batalhão de Infantaria de Montanha
BIPqdt - Batalhão de Infantaria Paraquedista
BIS - Batalhão de Infantaria de Selva
BlogPqdt - Batalhão Logístico Paraquedista
BOAI - Batalhão de Operações de Apoio à Informação
BOBFEsp - Base de Operações do Batalhão de Forças Especiais
BopPsc - Batalhão de Operações Psicológicas
BRABATT - *Brazilian Battalion*
BRAENGCOY - *Brazilian Engineering Company*
BtlApOpEsp - Batalhão de Apoio às Operações Especiais
BtlOpPsc - Batalhão Operações Psicológicas
CAAdEx - Centro de Avaliação e Adestramento do Exército
CAC - Curso de Ações de Comandos
Cap - Capitão
CASM - *Commando d'Action Sous-Marine Hubert*
CavEx - Comando de Aviação do Exército
Cb Aux - Cabo Auxiliar
CCEM - Curso de Comando e Estado-Maior
CCSv - Companhia de Comando e Serviços
CCPCT - Comando Conjunto de Prevenção e Combate ao Terrorismo
CCTI - Centros de Coordenação Tático Integrado
Cel - Coronel

CEMonta - Campo Escola de Montanhismo

CEP - Centro de Estudo de Pessoal

CEX - Comando do Exército

CFEsp - Curso de Forças Especiais

CFCC - Curso de Formação de Cabos Comandos

CmdoFronSol - Comando de Fronteira do Solimões

CIA - *Central Intelligence Agency*

CiaAçCmdos - Companhia de Ações de Comandos

CiaComPqdt - Companhia de Comunicações Paraquedista

CiaDQBRN - Companhia de Defesa Química, Biológica, Radiológica e Nuclear

CiaECmbPqdt - Companhia de Engenharia de Combate Paraquedista

CiaFEsp - Companhia de Forças Especiais

CiaPrecPqdt - Companhia de Precursores Paraquedistas

CIEspAet - Centro de Instrução Especializada Aeroterrestre

CIET - Comitê Integrado de Enfrentamento ao Terrorismo

CIEx - Centro de Informações do Exército

CIGS - Centro de Instrução de Guerra na Selva

CIOpEsp - Centro de Instrução de Operações Especiais

CIOpMth - Centro de Instrução de Operações em Montanha

CIPqdt GPB - Centro de Instrução Paraquedista General Penha Brasil

CMA - Comando Militar da Amazônia

CmdoCjOpEsp - Comando Conjunto de Operações Especiais

CmdoFronSol - Comando de Fronteira do Solimões

CmdoSgOpEsp - Comando Singular de Operações Especiais

COLINA - Comando de Libertação Nacional

CMA - Comando Militar da Amazônia

CML - Comando Militar do Leste

CMNE - Comando Militar do Nordeste

CMP - Comando Militar do Planalto

Cmt - Comandante

Com - Comunicações
COP - Centro de Operações
CopEsp - Curso de Operações Especiais
COPESP - Comando de Operações Especiais
CopUEsp - Comando de Operações de Unidades Especiais
COS - Curso de Operações na Selva
COSAC - Centro de Operações na Selva e Ações de Comandos
COTER - Comando de Operações Terrestres
CPEAEx - Curso de Política, Estratégia e Alta Administração do Exército
CRO - Comissão Regional de Obras
DAC - Destacamento de Ações de Comandos
DAI - Destacamento de Ação Imediata
DCT - Destacamento de Contraterror
DDP - Divisão de Doutrina e Pesquisa
DE - Divisão de Exército
DEACOM - Destacamento Especial de Ações de Comandos
DEC - Departamento de Engenharia e Construção
DECEx - Departamento de Educação e Cultura do Exército
DEVGRU - *Naval Special Warfare Development Group*
DFEsp - Destacamento de Forças Especiais
DIE - Divisão de Infantaria Expedicionária
DIEsp - Departamento de Instrução Especial
Dml - Demolições
DNOG - Divisão Naval de Operações de Guerra
DoD - *Department of Defense*
DOFEsp - Destacamento Operacional de Forças Especiais
DOPaz - Destacamento de Operações de Paz
DOSPaz - Destacamento de Operações Sociais de Paz
DPKO - *Department of Peacekeeping Operations*
DPM - *Disruptive Pattern Material*
DQBRN - Defesa Química, Biológica, Radiológica e Nuclear
DRC - Destacamento de Reconhecimento e Caçadores
DstCooCt - Destacamento de Coordenação e Controle

DstOpPsc - Destacamento de Operações Psicológicas
DstSauPqdt - Destacamento de Saúde Paraquedista
EAS - Esquadrão Aeroterrestre de Salvamento
EB - Exército Brasileiro
ECEME - Escola de Comando e Estado Maior do Exército
ECOE - Estágio de Caçador de Operações Especiais
EGN - Escola de Guerra Naval
ElmOpEsp - Elemento de Operações Especiais
EMCFA - Estado-Maior Conjunto das Forças Armadas
EME - Estado-Maior do Exército
EMFA - Estado-Maior das Forças Armadas
END - Estratégia Nacional de Defesa
EqpSAR - Equipe *Search and Rescue*
EsAO - Escola de Aperfeiçoamento de Oficiais
EsEFEx - Escola de Educação Física do Exército
EsqdCPqdt - Esquadrão de Cavalaria Paraquedista
ETA - *Euskadi Ta Askatasuna*
EUA - Estados Unidos da América
FAB - Força Aérea Brasileira
FAIBRÁS - Destacamento Brasileiro da Força Armada Interamericana
FAL - *Fusil Automatique* Léger
FARC - *Fuerzas Armadas Revolucionarias de Colombia*
FE - Operador de Forças Especiais
FEB - Força Expedicionária Brasileira
Fesp - Forças Especiais
FA - Forças Armadas
FIP - Força Interamericana de Paz
FlotAM - Flotilha do Amazonas
FLN - Frente de Libertação Nacional
FOGUERA - Força de Guerrilha do Araguaia
FopEsp - Forças de Operações Especiais
FopPolEsp - Forças de Operações Policiais Especiais
Fpac - Força de Pacificação

FPLP - Frente Popular para a Libertação da Palestina
FtatCent - Força Tática Central
FtatLoc - Força Tática Local
FTOpEsp - Força-Tarefa de Operações Especiais
FUNAI - Fundação Nacional do Índio
F3EAD - *Find, Fix, Finish, Exploit, Analyse and Disseminate*
GACos - Grupo de Artilharia de Costa
GACosM - Grupo de Artilharia de Costa Motorizado
GACPqdt - Grupo de Artilharia de Campanha Paraquedista
GADs - Grupos de Autodefesa
GC - Grupo de Combate
GCMA - *Groupement de Commandos Mixtes Aéroportés*
GIGN - *Group d'Intervention de la Gendarmerie Nationale*
GIS - *Gruppo di Intervento Speciale,*
GLO - Garantia da Lei e da Ordem
GOE - *Grupo de Operaciones Especiales*
GPS - *Global Positioning System*
GptOpFuzNav - Grupamento Operativo de Fuzileiros Navais
GRUMEC - Grupamento de Mergulhadores de Combate
GSG9 - *Grenzschutzgruppe 9*
GWOT - *Global War on Terrorism*
HAHO - *High Altitude High Opening*
HALO - *High Altitude Low Opening*
IMBEL - Indústria de Material Bélico do Brasil
INA - Indústria Nacional de Armas
INCRA - Instituto Nacional de Colonização e Reforma Agrária
IRA - *Irish Republican Army*
JOTC - *Jungle Operation Training Course*
JSOC - *Joint Special Operations Command*
LALO - *Low Altitude – Low Opening*
Lat - Locais de Aterragem
LEA - Levantamento Estratégico de Área
LRDG - *Long Range Desert Group*

LRRP - *Long Range Reconnaissance Patrols*
LSC - Laboratório de Simulações e Cenários
Maj - Major
MAMO - *Medium Altitude – Medium Opening*
MB - Marinha do Brasil
MD - Ministério da Defesa
MIF - *Multinational Interim Force*
MINUSTAH - *Mission des Nations Unies pour la Stabilisation en Haiti*
MOS - *Military Occupational Specialty*
MR-8 - Movimento Revolucionário 8 de Outubro
MRP - Movimento Revolucionário Patrocinado
MRT - Movimento Revolucionário Tiradentes
MSR - *Modular Sniper Rifle*
NCDU - *Naval Combat Demolition Units*
NpaFlu - Navio Patrulha Fluvial
NuDAet - Núcleo da Divisão Aeroterrestre
NuDFEsp - Núcleo de Destacamento de Forças Especiais
ODA - *Operational Detachment Alpha*
OE - Operador Especial
OEA - Organização dos Estados Americanos
OECS - *Organization of Eastern Caribbean States*
Of Op - Oficial de Operações
Of Intlg - Oficial de Inteligência
OM - Organização Militar
ONU - Organização das Nações Unidas
ONUCI - *Opération des Nations Unies en* Côte d›Ivoire
ONUMOZ - *United Nations Operation in Mozambique*
OpEsp - Operações Especiais
OpGLO - Operações de Garantia da Lei e da Ordem
OpPolEsp - Operações Policiais Especiais
OpPsc - Operações Psicológicas
OPW - *Office of Psychological Warfare*

OSP - Órgãos de Segurança Pública
OSS - *Office of Strategic Services*
OTAN - Organização do Tratado do Atlântico Norte
Para-SAR - Paraquedistas – *Search and Rescue*
PASGT - *Personal Armor System for Ground Troops*
PCB - Partido Comunista Brasileiro
PcdoB - Partido Comunista do Brasil
PEF - Pelotão Especial de Fronteira
PelPE - Pelotão de Polícia do Exército
PelPEPqdt - Pelotão de Polícia do Exército Paraquedista
PMERJ - Polícia Militar do Estado do Rio de Janeiro
PPGEM - Programa de Pós-Graduação em Estudos Marítimos
Pqdt - Paraquedista
PqRMnt - Parque Regional de Manutenção Militar
RCMec (Es) - Regimento de Cavalaria Mecanizado (Escola)
RecEsp - Reconhecimento Especial
RECON - Companhia de Operações Especiais
ReFron - Reconhecimento de Fronteira
RM - Região Militar
ResI - Regimento Escola de Infantaria
RMBPD - *Royal Marines Boom Patrol Detachment*
SAS - *Special Air Service*
Sau - Saúde
SBS - *Special Boat Section / Special Boat Service*
SCh do EME - Subchefia do Estado-Maior do Exército
SCmt - Subcomandante
SeçOpEsp - Seção de Operações Especiais
SFG-A - *Special Forces Group – Airborne* -
SFOD-D - *Special Forces Operational Detachment-Delta*
Sgt Esp - Sargento Especialista
SIEsp - Seção de Instrução Especial
SLOp - Salto Livre Operacional
SOE - *Special Operations Executive*

SPETNAZ - *Voisca Spetsialnogo Naznatchênia*
SSF - *Special Service Force*
Ten - Tenente
TTPs - Técnicas, Táticas e Procedimentos
UDT - *Underwater Demolition Teams*
UNAVEM - *United Nations Verification Mission*
UNESPAR - Universidade Estadual do Paraná
UNIFIL - *United Nations Interim Force in Lebanon*
UNTAET - *United Nations Transitional Administration in East Timor*
URSS - União das Repúblicas Socialistas Soviéticas
USP - *Universelle Selbstladepistole*
USSOCOM - *United States Special Operations Command*
USSOUTHCOM - *United States Southern Command*
VANT - Veículo Aéreo Não Tripulado
VAR-Palmares - Vanguarda Armada Revolucionária Palmares
VPR - Vanguarda Popular Revolucionária
VUCA - *Volatility, Uncertainty, Complexity and Ambiguity*
WIC - *West-Indische Compagnie*
Xª MAS - *10ª Flottiglia Mezzi d'Assalto*
ZPH - Zona de Pouso de Helicópteros

REFERÊNCIAS

ABBOTT, Peter. *Armies in East Africa 1914-18*. Men-at-Arms 379, Oxford: Osprey Publishing, 2002.

ALMEIDA, Vitor Hugo de Araújo. Depoimento [Jul. 2020]. Entrevistador: Fernando de Galvão e Albuquerque Montenegro. Rio de Janeiro, 2020. 1 arquivo em áudio .mp3 (38 min.). Entrevista concedida visando a elaboração de levantamento histórico realizado pelo entrevistador sobre a guerra irregular e as Operações Especiais do Exército no Brasil.

ALMEIDA, Vitor Hugo de Araújo. *Plácido de Castro e Rio Branco:* a guerra irregular e a diplomacia na definição da fronteira norte do Brasil. Palhoça, 2010. 45 f. Monografia (Especialização em História Militar) Universidade do Sul de Santa Catarina, UNISUL, Palhoça, 2010.

ANGONESE, Ivan Carlos Gindri. Depoimento [dez. 2020]. Entrevistador: Fernando de Galvão e Albuquerque Montenegro. Rio de Janeiro, 2020. 1 arquivo em áudio .mp3 (48 min.). Entrevista concedida visando a elaboração de levantamento histórico realizado pelo entrevistador sobre a guerra irregular e as Operações Especiais do Exército no Brasil.

ARARIPE, Tristão de Alencar. *Expedição militar contra Canudos:* seu aspecto marcial. 2. ed., Rio de Janeiro: Biblioteca do Exército, 1985.

ARAÚJO, Dilton Oliveira de. Arreda que eu quero entrar: clientes, bandidos, militares e rebeldes na Bahia do século XIX. *In: O tutu da Bahia:* transição conservadora e formação da nação, 1838-1850. Salvador: EDUFBA, Editora da Universidade Federal da Bahia, p. 295-343, 2009.

ASSUNÇÃO, Matthias Rohrig. História do balaio: historiografia, memória oral e as origens da Balaiada. *Revista da Associação Brasileira de História Oral.* São Paulo, v. 1, n. 1, p. 67-89, 1998.

BAHIA. Secretaria de Cultura. Fundação Pedro Calmon. *Dois de Julho:* a Bahia na independência nacional. Salvador: EGBA, Empresa Gráfica da Bahia, 2011.

BANDEIRA, Luiz Alberto Moniz. *O feudo:* a casa da torre de Garcia D'Ávila – da conquista dos sertões à independência do Brasil. Rio de Janeiro: Civilização Brasileira, 2000.

BARBOSA, Felipe Pereira. Os Dragões do Rio Grande. *O Adjunto*, Revista da Escola de Aperfeiçoamento de Sargentos das Armas, Cruz Alta, v. 2, n. 1, p. 7-13, 2014.

BARROS, Glimedes Rego. *Nos confins do extremo Oeste.* v. 1, Rio de Janeiro: Biblioteca do Exército, 1993.

BENTO, Cláudio Moreira. *A Guerra da Restauração do Rio Grande do Sul (1774-1776).* Rio de Janeiro: Biblioteca do Exército, 1996.

BONNET, Gabriel. *Guerras insurrecionais e revolucionárias:* da antiguidade aos nossos dias. Rio de Janeiro: Biblioteca do Exército, 1963.

BRANCOLI, Fernando Luz. Síria e narrativas de guerra por procuração: o caso dos curdos como elemento de complexidade. *Revista da Escola de Guerra Naval*, Rio de Janeiro, v. 23, n. 3, p. 589-617, set./dez. 2017.

BRANCOLI, Fernando Luz. A guerra à gaúcha. *In.* FLORES, Hilda Agnes Hübner (org.) *Regionalismo sul-riograndense.* Porto Alegre: Nova Dimensão, p. 127-134, 1996.

BRANDS, Hal. Third-Generation Gangs and Criminal Insurgency in Latin America. *Small Wars Journal*, 2009. Disponível em: https://smallwarsjournal. com/blog/journal/docs-temp/269-brands.pdf. Acesso em: 4 set. 2020.

BRASIL. Exército. *Relatório do 57/1, Primeiro Curso de Operações Especiais.* Rio de Janeiro: NuDAet, Núcleo da Divisão Aeroterrestre, 1958.

BRASIL. Exército. Estado-Maior. *História do Exército Brasileiro:* perfil militar de um povo. Biblioteca do Sesquicentenário. v. 7, Brasília, DF, 1972

BRASIL. Estado-Maior do Exército. *Portaria nº 40, de 10 de Julho de 1979.* Considera como possuidores do Curso de Ações de Comandos os militares que terminaram com aproveitamento a 1ª fase do Curso de Forças Especiais ministrado em 1977 pela Brigada de Paraquedista. Brasília, DF, 10 jul. 1979.

BRASIL. Manual de Campanha: operações psicológicas. *C 45-4.* 3.ed. Brasília, DF, 1999.

BRASIL. Marinha. Diretoria de Ensino da Marinha. *Introdução à história marítima brasileira*. Rio de Janeiro: Serviço de Documentação da Marinha, 2006.

BRASIL. *Caderno Didático do Curso de Extensão em Equipamentos Não Letais I.* Departamento de Polícia Federal, Brasília, DF, 2009.

BRASIL. *Projeto de Lei do Senado n°565, de 2009.* Inscreve os nomes de Francisco Barreto de Menezes, João Fernandes Vieira, André Vidal de Negreiros, Henrique Dias, Felipe Camarão e Antônio Dias Cardoso, no Livro dos Heróis da Pátria. Disponível em: http://webcache.googleusercontent.com/search?q=cache:f186kCJbHNYJ:legis.senado.leg.br/sdleg-getter/documento%-3Fdm%3D3853011+&cd=1&hl=pt-BR&ct=clnk&gl=br. Acesso em: 27 set. 2019.

BRASIL. Ministério da Justiça. *Portaria Interministerial n° 4.226, de 31 de dezembro de 2010.* Estabelece diretrizes sobre o uso de força pelos agentes de Segurança Pública. Disponível em: www.conjur.com.br/dl/integra-portaria-ministerial.pdf. Acesso em: 23 set. 2020.

BRASIL. *Política Nacional de Defesa/Estratégia Nacional de Defesa*. Brasília, DF, 2012.

BRASIL. Câmara dos Deputados. *Dois de Julho:* a independência do Brasil na Bahia. Série histórias não contadas, n. 2, Brasília: Secretaria de Comunicação Social, 2015a.

BRASIL. Ministério da Defesa. Glossário das Forças Armadas. *MD35-G-01.* 5. ed. Brasília, DF, 2015b.

BRASIL. Senado Federal. *Constituição da República Federativa do Brasil*. Brasília: texto constitucional promulgado em 5 de outubro de 1988, com as alterações determinadas pelas Emendas Constitucionais de Revisão nos 1 a 6/94, pelas Emendas Constitucionais nos 1/92 a 91/2016 e pelo Decreto Legislativo no 186/2008. Brasília: Senado Federal, Coordenação de Edições Técnicas, 2016.

BRASIL. Manual de Campanha: operações. *EB70-MC-10.223.* 5. ed. Brasília, DF, 2017a.

BRASIL. Comando de Operações Terrestres. Manual de Campanha: operações especiais. *EB70-MC-10.212.* 5. ed. Brasília, DF, 2017b.

BRASIL. Manual de Campanha: planejamento e coordenação de fogos. *EB70-MC-10.346. 3.* Ed. Brasília, DF, 2017c.

BRASIL PARALELO. *1964:* o Brasil entre armas e livros. abr. 2019. Disponível em: www.youtube.com/watch?v=yTenWQHRPIg. Acesso em: 12 mai. 2020.

BRITTO JÚNIOR, Álvaro Francisco de; FERES JÚNIOR, Nazir. A utilização da técnica de entrevista em trabalhos científicos. *Evidência*. Araxá, v. 7, n. 7, p. 237-250, 2011.

CÁCERES, Florival. *História geral*. São Paulo: Editora Moderna, 1988.

CÁCERES, Florival. *História do Brasil*. São Paulo: Editora Moderna, 1993.

CALDAS, Mário Gustavo Freire da Silva. Depoimento [Jul. 2020]. Entrevistador: Fernando de Galvão e Albuquerque Montenegro. Rio de Janeiro, 2020. 2 arquivos em áudio .mp3 (85 min.). Entrevista concedida visando a elaboração de levantamento histórico realizado pelo entrevistador sobre a guerra irregular e as Operações Especiais do Exército no Brasil.

CARDOSO NETO, Lauro Pinto. [Ago. 2020]. Entrevistador: Fernando de Galvão e Albuquerque Montenegro. Rio de Janeiro, 2020. 5 folhas de papel A4 contendo respostas a perguntas de um questionário. Entrevista concedida visando a elaboração de levantamento histórico realizado pelo entrevistador sobre a guerra irregular e as Operações Especiais do Exército no Brasil.

CARVALHO, Iran. Depoimento [ago. 2011]. Entrevistador: Fernando de Galvão e Albuquerque Montenegro. Rio de Janeiro, 2011. 1 arquivo em vídeo .mp4 (90 min.). Entrevista concedida visando a elaboração de levantamento histórico realizado pelo entrevistador sobre a guerra irregular e as Operações Especiais do Exército no Brasil.

CASALI, Cláudio Tavares. *Araguaia*: a guerrilha dia a dia. Rio de Janeiro: [s.n.], 2020.

CASTRO, Genesco de. *O Estado independente do Acre e J. Plácido de Castro*: excertos históricos. Edições do Senado Federal, v. 56, Brasília: Senado Federal, Conselho Editorial, 2005.

CASTRO, Ernesto. Depoimento [Dez. 2020]. Entrevistador: Fernando de Galvão e Albuquerque Montenegro. Rio de Janeiro, 2020. 1 arquivo em áudio .mp3 (53 min.). Entrevista concedida visando a elaboração de levantamento histórico realizado pelo entrevistador sobre a guerra irregular e as Operações Especiais do Exército no Brasil.

CHERQUES, Sérgio. *Dicionário do mar*. São Paulo: Globo, 1999.

CLAUSEWITZ, Carl Von. *Da guerra*. Rio de Janeiro: Escola de Guerra Naval – EGN, 2014.

COIN, Cristina. *A Guerra de Canudos*. São Paulo: Scipione, 1994.

COSTA, Maria de Fátima. Los guaicuru y la Guerra de la Triple Alianza. *In:* RICHARD, Nicolás (Comp.). *Mala guerra:* los indígenas en la Guerra del Chaco

(1932-1935). Asunción: Museo del Barro, ServiLibro. Paris: CoLibris, 2008. p. 355- 368. Disponível em: https://observatoriopantanal.org/wp-content/uploads/crm_perks_uploads/5cb0f734750a11456042675850236/2019/08/2008_Mala_Guerra_Los_indigenas_en_la_Guerra_del_Chaco_1932_1935.pdf. Acesso em: 8 dez. 2019.

COSTA, Júlio César Franco da; MAIA, Carlos Eduardo G. da Silva. Uso da força e regras de comportamento/Engajamento nas operações de paz (parte I). *Flash Doutrinário*, n. 10, Centro de Instrução Almirante Sylvio de Camargo, CIASC, 2012.

COSTA, Antônio Luiz M. C. *Títulos de nobreza e hierarquias:* um guia sobre as graduações sociais na história. São Paulo: Draco, 2014.

COSTA, Otílio Bergolli da. Depoimento [abr. 2019]. Entrevistador: Fernando de Galvão e Albuquerque Montenegro. Rio de Janeiro, 2019. 2 arquivos em áudio .mp3 (55 min.). Entrevista concedida visando a elaboração de levantamento histórico realizado pelo entrevistador sobre a guerra irregular e as Operações Especiais do Exército no Brasil.

COUTAU-BÉGARIE, Hervé. *Tratado de estratégia.* Rio de Janeiro: Escola de Guerra Naval, EGN, 2010.

COWLES, Virginia. *O major fantasma.* São Paulo: Flamboyant, 1964.

CRUZ, Becky Kohler da; CRUZ, José de Arimatéia da. Brazil's Transnational Organized Crime (TOC) and its National Security Implications. *Small Wars Journal*, 2013. Disponível em: https://smallwarsjournal.com/jrnl/art/brazils-transnational-organized-crime-toc-and-its-national-security-implications. Acesso em: 2 de setembro de 2020.

CUNHA, Euclides da. *Os sertões.* São Paulo: Editora Três, 1984.

CUNHA, Eliel Silveira (Org.) *Brasil 500 anos.* São Paulo: Abril, 1999.

CUNHA, Rafael Soares Pinheiro da; MIGON, Eduardo Xavier Ferreira Glaser. As Ciências Militares e a configuração dos estudos de defesa como área do conhecimento científico. *Coleção Meira Mattos*, Rio de Janeiro, v. 13, n. 46, p. 9-28, jan./abr. 2019.

CURREY, Cecil B. *Vitória a qualquer custo.* Rio de Janeiro: Biblioteca do Exército, 2002.

DARÓZ, Carlos Roberto Carvalho. *A Guerra do açúcar:* as invasões holandesas no Brasil. Recife: UFPE, Editora da Universidade Federal de Pernambuco, 2014.

DARÓZ, Carlos Roberto Carvalho. O 7º Corpo de Voluntários da Pátria: de São Paulo ao Paraguai. *A Defesa Nacional*, [S.l.], v. 105, n. 834, p. 72-83, out. 2017.

DENÉCÉ, Éric. *A história secreta das Forças Especiais*. São Paulo: Larousse, 2009.

DIAS, Leonardo Guimarães Vaz. A Guerra dos Bárbaros: manifestações das forças colonizadoras e da resistência nativa na América portuguesa. *Revista Eletrônica de História do Brasil*. Juiz de Fora, UFJF, v. 5, n. 1, jan./jun. 2001, p. 11-13.

DIAS, Leciane Moreira. Haiti: caracterização da área e seus aspectos políticos, econômicos e psicossociais. *Verde-Oliva*, Brasília, DF, ano XLV, n. 241, p. 16-19, mai. 2018.

DIÉGUES, Fernando Manoel Fontes. Atuação das Forças Armadas no século XXI. *Revista da Escola de Guerra Naval*. Rio de Janeiro, v. 17, n. 1, jan./jun. 2011, p. 77-91.

DORATIOTO, Francisco Fernando Monteoliva. *Maldita guerra:* nova história da Guerra do Paraguai. 2. ed., São Paulo: Companhia das Letras, 2007.

DUNNIGAN, James F. *Ações de Comandos:* operações especiais, comandos e o futuro da arte da guerra norte-americana. Rio de Janeiro: Biblioteca do Exército, 2008.

DURÃO, René Pierre Caputo. *Uma proposta organizacional do Comando Conjunto de Operações Especiais nas operações de prevenção e combate ao terrorismo*. Rio de Janeiro, 2015. 45 f. Monografia (Especialização em Estudos Internacionais Estratégicos) Escola de Comando e Estado-Maior do Exército, ECEME, Rio de Janeiro, 2015.

EHRENREICH, Barbara. *Ritos de sangue:* um estudo sobre as origens da guerra. Rio de Janeiro: Record, 2000.

ESSELIN, Paulo Marcos; VARGAS; Vera Lúcia Ferreira. A participação dos indígenas da banda meridional da Capitania de Mato Grosso na Guerra do Paraguai. *História: Debates e Tendências*, v. 15, n. 2, p. 367-382, jul./dez. 2015.

FARIAS, Rômulo Teixeira. O centro de instrução de guerra na selva. *Verde-Oliva*, ano XLII, n. 225, p. 8-13, out. 2014.

FAUSTO, Boris. *História concisa do Brasil*. 3. ed., São Paulo: EDUSP, Editora da Universidade de São Paulo, 2015.

FAUSTO, Boris. *História do Brasil*. 10. ed. São Paulo: EDUSP, Editora da Universidade de São Paulo, 2002.

FERRARI, Ana Cláudia (Org.) *Guerra:* 5 mil anos de confrontos. Coleção História Viva. São Paulo: Duetto Editorial, 2011.

FERREIRA, Andreza de Oliveira Guimarães. *O emprego das Forças Armadas na Segurança Pública:* combate ao crime organizado no Rio de Janeiro. João Pessoa,

2018. 73 f. Monografia (Graduação em Relações Internacionais) Universidade Federal da Paraíba, UFPB, João Pessoa, 2018.

FERRO, Francisco (Org.) Sempre pronta: a brigada hoje. *Tecnologia & Defesa*, ano 32, Suplemento Especial 28, p. 26-39, 2015.

FOLEY, Charles. *Skorzeny:* o comando extraordinário. Rio de Janeiro: Nova Fronteira, [198-?].

FRANCO, Nedy Bianca Medeiros de Albuquerque. A anexação do Acre ao Brasil dentro do contexto das relações internacionais que conduziram a construção das fronteiras brasileiras (1580-1909). *Jamaxi*, v. 1, n. 1, p. 124-136, UFAC, Universidade Federal do Acre, 2017.

FRIEDE, Reis; COMBAT, Flávio. *Das novas guerras:* fenomenologia dos conflitos armados. Rio de Janeiro: Biblioteca do Exército, 2019.

FURQUIM, Carlos Eduardo. Depoimento [ago. 2020]. Entrevistador: Fernando de Galvão e Albuquerque Montenegro. Rio de Janeiro, 2020. 1 arquivo em áudio .mp3 (23 min.). Entrevista concedida visando a elaboração de levantamento histórico realizado pelo entrevistador sobre a guerra irregular e as Operações Especiais do Exército no Brasil.

GARCIA, Leandro. *Estratégias de acção:* a guerra clássica, a guerra limitada, a guerra subversiva. *Nação e Defesa*, ano XX, n. 73, p. 26-75, 1995.

GERASIMOV, Valery. A guerra contemporânea e os problemas atuais para a defesa do país. *Military Review*, p. 42-47, terceiro trimestre, 2018.

GERRTZ, Clifford. *A interpretação das culturas.* Rio de Janeiro: LTC, 1989.

GOMES, Laurentino. *1822.* Rio de Janeiro: Nova Fronteira, 2010.

GONÇALVES, Domingos Ferreira. *Memória histórica da brigada de infantaria pára-quedista.* Rio de Janeiro: Lidador, 2007.

GOULART, Fernando Rodrigues. *Ação sob fogo:* fundamentos da motivação para o combate. Rio de Janeiro: Biblioteca do Exército, 2012.

GRAY, Colin S. *Estratégia moderna.* Rio de Janeiro: Biblioteca do Exército, 2016.

GUERRA, Flávio. *História de Pernambuco.* v.1. Rio de Janeiro: Record, 1966.

HALE, John R. *Idade das explorações.* Rio de Janeiro: José Olympio Editora, 1970.

HAMANN, Eduarda Passarelli; TEIXEIRA, Carlos Augusto Ramires. (Orgs.). *A participação do Brasil na MINUSTAH (2004-2017):* percepções, lições e práticas relevantes para futuras missões. Rio de Janeiro: Instituto Igarapé, Centro Conjunto de Operações de Paz do Brasil, CCOPAB, 2017.

HANEY, Eric L. *Força Delta:* por dentro da tropa antiterrorista americana. São Paulo: Landscape, 2003.

HASKEW, Michael E. *Snipers nas guerras:* da Guerra de Independência dos Estados Unidos às guerras atuais. São Paulo: M.Books, 2016.

HOLANDA, Sérgio Buarque de (Org.) *História geral da civilização brasileira – A época colonial:* do descobrimento à expansão territorial. 15 ed., t. 1, v. 1, Rio de Janeiro: Bertrand Brasil, 2007.

IAMASHITA, Léa Maria Carrer. *Modernização e rebeldia:* a dinâmica da política regional e a Revolta da Balaiada no Maranhão (1831-1841). Brasília, 2010. 317 f. Tese (Doutorado em História Social) Universidade de Brasília, UnB, Brasília, 2010.

INSTITUTO IGARAPÉ. *Drugs gangs take back control of slums in financially crippled post-Olympic Rio.* CBC News, 24 fev. 2017. Disponível em: https://igarape.org.br/drug-gangs-take-back-control-of-slums-in-financially-crippled--post-olympic-rio. Acesso em 17 set. 2020.

INSTITUTO IGARAPÉ. *Militares tinham mais liberdade para usar força no Haiti do que têm no Rio.* 2 de abr. 2018. Disponível em: https://igarape.org.br/militares-tinham-mais-liberdade-para-usar-a-forca-no-haiti-do-que-tem-no-rio. Acesso em: 4 set. 2020.

JOFFILY, Bernardo. *Atlas histórico isto é Brasil:* Colônia, Império, República. São Paulo: Editora Três, 1998.

JORDAN, David; WIEST, Andrew. Atlas: Segunda Guerra Mundial. *Alemanha versus Inglaterra.* v. 1, São Paulo: Livros Escala, 2008.

KEEGAN, John. *A face da batalha.* Rio de Janeiro: Biblioteca do Exército, 2000.

KEEGAN, John. *Uma história da guerra.* São Paulo: Companhia das Letras, 2006.

KORYBKO, Andrew. *Guerras híbridas:* das revoluções coloridas aos golpes. São Paulo: Expressão Popular, 2018.

LACERDA, Ricardo *et al.* Facções: um raio x dos grupos que transformam o crime em uma indústria no Brasil. *Dossiê Superinteressante,* São Paulo: Abril, 2017.

LANNING, Michael Lee. *Chefes, líderes e pensadores militares.* Rio de Janeiro: Biblioteca do Exército, 1999.

LAWRENCE, Thomas Edward. *Os sete pilares da sabedoria*. 7. ed., Rio de Janeiro: Record, 2011.

LEAL, Paulo César. *A guerra híbrida:* reflexos para o sistema de defesa do Brasil. Doutrina Militar Terrestre em Revista, v. 4, n. 9, p. 6-17, jan./jun. 2016.

LEITE, Douglas Guimarães. *Sabinos e diversos:* emergências políticas e projetos de poder na revolta baiana de 1837. Salvador, 2006. 149 f. Dissertação (Mestrado em História Social) Universidade Federal da Bahia, UFBA, Salvador, 2006.

LIDDELL HART, Basil Henry. *As grandes guerras da história*. 3.ed., São Paulo: Ibrasa, 1982.

LIMA, Carlos Eduardo Tavares de. *O combate colombiano à narcoguerrilha e o relacionamento bilateral com o Brasil no período, com ênfase para a expressão militar.* Rio de Janeiro, 2017. 39 f. Monografia (Especialização em Ciências Militares) Escola de Comando e Estado-Maior do Exército, ECEME, Rio de Janeiro, 2017.

LIND, William S. *et al.* The changing Face of war: into the fourth generation. *Military Review*, Fort Leavenworth KS, p. 2-11, Oct. 1989.

LISBOA, Rodney. Emprego estratégico de FOpEsp. *Segurança & Defesa*, n. 123, p. 10-18, 2016.

LISBOA, Rodney. Comando Conjunto de Operações Especiais: uma tendência para o Brasil? *Segurança & Defesa*, n. 126, p. 54-57, 2017.

LISBOA, Rodney. *Guardiões de Netuno:* origem e evolução do Grupamento de Mergulhadores de Combate da Marinha do Brasil. Itajubá: Diagrarte, 2018a.

LISBOA, Rodney. Considerações sobre o engajamento de alta performance de FOpEsp. *Segurança & Defesa*, n. 129, p. 16-20, 2018b.

LISBOA, Rodney. SIEsp: capacitando os cadetes da AMAN em ambientes complexos. *Segurança & Defesa*, n. 132, p. 18-22, 2018c.

LISBOA, Rodney. Emprego de FOpEsp no âmbito dos engajamentos de precisão. *Segurança & Defesa*, n. 130, p. 42-46, 2018d.

LISBOA, Rodney. *História das Operações Especiais*. Resende: Academia Militar das Agulhas Negras, 2019. 1 arquivo em PDF. Aula ministrada para os cadetes do 4º ano como parte do programa da disciplina eletiva "Lideranças nas Operações Especiais", jul. 2019.

LISBOA, Rodney; OLIVEIRA, Sérgio Alexandre de. Força 3: OpEsp do EB na Amazônia. *Segurança & Defesa*, n. 128, p. 34-38, 2017.

LORCH, Carlos. *Guerreiros da selva:* defendendo a Amazônia. Rio de Janeiro: Action Editora, 1992.

LOUREIRO, Antônio Carlos Lobo. *Biografia do gen Pqdt Roberto de Pessôa.* Rio de Janeiro: Teatral, 2003.

LUVAAS, Jay. A natureza da história militar: o ponto de vista de um historiador clássico. *In:* WEIGLEY, Russell Frank. (Org.) *Novas dimensões da história militar.* v. 1, Rio de Janeiro: Biblioteca do Exército, 1981, p. 37-55.

MACEDO, Geraldo Farias. [Set. 2020]. Entrevistador: Rodney Alfredo Pinto Lisboa. Rio de Janeiro, 2020. 4 folhas de papel A4 contendo respostas a perguntas de um questionário. Entrevista concedida visando a elaboração de levantamento histórico realizado pelo entrevistador sobre a guerra irregular e as Operações Especiais do Exército no Brasil.

MACIEL, Lício Augusto Ribeiro. *Guerrilha do Araguaia:* relato de um combatente. Rio de Janeiro: Corifeu, 2008.

MALFACINI, Dalton. Depoimento [mar. 2020]. Entrevistador: Fernando de Galvão e Albuquerque Montenegro. Rio de Janeiro, 2020. 1 arquivo em vídeo .mp4 (150 min.). Entrevista concedida visando a elaboração de levantamento histórico realizado pelo entrevistador sobre a guerra irregular e as Operações Especiais do Exército no Brasil.

MARIZ, Vasco; PROVENÇAL, Lucien. *Villegagnon e a França Antártica:* uma reavaliação. Rio de Janeiro: Biblioteca do Exército, 2001.

MARQUES, Adriana Vargas. Um exército invisível: a participação dos indígenas na guerra contra o Paraguai. *Revista Urutágua,* n. 10, ago./set./out./dez. 2004. Disponível em: www.urutagua.uem.br/010/10marques.htm. Acesso em: 08 dez. 2019.

MATEUS, Yuri Givago Alhadef Sampaio. *A Guerra da Balaiada.* São Luís: Universidade Estadual do Maranhão, 2018.

MATOS, Júlia Silveira; SENNA, Adriana Kivanski de. *História oral como fonte:* problemas e métodos. *Historiæ,* v. 2, n. 1, p. 95-108, 2011.

MATOS, Sérgio Ricardo Reis; SOUZA, Marcelo Bastos de; PEREZINO, Paulo Eduardo de Mello. Os conflitos contemporâneos e a teoria de Sun Tzu: novas abordagens, antigos postulados. *Revista InterAção,* v. 9, n. 9, p. 12-43, jul./dez. 2015.

MAZZETTI, Mark. *Guerra secreta:* a CIA, um exército invisível e o combate nas sombras. Rio de Janeiro: Record, 2016.

McNEILLY, Mark. *Sun Tzu e a arte da guerra moderna*. 4. ed., Rio de Janeiro: Record, 2009.

McRAVEN, William Harry. *Spec Ops:* Case Studies in Special Operations Warfare Theory and Practice. Novato CA: Presidio Press, 1996.

MENDONÇA, Henrique de Oliveira. Guerras brasílicas do século XXI: soluções táticas nas pequenas frações. *Military Review*, Fort Leavenworth KS, p. 15-24, segundo trimestre de 2020.

MISSE, Michel. Crime organizado e crime comum no Rio de Janeiro: diferenças e afinidades. *Revista de Sociologia e Política*, Curitiba, v. 9, n. 40, p. 13-25, out. 2011, p. 17-19.

MIRANDA, André Luís Novaes. A pacificação de Bel Air. *In:* HAMANN, Eduarda Passarelli; TEIXEIRA, Carlos Augusto Ramires. (Orgs.). *A participação do Brasil na MINUSTAH (2004-2017):* percepções, lições e práticas relevantes para futuras missões. Rio de Janeiro: Instituto Igarapé, Centro Conjunto de Operações de Paz do Brasil, CCOPAB, 2017, p. 51-57.

MONTAGNON, Pierre. Premiers Faits d'Armes. *Paris Match*. Opérations Spéciales, Édition Spéciale, 2015.

MONTEIRO, Antônio Tavares. *O processo de anexação do Acre ao Brasil sob a ótica do direito dos tratados e do paradigma do realismo político das relações internacionais.* Florianópolis, 2008. 162 f. Dissertação (Mestrado, programa de pós-graduação em Direito) Universidade Federal de Santa Catarina, UFSC, Florianópolis, 2008.

MONTENEGRO, Fernando de Galvão e Albuquerque. *Aspectos jurídicos do emprego do Exército nas operações de garantia da lei e da ordem.* Rio de Janeiro, 2008. 107 f. Dissertação (Mestrado em Ciências Militares) Escola de Comando e Estado-Maior do Exército, ECEME, Rio de Janeiro, 2008.

MONTENEGRO, Fernando de Galvão e Albuquerque. Guerra irregular no século XVII: movimento de resistência dos quilombos palmarinos. *PACS (Programa de Atualização do Combatente de Selva)*, Manaus, ano 2, n. 2, p. 5-15, 2010.

MONTENEGRO, Fernando de Galvão e Albuquerque. Rules of Engagement for Favela Occupations Must be Reconsidered. *Diálogo Revista Militar Digital*. Mai. 2015. Disponível em: https://dialogo-americas.com/pt-br/articles/rules-of-engagement-for-favela-occupations-must-be-reconsidered. Acesso em: 3 set. 2020.

MONTENEGRO, Fernando de Galvão e Albuquerque. Operação Guahariba 1992, o batismo dos Comandos do Exército. *Tecnologia & Defesa*, ago. 2020a. Disponível em: https://tecnodefesa.com.br/

operacao-guahariba-1992-o-batismo-dos-comandos-do-exercito. Acesso em: 25 mar. 2021.

MONTENEGRO, Fernando de Galvão e Albuquerque. Como surgiu a canção dos Comandos Brasileiros. *Defesanet*, Brasília, jul. 2020b. Disponível em: www.defesanet.com.br/ecos/noticia/37399/Cel-Fernando-Montenegro---Como-Surgiu-a-Cancao-dos-Comandos-Brasileiros. Acesso em: 4 out. 2020.

MONTENEGRO, Fernando de Galvão e Albuquerque. Renato Vaz e a evolução dos times táticos do Brasil nos anos 1990. *Defesanet*, Brasília, jun. 2020c. Disponível em: www.defesanet.com.br/doutrina/noticia/37088/Cel-Fernando-Montenegro--RENATO-VAZ-e-a-Evolucao-dos-Times-Taticos-do-Brasil-nos-Anos-1990. Acesso em: 2 jul. 2020.

MONTENEGRO, Fernando de Galvão e Albuquerque. Faca na caveira! A história do símbolo da tropa de Comandos do Brasil. *Tecnologia & Defesa,* nov. 2020d. Disponível em: http://tecnodefesa.com.br/faca-na-caveira-a-historia-do-simbolo-da-tropa-de-comandos-do-brasil. Acesso em: 10 dez. 2020d.

MONTENEGRO, Fernando de Galvão e Albuquerque. Operação Traíra 30 anos: 1991/Operação Traíra aqui começa o Brasil. *Revista do Clube Militar*, ano XCV, n. 480, p. 24-27, Jan./Fev./Mar. 2021.

MORAES, João Luís Cardoso de. Depoimento [dez. 2020]. Entrevistador: Fernando de Galvão e Albuquerque Montenegro. Rio de Janeiro, 2020. 1 arquivos em áudio .mp3 (37 min.). Entrevista concedida visando a elaboração de levantamento histórico realizado pelo entrevistador sobre a guerra irregular e as Operações Especiais do Exército no Brasil.

MOTTA, Victor Pacheco. Depoimento [nov. 2020]. Entrevistador: Rodney Alfredo Pinto Lisboa. Belo Horizonte, 2020. 1 arquivo em áudio .mp3 (65 min.). Entrevista concedida visando a elaboração de levantamento histórico realizado pelo entrevistador sobre a guerra irregular e as Operações Especiais do Exército no Brasil.

MURRAY, Williamson; MANSOOR, Peter R. *Guerra híbrida:* a verdadeira face do combate no século XXI. Rio de Janeiro: Biblioteca do Exército, 2020.

NAKAYAMA, Eduardo. A Fortaleza de Humaitá: entre o mito e a realidade. *Navigator*, Rio de Janeiro, v. 14, n. 27, p. 11-18, 2018.

NERY, Durval Antunes Machado Pereira de Andrade. Operação Traíra – 30 anos: O emprego da Brigada de Aviação do Exército na Operação Traíra – 1991. *Revista do Clube Militar*, ano XCV, n. 480, p. 28-29, 2021

NETO, Castorino Batista Gomes *et al*. *Cinquentenário da Seção de Instrução Especial – SIEsp:* Academia Militar das Agulhas Negras. Resende: 2017.

NEWARK, Tim (Org.) *História ilustrada da guerra:* um estudo da evolução das armas e das táticas em conflitos, da Antiguidade à Guerra da Secessão dos Estados Unidos, no século XIX. São Paulo: Publifolha, 2011.

OLIVEIRA, Marcelo Araripe Souza. *Um "Rapport" com a nova geração de Operadores de Forças Especiais.* Niterói: Centro de Instrução de Operações Especiais, CIOpEsp, 2020. 1 arquivo em PDF. Aula inaugural ministrada para o Curso de Forças Especiais 2020, CFEsp 20/1, jun. 2020.

OLIVEIRA FILHO, Roberto Gurgel de. Federalismo norte-americano: marco inicial ou desenvolvimento de um pensamento? *Intertemas*, Presidente Prudente, v. 14, p. 185-198, nov. 2009.

OPERADOR A. (Militar do Exército Brasileiro cuja identidade não será revelada para resguardar o sigilo e a segurança). Depoimento [jul. 2014]. Entrevistador: Fernando de Galvão e Albuquerque Montenegro. Rio de Janeiro, 2014. 10 folhas de papel A4 contendo respostas a perguntas de um questionário. Entrevista concedida visando a elaboração de levantamento histórico realizado pelo entrevistador sobre a guerra irregular e as Operações Especiais do Exército no Brasil.

OPERADOR B. (Militar do Exército Brasileiro cuja identidade não será revelada para resguardar o sigilo e a segurança). Depoimento [ago. 2020]. Entrevistador: Rodney Alfredo Pinto Lisboa. Rio de Janeiro, 2020. 1 arquivo em áudio .mp3 (95 min.). Entrevista concedida visando a elaboração de levantamento histórico realizado pelo entrevistador sobre a guerra irregular e as Operações Especiais do Exército no Brasil.

OPERADOR C. (Militar do Exército Brasileiro cuja identidade não será revelada para resguardar o sigilo e a segurança). Depoimento [nov. 2020]. Entrevistador: Fernando de Galvão e Albuquerque Montenegro. Rio de Janeiro, 2020. 1 arquivo em áudio .mp3 (43 min.). Entrevista concedida visando a elaboração de levantamento histórico realizado pelo entrevistador sobre a guerra irregular e as Operações Especiais do Exército no Brasil.

ORGILL, Douglas. *Lawrence da Arábia*. História ilustrada do século de violência. n. 1, Rio de Janeiro: Renes, 1978.

PARKER, John. *SBS:* the inside story of the Special Boat Service. London: Headline Book Publishing, 1997.

PEIXINHO, Maria de Fátima Amaral Simões. *O curdistão no Iraque, ensaio de uma Nação:* contexto e desafio. Porto, 2010. 140 f. Dissertação (Mestrado em

Relações Internacionais com o Mundo Árabe e Islâmico) Universidade Fernando Pessoa, Porto, 2010.

PEREIRA, Augusto Heleno Ribeiro. Entrevista [Fev. 2018] Entrevista concedida ao programa GloboNews Painel exibido pelo canal de notícia GloboNews. Disponível em: www.youtube.com/watch?v=1UWVTsQZyZI. Acesso em: 10 set. 2020.

PEREIRA, Victor Almeida. As operações de paz ante ameaças assimétricas transnacionais. *Military Review*, Fort Leavenworth KS, p. 35-45, quarto trimestre, 2019.

PERES, Carlos Roberto (Org.) *Academia Militar:* dois séculos formando oficiais para o Exército (1811-2011). Resende: IPSIS Gráfica e Editora, 2011.

PERI, Enzo Martins. A missão brasileira no Haiti. *Verde-Oliva*, Brasília, DF, ano XLV, n. 241, p. 8-15, mai. 2018.

PESSOA, Eduardo Sandt. *As revoluções acreanas:* principais operações militares e fatos mais significativos. Rio de Janeiro, 1991. 64 f. Monografia (Curso de Comando e Estado-Maior do Exército, CCEM) Escola de Comando e Estado-Maior do Exército, ECEME, Rio de Janeiro, 1991.

PESSÔA, Roberto de. *Centro paraquedista de desportos Santos Dumont:* fundamentos para sua criação. Rio de Janeiro, 1960.

PIMENTEL, Marcus Vinicius Scussiato. Anos 70: o COSAC. *Operações Especiais: 50 anos (1957-2007),* 2007, p. 22-23.

PIMENTEL, Marcus Vinicius Scussiato. 1989: O Alfa-Ômega. *Operações Especiais: 50 anos (1957-2007),* 2007, p. 32-35.

PIMENTEL, Luiz Paulo Costa. Depoimento [abr. 2019]. Entrevistador: Fernando de Galvão e Albuquerque Montenegro. Rio de Janeiro, 2019. 1 arquivo em áudio .mp3 (95 min.). Entrevista concedida visando a elaboração de levantamento histórico realizado pelo entrevistador sobre a guerra irregular e as Operações Especiais do Exército no Brasil.

PIMENTEL, Paulo Roberto Rodrigues. Depoimento [mar. 2019]. Entrevistador: Fernando de Galvão e Albuquerque Montenegro. Rio de Janeiro, 2019. 5 folhas de papel A4 contendo respostas a perguntas de um questionário. Entrevista concedida visando a elaboração de levantamento histórico realizado pelo entrevistador sobre a guerra irregular e as Operações Especiais do Exército no Brasil.

PINHEIRO, Álvaro de Souza. Guerrillas in the Brazilian Amazon. *Military Review*, Fort Leavenworth KS, p. 38-55, Mar./Apr. 1996.

PINHEIRO, Álvaro de Souza. Apresentação. *In:* DUNNINGAN, James F. *Ações de Comandos:* Operações Especiais, Comandos e o futuro da arte da guerra norte-americana. Rio de Janeiro: BIBLIEX, 2008.

PINHO, Alessandro Paiva de. A guerra híbrida e os reflexos para o Exército Brasileiro. *PADECEME,* v. 8 n. 17, p. 71-83, 02/2016.

PONTES, Carlos José de Farias. O primeiro ciclo da borracha no Acre: da formação dos seringais ao grande colapso. *South American Journal of Basic Education, Technical and Technological.* v. 1, n. 1. Colégio de Aplicação da Universidade Federal do Acre, p. 107-123, UFAC, Universidade Federal do Acre, 2014.

PUNTONI, Pedro. *A Guerra dos Bárbaros:* povos indígenas e a colonização do sertão Nordeste do Brasil, 1650-1720. São Paulo: EDUSP, Editora da Universidade de São Paulo, 2002.

ROBINSON, Linda. The Future of U.S. Special Operations Forces. *Council Special Report,* n. 66, New York, NY, Apr. 2013.

RODRIGUES, Gustavo Assad de Praga; VALE, Vinícios Martins do. O 1º Batalhão de Operações Psicológicas e as Operações de Informação. *Revista do COPESP,* 2021.

ROSA, Carlos Mendes (Org.) *História do Brasil.* 2. ed. São Paulo: Publifolha, 1997.

ROTTMAN, Gordon. *US Army Rangers & LRRP Units 1942-87.* Elite 13, Oxford: Osprey Publishing, 1998.

ROTTMAN, Gordon L. *The US Army Special Forces 1952-84.* Elite 4, Oxford: Osprey Publishing, 1999.

ROSTY, Cláudio Skora. *As invasões holandesas (Insurreição Pernambucana) A Batalha do Monte das Tabocas:* o início do fim. Recife: EGGCF, Estabelecimento General Gustavo Cordeiro de Farias, Gráfica do Exército, 2002.

SANTOS, César Christian Ferreira dos; FERREIRA, Giselle Vasconcelos dos Santos. A participação dos terena e guaicurus na retirada de Laguna sob a perspectiva

literária da obra de Taunay. *Revista Philologus,* ano 23, n. 67 Supl.: **Anais** do IXI SINEFIL. Rio de Janeiro: CiFEFil, p. 290-300, jan./abr. 2017.

SANTOS JÚNIOR, Valdeci dos. *Os índios tapuias do Rio Grande do Norte:* antepassados esquecidos. Mossoró: UERN, Editora da Universidade do Estado do Rio Grande do Norte, 2008.

SCAHILL, Jeremy. *Guerras sujas:* o mundo é um campo de batalha. São Paulo: Companhia das Letras, 2014.

SCHWINGEL, Sérgio; MOTA, Rui Martins da (Org.) *As Operações Especiais do Exército Brasileiro*. Goiânia: EGGCF, Gráfica do Exército, 2016.

SENNA, José Feliciano Farias de. [Set. 2020]. Entrevistador: Rodney Alfredo Pinto Lisboa. Rio de Janeiro, 2020. 4 folhas de papel A4 contendo respostas a perguntas de um questionário. Entrevista concedida visando a elaboração de levantamento histórico realizado pelo entrevistador sobre a guerra irregular e as Operações Especiais do Exército no Brasil.

SILVA, Gilberto Antônio Azevedo e. Depoimento [jun. 2007]. Entrevistador: Fernando Marques Lopes. Rio de Janeiro, 2007. 1 arquivo em vídeo .mp4 (60 min.). Entrevista concedida visando a elaboração de levantamento histórico realizado por Domingos Ferreira Gonçalves sobre a Brigada de Infantaria Paraquedista do Exército Brasileiro.

SILVA, Francisco Carlos Teixeira da. Política de defesa e segurança do Brasil no século XXI: um esboço histórico. *In*: SILVA FILHO, Edison Benedito da; MORAES, Rodrigo Fracalossi de (Orgs.). *Defesa Nacional para o Século XXI*: política internacional, estratégia e tecnologia militar. Rio de Janeiro: Ipea, 2012, p. 49-82.

SILVA, Ronaldo Lucas da. A sabinada e a República Bahiana (1837-1838): traços de uma guerra irregular no Brasil Regencial. *Revista Brasileira de História Militar*, ano 4, n. 10, p. 67-79, abr. 2013.

SILVA, Caíque Tomaz Leite da; PICININ, Guilherme Lélis. Paz de Vestfália & soberania absoluta. *Revista do Direito Público*, Londrina, v. 10, n. 1, p. 127-150, jan./abr. 2015.

SILVA, André Luiz Pereira da. Depoimento [Jun. 2020]. Entrevistador: Fernando de Galvão e Albuquerque Montenegro. Rio de Janeiro, 2020. 2 arquivos em áudio .mp3 (35 min.). Entrevista concedida visando a elaboração de levantamento histórico realizado pelo entrevistador sobre a guerra irregular e as Operações Especiais do Exército no Brasil.

SILVA, Maurízzio Manoel Procópio da. [Set. 2020]. Entrevistador: Fernando de Galvão e Albuquerque Montenegro. Rio de Janeiro, 2020. 3 folhas de papel A4 contendo respostas a perguntas de um questionário. Entrevista concedida visando a elaboração de levantamento histórico realizado pelo entrevistador sobre a guerra irregular e as Operações Especiais do Exército no Brasil.

SILVEIRA, Rui Monarca da. [Nov. 2020]. Entrevistador: Fernando de Galvão e Albuquerque Montenegro. Rio de Janeiro, 2020. 2 arquivos em áudio .mp3 (105 min.). Entrevista concedida visando a elaboração de levantamento histórico realizado pelo entrevistador sobre a guerra irregular e as Operações Especiais do Exército no Brasil.

SIMÕES, Cláudio Alvarez. *A aplicabilidade da doutrina de guerrilha maoísta nos conflitos da atualidade*. Rio de Janeiro, 2009. 22 f. Monografia (Curso de Estado-Maior para Oficiais Superiores, CEMOS) Escola de Guerra Naval, EGN, Rio de Janeiro, 2009.

SOUTHWORTH, Samuel A.; TANNER, Stephen. *U.S. Special Forces:* a guide to America's special operations units. Cambridge MA: Da Capo Press, 2002.

SOUTO MAIOR, Armando. *História geral.* São Paulo: Editora Nacional, 1976.

SOUZA, Marília Carolina Barbosa de. O conceito de áreas não governadas ou Black-Spots e os desafios políticos e teóricos para a agenda de segurança do pós-Guerra Fria. *Ensaios do IEEI*, Instituto de Estudos Econômicos e Internacionais, n. 14, UNESP, Universidade Estadual Paulista, 2012.

SOUZA, Arthur Sartori Português de. O Destacamento de Operações de Paz (DOPaz) no Haiti. *Doutrina Militar Terrestre em Revista*, v. 5, n. 12, edição temática: Brasil no Haiti, um caso de sucesso (2004-2017), out./dez. 2017, p. 68-77.

STOCHERO, Tahiane. *DOPaz*: como a tropa de elite do Exército Brasileiro pacificou a favela mais violenta do Haiti. Rio de Janeiro: Objetiva.

STUDART, Hugo. *A lei da selva:* estratégias, imaginário e discurso dos militares sobre a guerrilha do Araguaia. São Paulo: Geração Editorial, 2006.

SWINSON, Arthur. *Comandos do deserto*. História ilustrada da 2ª Guerra Mundial. Tropas 7. Rio de Janeiro: Renes, 1975.

TAVARES, Heloisa Feres de Faria (Org.) *Guerra na paz.* Rio de Janeiro: Rio Gráfica, 1984.

TAVARES, Paulo Filgueiras. *Operações Especiais 50 anos (1958-2008):* Você se lembra? Rio de Janeiro: 2008.

TAVARES, Paulo Filgueiras. Depoimento [mar. 2019]. Entrevistador: Rodney Alfredo Pinto Lisboa. Rio de Janeiro, 2019. 1 arquivo em áudio .mp3 (83 min.). Entrevista concedida visando a elaboração de levantamento histórico realizado pelo entrevistador sobre a guerra irregular e as Operações Especiais do Exército no Brasil.

TEIXEIRA, Márcio Leite. Por que revolução nos assuntos militares? *Revista da Escola de Guerra Naval*, Rio de Janeiro, n. 14, 2009, p. 51-81.

TORRES, Luiz Henrique. O poente e o nascente do projeto luso-brasileiro (1763-1777). *Biblos*, Rio Grande, v. 22, n. 2, 2008, p. 19-25.

TZU, Sun. *A arte da guerra:* os treze capítulos originais. São Paulo: Jardim dos Livros, 2007.

UNITED NATIONS. *Charter of United Nations.* San Francisco CA, 1945. Disponível em: https://treaties.un.org/doc/publication/ctc/uncharter.pdf. Acesso em: 16 Jul. 2020.

UNITED NATIONS, Security Council. *Resolution 1566.* Threats to international peace and security caused by terrorist acts. 2004. Disponível em: http://unscr. com/en/resolutions/doc/1566. Acesso em: 13 mai. 2020.

VASCONCELOS, Paloma. *O terror e o islamismo.* São Paulo: Discovery Publicações, 2019.

VASCONCELLOS, Carlos Antônio Raposo de. *A sociedade brasileira e a Defesa Nacional:* uma aproximação após a criação do Ministério da Defesa. Escola Superior de Guerra, ESG (Laboratório de Estudos de Sociedade e Defesa, LABSDEF). Disponível em: www.esg.br/estudos-estrategicos/labsdef/sociedadebrasileira. pdf. Acesso em: 29 mai. 2020.

VAZ, Thaumaturgo Sotero. Depoimento [abr. 2012]. Entrevistador: Edmar César Alves. Rio de Janeiro, 2012. 9 folhas de papel A4 contendo respostas a perguntas de um questionário. Entrevista concedida visando levantamento referente às Operações Especiais do Exército Brasileiro organizado por Sérgio Schwingel e Rui Martins da Mota.

VAZ, Carlos José Machado. Depoimento [Jul. 2020]. Entrevistador: Fernando de Galvão e Albuquerque Montenegro. Rio de Janeiro, 2020b. 5 folhas de papel A4 contendo respostas a perguntas de um questionário. Entrevista concedida visando a elaboração de levantamento histórico realizado pelo entrevistador sobre a guerra irregular e as Operações Especiais do Exército no Brasil.

VAZ, Evandro Augusto Pamplona. Depoimento [Dez. 2020]. Entrevistador: Fernando de Galvão e Albuquerque Montenegro. Rio de Janeiro, 2020a. 1 arquivo em áudio .mp3 (87 min.). Entrevista concedida visando a elaboração de levantamento histórico realizado pelo entrevistador sobre a guerra irregular e as Operações Especiais do Exército no Brasil.

VEAZEY, Simon. *De vuelta a las sombras:* el futuro papel de las Operaciones Especiales. *La Gran Época,* 27 de Mayo de 2020. Disponível em: https:// es.theepochtimes.com/de-vuelta-a-las-sombras-el-futuro-papel-de-las-opera-ciones-especiales_670593.html. Acesso em: 22 Set. 2020.

VEJA. *Êles caíram nas mãos do inimigo.* São Paulo: Abril, p. 22-24, 13 Out. 1969.

VIEIRA, Marco Aurélio Costa. O nascimento da Brigada de Operações Especiais. *Operações Especiais: 50 Anos (1957-2007)*, 2007, p. 40-45.

VISACRO, Alessandro. *Guerra irregular:* terrorismo, guerrilha e movimentos de resistência ao longo da história. São Paulo: Contexto, 2009.

VISACRO, Alessandro. *Lawrence da Arábia*. São Paulo: Contexto, 2010.

VISACRO, Alessandro. *A guerra na era da informação*. São Paulo: Contexto, 2018a.

VISACRO, Alessandro. Brasil: Comando Conjunto de Prevenção e Combate ao Terrorismo na segurança dos Jogos Olímpicos e Paralímpicos Rio 2016. *Military Review*, Fort Leavenworth KS, p. 11-21, primeiro trimestre 2018b.

VISACRO, Alessandro. Fazendo as Coisas Certas: segurança e defesa do Estado moderno. *Cadernos de Estudos Estratégicos*, Rio de Janeiro, n. 1, pp. 49-80, Mar. 2019.

VISACRO, Alessandro. O modelo brasileiro de defesa nacional em face dos atuais desafios estratégicos. *Análise Estratégica*, v. 16, n. 2, p. 49-65, mar./mai. 2020.

WIEST, Andrew; McNAB, Chris. *A história da Guerra do Vietnã*. São Paulo: M.Books, 2016.

WOLOSZYN, André Luís. *Terrorismo global*. Rio de Janeiro: Biblioteca do Exército, 2010.

YOUNG, Peter. *A Segunda Guerra Mundial*. São Paulo: Círculo do Livro, 1980.

ANEXOS

ANEXO A | MAPA RETRATANDO A CAMPANHA DO ARAGUAIA

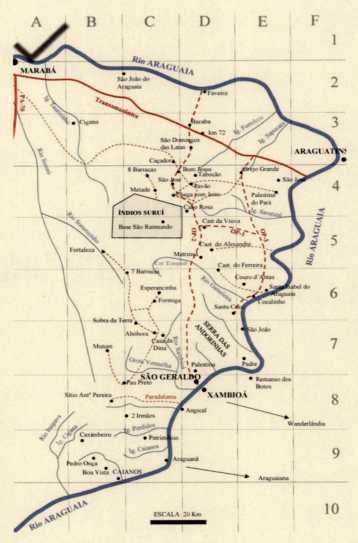

Fonte: Casali, 2020, p.15.

ANEXO B | CROQUI APRESENTANDO ÀS PATRULHAS CONDUZIDAS PELAS FESP DO EB NA CAMPANHA DO ARAGUAIA

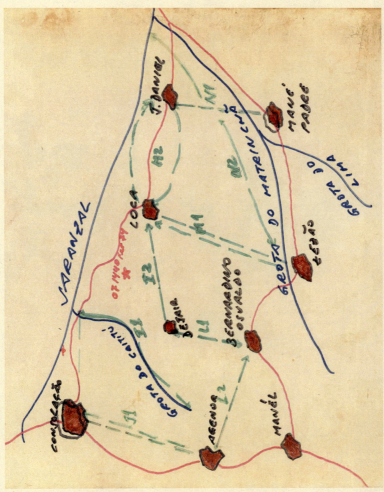

Fonte: acervo do Operador D.

ANEXO C | CROQUI RETRATANDO A CAMPANHA DO TRAÍRA

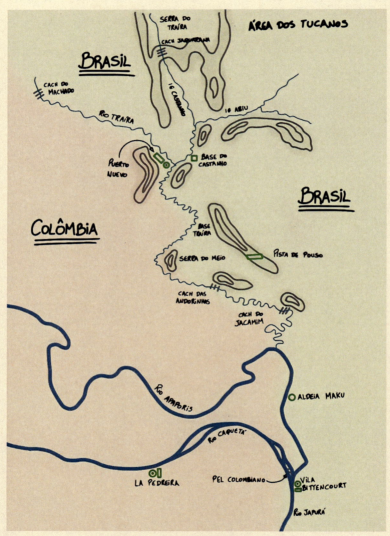

Fonte: acervo pessoal do coronel Ivan Carlos Gindri Angonese.

ANEXO D | CHARGES

Conquista da População

O especialista em Comunicações lembrando como era antigamente

Preparação estratégica dos
depósitos de suprimentos – Cachês

Fase de Emprego em Combate

Sistema de Evacuação da Guerrilha

O especialista em Informações quebrando a cabeça

Operações Psicológicas: Corações e Mentes

O especialista em Saúde do DFEsp: Quem se arrisca?

As artes apresentadas nesta seção retratam os métodos de AI conduzidos por um DFEsp assessorando a constituição de uma Força de Guerrilha. Originalmente concebidas como uma série de charges desenhadas na primeira metade da década de 1970, as ilustrações são de autoria do cabo Samuel Solá Santiago. As cinco primeiras charges contempladas nesta obra são fruto de um trabalho de restauração dos traços originais desenvolvido pelo 1º DstOpPsc, enquanto as quatro últimas foram restauradas pelo capitão Benedito Ferraz de Oliveira.

APÊNDICES

APÊNDICE A | GERAÇÕES DA GUERRA MODERNA

GUERRA MODERNA (GERAÇÕES)	1ª GERAÇÃO	2ª GERAÇÃO	3ª GERAÇÃO	4ª GERAÇÃO	5ª GERAÇÃO
Marco temporal	Guerras Napoleônicas (1803-1815)	I Guerra Mundial (1914-1918)	II Guerra Mundial (1939-1945)	Guerra Fria (1947-1989)	Guerra do Golfo (1990-1991)
Princípio	Guerra de massa	Guerra do fogo	Guerra de manobra	Guerra de insurgência	Guerra irrestrita
Características gerais	• Combate de linha e coluna. • Cultura de ordem. • Formações emaçadas. • Linearidade.	• Cultura de ordem. • Emprego maciço de artilharia. • Predominância do fogo sobre a manobra. • Linearidade.	• Predominância da manobra sobre o fogo. • Advento dos blindados e da aviação como meios de emprego militar. • Não linearidade.	• Perda do monopólio estatal sobre o uso da violência. • Ressurgimento das ameaças assimétricas como forças desestabilizadoras dos Estados. • Não linearidade.	• Emprego massivo de guerra cibernética, assimétrica, informacional e híbrida (combinação das diferentes tipologias de guerra). • Não linearidade.
Expressão preponderante	Campo militar			Campo militar e psicossocial	
Objetivo da batalha	Subjugar o exército oponente.	Destruir as forças militares do inimigo.	Provocar o colapso das forças inimigas da retaguarda para a frente.	Auferir resultados psicológicos e afetar a opinião pública.	Aplicar esforço tecnológico de forma interdisciplinar (interagências) e multidimensional.
Verbo que tipifica o combate	Marchar e Manobrar.	Destruir.	Avançar.	Influenciar.	Manipular e interagir.

Fonte: adaptado de V. Pereira, 2019, p. 35-45, p. 37.

APÊNDICE B – GERAÇÕES DAS OPESP DO EB

OPESP DO EB (GERAÇÕES)	1ª GERAÇÃO	2ª GERAÇÃO	3ª GERAÇÃO	4ª GERAÇÃO
Período	1957-1968	1968-1983	1983-2004	A partir de 2004
Marco referencial	Pioneiros	DstFEsp	1º BFEsp	BdaOpEsp/ COPESP
Cenário Mundial	• Guerra Fria. • Revolução Cubana. • Guerra do Vietnã. • Conflito Árabe-Israelense. • Conflitos raciais. • Movimento estudantil. • Início guerras colônias africanas. • Terrorismo e subversão na América Latina.	• Guerra Fria. • Guerra do Vietnã. • Crise do petróleo. • Terrorismo internacional. • Independência ex-colônias africanas. • Guerra Irã-Iraque. • Guerra Malvinas. • início Guerra Civil Nicaraguá/El Salvador. • início Guerrilha Colômbia e Peru.	• Intervenções EUA na América Cewntral. • Queda do Muro de Berlim. • Guerra do Golfo. • Fim da URSS. • Guerra dos Balcãs. • Missão de paz (1990/2000). • 11/09/ 2001. • GWOT. • Guerra do Afeganistão. • Guerra do Iraque.	• GWOT. • Guerra centrada em rede. • Guerra centrada em FopEsp. • Crise econômica. • Primavera Árabe. • Crescimento da China. • Combate em amplo espectro (múltiplos domínios). • Guerra híbrida.
Cenário brasileiro	• Acordo Militar Brasil-EUA. • Crise política pós-suicídio Getúlio Vargas.	• Governos militares. • EB no combate à guerrilha urbana e rural. • Lei da Anistia.	• Fim dos governos militares. • FT 90. • Cmdo Mil A (1986). • AvEx (1986). • Constituição (1988).	• Implantação da BdaOpEsp. • MINUSTAH/ DOPaz. • Segurança diplomática.

OPESP DO EB (GERAÇÕES)	1ª GERAÇÃO	2ª GERAÇÃO	3ª GERAÇÃO	4ª GERAÇÃO
Cenário brasileiro (*continuação*)	• Governo Juscelino. • Renúncia Jânio Quadros. • Governos militares. • EB no combate à guerrilha urbana e rural. • CFEsp e CAC no NuDivAet e CIPqdt. • Criação do DFEsp.	• CFEsp e CAC na BdaAet, BdaPqdt e CIPqdtGBP. • Projeto no EME do COpUEsp • criação do 1º BFEsp. • Criação das unidades de OpEsp da MB e FAB. • Criação das unidades de Operações Policiais Especiais.	• Missões de paz (1989). • COTER (1990): • Segurança de embaixadas. • Ap Segurança Pública. • MD (1999). • CAC e CFEsp no 1º BFEsp. • Projeto COpUEsp.	• OpGLO • operações conjuntas e combinadas. • Grandes eventos • Operações interagência. • CCPCT e CCTI. • FPac. • CAC e CFEsp no CIOpEsp.

Fonte: adaptado de M. Oliveira, 2020.

APÊNDICE C | OPESP DO EB NA CAMPANHA DO ARAGUAIA ABRIL DE 1972 – AGOSTO DE 1974

FASE	PERÍODO (MÊS/ANO)	AÇÕES
1ª fase	04 – 08/1972	• Chegada do DFEsp à região de Xambioá. • Estabelecimento das instalações do DFEsp em São Domingo (PA) e posteriormente na localidade de Abóbora. • Operações de inteligência e patrulhas de combate.
2ª fase Operação Papagaio	08/1972 –10/1973	• Tropas convencionais atuam realizando operações de patrulha conduzidas por GCs. • DFEsp opera como força de reação do comandante da 3ª BdaInfMtz. • Atuando conjuntamente, o CIEx e o DFEsp levantam a ordem de batalha da força de sustentação e da força de guerrilha.
3ª fase Operação Sucuri	05 –10/1973	• Levantamento de dados de inteligência relacionados ao terreno, à população local, aos militares que integravam a FOGUERA, à localização das bases e às redes de apoio.
4ª Fase Operação Marajoara	10/1973 – 10/1974	• Processo de descaracterização do DFEsp no Rio de Janeiro. • Infiltração do DFEsp na área de operações (região do Bico do Papagaio). • Condução de patrulhas de combate pelo DFEsp usando guias e mateiros (rastreadores). • Treinamento e formação dos GADs e das Equipes Zebra. • Operações de informação e operações psicológicas junto à população. • Erradicação do foco guerrilheiro.

APÊNDICE D | OPESP DO EB NA CAMPANHA DO TRAÍRA
OUTUBRO DE 1989 – ABRIL DE 1992

FASE	UNIDADES ENGAJADAS	AÇÕES
Antecedentes	--------	• Abandono das instalações pela Companhia Mineradora Paranapanema e intensificação do garimpo ilegal em terras indígenas financiado pelas FARC (meados de 1989).
1ª fase	**EXÉRCITO:** 1ºCmdoFronSol/1º BEF	• Recebimento de informes sobre garimpo ilegal em terras indígenas e início das primeiras patrulhas ReFron na calha do rio Traíra conduzidas pelos militares do 3º PEF/1º CmdoFronSol/1º BEF nesse contexto (outubro 1989).
2ª fase	**EXÉRCITO:** 1ºCmdoFronSol/1º BEF 1º BFEsp **FORÇA AÉREA:** Avião C-130 Hércules Avião C-115 Buffalo EqpSAR - Manaus Helicóptero HM-4 Super Puma	• 1º CmdoFronSol/1º BEF ocupa as instalações abandonadas da Cia mineradora Paranapanema (fevereiro 1990) e passa a realizar intenso patrulhamento na região e controle dos rios. • Operação Urumutum pelo 1º BFEsp (maio 1990). • 1º CmdoFronSol/1º BEF prossegue intenso patrulhamento na região e controle dos rios. • Ataque das FARC ao Destacamento Traíra (fevereiro 1991).

FASE	UNIDADES ENGAJADAS	AÇÕES
3ª fase	**EXÉRCITO:** 1ºCmdoFronSol/1º BEF 1º BIS Bda Av Ex Helicóptero HM-1 Pantera Helicóptero HÁ-1 Esquilo **FORÇA AÉREA:** Avião C-130 Hércules Avião C-115 Buffalo	• Substituição da guarnição atacada, primeiros socorros aos feridos, restabelecimento das comunicações com a sede do 1º CmdoFronSol/1º BEF para informar o ataque e retransmissão da mensagem ao CMA (março 1991). • Apoio de aeronaves da FAB para evacuação dos feridos, transporte dos corpos e envio de uma Companhia de Fuzileiros de Selva do 1º CmdoFronSol/1º BEF para a região do conflito. • Fortificação das instalações e ampliação da clareira viabilizando o pouso de até quatro helicópteros. • Recebimento de um pelotão do 1º BIS em reforço, empregado na segurança de Vila Bittencourt, onde também permaneceu como reserva e força de reação do 1º CmdoFronSol/1º BEF. • Desencadeada operação de inteligência empregando soldados rastreadores da etnia tukano (incorporados ao 1º CmdoFronSol/1º BEF) para localizar o grupo de agressores. • Patrulha do 1º CmdoFronSol/1º BEF intercepta e confronta os guerrilheiros recuperando armas e equipamentos do Destacamento Traíra (março1991).
4ª fase	**MARINHA:** NPaFlu – FlotAM Helicóptero UH-12 Esquilo **EXÉRCITO:** 1º BFEsp 1º CmdoFronSol/1º BEF 1º BIS BdaAvEx Helicóptero HM-1 Pantera Helicóptero HÁ-1 Esquilo **FORÇA AÉREA:** Avião C-130 Hércules Avião C-115 Buffalo Avião AT-27 Tucano Helicóptero H-1H Iroquois EqpSAR - Manaus Helicóptero HM-4 Super Puma	• CMA assume teatro de operações e instala posto de comando em Vila Bittencourt, que é visitado pelo presidente Collor. • Emprego de aeronaves de asa fixa e rotativa na concentração estratégica, apoio logístico, reconhecimento, transporte de tropa e ataque ao solo (março 1991). • Utilização de um NPaFlu para fornecer segurança e apoio logístico na calha do rio Japurá. • Operação Jatuarana: quadros operacionais do 1ºBFEsp chegam ao Destacamento Traíra, assumem setor norte da zona de ação, instalam a BOBFEsp para prover suporte às 3 equipes do DAI que se desdobraram no terreno, realizam SLOp aterrando na clareira como demonstração de força e dissuasão aos guerrilheiros (Op Psc). • Os quadros operacionais do 1ºBFEsp retornam para o Rio de Janeiro (março 1991).

FASE	UNIDADES ENGAJADAS	AÇÕES
5ª fase	**EXÉRCITO**: 1º CmdoFronSol/1º BEF 1º BIS BdaAvEx Helicóptero HM-1 Pantera Helicóptero HÁ-1 Esquilo **FORÇA AÉREA:** Avião C-130 Hércules Avião C-115 Buffalo	• O 1º CmdoFronSol/1º BEF reassume responsabilidade sobre toda a área de operações e aciona o Pelotão do 1º BIS para a ocupação base do Destacamento Traíra com outros pelotões do 1º CmdoFronSol/1º BEF (abril 1991). • Operação Tempestade da Amazônia em resposta às ações de inquietação dos guerrilheiros contra o acampamento do EB. • Fim do assédio das FARC contra o acampamento do Destacamento Traíra. • 1º CmdoFronSol/1º BEF deixa de ocupar as instalações do Destacamento Traíra e volta a realizar apenas missões de ReFron na região (abril 1992).

APÊNDICE E | CANÇÃO DOS COMANDOS

Letra e música: 2º sargento Benedito Ferraz de Oliveira

Na paz ou na guerra sempre há
Um Comandos preparado pra lutar
Se a Pátria lhe pedir
Está pronto pra partir
Não importa o lugar

Na selva, na montanha ou no mar
Onde seja necessário atuar
Surge do céu seu braço forte
Se preciso enfrenta a morte
Sua estrela há de brilhar

O céu é seu abrigo
O solo o seu colchão
À retaguarda do inimigo
Leva a morte e grande confusão

Surpresa e sorte natural
Acompanham a caveira e o punhal
Quando a chuva for intensa
E a escuridão imensa é a hora ideal

O rosto dos Comandos ninguém vê
Suas garras quem sentir não viverá
O ataque é mortal com destruição total
A missão se cumprirá

O céu é seu abrigo
O solo o seu colchão
À retaguarda do inimigo
Leva a morte e grande confusão.

Elaborada pelo segundo-sargento Benedito Ferraz de Oliveira, qualificado como Comandos e FEsp, a Canção dos Comandos se tornou um símbolo das OpEsp do EB e uma das canções mais representativas da Força Terrestre Brasileira. A letra foi criada com base em uma canção de autoria do terceiro-sargento Ferraz, quando participava do Curso de Formação de Sargentos em 1975. A Canção dos Comandos surgiu durante o CAC promovido em 1983, quando um dos instrutores instigou os alunos a apresentarem uma canção decente sob pena de não dormirem caso não cumprissem a missão. Cabe salientar que, na época, todas as canções entoadas eram mais voltadas para a atividade de paraquedismo, e os instrutores queriam uma canção mais operacional e que representasse o CAC.

Desgastado pelo cansaço e pelo frio de uma interminável instrução aquática, o terceiro-sargento Ferraz apresentou basicamente a mesma canção que havia criado em 1975, promovendo uma sutil alteração que substituía a palavra "Sargento" por "Comandos", ficando a letra da seguinte forma: "Comandos nós queremos ser, lutamos sempre sem temer, chuva e sol não nos ameaçam, seguimos pela raça, sem nunca esmorecer. Nós não tememos lamaçal, vencer é o nosso ideal, o verde que é o berço do infante, convida a ir avante, levantando a moral. O céu é seu abrigo, o solo o seu colchão, o suor que ora derramamos, dar-nos-á o almejado brasão." Posteriormente, quando o segundo-sargento Ferraz (sua promoção saiu durante o CAC) estava prestando serviço junto à SeçOpEsp do CIPqdtGPB na BdaInfPqdt, o capitão Cid Canuso Ferreira solicitou-lhe que a canção fosse ajustada de modo a ser compatível com a natureza da tarefa desempenhada pelos Comandos. Assim, a canção entoada desde sua readequação guarda relação com aquela escrita em 1975 apenas na melodia e em alguns trechos do refrão (Montenegro, 2020b; Schwingel & Mota, 2016, pp. 190-191).